Découvrez l'histoire par les archives de presse

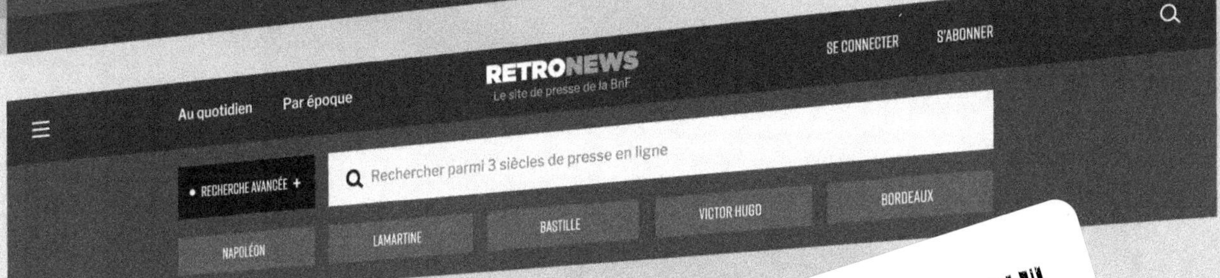

RETRONEWS

Le site de presse de la BnF

www.retronews.fr

REVUE
ARCHÉOLOGIQUE

PUBLIÉE SOUS LA DIRECTION

DE MM.

E. POTTIER ET S. REINACH

MEMBRES DE L'INSTITUT

CINQUIÈME SÉRIE. — TOME VII

JANVIER-AVRIL 1918

PARIS

ÉDITIONS ERNEST LEROUX,

28, RUE BONAPARTE (VIᵉ)

1918

SOMMAIRE DE LA LIVRAISON

PLANCHES

CONDITIONS DE L'ABONNEMENT

REVUE

ARCHÉOLOGIQUE

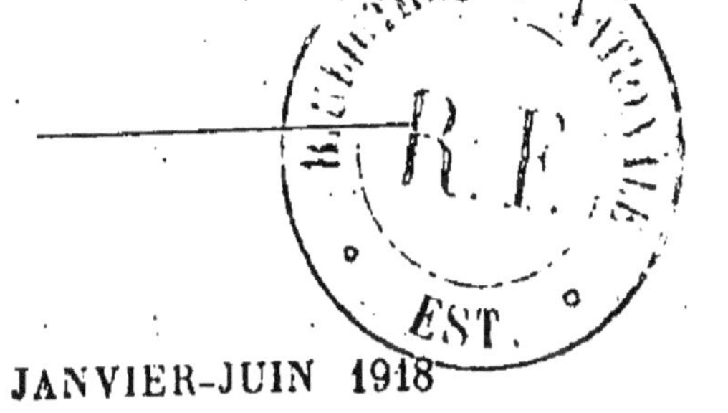

JANVIER-JUIN 1918

ANGERS. — IMPRIMERIE F. GAULTIER ET A. THÉBERT, 4, RUE GARNIER.

REVUE

ARCHÉOLOGIQUE

PUBLIÉE SOUS LA DIRECTION

DE MM.

E. POTTIER ET S. REINACH

MEMBRES DE L'INSTITUT

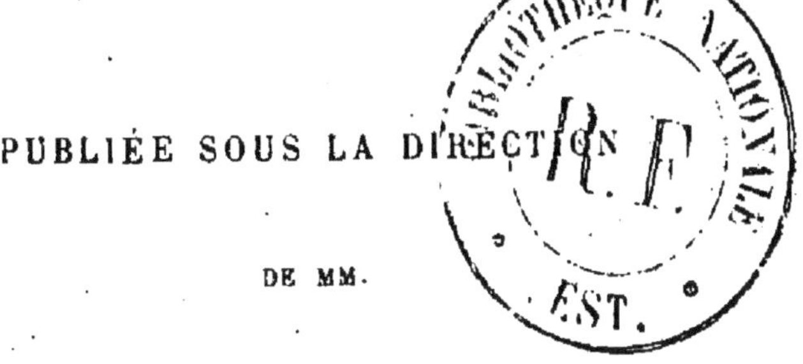

CINQUIÈME SÉRIE. — TOME VII

JANVIER-JUIN 1918

PARIS

ÉDITIONS ERNEST LEROUX

28, RUE BONAPARTE, 28

—

1918

BYZANCE, L'ORIENT ET L'OCCIDENT

L'ICONOGRAPHIE CHRÉTIENNE AU MOYEN AGE

Nous ne reviendrons pas sur l'exposé si lumineux que M. G. Millet a fait ici même[1] de la méthode iconographique qu'il a essayé d'appliquer dans ses *Recherches sur l'Iconographie de l'Evangile*[2] ; mais nous nous efforcerons de montrer toute l'importance d'une publication qui fera date dans l'histoire de l'archéologie byzantine.

I

L'objet même de l'ouvrage est de répondre d'une manière plus précise qu'on ne l'avait fait jusqu'ici à une question souvent posée dans ces dernières années : comment expliquer la renaissance artistique qui s'est manifestée en Orient aux XIVe et XVe siècles et dont les monuments de Constantinople, (Kahrié-Djami), de Mistra, du Mont Athos, des pays slaves nous ont révélé toute l'importance ? Il semble qu'il n'y ait rien de commun entre les figures, calmes et nobles comme des statues antiques, qui se déroulent majestueusement sur les murs de la basilique de Daphni, et les scènes presque tumul-

---

1. Gabriel Millet, *Essai [d'une méthode iconographique* (*Revue archéologique*, 1917, I, p. 282-288).

2. Gabriel Millet, *Recherches sur l'Iconographie de l'Evangile aux* XIVe, XVe *et* XVIe *siècles, d'après les monuments de Mistra, de la Macédoine et du Mont Athos*. Dessins de Sophie Millet; 670 gravures dans le texte et hors texte. Paris, Fontemoing (E. de Boccard, successeur), 1916. In-8, LXIV-809 pages. (*Bibliothèque des Écoles françaises d'Athènes et de Rome, fascicule cent neuvième*).

tueuses de la Peribleptos de Mistra, où de nombreux personnages s'agitent au milieu d'un paysage et d'architectures pompéïennes.

Que s'est-il passé entre le xiiᵉ et le xivᵉ siècle et d'où le nouvel art tire-t-il son origine? Loin d'avoir été monotone et toujours semblable à lui-même, comme on se l'imaginait autrefois, l'art byzantin présente, au contraire, entre son âge mûr et son déclin, des contrastes saisissants qu'il s'agit d'expliquer. Or, l'originalité de l'école du xivᵉ siècle a été niée à plusieurs reprises. Strzygowski a posé à son sujet la question : *Orient ou Byzance*? D'autres, remarquant ses analogies avec Duccio ou Giotto, ont posé une seconde question : *Byzance ou Italie*?

En d'autres termes, quels sont les rapports de l'école du xivᵉ siècle avec l'ancien art chrétien d'Orient, avec l'art byzantin du xiiᵉ siècle et avec le *Trecento* italien? Tels sont les problèmes que M. G. Millet s'est efforcé de résoudre en se plaçant exclusivement dans le domaine de l'iconographie religieuse. La question avait été bien souvent examinée, mais jamais elle n'avait été posée avec cette ampleur, jamais elle n'avait été discutée avec cette méthode critique.

Il se trouve, en effet, qu'en cherchant à résoudre ce problème particulier, M. Millet a, du même coup, ouvert des horizons nouveaux sur toute l'évolution de l'art chrétien au moyen âge. Ses conclusions atteignent non seulement l'art chrétien d'Orient et l'art byzantin, mais l'art occidental lui-même. Les historiens de l'art roman, ceux du *Trecento* italien, ceux de notre art pathétique et mystique du xvᵉ siècle, auront grand intérêt à consulter ses analyses. Il ne s'est pas contenté d'écrire un livre : il a véritablement mis au point une méthode d'investigation, remarquable par sa rigueur scientifique et par les aperçus nouveaux qu'elle fait naître. Non seulement il a réussi à trancher, en apportant des preuves décisives, les questions restées jusque là obscures, mais, au cours de ses discussions, il lui est arrivé d'en poser d'autres non moins attachantes. C'est donc un devoir de rendre justice à une initiative que nous croyons destinée à être féconde.

Ce livre vient à son heure. Il n'a été rendu possible que par les découvertes archéologiques et les publications de monuments ou de textes de ces vingt dernières années L'information, d'une richesse prodigieuse, qui en est le fondement solide, doit sa meilleure part à l'auteur lui-même. Grâce à une exploration méthodique et consciencieuse, M. Millet a élargi le domaine de l'histoire artistique de Byzance en lui restituant Mistra. Son bel album des *Monuments byzantins de Mistra*, publié en 1910, fut une révélation, et l'on attendait avec impatience le commentaire qui devait l'accompagner. Sans doute, son livre actuel dépasse, comme il le dit lui-même, le cadre des monuments de Mistra, sans le remplir tout à fait. L'étude des fresques laconiennes n'en a pas moins été le point de départ et véritablement le fond de son travail. Du haut de la vieille acropole des Villehardouin et des Paléologues, la vue embrasse les horizons sans bornes de la plaine de l'Eurotas. C'est là aussi qu'il faut se placer si l'on veut avoir une vue claire de l'évolution artistique du moyen âge.

Par des explorations à Trébizonde, au Mont Athos, en Serbie, en Macédoine et dans les coins les plus reculés de la Grèce, M. Millet a accru la richesse de sa documentation. En outre, son livre doit beaucoup à la magnifique collection de 2.000 clichés photographiques qu'il a réunis à l'Ecole des Hautes-Etudes et dont, avec un désintéressement complet, il a fait profiter la science avant de s'en servir lui-même.

Enfin, il a bénéficié des découvertes et des travaux multiples qui ont renouvelé, au cours de ces dernières années, le domaine de l'art byzantin. Les travaux de Schmitt à Kahrié-Djami, de Clédat à Baouit, la découverte de Sainte-Marie-Antique à Rome, les publications de Diehl, Dalton, Bertaux, Kondakof, Lichačev, Heisenberg, pour n'en citer que quelques-unes, ont élargi singulièrement le champ de notre vision. Mais il faut faire, comme l'auteur, une place spéciale aux explorations en Cappadoce du père de Jerphanion. On peut dire que, sans la découverte de ces fresques qui nous ont révélé un nouvel aspect de l'art chrétien, le commentaire des monuments de Mistra eût été, sinon impossible, du moins très incomplet.

Le premier travail de M. Millet a donc consisté à réunir cette masse prodigieuse de documents qui embrasse toutes les régions du monde chrétien au moyen âge. Les études et les commentaires auxquels ces monuments ont donné lieu sont en tel nombre que l'auteur à renoncé à en donner une bibliographie complète; elle se trouve d'ailleurs dans les excellents manuels de Diehl et de Dalton.

II

C'est à la méthode employée pour la mise en œuvre de ces matériaux que le livre doit sa principale originalité. M. Millet a appliqué aux documents iconographiques les procédés employés pour la critique des textes. Il faut d'abord distinguer les types iconographiques, qui se développent loin du texte évangélique, et les cycles narratifs comprenant les divers épisodes d'une même scène et qui restent plus près du texte. Il y a, par exemple, un type de la Nativité qui représente l'événement en une scène unique; mais il y a aussi des cycles de la Nativité — qui montrent successivement le recensement devant Quirinus, la crèche, l'annonce aux bergers, le voyage des trois rois, etc...

Pour rechercher l'origine des types, il faut admettre comme un postulat que deux types semblables dérivent l'un de l'autre, ou du moins ont la même source. Si nous disposions d'une information complète, nous pourrions donc remonter d'âge en âge jusqu'à la source originale d'un type. Malheureusement, il n'en est pas ainsi, et il en est de l'iconographie religieuse comme des manuscrits d'un auteur. L'original a le plus souvent disparu et l'on ne peut le reconstituer qu'en comparant les copies et les variantes postérieures. La méthode comparative s'impose donc à l'iconographie comme à la critique des textes. Elle a permis à M. Millet de grouper de véritables familles de types iconographiques, analogues aux familles de manuscrits, et de retrouver, par conjecture, l'archétype.

Un exemple nous donnera une idée de la rigueur de cette

Fig. 1. — Fresque de Dochiariou au Mont Athos.
(Millet, *Iconog. Evang.*, p. 95, fig. 38).

méthode. La Nativité de la Peribleptos de Mistra offre un certain nombre de traits caractéristiques. Dans le fond, on aperçoit une montagne à trois sommets; à gauche le groupe des mages arrive à cheval; à droite sont les bergers et l'on voit un jeune pâtre couronné de feuillage qui charme ses moutons au son du flageolet. Dans le haut sont deux groupes d'anges : ceux de gauche semblent guider les mages, ceux de droite sont en adoration devant la grotte de la Nativité, représentée au centre avec l'Enfant enveloppé de bandelettes dans la crèche, entre l'âne et

le bœuf. A droite est assis Saint Joseph, plongé dans ses méditations; à gauche, la Vierge est couchée, détournant la tête,
tandis qu'en bas on aperçoit le bain de l'Enfant. Quelles sont
les sources de cette composition?

Elle peut être rapprochée de deux groupes de fresques et
d'icones de l'Athos. Le premier groupe (Lavra, Dionysiou) est
le plus ancien (1535-1548); mais c'est avec le second groupe
(Dochiariou, 1560, fig. 1 ; Saint-Nicolas de Lavra, 1568) que la
Nativité de la Peribleptos a les rapports les plus étroits. Logi-
quement, elle devrait se placer entre ces deux variantes, et
cependant elle appartient bien au xive siècle. Les compositions
de l'Athos ne sont que des imitations d'anciennes icones. La
Nativité de la Peribleptos en est donc indépendante et se
trouve plus près des sources.

Afin de découvrir ces sources, il faut considérer à part les
deux thèmes caractéristiques réunis artificiellement : l'attitude
de Marie et l'Annonce aux bergers.

C'est au vie siècle que Marie cesse d'être assise près de la
crèche et se montre étendue sur un lit dans l'attitude d'une
femme accouchée. Il faut voir dans cette innovation un écho des
controverses christologiques : il s'agissait de montrer la réalité
de l'Incarnation.

Mais deux nuances de pensée, deux doctrines peut-être, ont
donné lieu à deux attitudes différentes. Tantôt Marie, couchée
sur le dos, regarde presque droit devant elle, avec la fermeté de
la Vierge qui a enfanté sans souffrance; tantôt, au contraire,
inclinée sur le côté et détournant la tête, elle montre plus de
lassitude: ici, on semble indiquer qu'elle a enfanté dans la
douleur. Plus tard, en Occident, on verra dans son attitude un
pressentiment du drame du Calvaire, et la crèche prendra la
forme d'un autel.

Or, ce second motif est incontestablement d'origine syrienne.
Au temps de Nicéphore Phocas, on retrouve, dans le transept
de Toqalé (Cappadoce), une attitude particulière à la chaire de
Maximien à Ravenne : Marie se détourne en soutenant sa tête

dans sa main. Les moines cappadociens ont porté ce motif en
Italie (rouleaux *Exultet*) et, dès le xi° siècle, à Constantinople.
Au xiv° siècle, la Nativité de la Peribleptos représente la pure
tradition cappadocienne : elle nous montre Marie dormant, la
joue posée sur la main. L'icone de Saint Eustathe, au contraire
(fig. 3), offre une variante qui a obtenu les préférences des

Fig. 2. — Fresque dans l'église de la Transfiguration aux Météores,
(Millet, *Iconog. Évang.*, p. 94, fig. 35).

maîtres italiens du *Trecento* : Marie ne dort plus, mais avance
la main vers l'Enfant qu'on baigne ; or, ce ne sont pas eux qui
ont créé ce geste qu'on trouve dans un manuscrit de Grégoire
de Nazianze (Paris, gr. 550, xi° siècle).

De même, le berger musicien de la Peribleptos se trouve sur
les plus anciennes fresques de Cappadoce. Ce motif si caractéristique est abandonné dans l'art byzantin des xi°-xii° siècles,
sauf dans trois compositions qui se rattachent à la Cappadoce
(Saint-Luc en Phocide, tétraévangile de Parme, psautier de
Londres écrit à Stoudion en 1066) ; or, il reparaît brusquement
au xiv° siècle. et il devient familier aux Grecs et aux Slaves

(fig. 2). On le trouve en même temps en Italie et sur les monuments arméniens.

L'analyse de ces deux motifs permet donc de prendre sur le fait les procédés de l'école de Mistra : elle remonte aux sources et interprète d'anciens modèles.

Nous n'avons fait que résumer, d'une manière schématique, l'analyse si pénétrante de M. Millet; si l'on veut en apprécier toute la finesse, c'est dans le détail qu'il faut la suivre, les yeux fixés sur les reproductions de monuments qu'il examine tour à tour en mettant en valeur leurs traits essentiels.

La même méthode lui a permis de remonter aux cycles narratifs de la période primitive en discernant les interpolations ou les lacunes que renferment les cycles postérieurs. Certains tétraévangiles illustrés des xiᵉ-xiiᵉ siècles lui ont paru représenter de vieux originaux plus ou moins déformés dont ils sont une réduction. C'est au vᵉ siècle que, sous l'influence des Pères de l'Église, on a illustré le texte évangélique en grand détail. Ces rédactions primitives ont disparu aujourd'hui, mais elles se sont conservées longtemps en Orient. L'analyse minutieuse des monuments a conduit M. Millet à cette conclusion hardie et importante : toute l'illustration de l'Evangile en Orient se partage entre deux rédactions primitives : celle d'Alexandrie qui a passé à Constantinople et garde des motifs hellénistiques; celle d'Antioche, en contact intime avec l'art plus réaliste de l'Orient. Deux manuscrits du xiᵉ siècle représentent, très altérées, ces deux rédactions : le *Laurent.* VI, 23 celle d'Alexandrie, le *Paris. gr.* 74 celle d'Antioche. Le premier de ces évangéliaires offre des rapports intimes avec le cycle de mosaïques des Saints-Apôtres de Constantinople décrit par Mesarites; le second se rattache au contraire aux peintures de Saint-Serge de Gaza, dont le rhéteur Choricius a écrit la description.

Tel sont les résultats de la critique interne; mais de plus, fidèle à la méthode inaugurée si brillamment pour l'art français par M. Mâle, M. Millet est remonté, chaque fois qu'il l'a pu, aux sources extrinsèques. L'iconographie étant un enseignement

figuré, la pensée des théologiens la guide et la littérature religieuse l'inspire parfois. Il faut donc chercher à remonter aux
sources littéraire de chaque type.

C'est d'abord le texte évangélique lui-même. L'auteur a déterminé minutieusement quel est celui des quatre évangiles qui

Fig. 3. — Icoue de Saint Eustathe au Mont Athos
(Millet, *Iconog. Évang.*, p. 97, fig. 39).

a servi de source. Parfois, l'artiste suit exclusivement le récit
des synoptiques; parfois il interprète l'évangile de Saint Jean,
ou bien il s'efforce de combiner les témoignages. C'est ainsi
que, dans la Cène, les Byzantins, d'après le texte de Mathieu,
mettent Judas au premier plan et Jésus dénonçant sa trahison;
conformément au quatrième évangile, les Latins montrent
Jésus mettant le pain dans la main ou dans la bouche du
traître. De même, suivant Mathieu, les Byzantins, avant le

xive siècle, représentent deux femmes portant des parfums au
Saint Sépulcre, à l'extérieur duquel un ange est assis. S'atta-
chant au récit de Marc, les Occidentaux montrent trois myro-
phores et, depuis le xe siècle, un sarcophage au lieu du
tombeau; c'est le parti qui est adopté dans l'art byzantin du
xive siècle.

Puis viennent les évangiles apocryphes, dont beaucoup de
traits sont passés au milieu du récit canonique et auxquels
certains thèmes, la Descente de croix, le Thrène par exemple,
doivent leur origine. Ce sont ensuite les chants liturgiques,
spéciaux aux grandes fêtes. Dans une des chapelles de Gueu-
reme (Cappadoce), auprès du berger musicien de la Nativité, une
inscription reproduit un verset de la prose (αὐτόμελον) que l'on
chante au début de l'office matinal de Noël :

παύσασθε ἀγραυλοῦντες, οἱ τῶν θρεμμάτων ἡγεμονεύοντες.

Une place importante a été faite aussi aux commentaires,
sermons, homélies. M. Millet a consulté souvent, en particulier, les commentaires de saint Jean Chrysostome sur les Evangiles et les nombreuses traces d'influence qu'il a signalées
donnent l'impression que le grand docteur a été véritablement
un des inspirateurs de l'illustration des Evangiles. Des textes
bien choisis d'homélistes postérieurs, Georges de Nicomédie,
Siméon Métaphraste, etc., montrent les transformations de la
pensée religieuse se reproduisant dans l'iconographie.

Enfin, M. Millet a découvert à plusieurs reprises l'inspiration
des mélodes. Les homélies dramatiques lui ont été moins utiles,
leur sujet étant presque toujours étranger aux évangiles canoniques; mais il a fait avec raison grand état d'un texte latin,
les *Méditations sur la vie de Jésus-Christ*, attribuées à saint
Bonaventure. Non seulement il l'a rapproché des œuvres du
Trecento, mais ses analyses confirment une hypothèse que j'ai
moi-même émise, celle des sources byzantines qui ont inspiré
ce livre célèbre[1].

1. Voy. L. Bréhier, *L'Art chrétien et son développement iconographique*.
Paris, Laurens, 1918, p. 321 et suiv.

III

L'exposition comporte une très longue analyse, suivie d'une
synthèse relativement courte. La méthode d'exposition analytique a les préférences de M. Millet. Il nous fait assister en
quelque sorte au travail de sa pensée et il fait parler les monuments eux-mêmes en nous les présentant tour à tour. C'est une
méthode absolument concrète, mais qui ne va pas toujours
sans quelque inconvénient. Le lecteur a parfois une certaine
fatigue à suivre au milieu d'analyses souvent subtiles un raisonnement d'ailleurs toujours rigoureux. Mais c'est la complexité
du sujet plus que l'auteur lui-même qu'il faut accuser. Les
solutions de la plupart de ces problèmes iconographiques sont
loin d'être simples ; leur difficulté est la même que celle de
la critique des textes et l'on se demande comment l'auteur
aurait pu adopter un autre mode d'exposition. Seule, en ces
matières, l'analyse consciencieuse, textes en main, est probante,
et ici les textes sont remplacés par les reproductions de monuments auxquelles le lecteur doit se reporter s'il veut suivre la
pensée de l'auteur. La lecture d'un tel livre exige du travail,
mais combien on en est amplement récompensé par les vues
fécondes qu'il suggère ! Malgré la rigueur scientifique du
raisonnement, l'exposé est loin d'être sec et, bien qu'il l'ait fait
avec une sobriété qui n'est pas sans élégance, l'auteur n'a pas
manqué de signaler, en passant, l'expression de poésie qui se
dégage de certains motifs ou la beauté réelle de certaines
créations. Enfin, le lecteur est en quelque sorte guidé par les
sommaires copieux placés au début du volume et il a à sa disposition une illustration abondante.

M. Millet n'a pas cru devoir reproduire la plupart des
fresques de Mistra, et il renvoie presque toujours à son *Album
des Monuments byzantins*. Il a fait de même pour des publications comme les *Manuscrits grecs* d'Omont, le *Kahrié-Djami*
de Schmitt, la *Sainte-Marie Antique* de Gruneisen, etc... Mais

il reste encore 670 photogravures ou dessins, dont une grande
partie est inédite ou peu connue. L'illustration seule de ce
livre a donc une valeur inappréciable, car c'est un des
ensembles d'iconographie byzantine les plus considérables et
les plus neufs qu'on ait jamais publiés. Les dessins excellents
dus à Madame Sophie Millet isolent à merveille les types
iconographiques. Le groupement des figures est toujours vivant
et parfois suggestif. Rien n'est plus saisissant, par exemple, que
le rapprochement des deux compositions du miracle du Para-

Fig. 4. — Fresque de Saint-Sabbas à Rome.
(Millet, *Iconog. Evang.*, p. 674, fig. 665).

lytique, celle de Saint Sabbas à Rome et celle de la Métropole de
Mistra (fig. 4 et 5). Les deux compositions ont des motifs
semblables, mais rien ne permet mieux d'apprécier la science
des draperies, le naturel des gestes et des attitudes, le caractère
Renaissance de la peinture de Mistra, que cette comparaison
avec la fresque maladroite du ıxᵉ siècle.

Une seule critique sera peut-être faite ; M. Millet suppose la
plupart des monuments connus de ses lecteurs et ne se soucie
pas toujours d'en rappeler la date. Sans allonger le volume

déja considérable, il eût pu mentionner toutes les dates connues ou approximatives dans les excellents *indices* qui terminent l'ouvrage et dont quelques-uns, d'ailleurs (table des manuels de peinture, liste des peintres connus), ont une valeur toute spéciale.

L'ouvrage comprend trois parties : les cycles, les thèmes, les

Fig. 5. — Fresque de la métropole à Mistra.
(Millet, *Iconogr. Évang.*, p. 675, fig. 666),

écoles. La première tâche consiste à distinguer les diverses méthodes qui ont été employées pour l'illustration de l'Evangile. A l'illustration marginale de l'Orient s'opposent la « frise » des manuscrits et des peintures de Byzance ou les tableaux hors texte, souvenir de l'art hellénistique. On décora d'abord les églises en suivant l'ordre du récit évangélique : certains cycles, comme celui des Saints Apôtres de Constantinople, étaient aussi détaillés que ceux qui illustraient les évangéliaires.

Certaines églises de Cappadoce paraissent avoir conservé cette tradition jusqu'au xe siècle (nef longitudinale de Toqale). Puis, une sélection se fit dans les sujets : les miracles et la vie publique du Christ furent mis à part ou éliminés. Le choix des images, comme celui des leçons du chœur, fut réglé par le rite. Des cycles liturgiques correspondant aux grandes fêtes se formèrent. Là encore, Byzance s'oppose à l'Orient : dans les églises byzantines, le cycle des douze grandes fêtes, dont M. Millet s'est attaché à déterminer les variantes, comprend toutes les périodes de la vie de Jésus. L'Orient, au contraire, s'est borné à illustrer son Enfance et sa Passion.

La seconde partie du livre comprend l'étude des principaux thèmes : 1, Annonciation; 2, Nativité; 3, Baptême; 4, Transfiguration; 5, Lazare; 6, Rameaux; 7, La Cène; 8, Lavement des pieds; 9, Trahison de Judas; 10, Reniement de Pierre; 11, Chemin de croix; 12, Mise en croix; 13, Crucifiement; 14, Descente de croix; 15, Thrène; 16, Résurrection. — Chacun de ces seize chapitres constitue, à vrai dire, une monographie complète, qui est toujours un modèle d'analyse critique. Chacun des thèmes est montré sous sa forme originelle, hellénistique, byzantine, orientale; chacun d'eux est suivi dans ses transformations successives et avec toutes ses variantes. Cette partie forme vraiment l'essentiel du livre; elle est la base solide de la doctrine que l'auteur présente dans ses conclusions. La liste en a été dressée peut-être un peu arbitrairement, car ils ne correspondent pas tout à fait au cycle liturgique. Non seulement M. Millet s'est borné aux évangiles canoniques, mais, pour ne pas grossir démesurément son volume, il a dû éliminer les Miracles et renoncer à des sujets aussi importants que l'Anastasis, l'Ascension, la Pentecôte. Nous verrons bientôt que l'élimination de l'Anastasis a eu pour effet de restreindre dans une certaine mesure la portée de quelques unes de ses conclusions. Telle qu'elle est, cette partie n'en est pas moins fort neuve : la plupart des sujets ont été renouvelés presque complètement, non seulement à cause de la richesse de la documentation, mais surtout par l'emploi d'une méthode critique rigoureuse.

Enfin, la synthèse vient après l'analyse et, dans une dernière partie, l'auteur cherche à retrouver la genèse des types iconographiques et des cycles narratifs. Ces conclusions ont une portée, nous l'avons dit, qui dépasse le cadre même du volume. Elles intéressent l'art du moyen âge tout entier et méritent donc d'être discutées avec la plus grande attention. Sans envisager les questions multiples qu'elles ont cherché à résoudre, nous voudrions essayer de montrer les conséquences de la doctrine de M. Millet, d'abord dans l'histoire de l'art byzantin, ensuite dans celle de notre art occidental du moyen âge.

IV

Dans cet examen forcément rapide, nous ne nous astreindrons pas à suivre l'ordre même dans lequel l'auteur présente ses conclusions, mais nous chercherons à montrer comment, d'après sa théorie, on peut envisager le développement de l'art chrétien d'Orient. Un des principaux résultats de cette étude est d'avoir établi par des faits précis et irréfutables l'originalité de l'école byzantine de Constantinople, niée par Strzygowski. Si Byzance ne se sépare pas toujours de l'Orient, si elle lui emprunte des motifs, elle se les assimile et les transforme à son image. D'autre part, toutes les analyses iconographiques concordent à montrer l'indépendance de l'art chrétien d'Orient en face du *Trecento* italien, qui peut être considéré désormais comme son tributaire, loin de l'avoir inspiré. Voyons comment M. Millet se représente cette évolution.

A l'origine, dès le vᵉ siècle, s'opposent les deux traditions hellénistique et orientale. La première, qui s'implante à Constantinople et produit les œuvres de l'âge de Justinien, nous est connue par les sarcophages, les ivoires, les mosaïques de Ravenne. Elle a gardé de ses origines un accent d'idéalisme, le goût des attitudes nobles, des gestes mesurés, de la composition simple et bien équilibrée; elle est la dernière floraison de l'esprit classique. La tradition orientale, représentée par les ampoules de Monza, les manuscrits syriaques (évangiles de Rossano, de Sinope, de Rabula) montre une inspiration toute différente : elle ne recule pas devant le réalisme et les détails les plus vulgaires; « elle veut exprimer les passions, représenter la réalité ». Elle abandonne donc la belle ordonnance de la composition classique et substitue parfois à l'équilibre savant des masses une symétrie monotone et quelque peu enfantine.

A la même époque, sous l'influence des grands docteurs, saint Basile, saint Jean Chrysostome, saint Grégoire de Nazianze, on s'est préoccupé d'illustrer dans ses détails le texte des Évangiles. Ainsi sont nés des cycles narratifs très complets, que l'on s'est plu à reproduire dans les miniatures des manuscrits, sur les murailles des basiliques et jusque sur les étoffes. Ces œuvres primitives ont disparu, mais nous savons qu'elles se sont conservées longtemps. Au temps des iconoclastes, le patriarche Nicéphore pouvait suivre à la fois par l'écriture et par l'image le récit évangélique sur « les très vieux manuscrits » de la bibliothèque patriarcale. Par une hypothèse ingénieuse, M. Millet n'est pas loin de croire que le texte des Évangiles a pu être illustré sur des *rotuli* analogues au rouleau de Josué et comportant une succession d'images sans texte.

Mais si ces cycles primitifs ont disparu, nous pouvons nous en faire une idée approximative par certains manuscrits postérieurs qui les reproduisent plus ou moins altérés, tronqués, interpolés. Ces manuscrits eux-mêmes révèlent des rédactions d'esprit très différent. L'analyse minutieuse des thèmes a permis à l'auteur de distinguer deux de ces rédactions qui s'opposent sans cesse l'une à l'autre. La rédaction d'Alexandrie et de Constantinople est représentée aujourd'hui par le *Paris. gr.* 510 (œuvres de Grégoire de Nazianze) et le *Laurent.* VI, 23. Le premier de ces manuscrits, illustré au IXe siècle, a gardé les souples draperies et les riches carnations des modèles antiques. Le *Laurent.* VI, 23 a été composé à Constantinople aux xiᵉ-xiiᵉ siècles; il offre une série de miniatures claires et bien ordonnées. On peut rapprocher son cycle narratif de celui des mosaïques des *Saints Apôtres* de Constantinople d'après la description de Mesarites. La rédaction d'Alexandrie a gardé beaucoup de traits de la tradition hellénistique; cependant le Copte 13 de Paris représente une branche égyptienne autochtone, d'un accent plus réaliste.

A la rédaction d'Alexandrie, devenue proprement byzantine, s'oppose la rédaction d'Antioche qui nous est connue par le remaniement qu'en donne le *Paris. gr.* 74 du xiiᵉ siècle. Ses miniatures font songer aux mosaïques de Saint-Serge de Gaza, décrites par le rhéteur Choricius au viᵉ siècle. Or, Gaza se rattache au cercle religieux et artistique d'Antioche; les tableaux de Choricius ne sont pas sans rapports avec les scènes sculptées sur les colonnes du ciborium de Saint-Marc de Venise. Cette rédaction reste fidèle à la forme hellénistique, mais introduit dans l'iconographie pas mal de traits empruntés à l'art chrétien oriental. On y trouve déjà le prototype de l'iconographie des grottes de Cappadoce. Tout un groupe de manuscrits (Évangéliaire de Patmos nᵒ 70; *Paris. gr.* 64, *Vindob.* 154, tétraévangile de Gélat, *Petrop.* 105, psautier de 1066 à Londres, *Physiologus* de Smyrne) représente la même rédaction.

Puis, dans une deuxième période (viiᵉ-ixᵉ siècles), la prépondérance de l'Orient semble s'affirmer, bien que la tradition hellénistique n'ait pas entièrement disparu à Constantinople. On ne peut nier du moins que cette époque ne représente en quelque sorte l'apogée de la tradition orientale. Au même moment, les colonies monastiques reproduisent les cycles narratifs sur les parois des églises rupestres de Cappadoce et, dans les couvents de Constantinople, d'autres moines ornent ces psautiers à illustration marginale d'un art si libre et si vivant. D'autre part, l'iconographie syro-palestinienne envahit l'Occident : elle règne à Rome dans les fresques de Sainte-Marie Antique et

de Sainte-Marie in Cosmedin ; on la reconnait dans la miniature
carolingienne et ottonienne.

Une troisième période commence avec la dynastie macédo-
nienne. Du Xe au XIIe siècle se produit, dans l'empire byzantin,
une première renaissance des lettres classiques, dont l'influence
se fait sentir dans l'art religieux. Byzance revient aux concep-
tions hellénistiques, aux compositions sobres et simplifiées,
aux attitudes sculpturales. Dominé par une théologie raison-
neuse, son art religieux prend une forme abstraite et symboliste. Sans doute, en face de cet art savant, la tradition orientale réaliste et mystique parvient à se maintenir, comme le
prouvent les nombreux manuscrits orientaux de cette époque
et un certain nombre de fresques et de mosaïques exécutées
dans des provinces reculées. L'art byzantin n'en a pas moins à
son tour une expansion remarquable que l'on constate en Crète,
en Grèce, dans l'Archipel, en Asie Mineure, en Russie, en
Italie, en Sicile, Dans sa marche conquérante, il pénètre même
au cœur de la tradition orientale : les fresques de Toqale
(Cappadoce) et certains manuscrits arméniens révèlent son
influence.

Plus obscure, mais non moins féconde, est la quatrième
période, le *Dugento* italien, sur l'importance de laquelle
M. Millet a attiré avec raison l'attention. Ce n'est pas à l'époque
du *Trecento*, c'est au XIIIe siècle, ainsi qu'il l'a montré, que
des rapports intimes se sont noués entre l'art byzantin et l'art
italien à sa naissance. Le *Trecento* n'a presque rien ajouté à
l'iconographie byzantine : c'est donc auparavant que les thèmes
iconographiques de Byzance et d'Orient ont pénétré en Italie.
C'est alors qu'est née cette *maniera bizantina*, que les tableaux
de Pise, de Sienne ou de Gênes nous montrent tout imprégnée
d'iconographie byzantine. Mais Byzance n'a pas seulement
donné ; elle a reçu aussi d'Italie quelques motifs, quelques
attitudes nouvelles qu'elle a incorporés à sa tradition. A partir
du XIVe siècle, au contraire, les Grecs ont accueilli les motifs
occidentaux avec bien plus de réserve.

La cinquième période, qui commence au xive siècle et se prolonge à travers les temps modernes, est marquée par la seconde renaissance, la plus brillante incontestablement, la moins connue jusqu'à ces derniers temps, de l'art byzantin. Les mosaïques de Kahrié-Djami, les peintures de Mistra, les églises de l'Athos, de Macédoine, de Serbie, de Russie attestent un prodigieux développement artistique. Les œuvres byzantines perdent désormais leur caractère abstrait. C'est l'histoire sacrée dans sa réalité saisissante que représentent ces foules de personnages drapés dans les plis du costume antique et s'agitant sur un fond de paysages pittoresques. Les scènes ont perdu leur caractère de simplicité; les figures ne sont plus des statues au geste noble et mesuré, mais des personnages qui vivent et agissent avec passion. Et quelle variété d'accents, depuis la fraîcheur idyllique des scènes de l'Enfance jusqu'au récit poignant du drame du Calvaire!

Les rapports entre cet art nouveau et le *Trecento* sont incontestables, mais M. Millet a définitivement fait justice de la théorie qui admettait l'influence de l'Italie sur l'art chrétien d'Orient. Il a montré que le *Trecento* s'est contenté de développer et de modifier, avec une inspiration d'une originalité évidente, la *maniera bizantina* acclimatée en Italie au xiiie siècle. L'iconographie de Giotto, de Duccio, de Cavallini représente l'iconographie byzantine au stade qu'elle avait atteint au xiiie siècle; non seulement ils n'y ont rien ajouté, mais ils sont restés bien en deçà de la richesse de développement et de la hardiesse des maîtres de Mistra.

En réalité, et c'est là le résultat capital de son travail, M. Millet a établi que la seconde renaissance byzantine a pour point de départ le retour de l'art religieux à ses sources les plus anciennes, c'est-à-dire à ces anciens Évangiles, illustrés dans tous leurs détails, de la période hellénistique et dont le *Laurent.* VI 23 et le *Paris. gr.* 74 nous ont conservé deux rédactions imparfaites. Ce mouvement a dû son origine à l'action des humanistes de la cour des Paléologues, qui mirent à la mode la littérature alexandrine et goûtèrent le charme des paysages hellénistiques de Philostrate. Et, dans ce retour au passé, on peut discerner les traces des deux rédactions concurrentes : les peintures de la Métropole de Mistra dépendent de la rédaction d'Antioche ; les mosaïques de Kahrié-Djami de celle d'Alexandrie-Constantinople.

Ce mouvement de Renaissance, comparable à celui de la Renaissance italienne, paraît avoir été arrêté — M. Millet ne fait que l'indiquer et il faudrait insister sur ce point — par l'influence grandissante des moines, ennemis des humanistes, à la suite du triomphe des Hésychastes. C'est là probablement la raison de la stagnation, toute relative d'ailleurs, de l'art religieux orthodoxe dans les temps modernes. Ainsi que l'a montré l'auteur, il s'en faut de beaucoup que cet art soit toujours resté semblable à lui-même et, prolongeant véritablement les limites de l'histoire de l'art byzantin, il a pu discerner l'existence de deux écoles d'inspiration différente, qui se sont succédées du xiv° siècle aux temps modernes.

La première est l'école macédonienne qui a atteint un développement remarquable en Serbie au xiv° siècle et s'est étendue en Vieille-Serbie, en Macédoine et jusqu'en Russie, à Novgorod, à Volotovo, à Kovalev. Comme le prouvent des inscriptions relevées par M. Millet lui-même en Serbie et le témoignage des chroniques russes, l'œuvre des maîtres grecs fut considérable dans ce mouvement artistique. En dehors de la tradition byzanine, les œuvres de cette école révèlent trois influences. C'est d'abord celle de l'iconographie palestinienne et cappadocienne, l'usage des frises retraçant les sujets sans interruption et certains thèmes caractéristiques. C'est ensuite l'influence des évangiles illustrés et en particulier de la rédaction du *Laurent*. VI, 23. Enfin, l'école macédonienne a de nombreux points communs avec l'art italien ; mais presque toujours les motifs ainsi reproduits sont antérieurs au *Trecento*, tandis que les nouveautés propres à Duccio et à ses élèves n'ont pas été acceptées.

L'école macédonienne a aussi travaillé au Mont Athos aux
xiv° et xv° siècles; son dernier représentant fut le célèbre
Panselinos qui exécuta les peintures du Protaton vers 1540 et
décora aussi Rossicon et Chilandari. D'après Denys de Fourna,
il venait de Salonique.

A cette école macédonienne succéda l'école crétoise qui
atteignit son plein développement aux xvi°-xvii° siècles, mais
dont les origines sont obscures. Parmi ses représentants on
mentionne Théophane, moine, et son disciple Siméon, qui
travaillent au Mont Athos (1535-1546), un autre Théophane,
en 1564, à Xérophon, le Crétois Zorzi qui décore Dionysiou en
1547. L'influence crétoise ne semble pas avoir pénétré au
Mont Athos avant le xvi° siècle. D'autre part, les peintres d'icones
originaires de Crète avaient une grande réputation en Orient
et à Venise aux xvii°-xviii° siècles, mais leur œuvre, connue par
les tableaux des frères Zane, de Constantin Paléocappa, etc.
apparaît comme la floraison d'une école plus ancienne dont
l'origine est énigmatique.

Kondakov a supposé que l'école crétoise se serait formée
parmi les Grecs de Venise au xv° siècle, puis, à travers les pos-
sessions vénitiennes, Dalmatie, îles Ioniennes, Chypre, aurait
fini par gagner tout l'Orient orthodoxe. M. Millet reconnaît que
les peintres crétois de l'Athos paraissent avoir reçu leurs inspirations de Venise, mais ils dépendent aussi des anciens
manuscrits illustrés et de l'iconographie cappadocienne : c'est
à Mistra, au xiv° siècle, qu'il nous invite à chercher le point de
départ de cette école. Les peintures de la Métropole, par les
sujets qu'elles ont en commun avec plusieurs manuscrits
orientaux, révèlent l'influence de la Palestine et de la rédaction
d'Antioche. Celles de la Peribleptos, exécutées à la fin du
xiv° siècle, paraissent dues à des peintres d'icones ; on y retrouve
les procédés de l'école crétoise du Mont Athos, la richesse et la
qualité des tons, l'effet chatoyant de deux couleurs combinées,
l'une dans l'ombre, l'autre dans la lumière, sur une même
étoffe, enfin le modelé des visages caractéristique des peintres

crétois, des lignes parallèles minces et serrées. Les autres
églises de Mistra n'offrent rien de semblable. La Peribleptos
paraît donc le berceau de l'école crétoise, dernier rejeton
vigoureux de l'art byzantin, qui se développe dans la première
moitié du xvᵉ siècle, c'est-à-dire dans la dernière période de
paix qu'ait connu l'empire byzantin avant sa chute. C'est par
Mistra enfin que cette école a pénétré en Russie, où l'on trouve
aux xviᵉ et xviiᵉ siècles des répliques exactes des fresques de la
Peribleptos. Cette dernière école byzantine a quelque chose de
la souplesse et de la grâce de l'école de Sienne, mais c'est dans
les modèles d'un passé très ancien qu'elle a puisé ses qualités.

Tel fut le développement de l'art byzantin : au cours d'un
passé millénaire, il ne cessa de s'enrichir tout en restant fidèle
à la tradition hellénistique. Et la puissance de cette tradition
fut telle qu'à deux reprises différentes, au xᵉ puis au
xivᵉ siècle, elle suffit à renouveler un organisme appauvri et à
lui infuser une nouvelle vigueur.

V

Cette démonstration s'appuie sur des arguments si nombreux et si bien enchaînés, elle aboutit à des vues si nettes
et si précises qu'il paraît difficile de lui refuser son adhésion.
La plupart des résultats de ce beau travail semblent acquis
d'une manière définitive : il a fait faire un pas à la science et
sera le point de départ de nouveaux progrès. Mais tout l'édifice
repose sur le fondement d'une seule hypothèse, celle de l'existence, au début du moyen âge, d'un ou de plusieurs archétypes
de l'Evangile illustré dont l'action s'est fait sentir au cours des
siècles sur l'art byzantin. Sans doute, cette hypothèse est prouvée,
nous avons essayé de le montrer, d'une manière vraiment
scientifique qui entraîne la conviction. Mais la question est de
savoir si elle suffit à elle seule à rendre compte d'un phénomène aussi complexe que celui du développement millénaire

d'une école artistique qui, à plusieurs reprises, s'est renouvelée profondément. A côté de ce répertoire inépuisable d'illustrations de l'Evangile, d'autres éléments ne sont-ils pas intervenus pour renouveler l'art byzantin? Il est facile de constater, par exemple, que l'iconographie a pris au cours des siècles un caractère de plus en plus dramatique et pittoresque. En admettant même que cet accent nouveau vienne exclusivement de l'Orient, il resterait à se demander si l'Orient lui-même ne l'a dû qu'à des évangiles illustrés. D'autres facteurs ont pu intervenir et, depuis la publication de M. Mâle sur l'art de la fin du moyen âge, on songe à l'élément théâtral, qui a pu fournir aux artistes, comme en Occident, des scènes d'un caractère plus réel et surtout d'un développement plus continu.

La question est si naturelle que M. Millet n'a pas évité de la poser, mais il l'a résolue aussitôt par la négative. Or, un savant italien, M. La Piana, a révélé l'existence, dans l'église grecque, d'un théâtre religieux, dont la période de floraison est antérieure à la querelle des images et qui nous est parvenu défiguré dans des remaniements postérieurs, sous la forme d'homélies dont les auteurs ont abrité leurs plagiats sous des noms illustres[1]. Ces « homélies dramatiques » n'en ont pas moins conservé des dialogues entiers à plusieurs personnages dont le caractère scénique ne peut laisser aucun doute; à côté des détails puisés largement dans les évangiles apocryphes, on en trouve un grand nombre d'autres absolument inconnus à ces sources. Pour risquer une comparaison, les homélies sont aux textes dramatiques originaux ce que le *Laurent.* VI 23 et le *Paris. gr.* 74 sont aux tétraévangiles illustrés du ve siècle. Ce sont des remaniements tronqués et interpolés.

L'argumentation de M. Millet consiste d'abord à nier que ces homélies aient jamais eu une forme scénique analogue à celle de nos mystères occidentaux. Il fait bon marché des quelques

1. La Piana, *La Rapprezentazioni sacre nella letturatura bizantina.* Grottaferrata, 1912.

textes (Luitprand, Constantin Porphyrogénète) qui semblent indiquer la persistance d'actions dramatiques mêlées à la liturgie au xᵉ siècle. Il reconnait qu'il existe dans cette liturgie une mimique rituelle et il en a même rassemblé toute une série d'exemples fort curieux, mais il nie que ces pratiques, qui se sont conservées jusqu'à nos jours, aient le caractère d'une action scénique véritable. Il admet, au surplus, que ces coutumes rituelles et que les homélies dramatiques elles-mêmes ont pu fournir à l'iconographie quelques détails, mais d'une manière tout à fait accessoire. Leur influence sur l'art occidental a pu s'exercer par l'intermédiaire du pseudo-Bonaventure et elles ont probablement inspiré son livre des « Méditations sur la vie de Jésus-Christ ».

Cette dernière conclusion me paraît tout à fait exacte ; mais il m'est impossible d'admettre ce qui la précède.

Tout d'abord, l'examen critique auquel s'est livré La Piana l'a conduit à des conclusions qui me semblent irréfutables. Il suffit de lire quelques-uns des textes étudiés par lui pour se rendre compte qu'il est impossible d'expliquer autrement le caractère hétérogène de ces compilations. Un véritable drame à épisodes multiples, à personnages nombreux, à mise en scène variée se dessine dans ces fragments de dialogues, remarquables par leurs effets scéniques et la variété de leur ton : telle partie du dialogue, entre l'Ange et Marie dans l'Annonciation, entre Orcus et les démons avant la Descente aux Limbes, évoque irrésistiblement les souvenirs du mime antique. Il y a donc là le souvenir de pièces de théâtre qui ont été jouées certainement, sans qu'on sache très bien dans quelles conditions.

Reconnaissons, d'autre part, que les textes de Luitprand et de Constantin Porphyrogénète ne sont pas d'une netteté suffisante. Il est clair qu'au xᵉ siècle le théâtre religieux n'existait plus, à proprement parler, à Byzance ; mais les actions mimées auxquelles Luitprand fait allusion en étaient probablement une survivance. A ces textes célèbres on peut en ajouter un autre moins connu. Le biographe de l'impératrice Sainte Theophano, morte en 894, raconte que le jour de la Saint-Élie on va recueillir des vêtements sacerdotaux dans les plus belles églises de Constantinople, « afin d'habiller le saint prophète »[1]. Il est clair qu'il ne s'agit pas ici d'habiller une statue, pratique inconnue à Byzance, mais bien un figurant chargé de jouer le rôle du prophète Élie. Or, si le prophète Élie était ainsi représenté, il faut admettre qu'on devait figurer d'une manière quelconque l'événement même qui était l'objet de la fête, son enlèvement au ciel sur un char de feu. En supposant que cette scène ait gardé un caractère rituel, comme le prouve l'emploi des ornements d'église, elle n'en constitue pas moins une action de forme dramatique.

Mais ce qu'on regarde seulement comme une hypothèse bien fondée après la lecture des homélies dramatiques étudiées par La Piana, devient une certitude absolue si l'on fait entrer en ligne de compte le cycle des miniatures de la Vie de la Vierge qui accompagnent les deux manuscrits des Homélies du moine Jacques, le *Vatican.* 1162 f⁰ et le *Paris. gr.* 1208, 4⁰, fin du xiie siècle. Il n'y a entre ces deux rédactions que des variantes insignifiantes[2]. On a reconnu depuis longtemps qu'il n'existait aucune concordance entre ces miniatures et le texte du moine Jacques. Ce texte comprend deux éléments : quelques récits pittoresques et animés interrompus par des dialogues, puis un nombre prodigieux de dissertations et de développements oratoires, parmi lesquels ces éléments sont comme noyés. Des fragments d'homélies dramatiques surnagent au milieu de la compilation. Les miniatures, bien au contraire, présentent une succession de scènes parfaitement cohérentes, comme celles d'une action dramatique bien liée. Tous les détails de ces tableaux nous

1. Loparev, *Vizantijski Vremennik*, t. XVII, p. 71.

2. J'ai présenté à l'*Académie des Inscriptions*, sur le caractère scénique de ces miniatures, un mémoire (séances de mars 1914) qui a été admis à paraître dans les *Monuments Piot*, mais dont les événements actuels ont fait différer la publication.

font songer au théâtre. Les personnages courent et se démènent
comme des acteurs. Quelques-uns d'entre eux, qui reparaissent
sans cesse sous les mêmes traits et avec les mêmes costumes,
sont, pour ainsi dire, les protagonistes du drame : Marie,
Joachim, Anne, Zacharie, Élisabeth, Joseph, le scribe du
Temple, les fils de Joseph, l'ange Gabriel. Autour d'eux
s'agitent de nombreux figurants, prêtres, juifs, anges, suivantes
de Marie, serviteurs du Temple. Il n'est pas jusqu'aux décors
qui ne soient aisément reconnaissables; mais, ce qui est très
important, ils sont de deux sortes. Les plus fréquents sont des
intérieurs réels avec des fonds d'architecture assez simples. Il
n'y en a en réalité que quatre : la maison de Joachim, le
Temple de Salomon, semblable à une église avec l'autel sous le
ciborium, la maison de Joseph à Nazareth, la maison d'Élisabeth à Béthléem. Mais à côté de ces décors permanents et d'aspect réel, apparaissent à divers intervalles des tableaux de caractère fantastique qui transportent l'action soit en plein ciel aux
pieds du trône de l'Éternel, soit au fond des Enfers, soit au
temps des patriarches de l'Ancien Testament. Ce sont comme des
toiles de fond qui évoquaient aux yeux des spectateurs les scènes
qu'il eût été difficile de réaliser à l'aide d'acteurs vivants. Les
exostra des mimes antiques représentaient une machinerie de
ce genre. Et d'ailleurs les dialogues animés qui formaient la
trame de la pièce étaient entremêlés de tableaux à grand spec-
tacle, processions, cortèges solennels : certains épisodes étaient
traités d'une manière presque comique. On voyait, par exemple, le héraut soufflant dans sa trompe pour convoquer les veufs
d'Israël et à cet appel le vieillard Joseph descendant de l'échelle,
appuyée au toit d'une maison, sur laquelle il travaillait. En un
mot, la pièce avait ce caractère de drame romantique qu'of-
fraient aussi nos mystères occidentaux.

Si l'on étudie en détail cette succession de miniatures, on
s'aperçoit vite qu'elles nous donnent plus que les simples épisodes d'une même action : ce sont bien souvent les jeux de
scène eux-mêmes qu'elles ont conservés. L'exemple le plus frap-

pant est celui du dialogue de l'ange Gabriel avec Marie.
M. Millet a bien noté que cette salutation ne comporte pas
moins de cinq tableaux qui semblent se répéter ; mais il n'a
donné aucune explication de ce fait anormal, qui devient clair
si l'on admet que nous sommes en présence d'un dialogue
scénique. L'examen de chacune de ces miniatures nous con-
duirait à la même conclusion : l'illustration des *Homélies* du
moine Jacques nous a conservé toute la mise en scène d'une
pièce de théâtre apparentée aux dialogues scéniques conservés
dans les homélies dramatiques. Il a donc existé en Orient un
théâtre religieux et la liberté d'allure si étrange que révèlent
nos miniatures nous porte à croire qu'il était dans une certaine mesure indépendant de l'Église. C'est au mime qu'il fait
songer et nous savons que le mime s'est conservé longtemps à
Constantinople. Il n'est pas impossible d'admettre qu'à côté
des mimes de caractère profane il y ait eu aussi des mimes religieux.

Mais dans quelle mesure les motifs scéniques ont-ils pénétré
dans l'iconographie religieuse ? M. Millet, qui a étudié l'illustration des Évangiles canoniques en se bornant même à choisir
un certain nombre de thèmes, a considéré l'influence des
homélies dramatiques comme accessoire. Mais justement le
sujet de ces homélies ne coïncide jamais avec les textes canoniques : elles s'inspirent exclusivement des apocryphes qu'elles
amplifient encore démesurément. Si l'on étudiait d'autres
thèmes, par exemple la Jeunesse de la Vierge ou la Descente
aux Limbes, on constaterait une liaison intime entre les
homélies et les images.

En s'en tenant même à l'iconographie des textes canoniques,
il serait téméraire de prétendre que la mise en scène ne soit
jamais intervenue dans la transformation des types ou des
cycles. Dans une homélie qui a conservé des scènes d'une
« Descente du Christ aux Enfers », on assiste à un dialogue
fantastique entre Orcus et les démons. Au seul nom de Jésus,
Orcus, glacé d'effroi, rappelle la terreur dont il a été saisi

lorsqu'il a entendu une voix puissante appeler Lazare, captif au milieu des justes. On ne peut s'empêcher de rapprocher de ce dialogue la miniature si curieuse du psautier Barberini, f° 204 (voy. Millet, p. 233) qui montre l'Hadès figuré par un gros singe velu, les entraves aux pieds, contraint à libérer l'âme de Lazare qui monte le long d'un rayon aboutissant à Jésus. M. Millet rapproche lui-même de cette miniature la description de la mosaïque des Saints Apôtres de Mesarites : « L'Hadès épouvanté lâche l'âme qu'il avait dévorée; l'âme de Lazare retrouve son corps » et la miniature du psautier du Pantocrator n° 61, où l'Hadès est représenté dans une sorte de caisse en forme de sarcophage, tandis que l'âme de Lazare va rejoindre la momie qu'on vient de découvrir.

Mais c'est surtout le cycle de la Passion qui mériterait d'être étudié sous cet aspect. Certains motifs comme le Thrène apparaissent trop tardivement pour qu'on puisse en faire honneur aux anciens évangiles illustrés. M. Millet a montré d'une manière ingénieuse comment l'intervention de Marie, dans la Mise au tombeau, a fini par aboutir au Thrène. Il y a cependant entre la composition du xive siècle et ses prototypes une telle différence d'accent qu'il est difficile d'admettre qu'elle soit le simple résultat d'un développement organique. La découverte de la « pierre de l'onction » vénérée à Constantinople a pu contribuer à modifier le thème; mais l'attitude des personnages qui entourent le corps de Jésus a tout le caractère d'une action dramatique. Bien d'autres détails pourraient donner lieu à des observations analogues, par exemple les échelles de la Mise en croix et ce tabouret à quatre pieds sur lequel est montée Marie dans la Déposition de Croix de la Peribleptos et qui ressemble à un accessoire scénique.

En un mot, l'élément scénique paraît avoir eu son action sur la transformation de l'iconographie religieuse. Cette action n'a pas atteint également tous les thèmes; elle n'en a pas moins été une source d'inspiration et a pu contribuer à donner à certaines scènes un caractère plus vivant et plus pathétique. Ce

n'est d'ailleurs que lorsque la question des homélies dramatiques aura été complètement élucidée que l'on pourra
reprendre à ce point de vue l'étude des thèmes iconographiques.

VI

Enfin ce n'est pas seulement l'histoire de l'art byzantin qui
sort renouvelée des études de M. Millet. Ses conclusions intéressent aussi l'histoire de l'art occidental. Il s'est défendu de
vouloir pénétrer trop avant dans ce domaine; il n'a invoqué le
témoignage des monuments occidentaux que pour appuyer et
contrôler en quelque sorte sa théorie du développement de l'art
chrétien d'Orient. Mais il a été conduit par son sujet même à
examiner aussi la physionomie de l'art occidental. Il a établi
ainsi un certain nombre de faits véritablement nouveaux et
fourni aux historiens de cet art une méthode d'investigation
qui ne peut manquer d'être féconde.

L'analyse des thèmes l'a conduit, en effet, à ce résultat :
Byzance s'oppose toujours à l'Orient et, de son côté, l'Occident
suit la tradition orientale. Dans les cycles narratifs, Byzance
préfère la rédaction d'Alexandrie, l'Occident celle d'Antioche.
Au XIe siècle, par exemple, Byzance revient au type hellénistique
du Baptême (attitude sculpturale du Christ plongé dans le
Jourdain figuré par les lignes parallèles); au même moment
l'Occident imite le type cappadocien (dessin caractéristique du
Jourdain en forme de cône, geste de Jésus cachant son sexe).
Et il en est ainsi pour tous les thèmes : la loi ne souffre pas
d'exception. L'iconographie occidentale plonge donc par ses
racines dans la tradition orientale.

La conclusion est facile à tirer : désormais les historiens de
l'iconographie occidentale devront tenir le plus grand compte
de ces sources syro-palestiniennes. M. Millet s'est borné à
choisir ses exemples dans la miniature carolingienne ou ottonienne et dans l'art italien. Mais aux rapprochements qu'il a

indiqués, on pourrait en ajouter beaucoup d'autres, en considérant le champ encore mal exploré de l'iconographie romane.
En attendant que cette étude, qui est entièrement à renouveler,
soit entreprise, on nous permettra de citer quelques faits qui
permettent de vérifier la théorie de M. Millet.

Sur une fresque du XIIIᵉ siècle de Vic (Indre-et-Loire), on voit
l'ange de l'Annonciation courant vers Marie; le motif est le
même que celui de la fresque de Saint Laurent du Volturno
(IXᵉ siècle); mais M. Millet nous montre que c'est là un motif
syrien (ivoire Stroganov, fresque de Toqale, chapelle Sainte
Barbe à Gueurémé).

Dans le thème de la Nativité M. Millet attribue exclusivement à l'Occident la position de Marie étendue sur le dos et
regardant droit devant elle (pour marquer qu'elle a enfanté
sans douleur); mais il n'a considéré que la miniature allemande
et l'art italien. Dans les œuvres romanes et gothiques, on
trouve, au contraire, fréquemment l'attitude proprement
syrienne de Marie couchée sur le côté et détournant la tête avec
tristesse. Le motif a même persisté à l'époque gothique, comme
le montre le bas-relief du tombeau d'Aycelin de Montaigu à
Saint-Cerneuf de Billom (Puy-de-Dôme). Un autre motif syro-
cappadocien, celui des Mages observant l'étoile (Millet, p. 139),
est familier aux maîtres romans et gothiques (vitrail de l'abside de la cathédrale de Clermont, fin du XIIIᵉ siècle). Dans les
grottes cappadociennes de Tchareqle et Qaranleq, pendant que
les mages se prosternent, on voit leurs chevaux sellés attachés
à un arbre. Ce motif pittoresque a passé en Occident; on le
trouve sur le linteau triangulaire de la porte méridionale de
Notre-Dame-du-Port à Clermont, sur un tympan du XIIᵉ siècle
de l'église d'Authezat (Puy-de-Dôme), sur des chapiteaux de
Moissac et du cloître de Tarragone.

Nous ne reviendrons pas sur la pénétration si caractéristique
du Baptême cappadocien en Occident; la sculpture romane ne
connaît pas d'autre type.

De même, c'est le type réaliste de la résurrection de Lazare qui a prévalu en Occident. C'est aussi à l'aide des monuments occidentaux que M. Millet est parvenu à restituer le cycle des épisodes qui précédaient la Résurrection et formaient une illustration détaillée du quatrième évangile (Millet, p. 248). Aux exemples qu'il a cités, on peut ajouter celui d'un chapiteau de Moissac (Anglès, *L'abbaye de Moissac*, n° 13), qui montre sur ses quatre faces le Christ devant Marthe et Marie prosternées, puis les deux sœurs debout et courant au tombeau, Jésus faisant enlever les bandelettes de Lazare, les Juifs manifestant leur admiration.

La façade de Saint-Gilles (Gard) a conservé aussi un véritable cycle des Rameaux (Jésus ordonnant à ses disciples d'aller chercher l'ânesse, ceux-ci la sellant devant l'hôtellerie, le cortège triomphal avec treize disciples portant des palmes). On peut le rapprocher utilement des cycles des *Laurent.* VI, 23, *Paris. gr.* 115, *Paris. gr.* 74.

Une fresque de Saint-Jacques des Guérets (Loir-et-Cher) montre la Cène autour d'une table carrée. Jésus est au milieu des apôtres et, en face de lui, Judas reçoit les bras étendus le pain que le Sauveur lui met dans la bouche. Cet exemple caractéristique peut s'ajouter à ceux que M. Millet a donnés pour montrer que l'Occident, à l'exemple de l'Orient, illustre le texte de Jean, tandis que Byzance suit le récit de Mathieu.

Le « Lavement des pieds » en Occident s'inspire aussi du réalisme oriental. Sur un bas-relief de Beaucaire (xııᵉ siècle), Jésus saisit brusquement la cheville de Pierre avec le geste que l'on remarque sur les miniatures syriennes des xııᵉ et xıııᵉ siècles. Ici nous signalerons une innovation dont M. Millet (p. 320) fait honneur au *Trecento* inspiré par le texte des *Méditations* et qui est dû en réalité aux maîtres romans : Jésus agenouillé devant saint Pierre figure dans cette attitude sur un grand nombre d'œuvres de sculpture romane (linteau triangulaire de Clermont — Vaudeins, Ain — Saint-Julien de Jonzy, Saône-et-Loire — Saint-Gilles, Gard — chapiteau de Moissac).

Le type byzantin de la « Trahison de Judas » s'oppose, par

son caractère de retenue et de sobriété, au type réaliste d'Orient,
qui, d'après le texte de Mathieu, montre successivement le
baiser du traitre pendant que Jésus guérit l'oreille de Malchus,
puis Jésus emmené par les soldats. La scène est empreinte d'un
caractère de réalisme brutal qui se manifeste surtout sur la

Fig. 6. — L'arrestation de Jésus. — 1. Tétraévangile de Saint Jacques des
Arméniens. — 2. Tétraévangile syriaque du British Museum. — 3. Copte 13.
(Millet, *Iconog. Évang.*, p. 333, fig. 338-540).

miniature du Copte 13 (Bibliothèque Nationale, XIIe siècle)
(fig. 6). Mais on rapprochera utilement de ce manuscrit un
chapiteau d'une église auvergnate (chœur de Saint-Nectaire,
Puy-de-Dôme) (fig. 7). Les traits communs aux deux œuvres
sont nombreux : Judas passant derrière Jésus, la sollicitude

du Sauveur pour Malchus, le geste du sbire saisissant le poignet de Jésus (un juif sur le Copte 13, un soldat à Saint-
Nectaire). A Saint-Nectaire, Judas passe ses bras autour de la
poitrine du Maître : le caractère de brutalité est encore exagéró;
mais l'inspiration est la même que celle du manuscrit oriental.

Fig. 7. — L'arrestation de Jésus. Saint-Nectaire (Puy-de-Dôme). (Abbé Rochias,
Les chapiteaux de l'église de Saint-Nectaire. Caen, 1910.)
(Communiqué par M. le D' Cany).

Un autre chapiteau de Saint-Nectaire, dont une réplique se
trouve à Issoire (Puy-de-Dôme), nous montre Jésus fléchissant
sous le poids de sa croix sur le chemin du Calvaire et poussé
brutalement par un soldat. Là encore, les maître romans, tout
imprégnés d'inspiration réaliste, ont précédé le *Trecento* auquel
M. Millet fait honneur de cette innovation.

La même observation s'appliquera au Crucifiement. A la

courbe élégante que dessine le corps.du Christ dans les œuvres
byzantines, les Orientaux ont préféré la ligne brisée dessinant
un angle aux coudes et aux genoux. D'après M. Millet, ce procédé apparaît dans la miniature arménienne au ıxᵉ siècle et est
adopté par l'Occident au xıᵉ (évangéliaire de Gembloux). Il faut
ajouter qu'il y est devenu prédominant. La ligne brisée est
atténuée au crucifix du tombeau de Saint-Lazare d'Autun, au
vitrail de la cathédrale de Poitiers, au crucifix provenant de
Clermont, au musée de Cluny ; le type se rapproche de celui de
l'ivoire Oppenheim (xıᵉ siècle : voy. Schlumbérger, *Épopée
byzantine*, II, p. 13). Au contraire, la brisure des jambes apparaît franchement sur le crucifix donné par Courajod au musée
du Louvre, sur le Christ de l'album de Villard de Honnecourt
(un des premiers exemples des pieds croisés l'un sur l'autre et
attachés par un seul clou) et surtout dans les Dépositions de
Croix du xııᵉ siècle (fresques de Vic et du Liget, Indre-et-Loire,
cloître de Silos).

La Déposition de Croix apparaît pour la première fois en
même temps au xᵉ siècle sur l'Évangéliaire d'Angers et dans la
chapelle de Tavchanlé (Cappadoce). Le prototype oriental imité
par des manuscrits coptes du xıııᵉ siècle se trouve dans le
Sacramentaire de Drogo.

Ces exemples suffisent à montrer quelques-uns des aperçus
nouveaux que la méthode d'investigation de M. Millet ouvre à
l'histoire de l'art chrétien d'Occident. Dans un chapitre d'ensemble nourri de faits, il a cherché à donner l'explication historique des rapports qu'il avait constatés. Il a bien montré le
rôle essentiel des colonies monastiques venues de Syrie dans
l'Italie méridionale. Ce sont ces moines basiliens d'Orient qui
ont contribué, en apportant des manuscrits pareils au *Codex
Rossanensis*, à répandre les motifs de l'iconographie syrienne et
cappadocienne en Occident. Une œuvre comme la Bible de
Farfa (xıᵉ siècle) permet de fixer une étape de cette marche des
motifs orientaux à travers l'Italie. M. Millet a insisté particulièrement sur leur invasion au delà des Alpes, dans l'Allemagne

des Ottons, et, après avoir soumis à un examen critique les théories de Haselof et de Hieber sur les écoles de miniatures de Reichenau et de Trêves, il conclut que ce sont des moines de Palestine qui ont fourni à ces écoles leur technique et leur base iconographique.

Enfin, ce n'est pas seulement l'histoire de l'art roman, c'est celle du *Trecento* italien et indirectement de l'art de la fin du moyen-âge que ses conclusions intéressent. Les théories de M. Millet devront être confrontées avec celles de M. Mâle. Il est certain que la mise en scène des mystères dramatiques ne suffit pas à expliquer tous les motifs nouveaux qui se montrent dans l'art occidental au xve siècle, en particulier dans le cycle de la Passion. C'est le *Trecento* italien qui a donné à l'Occident l'exemple de cette iconographie nouvelle, mais il n'a été lui-même qu'un intermédiaire, au même titre que le texte célèbre du pseudo-Bonaventure. C'est donc désormais dans l'iconographie orientale qu'il faudra chercher la source profonde du courant d'art pathétique et mystique qui a transformé l'art de l'Europe occidentale au xve siècle. Ce sont des thèmes créés par des moines de Palestine et de Cappadoce qui, plus ou moins modifiés et élaborés, ont produit les chefs-d'œuvre de nos Primitifs.

On voit quel long chemin M. Millet a dû parcourir pour pouvoir donner une solution au problème que soulève l'école de Mistra. C'est l'histoire de l'art du moyen âge qui sort renouvelée tout entière de sa magistrale étude.

Louis Bréhier.

LE SERPENT D'AIRAIN FABRIQUÉ PAR MOISE

ET LES SERPENTS GUÉRISSEURS D'ESCULAPE [1]

I

Le peuple israélite, partant du Mont Hor où il avait été procédé à la pompe funèbre du grand.prêtre Aaron, prend la route de la mer Rouge (golfe Ælanitique, actuellement golfe d'Akaba), afin de contourner le pays d'Edom par l'Est. Mais des murmures s'élèvent; on manque d'eau et de vivres dans cette région désertique. La divinité, irritée des reproches qui lui sont adressés, châtie son peuple par l'intervention, très inattendue et spéciale, de serpents venimeux (*Nombres*, XX, 23-29, XXI, 4-9).

Voici la traduction exacte de cet épisode des « serpents brûlants » (XXI, 6-9) :

« Alors Yahvé envoya contre le peuple les serpents brûlants (*nekhashîm seráphîm*), lesquels mordirent le peuple et mirent à mort beaucoup de monde en Israël. — Le peuple vint donc trouver Moïse et lui dit : « Nous avons péché en parlant contre Yahvé et contre toi; veuille intercéder auprès de Yahvé pour qu'il éloigne de nous ces serpents. — Là-dessus Moïse intercéda (auprès de Yahvé) en faveur du peuple. Et Yahvé répondit à Moïse : « Fabrique toi-même un (serpent) brûlant, que tu élèveras sur une perche. Il arrivera alors que quiconque aura été mordu et regardera (*rá'àh*) le serpent (fait par toi), sera sauvé. » —

---

1. A fait l'objet d'une communication à la *Société asiatique* dans sa séance du 12 janvier 1917.

Moïse fabriqua donc un serpent d'airain et le dressa à l'extrémité d'une perche. Et il arriva que, toutes les fois qu'un homme avait été mordu par un serpent (brûlant), cet homme, s'il fixait ses regards (*hibbît*) sur le serpent d'airain, échappait à la mort. »

Étrange aventure et quelles complications, que de temps perdu ! Après avoir, sous le coup d'un danger imminent obtenu une consultation de la divinité sur le remède à opposer au fléau, le chef du peuple israélite doit se rendre à un atelier métallurgique, confectionner un moule, y couler du bronze... Et pendant ce temps, les ravages continuent et les victimes succombent sans secours.

En dehors de ces remarques que suggère la forme populaire du récit, voici une observation d'une bien plus grande portée. Quel défi ces quelques lignes portent à la loi du Sinaï ! Et c'est après la scène du veau d'or, quand le souvenir de la terrible répression à laquelle a donné lieu le sacrilège est encore présent à toutes les mémoires (*Exode*, chap. XXXII), que Moïse lui-même procède à la confection d'une image, d'une idole, d'une représentation matérielle de la divinité calquée sur la figure d'un animal vivant, et qu'il fabrique, sur l'ordre exprès de Yahvé, l'objet sacré auquel on adressera des regards et des baisers d'adoration pour échapper à une mort affreuse ! Certes, un pareil acte, à lui tout seul, est plus abominable que tous les cris de révolte et tous les blasphèmes qu'ont pu proférer les Israélites sous le coup de la faim et de la soif. Relisez les passages significatifs de l'*Exode*, XX, 4 suiv. et 23 ; XXXIV, 17. La contradiction est trop flagrante ; il y a là une énigme à éclaircir.

Cependant le problème risquerait de rester sans solution si le second livre des Rois (XVIII, 4), à propos de la réforme religieuse entreprise par le roi Ezéchias (dernière partie du VIIIe siècle avant notre ère), ne nous fournissait le curieux renseignement que voici : « Ezéchias mit en pièces le serpent d'airain qu'avait fabriqué Moïse parce que, jusqu'à ces jours-là, les enfants d'Israël avaient continué de brûler de l'encens en son honneur ; et on l'appelait *le bronze (nekhoushtân).* » Ainsi, un objet en métal d'alliage, représentant un serpent, figurait au vIII^e siècle dans le temple de Yahvé ou dans l'une de ses dépendances, et l'on attribuait son origine à Moïse ; cet objet recevait les hommages empressés des fidèles. Cette présomption d'origine si flatteuse ne prévalut pas contre les exigences des réformistes de l'époque ; ils mirent brutalement en pièces le bronze sacré, qui avait arraché au trépas tant d'ancêtres d'Israël.

II

Le premier point est de déterminer la localité où se passe la scène des serpents brûlants, dont les blessures mortelles sont soulagées par un serpent guérisseur.

Notre prétention n'a rien d'excessif. L'établissement de la topographie de la péninsule sinaïque pour l'époque contemporaine de l'invasion des Hébreux en Palestine, se heurte assurément à de très grandes difficultés ; cependant elle est en sérieux progrès et les données ne peuvent pas en être considérées comme purement fictives et arbitraires. Les identifications sont compliquées encore par la distinction qu'il est nécessaire de faire entre les divers documents entrés dans le texte traditionnel, d'où il faut les extraire sous une forme fragmentaire et incomplète.

D'après *Nombres,* XX, 22 et XXXIII, 37, il n'y a qu'une journée de marche entre Kadès et le mont Hor ; or, c'est en quittant le mont Hor que se produit l'incident des serpents brûlants. Il convient donc de le situer dans le voisinage. Nous n'avons rien su trouver dans nos recherches portant sur le flanc occidental du pays d'Edom.

Un nouvel examen des textes nous a amené à voir les choses un peu autrement. Immédiatement après l'épisode des serpents, qui n'est pas exactement localisé, est nommée la station d'Obot, puis celle d'Yiè-Abarim *située d l'Est de Moab (Nombres,* XXI, 10-11). Ce ne serait point alors sur le flanc Ouest, mais sur le

versant oriental de l'Idumée que se serait passée la scène.
D'après le fameux catalogue des « stations du désert » (*Nombres*,
XXXIII), sont nommés après le mont Hor les points d'arrêt
suivants : Salmona, Punon. Obot et Yim, autrement dit Yiè-
Abarim, qui confine à la frontière de Moab. C'est donc bien à
l'Est de l'Araba qu'il convient de faire porter notre enquête.

Nous n'insisterons pas sur la circonstance que le mont Hor
lui-même doit être identifié au mont *Nebi Aroun* des Arabes
près de Pétra, c'est-à-dire être localisé à l'Est de l'Araba et non
à l'Ouest. Le dictionnaire de Gesenius (15e édition) revient sur
ce rapprochement et le met en doute. Nous ne sommes nullement convaincu qu'il soit dans le vrai ; mais nous ne ferons
point fond ici sur la position du mont Hor à proximité de la
grande voie qui court à l'Est du Jourdain et de la Mer Morte.

Obot étant nommé (*Nombres*, XXI, 10) immédiatement après
l'aventure des serpents venimeux, voyons ce que ce nom peut
nous fournir. La consultation du dictionnaire nous le montre
infiniment suggestif. '*Ob*, en effet, au pluriel '*obôt*, signifie un
esprit des morts qu'on évoque, l'esprit d'une personne défunte
que le sorcier ou le conjurateur fait apparaître (*Lévitique*, XIX,
31 ; XX, 6, 27 etc). Une nécromancienne, c'est une *ba 'alat ob*,
une femme en possession de l'esprit d'un mort, lequel s'exprime
par son moyen (1 *Samuel*, XXVIII, 7).

Von Gall, dans son ingénieux précis *Les anciens lieux de
culte en Israël*[1], exprime l'avis qu'une localité dénommée « les
esprits des morts », qu'on ramène de dessous terre pour communiquer avec les vivants, devait être un lieu de culte et que
cette mention désigne un sanctuaire. « L'objet de ce culte,
ajoute-t-il, devait être quelque chose de souterrain ; les esprits
des morts qu'on évoque de la terre habitent volontiers des
cavités ou des cavernes. »

Reste à établir un lien entre les serpents et les esprits des
morts ; cela est, en vérité, très facile.

---

1. *Altisraelitische Kultstätten*, Giessen, 1898.

En effet, d'après de nombreux textes de l'antiquité classique et d'après la Bible elle-même, les serpents sont en relation intime avec l'évocation de l'âme des morts comme avec les guérisons. Rappelons simplement le serpent Python de Delphes et l'expression de pythonisse pour désigner, dans la traduction des Septante, la *ba 'alat 'ob* ou nécromancienne d'Endor, qui évoqua l'ombre du prophète Samuel devant Saül : « Je vois sortir (des entrailles) de la terre un esprit (littéralement *un dieu*)[1]... C'est un vieillard, qui porte le manteau (des prophètes) » (1 *Samuel*, XXVIII, 13-14). Au livre des *Actes des apôtres* (XVI, 16), il sera encore question d'une femme possédant un « esprit de Python », dont les divinations sont largement rémunérées.

Le serpent qui sort des profondeurs de la terre, où il rencontre les âmes séjournant dans les régions inférieures (lieux infernaux, *shéol* des Hébreux), en rapporte des secrets, des mystères, des trésors cachés sous les roches et dans les mines ; il incarne les âmes. Voici ce que dit Benzinger à cet égard : « Dans la mythologie (orientale), le serpent est mis en des liens intimes avec l'arbre de vie et avec l'eau de vie. Du premier point portent témoignage le récit de la chute (*Genèse*, II et III) et les représentations babyloniennes, sur lesquelles le serpent se dresse à côté de l'arbre de vie. Pour le second point, il suffira de rappeler le fréquent rapport établi entre le serpent et une source sacrée où l'on trouve la guérison ; le dragon ou serpent qui veille sur la source est généralement une figure mythologique bien connue... En conséquence, le serpent est l'animal consacré au dieu de la guérison, à Eshmoun-Esculape. Le serpent d'airain de Moïse, à son tour, rend la vie à ceux qui ont subi une blessure mortelle. Arbre de vie et eau de vie sont, dans la relation la plus intime avec le monde souterrain. De ce même monde souterrain proviennent, ainsi que la vie, la sagesse, les pouvoirs magiques et les oracles ; en tant qu'il

---

1. L'hébreu porte le pluriel, *des dieux* ; mais il est visible par la suite qu'i s'agit d'une personne unique.

appartient à l'empire du monde souterrain, le serpent est plus rusé que toutes les bêtes des champs (*Genèse* III, 1)[1] ». — Il semble également que l'on soit fondé à rapprocher du mot serpent (*nâkhâsh*) le radical *nâkhash* employé, au pluriel (*nikhesh*), au sens de pratiquer la divination et les arts magiques, ainsi que le substantif *nakhash*, incantation, divination. On a même supposé que le verbe avait, à l'origine, les sens de siffler, chuchoter, parler d'une voix étouffée, qui conviennent au serpent.

Von Gall et Benzinger, le premier en nous suggérant l'existence, à Obot, d'un sanctuaire, non israélite, où l'on évoquait l'âme des défunts, le second en rappelant les caractères du serpent révélateur et guérisseur. viennent de nous fournir les deux éléments essentiels de la question : il nous suffira de les rapprocher pour obtenir la solution. Von Gall nous dit qu'à Obot les esprits des morts sortaient de terre par des trous et des cavités afin de révéler aux vivants d'utiles secrets ; nous supposerons qu'ils en sortaient sous la forme du serpent. Le serpent révélateur et guérisseur était l'objet du culte pratiqué à Obot.

III

Nous estimons que l'épisode de *Nombres*, XXI, 4-9 nous rapporte un écho, assurément très affaibli, une image fort altérée, mais non absolument méconnaissable, de faits relatifs à un sanctuaire du grand dieu guérisseur des Syro-Phéniciens, d'Eshmoun, que les Grecs appellent Asklépios et les latins Esculape, situé sur la grande route courant du Nord au Sud au-delà du Jourdain, en un point voisin de la frontière édomito-moabite. L'identification entre Eshmoun, Asklépios et

---

1. *Hebraeische Archæologie*, 2ᵉ édition, Tübingen, 1907, p. 328. — Voyez dans Ad. Lods, *La croyance à la vie future et le culte des morts dans l'antiquité israélite*, Paris, 1906, les passages concernant les serpents, t. I, pp. 12, 70, 72 et 213.

Esculape est garantie par d'anciens témoignages, notamment par une très remarquable inscription trilingue (phénicienne, grecque, latine), découverte en Sardaigne aux environs de Cagliari et que reproduit le *Corpus inscriptionum semiticarum*[1]. Eshmoun-Esculape n'est point, comme le représente un art très éloigné des origines, une figure d'homme, accompagnée d'un serpent, symbole de sagesse, de science et de guérison. C'est un dieu serpent, comme les taureaux Apis ou Mnévis, comme le crocodile en Égypte[2]. C'était un serpent sacré qui faisait l'objet des adorations et autour duquel s'empressait un clergé dévoué. Il n'y a rien d'étonnant à ce que le culte d'Eshmoun ait possédé des sanctuaires sur les grandes routes de l'Asie, notamment au S. E. de la Mer Morte, sur celle qui faisait communiquer la Phénicie avec l'Arabie, soit que l'on ait importé l'animal divin, soit plutôt que l'on ait disposé des lieux de culte dans les régions où se rencontraient les serpents présentant les caractères essentiels à la fonction sacrée. C'est ainsi qu'en un endroit, dénommé d'après cela Obot, « les esprits des morts, les revenants », aurait été institué, dès une époque très ancienne, un sanctuaire d'Eshmoun en raison des serpents qui se trouvaient dans la région, serpents présentant les particularités et les signes auxquels les prêtres de l'Esculape syrophénicien reconnaissaient le dieu guérisseur.

Un peu plus au Nord, dans le voisinage et à l'Est de l'embouchure du Jourdain, j'ai cru pouvoir conjecturer la présence d'une tombe de style égyptien, qui a donné naissance à la légende de l'inhumation du patriarche Jacob en cet endroit (*Genèse* L, 7-11)[3].

Les Israélites seraient donc, au cours de leurs pérégrinations de l'exode d'Égypte, entrés en relations avec un sanctuaire

---

1. Tome I, p. 143.

2. Voy. J. Toutain, *Le culte du crocodile dans le Fayoum*, extrait de la *Revue de l'Histoire des Religions*, 1915.

3. Voyez notre mémoire *Le sanctuaire moabite de Beth-Péor*, etc. dans *Revue de l'Histoire des Religions*, 1917, t. LXXVI, p. 241-261.

d'Eshmoun, en grec avec un Asklépéion, dont ils ont gardé un souvenir à la fois déformé et approprié à leurs propres façons de voir. Ils ont rencontré un culte qui s'adressait à des serpents révélateurs et guérisseurs ; ces guérisons devaient être mises à l'actif de leur dieu propre, de Yahvé. D'autre part, elles ont été expliquées conformément au thème dogmatique des écrivains bibliques : rébellion du peuple, punition, pardon.

Qu'était-ce qu'un Asklépéion ? C'était un temple de nature spéciale où des prêtres, gardiens et interprètes de serpents sacrés, servaient de ministres à des révélations et à des guérisons. Ces révélations se produisaient particulièrement sous forme de songes, dont le malade consultant obtenait la communication au cours d'une *incubation*, c'est-à-dire d'une nuit passée dans le sanctuaire[1]. Les prêtres étaient là pour en préciser le sens et en assurer le succès. Le sanctuaire d'Obot, au Nord de Pétra, était un Asklépéion.

IV

Quel rôle joue, en tout ceci, le serpent d'airain, que nous avons momentanément négligé ? On ne peut manquer d'être préoccupé par cette contradiction, au moins apparente, que le serpent guérisseur d'Eshmoun est un serpent vivant, tandis que le serpent guérisseur de Moïse est un serpent de bronze ou d'airain et que, d'après les *Nombres*, les serpents vivants sont, au moyen de leurs morsures venimeuses, l'organe du fléau déchaîné par Yahvé. C'est que, dans ces récits, reposant sur des

---

1. La pratique de l' « incubation » en vue de songes et de révélations célestes n'est pas inconnue aux livres bibliques. Nous en possédons deux illustres exemples, l'un concernant Jacob à Béthel, qui est honoré d'un songe et d'une révélation au cours d'une nuit passée dans une enceinte consacrée (*Genèse*, XXVIII, 10-22), l'autre le roi Salomon au fameux sanctuaire de Gabaon, où Dieu, lui apparaissant en songe, lui confère, selon sa propre demande, le don de la Sagesse (1 *Rois*, III, 4-15).

traditions altérées, il faut prendre la peine d'isoler chaque élément et de le traiter à part.

L'archéologie palestinienne, qui se livre à des recherches de plus en plus fructueuses, nous apporte ici une réponse décisive. Le serpent de bronze a été retrouvé. Benzinger, dans son *Archéologie hebraïque*[1], reproduit un petit serpent de bronze ou d'airain, provenant des fouilles pratiquées dans la vieille cité de Guézer au sud-est de Jaffa, et met cette découverte en rapport avec l'effigie dont l'origine est rattachée à Moïse et qui fut détruite par les soins pieux du roi Ezéchias. « De la circonstance rapportée à 2 *Rois*, XVIII, 4, dit-il, nous rapprocherons le fait que, à l'intérieur du sanctuaire de Guézer, on a découvert un petit serpent en bronze. » Lui-même émet l'opinion que le simulacre détruit par Ezéchias était un symbole ou une représentation de Yahvé en personne, assertion qui nous paraît contestable et sur laquelle nous allons revenir.

Ainsi l'archéologie moderne a établi que le « serpent d'airain », que l'objet auquel la population de Jérusalem avait donné l'appellation familière « le bronze » (*Nekhoushtân*), n'est pas une invention, qu'il appartient à la réalité, qu'on en a trouvé des exemplaires[2].

On a dit : « Sous cette forme on a adoré Yahvé, comme sous la forme du taureau, à Dan et à Béthel, dans le royaume d'Israël ». Est-ce bien certain? Le culte des veaux ou taureaux d'or (d'or plaqué sur bois) est très sérieusement attesté; celui du serpent ne l'est pas. L'adoration du serpent dans l'épisode des *Nombres* n'est l'objet d'aucun blâme, tandis que les taureaux d'or de l'Exode israélite (*Exode*, XXXII) et du royaume du Nord (1 *Rois*, XII, 28 suiv. et *passim*) sont sévèrement condamnés. Assurément, on brûlait l'encens devant cette figurine; on lui attribuait un caractère mystérieux et sacré; on racontait qu'elle

---

1. 2ᵉ édition, p. 328.
2. Ce nom de *Nekhoushtân* avait le double avantage de signifier « le bronze » et, par à peu près, « le petit serpent », serpent se disant *Nâkhdsh*.

avait été dépositaire de vertus salutaires : l'adorait-on comme reproduction ou effigie du dieu légitime d'Israël, de Yahvé? Je ne le pense pas. Elle n'est jamais mentionnée à ce titre dans les textes antérieurs à Ezéchias. C'était, dans l'esprit des visiteurs du temple de Jérusalem, une pieuse relique, un précieux souvenir. Rien de plus; mais les puritains s'alarmèrent qu'on fît brûler l'encens devant ce serpent et ils le mirent de côté, s'ils ne le détruisirent pas brutalement comme l'indique le texte biblique.

Quel rapport peut-il y avoir entre le serpent guérisseur vivant et le serpent de bronze, c'est-à-dire entre le dieu lui-même et sa reproduction? Celui, je pense, de la réalité à l'image. Les pieux pélerins ne rapportaient-ils pas, de leur visite aux sanctuaires d'Eshmoun, des simulacres plastiques, de faïence ou de terre cuite, de bronze ou de plomb, représentant le dieu lui-même? Le serpent d'Ezéchias et de Moïse aurait été un de ceux-là. Une de ces reproductions métalliques a été apportée à Jérusalem, où elle aura pris place parmi beaucoup d'objets consacrés, ex-votos et autres, dans le trésor du dieu national. La population, sachant vaguement sa provenance, lui attribuait des vertus spéciales. De là, des marques de respect sous la forme classique des encensements. On se disait le lieu d'origine de l'objet en question : Obot en Edom. C'était en ces régions que la glorieuse tradition faisait passer Israël sortant du désert pour marcher à la conquête du pays de Chanaan. Le serpent d'airain a été rapporté par Moïse en personne ; ne serait-il pas son œuvre? C'est l'effigie d'un serpent guérisseur; c'est lui-même un serpent guérisseur. Et, par un dédoublement hardi, il est censé avoir guéri les morsures causées par ses congénères. Pour éviter tout scandale, il était entendu qu'il avait été fabriqué sur l'ordre exprès de la divinité — de la divinité, qui sait ce qu'elle fait et n'a pas à en rendre compte.

Ce n'est point, pour notre part, à l'époque de Moïse ou de Josué que nous ferons remonter l'introduction du serpent d'airain dans le trésor de Yahvé à Jérusalem. En effet, par quelle chance inouïe aurait-il survécu à la longue série d'aventures qui séparent les pérégrinations en Arabie Pétrée de la fondation et de l'inauguration du temple de Salomon? L'aurait-on rapporté comme trophée de guerre de l'expédition de David contre les Edomites? C'est possible. Il n'est pas impossible, non plus, qu'il ait été offert par un voyageur revenant d'Arabie en Palestine.

V

Il reste un anneau à fournir pour compléter la chaîne. On nous demandera, en effet, de quel droit nous supposons dans l'Asklépéion d'Edomie, florissant aux temps sinon de Moïse, mais sans doute de David et de ses successeurs, la présence de simulacres du dieu-serpent en bronze.

Nous sommes en mesure de répondre victorieusement à cette objection. En effet, dans les environs immédiats d'Obot, à Punon (ou Phounon), station qui, dans le catalogue des *Nombres* (XXXIII) précède immédiatement celle-ci, se trouvait une exploitation de cuivre. Un récent explorateur, le professeur suisse Léon Cart, en parle ainsi : « La station de Phounon doit être cherchée dans l'Araba. Eusèbe la situe entre Pétra et Zoar (sud de la mer Morte) et nous apprend qu'il s'y trouvait des mines de cuivre. La supposition de Seetzen que cette localité est à identifier avec les ruines de Phénan, situées au pied du Guébal (Gabalêne), a été justifiée par les récentes découvertes. Le P. Lagrange a retrouvé Phounon. Il y a remarqué les restes de deux églises, d'un aqueduc, d'un tas de scories cuprifères. On sait qu'au temps des persécutions des chrétiens, spécialement sous Dioclétien, en 307, de nombreux confesseurs furent condamnés aux mines de Phounon[1]. »

Donc le clergé attaché à l'Asklépéion d'Obot pouvait faire

---

1. *Au Sinaï et dans l'Arabie Pétrée*, p. 246; cf. *Revue Biblique*, 1896, p. 112 et suiv.

confectionner à bon compte dans son voisinage des effigies en bronze des animaux sacrés qu'il entretenait. Et l'écrivain des *Nombres* ne s'est pas trompé autant qu'on pouvait le croire à un premier examen, en considérant comme toute naturelle la présence en ces lieux d'un matériel et d'un atelier métallurgiques.

Je suis très heureux de constater que M. Léon Cart, archéologue et exégète de grande valeur[1], est arrivé, par voie indépendante, à situer dans la même région que moi la localité où les *Nombres* placent l'épisode des « Serpents brûlants ». — « La scène, dit-il, s'est passée en un point situé entre les pays d'Edom et de Moab. Quel point? L'auteur a en vue une région désolée où on ne trouve ni à boire, ni à manger, mais où, en revanche, abondent les serpents dangereux et venimeux; en outre, il nous parle de la fabrication d'un serpent d'airain, dont la vue seule devait guérir les malades. Quand même ce récit ne serait qu'une légende, destinée à légitimer le culte du serpent dans le Temple de Jérusalem (2 *Rois*, XVIII, 4), le narrateur a dû localiser l'épisode en un endroit où l'on trouve de l'airain... Or nous avons déjà signalé la découverte du site de Phénan avec ses mines de cuivre, dans l'Araba, par les Dominicains de Jérusalem; cette localité est certainement le Phounon (Punon), de la liste des stations (*Nombres*, XXXIII, 42). Ne serait-ce pas là que se passe l'épisode des serpents brûlants? En tout cas, aucun endroit ne conviendrait mieux : la présence des minerais, la stérilité de la grande plaine, le fait que la région est infestée de serpents, selon le dire de certains voyageurs[2]. »

Nous résumerons notre essai d'explication de l'épisode des serpents venimeux et du serpent d'airain, attribué à Moïse mais écarté par les soins d'Ezéchias, dans les propositions suivantes :

---

1. Voyez dans la *Revue d'Histoire des Religions* la notice que nous avons consacrée à la mémoire de *Léon Cart, archéologue et exégète*, t. LXXVII, 1918.

2. *La Géographie de l'Exode*, appendice au voyage *Au Sinaï* etc., dans le *Bulletin de la Société neuchâteloise de géographie*, 1914.

1° Ce double épisode trouve un solide point d'appui dans l'existence, aux confins de Moab et d'Edom, d'un sanctuaire consacré au dieu serpent guérisseur des Phéniciens, Eshmoun, assimilé à Asklépios-Esculape.

2° Il y avait là des serpents vivants — c'étaient les animaux divins — et des serpents en bronze, représentant et rappelant les premiers. Les *Nombres* et les *Rois* se sont trompés en faisant des serpents vivants des êtres hostiles et dangereux et en leur opposant le « serpent d'airain » guérisseur.

3° L'identification de la localité visée à *Nombres*, XXI, est confirmée par la présence voisine des mines et ateliers métallurgiques de Phénan (Punon, Phounon).

4° Le « bronze » (*nekhoushtán*), qu'on encensait à Jérusalem au temps d'Ezéchias, ne remonte pas à l'époque de Moïse, mais probablement aux conquêtes de David en Idumée.

Nous terminerons cet exposé par un double rapprochement :

1° Au chapitre VI des prophéties d'Isaïe, le prophète assiste à une apparition de la divinité dans le Temple. Elle est entourée de *sáráphs* ou « brûlants », peut-être « serpents venimeux », vulgairement *séraphins*, figures célestes munies de trois paires d'ailes, analogues aux *chérubins* de l'*Exode* et des *Rois*, qui proclament à haute voix la sainteté de Yahvé, dieu des armées (*Isaïe*, VI, 1 suiv., particulièrement versets 2 et 6). Seraient-ce les serpents d'Eshmoun-Esculape, réduits en vasselage et obligés de proclamer la supériorité du dieu d'Israël? « Saint, saint, saint, Yahvé des armées (du ciel)! Toute la terre est pleine de sa magnificence. »

Nous nous étions demandé précédemment[1] s'il ne conviendrait pas de voir dans les *seráphîm* d'Isaïe une transposition de la divinité égypto-grecque Sérapis ou Sarapis : « Les *sáráphs* d'Isaïe seraient, en définitive, un emprunt au grec Σάραπις, comme les *Kroubs* d'Ezéchiel (Chérubins) sont un emprunt aux

---

1. *Les emprunts de la Bible hébraïque au grec et au latin*, Paris, 1914, p. 159-161.

γρῦπες fantastiques des légendes orientales, que les Hébreux ont appris à connaître par l'intermédiaire des Grecs. Quelle joie d'humilier la principale des divinités de l'époque ptolémaïque en faisant des Sérapis — séraphins des témoins et des hérauts de la gloire du dieu d'Israël ! »

2° Le génial auteur du IVᵉ Evangile, coutumier des plus belles audaces, n'a pas craint de risquer une comparaison entre l'élévation du serpent d'airain au bout d'une perche par Moïse et l' « élévation » du « fils de l'homme[1] », et il prend soin de paraphraser exactement le texte hébreu. Là où celui-ci disait : « Quiconque ayant été mordu par un serpent, regardait le serpent d'airain, *avait la vie sauve* » (*Nombres*, XXI, 8), le IVᵉ Evangile écrit : « De même que Moïse a élevé le serpent dans le désert, de même il faut que le fils de l'homme soit élevé, afin que quiconque croit en lui *obtienne la vie éternelle* » (*Jean*, III, 14-15).

C'est la suprême réhabilitation du « serpent d'airain » devenu, en tant que symbole du Christ, le signe de l'espérance chrétienne.

MAURICE VERNES.

---

1. Non point par allusion à la mise en croix, selon l'interprétation vulgaire, mais par l' « élévation au ciel », *alias* résurrection, qui rend au Christ ou Logos sa position antérieure à l'incarnation.

SIGNATURES DE PRIMITIFS

LE RETABLE DE ROGER VAN DER WEYDEN AU LOUVRE ET L'INSCRIPTION DU TURBAN DE LA MADELEINE

(Pl. I-V)

Avant de parler du célèbre retable attribué à Roger van der Weyden, acquis par le Louvre en 1913, il est indispensable de discuter deux objections que j'ai lues dans les comptes-rendus de mon volume sur *Les Primitifs et leurs signatures*, qui certainement pourraient être renouvelées aujourd'hui et non sans raison, je dois le reconnaître.

La première, c'est l'illusion, ou plutôt « l'auto-suggestion », qui me pousserait à voir des inscriptions et des signatures d'artistes là « où les meilleurs connaisseurs ne parviennent pas à les découvrir ».

La deuxième, c'est « le choix arbitraire de certains groupes de lettres dont je fais état dans les inscriptions, tandis que j'en laisse d'autres de côté, sans en donner l'explication ».

Pour la première objection, je crois qu'il suffit de mettre sous les yeux des lecteurs *mes* photographies. Si, en effet, « les meilleurs connaisseurs » semblent en droit de parler de mes « illusions », c'est qu'ils discutent sur les photographies du commerce, qui ne donnent rien, là où cependant il y a souvent beaucoup.

Lorsque j'ai parlé des lettres J. Π. et de la date 1501 des miniatures des *Heures d'Anne de Bretagne* (Bibl. Nat., ms. fr., 9474). on me répondit qu'il n'y avait là aucune inscription. Mais quand j'apportai *mes* clichés, faits avec des objectifs superposés, avec les écrans les plus divers, qui me permettent d'obtenir les nuances les plus délicates, il fallut bien admettre que ce n'était pas une « illusion ». Léopold Delisle lui-même le reconnut.

Il est évidemment difficile d'exiger de simples praticiens, si habiles soient-ils, la reproduction, par exemple, de lettres noires sur fond gros vert, ou d'or bruni sur fond d'or mat, qui, même à l'œil, n'apparaissent que sous une lumière frisante; d'ailleurs, leur importance leur échappe; ils ne les voient même pas. Il est donc extrêmement périlleux de s'en rapporter à leurs photographies et de juger autrement que sur la pièce elle-même. Mais nul n'ignore de quelles barrières sont souvent entourés les originaux.

Je crois, en revanche, n'avoir jamais proposé une signature sans en apporter la photographie, faite par moi-même, et parfois — les conservateurs des musées et des bibliothèques peuvent le dire — dans les conditions les plus invraisemblablement difficiles.

Il y a donc là une question très nette : les épreuves photographiques commerciales peuvent donner de superficiels renseignements, mais ne sauraient servir de point de départ à une discussion réellement scientifique.

Et je pense qu'en voyant les clichés qui accompagnent cette étude (pl. I-V), nul ne songera à nier l'existence d'une inscription qu'*aucune reproduction* antérieure n'a laissé soupçonner. On pourra certes discuter mon interprétation, mais nous demeurerons sur un terrain aussi objectif que scientifique.

A la seconde objection, je ferai toujours la même réponse, très modeste. Je retiens les mots que je comprends; je laisse les autres, parce que je me sens incapable de les expliquer.

Avant d'aller plus loin, il est nécessaire de reprendre quelques points de la légende qui entoure les Primitifs.

Ces artistes, on les voit toujours à travers le prisme du romantisme de 1830 : simples, sans instruction, méprisés, travaillant seulement pour la plus grande gloire de Dieu et pour

leur salut éternel ; enfin, si humbles gens qu' « on en ignore
tout, jusqu'aux noms ».

Qu'on me permette de dire qu'à peine avais-je commencé
à m'occuper de ces « pauvres ignorés », je pouvais immédiatement classer *quinze mille* noms d'artistes antérieurs à 1525,
très soigneusement et souvent très pompeusement signalés
par leurs contemporains. Ce qu'on ignore, c'est, en réalité,
leur bibliographie. De Vasari (car il nous faut lire son chapitre
sur les Ponentais[1] pour savoir de quelle faveur jouissaient de
son temps les Flamands, même en Italie) à Emeric David, de
Brulliot, pour reprendre aux temps modernes, qui alors que la
légende romantique n'avait pas encore pris son essor, terminait
en 1832 son très gros *Dictionnaire des monogrammes, marques,
figures..., avec lesquels les peintres ont désigné leurs noms*, et qui
contient 7.691 marques, à M. Labande, qui, en 1912, publiait,
à la suite de l'exposition de Nice, son excellente étude sur les
peintres de la Provence et leurs signatures, de nombreux travailleurs ont imprimé, malheureusement dans des recueils peu
connus, de savantes monographies sur les artistes de leur
province.

Que de noms nous fournissent ainsi Douet d'Arcq, Leroux
de Lincy, Laborde, le *Musée des Archives Nationales*, Montaiglon, Labarte, M. Guiffrey et le comte Durrieu pour le centre
de la France ; tandis que, pour l'Anjou, C. Port, Prost, E. Bertaux ; pour l'Artois, Marmottan, J. M. Richard, Houdoy,
Mgr Dehaisnes ; pour le Berry, Champeaux et Gauchery ; pour
le Bordelais, Marionneau ; pour la Bourgogne, Prost ; pour
le Cambresis, Durieux ; pour la Franche-Comté, l'abbé Brune ;
pour le Lyonnais, N. Rondot ; pour la Provence, Eug. Müntz,
l'abbé Requin, le Dr Barthélemy ; pour la Touraine, Grandmaison et Giraudet, y joignaient des milliers de noms. Si nous
parlons des Flandres et des Pays-Bas, avec Finot et Durieux
pour le nord de la France, avec Pinchart pour Bruxelles, avec
Rombouts et Lerius pour Anvers, avec Weale pour Bruges, avec

1. Mély, dans la *Chronique des Arts*, 1908, p. 64.

Van de Casteele, Van den Haute, Van der Haegen pour Gand, avec J. Helbig pour Liège, avec Cloquet et Lagrange pour Tournai, auxquels il faut joindre les Répertoires de Bradley, de Wurzbach, de Mme Errera, de Sanpere y Miquel — et je ne veux pas ajouter d'autres noms à cette liste — nous avons la possibilité de former un *Corpus* de *vingt mille noms au moins*, avec renseignements biographiques et souvent artistiques, qui prouvent que si nous ne connaissons rien de ces « ignorés », c'est peut-être parce que nous n'avons pas pris la peine de lire ceux qui en parlaient.

Ces listes nous fournissent ainsi des noms indiscutables ; dès lors, si ces noms se lisent dans les inscriptions d'une œuvre d'art, il semble bien qu'on soit en droit de les présenter comme ceux des auteurs des pages où nous les trouvons tracés.

Mais revenons aux groupes de caractères que je ne puis expliquer.

Depuis quelques années, nous nous mouvons dans une atmosphère d'abréviations invraisemblables. Qui peut les expliquer toutes ? IBEA, FIAT, ANZAC, GQG, SJFPG[1], etc., etc. — Est-il même certain que tous les archéologues de notre temps connaissent la firme SFRMP, à qui cependant l'Académie des Inscriptions et Belles-Lettres décernait il y a deux ans une partie du prix Fould : *Société Française de Reproductions de Manuscrits à Peintures* ?

C'est simplement, sans que nous nous en doutions, une tradition très lointaine que nous reprenons.

---

1. Nos *artistes* poilus du front en donnaient une, il y a quelques jours, qui est certainement des plus curieuses pour notre thèse :

« De la *Roulante* (organe du 3-6-9).

«. Contrairement à ce que l'on a cru un moment, les lettres :

TAS TOUT DU BALLOT

. « inscrites en tête d'une note de service, n'ont jamais eu rien d'injurieux. Elles « indiquent simplement l'objet d'un des organismes les plus importants de nos « armées :

« *Traction Animale Sur Trottoir Offrant Un Terrain d'Une Bonne Assise* « *Longeant Lignes Ou Tacos.*

« Ces initiales désignent le service des petits mulets, qui en arrière du

Certainement on est parvenu à expliquer nombre de ces abréviations rencontrées sur des petits monuments du Moyen Age : VRSNMSV = *Vade Retro Satanas, Nunquam Mihi Suade Vana* ; NDSMD = *Non Draco Sit Mihi Dux* : PDOJCSIIMD-SEDPVA = *Post Dies Octo Januis Clausis Stetit Jesus In Medio Discipulorum Suorum Et Dixit Pax Vobis. Alleluia* ; MSMZV 1502 = Martin Schaffner Maler Zu Ulm ; IAWIVJL = *Ian. Wilde* (le peintre) *In Utroque Jure Licenciatus.*

Ajoutons-en une autre qui assurément aurait été impossible à expliquer si le charmant petit ms. fr. 25295 de la Bibliothèque Nationale, écrit et enluminé par Jean Lemaire pour Anne de Bretagne, ne nous en donnait la clé. Qui jamais soupçonnerait que dans DCLVVVI il fallût voir l'anagramme de Louis XII, époux d'Anne de Bretagne ? Ici, il me faut composer des mots nouveaux : c'est d'un *arithmogramme* qu'il faut tirer cet *onomagramme*, car ce sont, mises en ordre de valeur, les lettres-chiffres qu'on trouve dans LVDOVICVS, qui, donnant d'abord *Diligence, Constance, Loisselleté* (Loyauté), *Vérité, Valeur, Vivacité, Justice*, font ensemble le total de « six cent soixante-six vertus » [1].

Pourquoi dès lors être surpris si, trouvant dans l'inscription d'une des miniatures des *Antiquités des Juifs* (Bibl. Mazarine, ms. 1581) CVHON ✿ HVSZÒNU, j'ai proposé de retenir N ✿ HVSZ, au centre de l'inscription, quand les comptes nous apprennent que le volume fut exécuté pour le cardinal d'Amboise par trois artistes : Jean Pichore, Jean Serpin (dont nous trouvons les noms ou monogrammes dans d'autres miniatures), enfin par Nicolas Husz, dont on voit ici le nom et l'initiale du prénom. Le reste est un cryptogramme : je me sens incapable de l'expliquer, sauf Ò, qui peut-être veut dire *delineavit*.

« front, apportent les munitions et les vivres amenés par les chemins de fer ou
« les automobiles. »

1. Cette inscription rappelle la devise d'Isabelle d'Este : XXVII, qui, pour les initiés signifiait *vinte sette*, conjurations vaincues.

Pensons aussi aux inscriptions en lettres retournées, comme l'écriture de Léonard de Vinci : fantaisie, report ?

Dans les *Heures de Laval* nous avons ꓛOVꝊVET ; à Bâle, j'ai lu SIꓶƎIИAG, assurément DANIELIS ; enfin, au Musée Dutuit, dans une Annonciation : ANELP AITARG ЄVA, inscription qui donne en la retournant : AVE GRATIA PLENA·

Mais les cryptogrammes posent d'autres problèmes beaucoup plus complexes.

Comme j'avais trouvé dans les *Heures d'Aragon*, appartenant au baron Edm. de Rothschild (attribuées à Bourdichon, mais qui, en réalité, doivent être de Jean de Rome, ainsi que les *Heures d'Arenberg*), cette signature suivie d'un cryptogramme : ROME · NOREIS AMENOSИPRVSMION, j'avais, en y joignant d'autres inscriptions du même manuscrit, interrogé M. Gairdner, l'éminent cryptographe de la Cour d'Angleterre, chargé du déchiffrement des dépêches diplomatiques du xvie siècle. Il n'avait pas trouvé ma demande inutile et voici ce qu'il me répondit :

« En examinant le nombre des caractères employés, il existe dès l'abord une petite difficulté, car on ne saurait être sûr de l'identité de quelques cas — par exemple si A et ◄ sont les mêmes. Mais c'est au manuscrit lui-même à déclarer ce qu'il en est.

« Dans sept inscriptions soigneusement étudiées, on peut dire qu'il paraît y avoir trente-sept symboles, ce qui fait la moitié plus que le nombre des lettres de l'alphabet, en supposant que la langue est le latin ou l'espagnol. Si le chiffre était *simple*, le nombre serait égal au nombre des lettres de l'alphabet, c'est-à-dire vingt-quatre ou peut-être vingt-deux ($i = j$, $u = v$), chaque groupe étant traité comme un seul. Donc la présomption est qu'il y a dans ces extraits *deux* ou *trois* formes pour quelques-unes des lettres les plus communes, comme *e*, *s*, *a*.

« Ce qui fait une difficulté au commencement. Car, avec un chiffre simple, une ou deux lettres justement devinées pourraient déterminer d'abord la récurrence des voyelles et des consonnes et donner le sens exact de chaque symbole individuel. Mais s'il y a deux formes de la lettre *e*, par exemple, il pourrait arriver que pas une de ces formes ne fût d'un emploi aussi fréquent que quelques autres lettres qui sont d'un emploi beaucoup moins fréquent.

« Dans les inscriptions du manuscrit, je trouve les symboles A et I les plus fréquents et après **P, E, R** et **S**; **A** et **I** se rencontrent vingt-huit fois; **P**, dix-sept; **E**, quatorze; **R** et **S**, douze.

« On peut donc être sûr que **A** et **P** représentent chacun une lettre d'emploi assez fréquent, mais peut-être ni l'un ni l'autre les lettres les plus fréquemment employées, si *e* et *s* ont chacune plus d'une forme ici.

« Si je prends par exemple de l'espagnol du xv⁰ siècle, je trouve que la fréquence comparative des lettres est celle-ci :

A	17	I	6	R	12
B	2	L	7	S	25
C	3	M	4	T	5
D	9	N	5	U	6
E	28	O	11	V	2
F	1	P	8	X	0
G	2	Q	1	Y	7
H	1			Z	1

« Le fait qu'il n'y a pas de *j* ou d'*x* dans les lignes des *Heures d'Aragon* est un accident, car ces lettres ne sont pas rares.

« Mais quel a pu être le motif d'écrire des chiffres dans ces *Livres d'Heures*? Si c'eût été dans des dépêches diplomatiques, je soupçonnerais que des mots comme **ROMA**, **PAPA**, **IPSE** sont eux-même des chiffres, avec une signification tout autre que celle qu'ils semblent donner. »

On voit ainsi toutes les difficultés qui surgissent, ne serait-ce que celle, non des moins importantes, de la langue employée. Le cryptogramme du portrait de Jean Cossa, si savamment déchiffré par M. Henry Martin, n'était-il pas en italien ?

Il y a même longtemps que j'avais soupçonné que ces « illettrés » employaient des caractères de langues parfaitement authentiques, mais que nous ne connaissons généralement point. C'est ainsi que j'ai pu signaler plusieurs signatures, qu'on supposait simple décoration et qui sont tout bonnement composées de lettres hébraïques bien reconnaissables. Telle la signature de la Vierge Bancel du Louvre

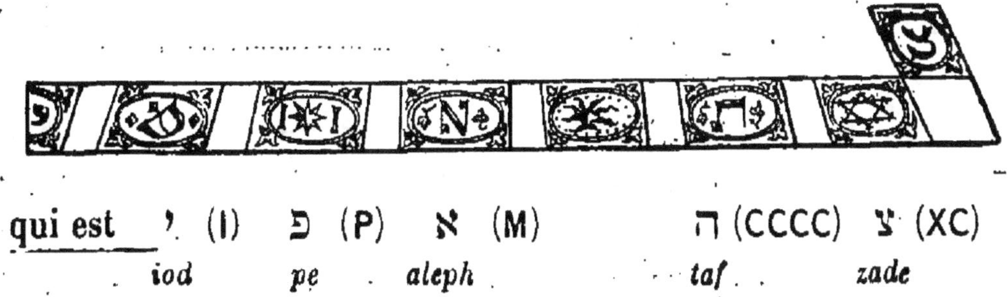

qui est   ׳ (I)   פ (P)   א (M)   ה (CCCC)   צ (XC)
     iod   *pe*   *aleph*   *taf*   *zade*

ce qui donne ainsi I P. MCCCCXC. Le tableau, du reste, est attribué à Jean Perréal.

Un manuscrit de la Bibliothèque Nationale (fr. 456) signé :
L. V.. donne sur la ceinture de la jeune femme de gauche de la
miniature de tête un *lamed* ל (L) et un *vav* ו (V), en caractères
rabbiniques ; le *Décaméron*, étudié par Dibdin, est daté en
lettres hébraïques נשמו, soit 1486 — et combien d'autres!

Ce qui n'empêche qu'on m'a objecté qu'il était impossible
qu'un primitif eut mêlé deux langues dans une inscription.
Pourtant, regardons simplement la cloche de Domeringen :

† EL ELOh IM · ELOE · SABAOT h · ELYON ESE
REIE · ADONAY
⠂⠂ IA TET GRAMMATON SAD ƆAY · XPͦC
VINCIT XPͦC REGNAT XPͦC IM-ꝑRAT.

Ce qui signifie : « † Le fort, le divin, le sublime, des armées le
très haut. Il est mon secours, mon maître Iehovah.

⠂⠂ La lettre des lettres, le tout puissant.

Le Christ est vainqueur, le Christ règne, le Christ commande » (1).

Ici nous trouvons donc trois langues : l'hébreu, le grec, le
latin, absolument comme sur l'admirable autel de Bâle.

Ne devons-nous pas nous souvenir qu'en 1478 David
Chambellan écrit : « Testis est mihi Deus, quod ebreas sine
preceptore didici litteras » (Delisle, *Cabinet des Manuscrits*,
II) et surtout que Clément V, dans sa constitution *de Magistris*,
ordonne « qu'il y ait dans les Universités de Paris, d'Oxford, de
Bologne et de Salamanque, des savants catholiques ayant une
connaissance suffisante des langues hébraïque, grecque, arabe
et chaldéenne »? Et n'était-ce pas avec ces lettrés que vivaient
les artistes ?

Les caractères hébreux sont encore assez reconnaissables.
Mais dès qu'il s'agit de caractères arabes ou coufiques ou neski
ou persans, si difficiles à distinguer, on les englobe dans le

1. *Bulletin du Comité de la langue*, 1854, I, pp. 556, 589, et pl. IV.

terme très vague d'arabesques décoratives et nul ne s'en
préoccupe davantage. Cependant, regardons le nimbe de la
belle Vierge de Pise attribuée à Gentile da Fabriano. C'est là,
certainement,un des exemples les plus intéressants à signaler,
parce que les meilleurs connaisseurs n'y avaient jamais vu
autre chose que des arabesques. Or, en 1907, un lettré oriental,
le Dr Max Herz Bey, auquel on la faisait admirer, lisait immédiatement les caractères coufiques dont est composée l'inscription décorative :

La illah ila Allah [1],

Quelques semaines avant la guerre, la *Société française de
reproduction des manuscrits à peintures* publiait l'admirable
manuscrit du *Cœur épris*, de la Bibliothèque de Vienne
(ms. 2597). La jupe de l'Amour auprès du lit du roi René est
ornée d'un large galon brodé d'or (pl. I) : sur la partie inférieure,
M. J. de Karabacek, a lu : « l'année 825 de l'Hégire (1422 ap.
J.-C.) », tandis que M. Blochet, complétant pour moi la lecture
des manchettes, lit en caractères neski « le dixième jour (du
mois) de Moharrem », c'est-à-dire le premier jour de l'année
des Persans, où ils pleurent la mort d'Ali, gendre du Prophète
et de ses deux fils Hussein et Hassan, assassinés à Kerbela avec
leur famille. S'il est vrai, et tout semble l'indiquer, que le personnage couché est bien René d'Anjou, cette date du 4 janvier 1422 serait bien proche de l'exécution du manuscrit;
c'est en effet un adolescent qui est dans le lit. Et quand
M. R. Beer signale le réalisme de la miniature poussé jusqu'au
point « que le prince est représenté non rasé », il aurait bien
plutôt dû parler de la barbe naissante de l'adolescent. De telle
sorte que, comme René est né en 1408, la miniature semble

---

1. Dans *Augusta Perusia*, sept.-oct. 1907.

avoir été exécutée vers 1426. On voit que l'inscription, en véritables caractères arabes, est des plus précieuses pour nous [1].

Comment croire d'ailleurs que dans cette cour lettrée où René se plaisait à appeler les plus célèbres Orientaux et où, par conséquent, tant de gens étaient capables de traduire leurs écrits, il ait fait tracer dans ses manuscrits de fausses inscriptions, alors qu'il n'y avait qu'à interroger autour de lui? Ainsi je ne puis croire que le délicieux petit livre d'Heures de l'Arsenal (ms. 601), qui porte des caractères arabes au-dessus de : « Ici sont ceux et celles qui ont fait le psautier », nous donne une fausse inscription. Il ne s'agit, je crois, que d'en découvrir l'interprète, comme pour la Vierge de Pise. Montaiglon n'a-t-il pas trouvé sur les tableaux de Mantegna, notamment sur la *Victoire triomphant des Vices*, conservée au Louvre, une inscription pseudo-arabe renfermant une strophe d'Horace [2] ?

Avant de quitter nos inscriptions hébraïques et arabes, signalons que les inscriptions hébraïques se rencontrent le plus souvent dans des œuvres du Nord, tandis que les inscriptions arabes sont caractéristiques des œuvres du Midi. Les inscriptions en grec ne manquent pas davantage.

Une miniature des *Heures d'Anne de Bretagne* est signée IꞀ, probablement Jean Poyet; le livre que Pierre Fabri enlumine pour la sœur de Michel Colombe est signé ꞀΦ; Jean Van Eyck inscrit sous un portrait le nom de ΤΥΜѠΘΕΟС, son modèle; le tableau de la *Nativité* de Botticelli est signé et daté en grec, et Mantegna signe en grec son *Saint Sébastien* du Belvédère de Vienne. Ainsi, nous trouvons des inscriptions grecques en Flandre, en France et en Italie.

Mais j'entends qu'on me répète : « Ce sont des exceptions; montrez-nous un texte qui autorise votre hypothèse et la généralise ».

1. Je ne saurais trop remercier M. Blochet, qui, avec la plus grande amabilité, a mis au service de mes recherches l'aide précieuse de son érudition orientale.

2. *Bulletin de la Société des Antiquaires de France*, 1872, p. 162.

Pendant de longues années j'ai été fort embarrassé. Quand on affirmait que les artistes *n'avaient pas le droit* de signer et qu'on me demandait un document les y autorisant, je croyais bien ne jamais pouvoir le fournir, puisque, censément, tout était connu. Mais ce fut précisément dans les travaux d'un de mes contradicteurs les plus érudits que j'ai trouvé l'Ordonnance de 1426, obligeant les miniaturistes à marquer leurs ouvrages, et un jugement de 1457 condamnant des artistes pour avoir mis en vente des images « ne portant pas la marque de ceux qui les avaient faites ». Seulement, comme c'était absolument contraire aux certitudes admises, on n'en avait pas fait état. Ce qui, une fois de plus, confirme la pensée d'Henri Poincaré : « Les formules scientifiques ne sont pas vraies, elles sont commodes ».

Or, tout arrive, même les choses les plus invraisemblables ; et voici que je viens de rencontrer dans Roger Bacon le texte suivant, qui répond à la demande qui m'est adressée :

« Les sages, pour cacher leur pensée, pour n'être compris que des plus studieux et des plus savants, ont mis dans leurs œuvres une quantité innombrable de passages rendus obscurs par des caractères, des vers ou des chants, des paroles énigmatiques et figuratives, par l'emploi de consonnes non accompagnées de voyelles à la façon des Hébreux, des Chaldéens, des Syriens et des Arabes, par le mélange de lettres de divers genres, hébraïques, grecques et latines, ou même de lettres forgées à volonté[1]. »

Ne semble-t-il pas que ce soit précisément l'explication de ce que nous venons de trouver dans les inscriptions qui précèdent ? Rien n'y manque, ni les caractères hébreux, ni les grecs, ni les arabes, ni les phrases de consonnes sans voyelles, ni les lettres forgées à volonté ; les mots même des langues les plus différentes sont mélangés dans la même phrase, abso-

---

1. *Epistolæ Fratris Rogerii Baconis : De secretis operibus artis et naturæ,* Hamburgi, Froben, M I) CXVIII, in-12, p. 57-59.

lument d'ailleurs comme dans Rabelais, où Panurge répond à Pantagruel qui l'interroge en neuf langues différentes, dont l'hébreu, le grec, l'arabe, le lanternoys, l'utopique. Ces langages factices ont d'ailleurs été étudiés par C. Gessner, dans son *Mithridates*[1]. Ainsi donc, du xiie au xvie siècle, c'est une tradition qui demeure ininterrompue.

Je voudrais montrer comment, grâce à cette théorie, il m'a été possible d'expliquer assez facilement des inscriptions qui jusqu'ici passaient pour absolument inintelligibles.

Il y a quelques mois, le colonel E. Kitson Clark, qui commande un des camps du Havre, m'envoyait une formule talismanique qu'il venait de rencontrer dans le *Coucher Book of Kirkstall Abbey*[2], relative au traitement religieux de l'épilepsie ou goutte :

✝ Dealbagneth ✝ Debagneth ✝ Degluthum

dont les savants anglais ne pouvaient donner aucune explication.

Aussitôt je me souvins de l'anneau d'Ulger, que j'avais étudié en 1898, devant l'Académie des Inscriptions, et qui porte l'inscription :

THEBALGVT GVTTANI

que je ne pouvais expliquer.

Or, une étude de M. Blanchet nous permettait de regarder l'anneau d'Ulger comme une amulette pour guérir la goutte ou l'épilepsie (qui portent le même nom dans la médecine antique). Alors, de même que ɪɪ et ʊ gothiques se confondent souvent sous la plume du copiste, on pouvait supposer qu'ici ɪɪɪ était devenu ɪɪɪ, *Guttam*, *Guttani* ; d'autant plus qu'un autre anneau de la même série porte lisiblement *Guttam*. Ce mot est précédé de *Gut*, qui en haut gothique veut dire « bien ».

Ayant ainsi deux mots identifiés, mais de langue différente,

---

1. Tiguri, 1555, in-8.
2. Leeds, 1904 (*Thoresby Society*, t. VIII).

le conseil de Roger Bacon devait nous engager à nous demander
si le premier mot n'était pas de langue orientale, hébraïque ou
arabe, écrit en caractères romains comme sur la cloche de
Domeringen, et pouvant alors être une formule de souhait.
C'était dans les environs du mot *sanare* qu'il fallait chercher.
Je ne tardai pas à constater qu'en hébreu *sanatio* se disait הְעָלָה
tehalah. Il était facile de comprendre que de même que *Guttam*
était devenu *Guttani*, dans la transcription par un copiste
occidental de la prononciation hébraïque en caractères gothiques, l'ḥ était devenue b, *tebalah* pour *tehalah*. De sorte
que nous avions immédiatement l'explication : « Guéris bien
la goutte ».

Et comme le ṭ du Nord équivaut à notre Th, *Dealbaguet* du
Coucher Book était parfaitement notre *Thebalgut*. L'anneau
d'Ulger et la formule du *Coucher Book* trouvaient ainsi leur
explication.

Mais alors, devant cette surprenante constatation, nous voilà
conduits à admettre une érudition vraiment extraordinaire
chez ces gens, regardés jusqu'ici comme des ignorants, sauf
bien entendu les très grands savants que nous avons rencon-
trés. Je crois cependant qu'il faut, avant de changer d'opinion,
n'avancer qu'avec beaucoup de circonspection.

Cet appareil si invraisemblable d'érudition n'est peut-être
pas aussi solide qu'il peut sembler au premier abord. Je l'ai
éprouvé par moi-même quand je me suis avancé sur leurs
traces ; il fallait seulement découvrir les sources auxquelles
ils avaient pu puiser à pleines mains.

Jusqu'ici j'en ai découvert trois ; mais, assurément, il y en a
bien d'autres, qu'on pourra retrouver dans la suite et qui peu
à peu nous donneront la clé de ces cryptogrammes, lesquels paraissent aux « meilleurs connaisseurs » dépourvus de
sens.

La première, ce sont incontestablement les manuscrits des
bibliothèques conventuelles où puisa Calepin pour son *Dictionnaire* qui fut imprimé au commencement du xvie siècle.

Là, le premier mot est en latin : il est suivi du mot hébreu, écrit en caractères hébraïques et en italiques pour la prononciation occidentale ; viennent ensuite les mots grec, français, italien, allemand, espagnol, anglais, batave. On voit combien il est facile, même à un ignorant, de former alors une phrase, composée d'abord en latin, avec des mots choisis dans toutes les langues qu'on trouve ainsi réunies à chaque article.

Dans cet ordre d'idées, il y a un autre guide, mais beaucoup plus rare, dont je suis parvenu à me procurer un exemplaire. C'est le *Codex Cumanicus*, en latin, en persan, en cumaïque, destiné aux voyageurs occidentaux qui allaient trafiquer en Orient jusqu'en Chine. Le volume a été imprimé à Buda-Pesth en 1890 pour l'Académie royale de Hongrie par le comte Géza Kuun, qui a reproduit le manuscrit de Pétrarque aujourd'hui à la Marcienne de Venise.

Il y a là, écrits en caractères occidentaux, toute une série de mots, de phrases, de proverbes, dont les consonnances curieuses, les redondances, étaient bien faites pour retenir l'intérêt des artistes du moyen âge.

Pour la cryptographie, dans un des compte-rendus de mes *Primitifs*, j'ai lu que la *Virga aurea* du Frère Hepburne d'Écosse dont je parlais, où sont reproduits 72 alphabets cryptographiques en usage au moyen âge, paraissait tomber du ciel et que je devrais en faire connaître les sources.

La plaquette que j'ai signalée et que je suis heureux de posséder me paraît effectivement des plus rares ; les meilleurs bibliographes l'ignorent ; on la demande vainement dans les grandes bibliothèques. Elle se compose de 5 grandes planches gravées, mesurant $0,54 \times 0,42$; elle est dédiée par le Fr. Jacques Bonaventure Hepburne Scotus, S. Ord. Sti Francisci de Paulo, au Pape Paul IV. Il dit qu'il a puisé ses renseignements dans le *Mehkar hassados*. Assurément, l'ouvrage était destiné à la Congrégation de l'Inquisition pour le déchiffrement des grimoires des sorciers, en même temps qu'il donnait les tables des formations astrologiques. D'ailleurs, on rencontre

une partie de ces alphabets dans le Ms. fr. 9152 de la Biblioth.
Nat., ce qui prouve qu'ils étaient utilisés très anciennement.
Grâce à mon exemplaire, M. Schwab a pu déchiffrer quelques
manuscrits hébreux, notamment le 1380 de la Biblioth. Nat.;
les profanes même peuvent reconnaître dans les fameux caractères à lunettes, appelés ici *Alφabetum seraphicum*, *super
cæleste*, les mansions chinoises que M. Chavannes a reproduites
(pl. VI *bis*) dans son *Cycle turc des douze animaux* (Toung Pao,
mars 1906, p. 122); quant à l'alphabet *arcanum*, c'est celui
qui servit à l'artiste de la *Chronique de Dieber Schilling* (vers
1480), conservée à la bibliothèque de Lucerne. Mais, bien que
j'en aie ainsi la clé, je n'ai pu quand même déchiffrer encore
l'encadrement de la première miniature.

La plaquette du Fr. Hepburne n'est nullement un travail de
cabaliste ou de cryptographe : c'est réellement un travail scien·
tifique. Voyons, par exemple, l'alphabet haut gothique. A côté
se trouve une petite *Annnonciation* entourée de caractères que
nous pouvons lire, grâce à l'alphabet voisin :

ANSTAIAU DLHAFTA

tandis qu'autour de la petite gravure, nous voyons *Gratia plena*.

Or, si nous prenons la traduction en gothique de saint Luc
par Ulfilas, apôtre des Goths (310 + 381), nous trouvons au
verset 28 du C. I : « *Fagino, austal Audafafta frauja mip pus,*
piupido pu in qinom ». Ce qui veut dire : « Réjouis-toi, pleine
de grâce, le Seigneur est avec toi, tu es bénie entre les
femmes. »

Le texte du F. Hepburne est donc parfaitement correct. Et
il y en a d'autres, qu'il serait vraiment bien curieux de voir
étudier par les spécialistes.

Mais il faut s'arrêter devant l'immense horizon, inconnu,
inattendu, qui s'ouvre aussitôt qu'on aborde ces questions.

Pour revenir à la vulgaire réalité, on doit aussi penser à ces
langues secrètes que les voleurs, filous, gueux, bohémiens,
vagabonds du moyen âge avaient composées avec l'idiome du

pays où ils habitaient, puis avec un grand nombre de mots étrangers importés des contrées lointaines qu'ils avaient visitées, langues, comme le dit Don Gregorio Mayans, en publiant ses *Origines de la langue espagnole*, faites de tous les mots qu'ils avaient appris dans les divers pays et dont ils ont jugé à propos de former leur baragouin.

C'est, en résumé, l'application des théories scientifiques de Roger Bacon aux milieux ruffians espagnols, dont la langue, en quelque sorte universelle, porte au xvie siècle le nom de *Germania*.

Comment alors être surpris que ce procédé, utilisé dans les milieux les plus savants comme les moins recommandables, l'ait été aussi par les artistes dont nous connaissons les perpétuels déplacements? Pourquoi eux aussi n'auraient-ils pas cru nécessaire de se servir dans leurs rapports internationaux de cette liaison mystérieuse, grâce à laquelle, dans leurs voyages, ils pouvaient se communiquer, sur les œuvres mêmes qui leur étaient commandées, des renseignements intéressants, profes sionnels, tout en les dissimulant aux profanes sous des apparences inintelligibles?

Mais on comprend que si l'on peut composer facilement, avec des éléments si divers, des inscriptions relativement correctes, il est bien autrement difficile, sans la clé, de les expliquer.

Il faut connaître toutes les langues différentes auxquelles les mots sont empruntés; les connaîtrait-on, il faut les reconnaître sous les déformations les plus invraisemblables. De ces déformations, qu'on me permette d'en rapporter une que je n'ai pu expliquer qu'après deux ans de recherches. J'avais rencontré dans une formule cabalistique : « Si tu trouves sur une pierre gravée un dromadaire avec les cheveux épars sur le dos, il réconciliera homme et femmes brouillés. » Or, pour montrer qu'il s'agissait bien d'un dromadaire avec les cheveux épars, le *Lapidaire d'Alphonse X le Sage* (en espagnol) reproduisait la pierre sur laquelle était gravé un homme à tête de dromadaire, avec une longue crinière pendante sur le dos. Mais comme au fond de toutes les légendes il y a toujours une parcelle de vérité, j'étais convaincu qu'il y avait là quelque chose à restituer.

Ce n'est qu'en dépouillant l'*Apothecarius* de Chartres que je découvris le texte primitif : « Si inveneris Andromedam cum crinibus sparsis. » Ainsi, Andromède, Constellation, effectivement représentée toujours les cheveux sur le dos, était devenue « un dromadaire », en passant du latin en espagnol et ensuite en français. Et combien d'autres légendes semblent accuser l'ignorance, la naïveté de nos ancêtres, quand ce sont simplement des erreurs de copiste !

Parlerons-nous de la personnalité des artistes, qu'on prétend distinguer dans les pages admirables qui leur sont attribuées, mais si souvent au petit bonheur ! Regardons le tableau de Malouel au Louvre, exécuté en 1416, on le sait, alors que Malouel a disparu en 1413. N'importe. On admire la composition de son tableau, œuvre d'un génial artiste. Cependant, Henri Bellechose, à qui il faut aujourd'hui attribuer ce superbe panneau qu'il a signé de ses initiales H. B., n'a fait que juxta- poser deux compositions d'Honoré, dont nous voyons les deux parties dans la *Vie de Saint Denis* du xive siècle.

Admirons-nous les tapisseries d'Herkenbald, si ouvertement signées Jan de Room, vers 1510 ? Ce n'est cependant que la copie des peintures exécutées par Roger van der Weyden dans la Chambre d'Or de l'Hôtel de Ville de Bruxelles en 1429 et qui furent détruits par un incendie en 1695.

Et les *Avares* de Quentin Matsys ? Ne les voyons-nous pas dans le *Décaméron* de l'Arsenal, vers 1430[1] ?

Disons enfin un mot de ces rébus où je crois si souvent voir des signatures d'artistes. Étaient-ce vraiment seulement des jeux de mots ? N'y faudrait-il pas voir au contraire, dans ce temps d'illettrés, des caractères en quelque sorte idéographiques, qui

---

1. J'ai traité dernièrement cette question des modèles et des albums d'ate- liers dans le *Cousin Pons* (15 octobre et 1er novembre 1917).

permettaient aux moins savants de reconnaître l'auteur d'une œuvre d'art ? Celui qui, en effet, voyait une clé (en flamand : *Sluter*) ne devait-il pas penser à Sluter ; une lune (en flamand : *Mane*) à Manouel ; deux petits agneaux (*Brœder* frères, *Lam* agneaux) à Broederlam ; un chapeau (*Houd*) à Houd ; une moitié d'œuf (*Metten* moitié, *Ye* œuf) à Mettenye ?

Sur ce point on me renvoie aux savants hollandais. Pourquoi déranger ces doctes étrangers — toujours les étrangers ! — quand il ne s'agit que de feuilleter notre bon vieux Calepin, un Français, lui, pour trouver les mots qui nous intéressent ?

Bref, tout cela me rappelle mon étude sur le grand Camée de Vienne, que les historiens de l'art faisaient venir de Poissy, alors qu'il était simplement gardé dans le trésor de l'abbaye de Saint Sernin de Toulouse.

Quand j'ai commencé son histoire, je pensais que quelque vingt pages mettraient les choses au point. Peu à peu je me suis trouvé entraîné, et quand, pour démêler le symbolisme et les effets magiques de cette merveilleuse pierre gravée, j'ai eu classé plus de cent cinquante mille fiches, publié le gros volume in-4° des *Lapidaires Chinois* (tout est dans tout) qui reçut de l'Académie des Sciences le prix international des sciences, imprimé les deux volumes de textes grecs et traduction qui furent honorés par l'Académie française du prix Jules Janin, quand j'ai eu mis au point un volume de *Lapidaires Orientaux* que la guerre n'a pas permis de faire paraître, je me suis aperçu avec terreur que j'en savais beaucoup moins qu'en 1886, lorsque j'abordais une question qui me semblait aussi simple que connue.

Il en est de même des Primitifs que j'étudie depuis plus de vingt ans. J'en arrive à écrire, sans crainte, que dans ce domaine, toutes les hypothèses sont admissibles, défendables, qu'aucune ne doit être traitée d'insensée parce qu'on ne la comprend pas, et surtout qu'on ignore pour ainsi dire tout de leur mentalité et de leur art.

D'autant plus que, dans notre temps de spécialisation, on peut, sans froisser personne, faire remarquer que les historiens de l'art n'ont peut-être pas tous porté leurs études vers les langues orientales, pas plus d'ailleurs que les hébraïsants, les arabisants, les hellénistes ne se sont appliqués aux questions d'art du moyen âge.

Il devient alors facile de comprendre qu'il faille bien souvent s'en rapporter aux *verba magistri*, d'après lesquels il est si aisé de se former une opinion acceptée de tous. Mais n'est-il pas à craindre que, suivant l'expression même de Bacon, l'école soit en danger de tomber dans le psittacisme, supprimant ainsi toutes les initiatives réclamées par Michel Ange sous une forme un peu dure, mais marquée de son empreinte géniale : « Celui qui s'habitue à suivre n'ira jamais devant. »

*
* *

Lorsque l'admirable retable, attribué à Roger van der Weyden, entra au Louvre en 1913, il fut l'objet de nombreux articles ; de trop peut-être, oserai-je dire. Car chaque critique d'art voulut apporter à ses lecteurs un détail nouveau, ignoré, et l'on vit même un de nos plus éminents maîtres le rapprocher du Rétable de Beaune, « *commandé* » par le chancelier Rolin à Roger de la Pasture. Seulement, il oubliait que M. Wauters, avec sa belle franchise, avait imprimé que c'est simplement pour remplir un vide et parce qu'on n'avait pas d'autre nom à fournir qu'on attribua ce rétable à Roger van der Weyden et qu'en 1913 M. Fierens Gevaert y apercevait les empreintes du génie de Memlinc, après que j'eusse fait voir, sous les pieds du Christ de gloire, le monogramme I. M. Je ne décrirai pas de nouveau la peinture du Louvre ; je n'en donnerai d'autre photographie que celle de la Madeleine, qui est le point capital sur lequel il faut maintenant tout particulièrement appeler l'attention (pl. IV-V).

Ce chef-d'œuvre était en dernier lieu dans la collection Théo-

dora Guest. Il fut, en 1906, publié par l'*Arundel Club* (pl. XV);
on l'attribuait alors à Memlinc. En 1863, il avait été étudié par
Weale, dans le *Beffroi*, avec le merveilleux dessin à la pointe
d'argent du British Museum (pl. IV)[1]. Weale nous apprenait là
que son possesseur d'alors, le marquis de Westminster, l'avait
acquis en 1845 d'un artiste, M. Evans, demeurant 17 Newman
Street à Londres, qui le tenait d'un prêtre habitant le nord
de l'Angleterre. Cet ecclésiastique l'avait acheté dans une vente
publique, où il fut décrit et signalé comme importé de Flandre.
Il avait été exécuté pour Catherine de Brabant après 1452,
date de la mort de son mari Jean Braque, dont on voit au revers
non seulement la gerbe de blé, mais un losange qui porte au
1 de Braque, au 2 de Brabant, d'azur à la fasce d'argent,
accompagné en chef de deux molettes d'or et en pointe d'une
croix ancrée d'argent : au-dessous du losange se trouve la devise
« Bracque et Brabant »[2].

La douce figure de la Madeleine, reproduite merveilleusement
dans le *Beffroi*, m'était tellement restée dans la mémoire,
qu'aussitôt devant le retable du Louvre je négligeai un peu le
reste pour m'attacher tout d'abord à elle. En sorte qu'à peine
avais-je commencé à l'étudier, — un petit détail (de ceux que
je cherche, qui n'a retenu l'attention des connaisseurs que
sous la forme d' « une inscription hébraïque surajoutée autour
du turban »), qui n'existe pas dans le dessin du British Museum
et que d'ailleurs on ne voit sur *aucune* des reproductions qui
en ont été données (pl. IV), retint au contraire toute mon
attention. Mais derrière la glace, qui recouvrait le tableau et

---

1. La juxtaposition du dessin du British Museum et de la photographie de
la Madeleine du Retable, qu'on trouvera sur la pl. IV, permet de voir les différences essentielles qui séparent les deux figures. Assurément, le dessin du British Museum, avec ses yeux à fleur de tête, son nez avec une petite rabotte, est
l'étude d'après nature de la figure que nous allons retrouver très idéalisée, ce
qui est naturel s'il s'agit du portrait de Catherine de Brabant, sur le panneau
du Louvre.

2. Voir, pour les détails sur cette famille, P. Leprieur dans la *Gaz. des Beaux-
Arts*, 1913, II, p. 257.

et qui faisait miroir, j'avais beau chercher à regarder par
incidence, par réflexion, le jour de face ne produisait aucune
ombre qui permît de distinguer les caractères *en pointillé* blanc
sur fond blanc, de très faible relief; cependant il me semblait
distinguer là quelque chose d'absolument extraordinaire. L'inscription était-elle une simple décoration pseudo-hébraïque,
ainsi qu'on aimait à le dire? Si elle était hébraïque, pourquoi
n'avait-on pas tenté de la traduire? On aurait tout au moins
dû parler d'essais infructueux. Assurément, certaines lettres
paraissent orientales, mais d'aucunes sont nettement romaines;
d'autres ressemblent un peu à des lettres grecques. Il fallait
essayer de déchiffrer l'énigme.

L'amabilité de M. Leprieur facilita mon examen. Avec l'autorisation de l'éminent Directeur du Louvre, M. Henri Marcel, un
lundi matin, la glace fut retirée; je pus faire *cinq* photographies par incidence, par reflet, mot par mot, enfin un incom-
parable cliché en couleur où l'inscription se lit absolument
comme une ligne d'imprimerie.

Elle me parut alors tellement curieuse que, malgré son invraisemblance apparente, je crus devoir la signaler à l'Académie des
Inscriptions (15 mars 1914). Malheureusement, à cette époque,
je ne connaissais pas encore le texte de Bacon, et je ne pus
répondre comme j'aurais voulu aux objections qui me furent
opposées.

Aujourd'hui, après quatre ans, il me paraît que je puis présenter de nouveau mon hypothèse avec des arguments qui lui
fournissent l'appui d'un appareil réellement scientifique.

Qu'on veuille bien épeler avec moi ce décalque (pl. V); on
n'en trouvera aucune interprétation :

ZJN ⊐⊐⊐⊔⊐⊏⊐⊐ ⱳ⊐⊐⊐⊏ ƷN.

Le premier mot est évident : c'est ZIN, en caractères romains;

viennent ensuite six caractères qui sont nettement hébraïques.

ק *k = kof*; facilement, si la barre est écrite trop courte, ק peut se confondre avec un מ *mim*, surtout cassé מ.

ל *l = lamed*, certain.

ע *a = aïn* ע.

א *a = alef*.

כ *kaf*.

ה *hé*, fautivement *heth* ח, peut être confondu avec le même final *mim* ם [1].

Nous les reprendrons tout à l'heure.

Puis viennent six caractères que je détache,

אבןוויש

Je lis *Wiyden*; j'ai signalé plus haut la manie des artistes de retourner dans leur nom une ou deux lettres.

Le reste de l'inscription se perd dans la pénombre du voile; malgré mes efforts, je n'ai pu y découvrir que **אB**. Peut-être, par un léger frottis, puisque l'inscription est légèrement en relief, pourrait-on saisir la suite.

Voilà donc deux mots lisibles. *Zin*, en flamand, c'est *son*. *Wiyden*, c'est un nom qui ressemble bien à celui de l'artiste auquel le tableau est attribué, tracé d'ailleurs à l'endroit où nous avons lu tant de signatures : Benozzo Gozzoli, Jan de Rome.

En possession de ces deux mots, la vieille formule que les peintres inscrivaient souvent sur leurs œuvres devait revenir en mémoire : telle celle de la *Résurrection de Lazare* aux Offices de Florence : HOC OPVS NICOLAVS ABSOLVIT. C'est alors que j'eus recours à mon vieux dictionnaire de Calepin et je cherchai d'abord *opus* : mais פעל *pohal*, מעשה *mahaseh*, ne ressemblaient en rien aux lettres de l'inscription. En revanche,

---

1. On comprendra que je ne me serais pas permis personnellement de traiter cette question ; je veux encore une fois remercier M. Blochet qui est si aimablement venu à mon aide.

à *pingere* on trouve קלע *kalah*; ce sont précisément les premières lettres de l'inscription (en commençant naturellement
par la droite); en cherchant ensuite *ars*, on lit מלאכה *malachah*, dont les trois dernières lettres *achah* sont celles que
M. Blochet a lues sur ma photographie; de telle sorte que nous
aurions là un mot hébreu, assurément très fantaisiste, dont
la composition signifierait *ars picturae*. Quant à la finale, elle
pourrait être, puisque nous apercevons deux lettres ZN, le mot
flamand *zinbedde*, en latin *figuravit*; et on pourrait voir là
l'équivalent de la signature de Nicolas Froment : « son œuvre
de peinture Wiyden figura ».

On m'a fait une objection : dans le mot *Wiyden*, il faudrait
voir

ש	ו	ה	ח	ב	א
s	*u*	*t*	*h*	*b*	*a*
(sin)	*(ao)*	*(teit)*	*(ha)*	*(baith)*	*(aleph)*

Mais puisque le reste s'explique assez facilement, qu'on veuille
bien alors donner l'explication de ces lettres.

Une autre objection paraîtrait au premier abord plus admissible. Pourquoi *Wiyden*, quand le nom de l'artiste est *Weyden*?
De plus, ne s'appelait-il pas de la Pasture, dont Weyden est
simplement le doublet?

Nous n'avons pas le droit d'ignorer quelles déformations
ont subi, soit de leur fait même, soit dans les actes publics,
les noms des artistes du moyen âge. Il y aurait un chapitre
bien intéressant à écrire à ce sujet. Mais dans le cas particulier qui nous occupe, nous allons trouver d'intéressantes précisions. Weyden a pour racine *Wee*, bestiaux, *voeden*, nourrir.
Or, *Wee* se prononce *voi*. Puis, nous devons reconnaître dans
le Roger van der Wyde qui, d'après Félibien, avait peint la
Chambre d'or de l'Hôtel de Ville de Bruxelles, notre Weyden;
le nom se prononçait donc *Wyde*. C'est d'ailleurs ainsi que
nous le voyons orthographié dans le registre des sépultures conservé à Sainte-Gudule, à la date de l'inhumation de sa

femme en 1477, tandis qu'en 1451 nous trouvons dans les registres de Tournai un Willem van der Wye, dit de la Pasture.
Somme toute, il n'a pas de nom fixe; de 1426, où il est appelé
Roger de la Pasture, à 1477 où il s'appelle Rogerus van der
Wyden, il s'appelle indifféremment Rogerus van der Weyden,
R. de la Pasture, R. de Tornai, R. Gallicus, de Pascuis, de Bur-
sella, de manière qu'il est assez difficile d'affirmer le nom qu'il
portait. Mais j'inclinerais assez à croire que son véritable nom
était van der Weyden, car nous trouvons en 1422 à l'abbaye
de Veierbeek un imagier nommé Henri van der Weyden et
nous nous rappellerons que les critiques d'art, il y a bien longtemps, ont reconnu dans l'œuvre de Rogier des influences de
sculpteur. Serait-ce le père de notre artiste?

Mais va-t-il falloir que nous demeurions sur cette route qui
semble ainsi s'ouvrir devant nous? Maître Rogier n'aurait-il
pas signé d'autres tableaux?

Depuis bientôt un siècle, les historiens d'art se sont précisément préoccupés de la signature de Roger van der Weyden.
C'est d'abord Brulliot qui discute une signature proposée, mais
ne l'accepte pas, parce qu'il n'en comprend pas la signification.
En cela je suis d'accord avec lui. Puis c'est Piot qui voit dans
le sigle au-dessus de la dédicace du tableau de Willem Edelhere
à Louvain le monogramme du peintre, qu'il explique v[an]
W[eyden] ; A = van der. Mais où est le W ? Cependant W
doit être admis, car pour Weale ce n'est pas la signature du
peintre, mais l'initiale de Willem Edelhere. Nagler attribue à
Roger van der Weyden un A. S., qu'il interprète *A Salice*, du
Paturage. Enfin Wurzbach, résumant toutes les opinions, voit
la signature du peintre dans l'initiale du baudrier du Mage de
Munich; c'est d'ailleurs mon hypothèse, qu'il reproduit en me
citant (pl. I). Bref, il semble si probable que Weyden a dû
signer ses œuvres que tout le monde s'inquiète de trouver
son monogramme sur une œuvre d'art.

Aujourd'hui, j'apporte autre chose qu'un monogramme : le
nom de Wiyden entier.

Mais il faut toujours, en histoire, se souvenir du vieil adage : *testis unus, testis nullus*. Aussi, avant de présenter à nouveau ma thèse, ai-je bien examiné mes photographies, et pendant ces soirées d'hiver si angoissées, loin de Paris, j'ai attentivement, galon par galon, exploré l'œuvre de Weyden. Mon temps ne fut pas perdu. D'abord j'ai rencontré un Weyden *authentique*, la *Crucifixion* de Madrid ; seulement, il est signé $\frac{1513}{/_D}$;

je me suis de nouveau arrêté sur les *Saints Cosme et Damien* du Musée de Cologne, signés *Maître Rogier* (pl. III). Mais c'est surtout le triptyque du Prado, avec ses inscriptions pseudo-hébraïques, qui a retenu mon attention. Quelle ne fut pas ma surprise, en effet, de trouver dans le *Mariage de la Vierge*, sur la manche du Grand Prêtre, cette curieuse inscription, également en pointillé, qui est l'exacte copie du nom de Wiyden du rétable du Louvre, avec l'E également inverse, l'N ressemblant à un aleph hébraïque, le D à un delta grec (pl. II). Sur le panneau qui lui fait face, on voit encore une inscription identique, mais dans cette dernière il y a, aussi en pointillé, non pas Wiyden, mais Widen, toujours avec l'Ǝ renversé (même planche II). Quant au D qui, dans les trois inscriptions, a une forme cryptographique si curieuse, il est très proche du D de l'alphabet *seraphicum* de la *Virga Aurea*.

Avant de terminer, faisons enfin une constatation. En examinant attentivement les figures des personnages, dans le *Mariage de la Vierge* du Prado, en haut, entre la figure émaciée de saint Joseph si caractéristique, que nous avons rencontrée, mais plus jeune, dans l'*Adoration des Mages* de Munich, et la vieille sainte Anne, apparaît, dans la pénombre, une figure assez laide, coiffée d'un bonnet de poil, aux traits communs, aux yeux à fleur de tête, gonflés au dessous comme par l'albuminurie, au nez court, aux lèvres épaisses dont les commissures tombent (pl. III). Ne sommes-nous pas entraînés à la rapprocher du portrait de ce « maître Rogiel, peintre de grand nom » que nous a conservé l'Album d'Arras et qui n'est autre que Rogier van der Weyden (pl. III)? Quant à la figure de la Princesse au-dessous de celle où l'on peut reconnaître le peintre, nous la comparerons à la Princesse du Retable de Beaune, sur le deuxième volet de droite. Il ne faut que l'inverser pour y trouver une telle identité qu'à grandeur égale elles peuvent être superposées l'une à l'autre.

*
* *

Que ces détails dans des œuvres formellement attribuées à Roger van der Weyden, que ces inscriptions si curieusement semblables soient l'effet d'un pur hasard, il semble difficile de le soutenir. Mais il sera plus difficile encore, je crois, en présence des photographies reproduites ici, de reparler d' « auto-suggestion ». Les pièces sont sous les yeux des historiens de l'art : il faudra les discuter et ne plus leur opposer systématiquement la tradition surannée d'un anonymat obligatoire, imposé aux artistes du moyen âge.

F. DE MÉLY.

ARCHÉOLOGIE THRACE

DOCUMENTS INÉDITS OU PEU CONNUS

(DEUXIÈME SÉRIE)

Suite (¹).

152. — Fragment d'une plaque funéraire brisée à droite et en bas ².

La mouluration qui limitait le champ de l'inscription est martelée en haut, recoupée à gauche, inexistante ailleurs par suite de la mutilation de la pierre. La feuille de lierre qui marque le début de la septième ligne indique la fin du texte : il est probable que la plaque n'avait guère, en hauteur, que quelques centimètres de plus, correspondant à la mouluration inférieure disparue.

Hauteur : 0^m,295; largeur (au niveau de la ligne 6) : 0^m,35; ép. : 0^m,20; lettres : 0^m,03 environ.

Provenance : Razgrad. — Sans doute employée avec d'autres pierres antiques dans la construction du château-fort, elle a dû être reprise lors de la démolition partielle de ce dernier, et elle a été encastrée dans les murs de la mosquée Tabach, d'où elle a été extraite en 1911 lors de la réfection de la porte — Musée de Sofia.

· D · M ·	*D(is) M(anibus) [et memoriae?]*
AVR VICT	*Aur(elio) Vict[ori vet(erano), qui mil(itavit)]*
IN.EG · XI · CL	*in leg(ione) XI Cl(audia) [an(nis]...., vix(it)]*
AN · LXX · ꓱ · CL	*an(nis) LXX, et Cl(audiae) [.....................]*
CONIVGI · EIVS 5	*conjugi ejus, [quae vix(it)]*
AN · LI · ꓱ DRIZ\	*an(nis) LI, et Drizu[paro? fil(io?)]*
· ☙ FORVN	*eorum.*

1. Pour les articles précédents, cf. *RA*, 1914¹, p. 55-66; 1915 ⁴, p. 71-93 1915 ², p. 165-208 ; 1916 ¹, p. 359-386; 1917 ⁴, p. 158-188.
2. *Izvestia Soc. arch.*, 1911, p. 181, n° 5, fig. 6.

Le nom d'*Aur. Victor* est à ajouter à la liste des soldats de la *legio XI Claudia* connus en Mésie[1]. L'âge avancé auquel il est mort permet de lui attribuer avec certitude le titre de *veteranus*. Son nom et celui de sa femme, l'âge des époux, semblent dater l'inscription du IIe siècle finissant; le nom de leur enfant (fils ou fille?), qui se rattache assurément à une racine thrace, confirme cette supposition, car c'est surtout à l'époque des Sévères que s'est produit en Thrace le mouvement d'opinion qui a abouti au remplacement des noms romanisés par les noms indigènes[2]. Mais il n'est pas nécessaire de descendre plus bas, par exemple jusqu'au premier quart du IIIe siècle, ce qui deviendrait nécessaire si l'on restituait, à la suite du nom de la légion, l'épithète *Severiana Alexandriana* que propose M. Kazarov. Cette restitution ne se justifie ni par le texte conservé[3], ni même par la longueur probable des lignes[4]. Les épithètes connues pour cette légion sont: *pia, fidelis, felix*[5]; rien ne prouve qu'elles fussent mentionnées ici, même partiellement ou en abrégé.

1. Liste dressée par de Weerd, *op. cit.*, p. 223 suiv.

2. Sur ce point, cf. *BCH*, 1898, p. 554.

3. Rien ne prouve que la trace de lettre visible sur le cliché à la fin de la l. 3 appartienne à un S. On croit seulement pouvoir affirmer qu'il n'existe pas de point abréviatif après CL. La trace apparente, qui semble (car il faut se défier de la cassure toute proche) avoir la forme L, ne paraît pouvoir appartenir ni à A (suite de *Cl[audia]* écrite en entier ou début de [*annis*]), ni à P ou F (initiales des épithètes ordinaires de la légion : cf. ci-après, note 4). D'où incertitude pour la restitution de la fin de la ligne.

4. La l. 5 prouve qu'il ne manque sur la droite que 8 à 10 lettres ou espaces ; donc, à la l. 3, de 10 à 12. Les restitutions obligatoires emploient déjà un minimum de neuf lettres ou espaces (deux lettres au moins pour le chiffre); il reste donc au plus deux ou trois lettres : c'est pourquoi M. Kazarov n'indique les épithètes qu'il propose que par leurs initiales, A. S. — De ce calcul résulte la justification des restitutions que j'ai proposées : à la l. 2 manquent une quinzaine de lettres ou espaces ; d'où la possibilité de supposer, à la suite du nom, un titre ou un grade; à la l. 6, huit à dix lettres ou espaces : *fil.* étant obligatoire, il reste quatre à six lettres pour la fin du nom qui commence par *Drizu*... A la l. 1, D. M. n'étant pas au milieu de la ligne, mais au début, j'ai supposé que l'espace qui suit pouvait contenir la formule courante *et memoriae* : on peut aussi restituer *sacrum*, abrégé ou non.

5. Pour les deux premières (en 42 apr. J.-C), cf. de Weerd, *op. cit.*; pour la dernière, *CIL*, VI, 1433.

La *legio XI Claudia*, qui resta en Mésie depuis Antonin[1] ou Hadrien[2] jusqu'au Ve siècle, avait un détachement dans la région de Razgrad, comme le prouve une inscription antérieurement connue[3].

Tout l'intérêt de ce texte réside dans le nom thrace, malheureusement mutilé, qu'il renferme. Les noms en Δριζυ — sont rares. Le plus connu, et peut-être même le seul absolument certain jusqu'à présent, est le nom de lieu *Drizupara*[4], dont les

1. Saglio, *Dict. des Antiq.*, s. v. *Legio*, p. 1086.
2. *Musée Belge*, 1901.
3. *CIL*, III, 12440 (Ezertche).
4. *Statio* de la route *Andrinople-Périnthe-Byzance*, célèbre par le martyre de saint Alexandre (*Acta SS.*, Maii III; cf. *BCH*, 1898, p. 473 et note 4), située à 22 mp. à l'ouest de Périnthe, sur la rive droite de l'*Erginus* (moderne Ergénès), affluent de l'Hèbre. On admet que la localité antique doit être identifiée avec *Karistran* (Besnier, *op. cit.*, s. v.) ou *Karachtiran* (*Anal. Bolland.*, 1912, note de la p. 244). Ces deux villages modernes sont voisins l'un de l'autre et tous deux également rapprochés du confluent du *Boas kouyou déré* avec l'*Ergénès*. Il faut placer *Drizupara*, qui d'après le récit du supplice de saint Alexandre était situé près d'un gué, au voisinage du gué qui existe encore aujourd'hui à côté de ce confluent, à l'endroit où l'on a bâti la gare de *Seïdler* (ligne Sofia-Andrinople-Constantinople) et où la voie du chemin de fer elle-même franchit la rivière.
Je crois devoir profiter de ces précisions géographiques pour essayer de fixer le sens de la finale -παρα, si fréquente dans les noms de lieux thraces (35 exemples connus). J'ai déjà eu l'occasion (*RA*, 1911[2], p. 441, note 6) de citer les diverses significations que lui attribuent les linguistes : *ennemi, ville, marché, partage, gué*. Les deux dernières, qui concordent en somme et s'unifient dans le sens de *séparation, passage*, peuvent être appuyées par un argument géographique de grand poids. Celles des localités en -παρα qui ont pu être situées de façon certaine sont, en fait, à proximité d'un passage d'eau. Nous venons de le constater pour *Drizupara*; on en peut dire autant pour *Bessapara* (= Bazardjik, gué de la Maritza), Βηλαιδίπαρα (Procop., *de Ædif.*, p. 305, n. 44, édit. Bonn, sur l'Hèbre supérieur), *Buragara* (*Burapara? Itin. Hieros.*, I, 3 = Yénikeui sur Isker selon Kazarov, *Sofia*, p. 22), Σκαπτόπαρα (= Gramadi, près du confluent du Strymon et de la Bistritza; cf. *RA*, 1915[2], p. 174), Σπινόπαρα (Kalinka, *op. cit.*, n° 177 = Koniavo, au voisinage de Kustendil-*Pautalia*, gué de la route *Serdica-Pautalia* au confluent de la Sobolchtitza et du Strymon : la route moderne Radomir-Kustendil passe encore au même endroit), *Tranupara* (= Τραιανου-παρα? mot mixte thraco-latin, formé comme Πρισκου-περα de Procop., *Ibid.*, p. 281, n° 30 ou Μουτζι-παρα, du même, p. 223, n° 8; gué sur l'Axios emprunté par la route *Pautalia-Stobi*, selon Roesler, *op. cit.*, p. 188, d'après la *Tab. Peut.*).

A ces huit exemples on doit ajouter celui du mot Βόσπορος, qui appartient assurément à la langue scytho-thrace. Ce nom se rencontre deux fois sur les rives du Pont-Euxin et possède évidemment le même sens dans les deux cas.

nombreuses variantes [1] permettent de le rattacher à une composante initiale, dissyllabique selon l'usage [2], qui serait *Δριζης [3], Δρύσης [4], graphies différentes d'un même mot écrit peut-être

La légende inventée par les Grecs pour le Bosphore de Thrace (βοὸς-πόρος) est une explication étymologique par jeux de mots comme il en existe des exemples nombreux ; elle n'explique du reste rien pour ce qui concerne le Bosphore cimmérien. Le mot Bosphore signifie à n'en pas douter *grand passage*, ou quelque chose d'approchant, ainsi que l'ont déjà signalé Fick (*Beitr. Indog. Sprache*, XXII, p. 11) et Boisacq (*Dict. Etym.*, s. v.) ; mais ils ont eu le tort d'y reconnaître un mot grec dans lequel la composante initiale βοοσ- signifierait *grand* (le bœuf employé pour indiquer la grandeur, ex. dans Fick ; cf. βοῶπις). En réalité, il s'agit d'un mot thrace dans lequel πόρος transcrit -παρα (indiqué par Pauly-Wissowa, *Real-Enkykl.* s. v.) : on peut admettre que πόρος (grec) et παρα (thrace) viennent tous deux d'une même racine et ont le même sens. — Nous connaissons du mot Βόσπορος deux variantes thraces : Βόσ-παρα (Procop., de *Ædif.*, p. 280, n° 17) et Βουσί-παρα (édit de fondation de *Pizos*, BCH, 1898, p. 486, l. 189, et commentaire p. 555), toutes deux applicables à une localité unique voisine de *Bessapara*. La composante initiale Βοσ- semble indiquer la grandeur (sans qu'il y ait lieu de songer au mot grec βοῦς : c'est ainsi que Βωσ-αγύρα (nom de lieu tiré de l'ethnique Βωσαγυρηνὸς : *RA*, 1911[a], p. 441) signifie sans doute non pas Βοὸς-ἀγόρα (*le marché aux bœufs*), mais Βωσα-γύρα *le grand marché*; explications dans *RA, loc. cit.*). La finale -παρα s'écrit aussi -παρος (Βρίπαρος, Procop., *Ibid.*, p. 282, n° 7 = Βηρίπαρα, *Ibid.*, p. 305, n° 24, et p. 307, n° 30), -πορα (Σκάπορα, de *Scaporenus*, DH, p. 470, 113[a], n° 10), -πορις (Σισπούριες, forme plurielle, Procop., *Ibid.*, p. 283, n° 24 : d'où assimilation possible des mots en -παρα avec les mots en -πόρις; on a du reste déjà remarqué l'identité probable des noms propres Πόρις et Πάρις : Tomaschek, *op. cit.*, s. v.; Kretschmer, *op. cit.*, p. 185), -πορος (*Drysiporo*, ablatif, variantes citées dans la note ci-dessous : d'où justification de l'identité Βόσπορος = Βόσπαρα).

1. *Drizupara* (*Itin. Hieros.*); Δριζίπερα (Cedren., 1, 697, 5); *Drisuparo* (*Anon. Rav.*); Δρυζίπαρα (Ptol., III, 10); *Druzipera* (*Acta SS.*); *Drusipera* (var. *Rav.*); *Drusipara* (var. *Hieros.*); *Drusiparo* (var. *Rav.* et *Hieros.*); *Drisipara* (*Itin. Anton.*); *Drysiporo* (*Tab. Peut.*); Δριξίπαρος (Suidas).

2. Généralités dans *REG*, 1913, p. 251 suiv.

3. Connu actuellement sous la forme Δρίαζις (*CIA*, II, 964; Thrace en Attique) ou Δρυήσης (note suivante), ainsi que par le composé *Δριζί-στας (Δρινσείστας dans *BCH*, 1898, p. 486, l. 139, 274 et 106 où Kalinka, *op. cit.*, n° 34, lit Δριγ[γ]είστας; dans les deux cas νσ = ζ nasalisé ou γγ = γ nasalisé qui lui-même équivaut à ζ : *RA*, 1915[a], p. 92, note 4).

4. Dimitzas, *Maced.*, n° 330; Δρυήσης sur un timbre d'amphore du Musée de Bucarest : Βρωλύθρισβις Δρυήσου Ἄρουλος (Tocilesco, *Monum. epigr.*, n° 84). — Cf. le patronymique *Drusianus* (nom d'un *civis Thrax* dans *CIL*, VI, 31146) qui ne se rapporte pas plus au latin *Drusus* que la forme *Mucianus*, si fréquente en Thrace, ne se rapporte à *Mucius* (mais au nom indigène Μούκας).

On doit peut-être rattacher à Δρύσης l'ethnique Ὀ-δρύσης, composé de la même manière que le nom de lieu Ὄρρησκος = Ο + Ῥάσκος. Il serait possible même que le nom de lieu *Drusipara* dût se rattacher à Ὀδρύσης, et que la vraie

aussi *Δέρσης[1] et Δόρσης[2], s'il faut croire à l'existence de la forme
Derzipara pour *Drusipara*, et du nom d'homme *Derziparus*[3],
lequel serait par conséquent équivalent à *Drusiparus*. C'est ce
dernier nom qui a été hypothétiquement restitué ici : il contient
un nombre de lettres acceptables pour remplir la fin de la ligne;

forme fût 'Οδρυσίπαρα, *le gué des Odryses*, comme on dit Βεσσάπαρα, *le gué des
Besses*. Pour les voyageurs qui traversent la Thrace de l'E. a l'O., *Bessapara*
est à l'entrée du pays des Besses comme *Drusipara* est à la sortie du pays des
Odryses. Le royaume Odryse a eu des limites variables suivant les époques
(Mommsen, *das Odrysenreich in Thrakien*, dans *Hermès*, 1891, p. 76 suiv.,
453 suiv.; 1898, p. 637. — Strazzulla, *la Serie dei re Odrisii*, dans *Bessarione*,
1901, p. 364 suiv.); il a même fini par donner son nom à la Thrace entière vers
la fin de l'époque impériale (Amm. Marc., XXVII, 4, 9; Solin., X, 6). Mais son
siège principal a été le cours moyen de l'Hèbre (*media in Thracia* : Liv. XXXIX,
53), avec extension des deux côtés du delta du fleuve (vers la Chersonèse,
Paus., I, 9, 5; vers le Rhodope, Hdt., IV, 94) et aussi le long de ses affluents
de gauche (Xen., *Hist. Gr.*, III, 2, 2; Strab., VII, 48). Xénophon (*Anab.*, VII,
7, 2) trouve les Odryses sujets de Seuthès sur les hauteurs qui dominent à
l'ouest Sélymbrie et Périnthe : or, *Drusipara* est, nous l'avons vu, à 22 mp. de
cette dernière ville.

1. Cf. la peuplade des Δερσαῖοι (Hdt, VII, 110), la composante initiale de
noms comme Δερζί-ζενις (*Sbornik*, 1900, p. 134, n° 1), Δερζε-λάτης (Kalinka, *op.
cit.*, n° 114), Δερζεί-λας (*IG*. XII, 529, à Thasos), Ces deux derniers noms possèdent des variantes, Δαρζαλίτης et Δαρζάλας (Rostovtzev, dans Προέδρωι
δῶρον, p. 133, pl. II, 4, et p. 138, note 1 ; cf. les Δαρζάλεια, fêtes à Odessos :
Pick, *Jahrbuch*, 1898, p. 156 et *Ant. Muenzen Nordgriechenlands*, pl. V, 3) qui
permettent de faire entrer dans la même série onomastique le nom des Δάρσιοι
(Hdt, VII, 109; Thuc., II, 101) et de leur dieu éponyme Δάρσος (Usener,
Götternamen, p. 359, n° 171 ; cf. Domazewski, *Relig. des röm. Heeres*, p. 53;
Kazarov, *Klio* , VI, p. 169, et *Sofia*, p. 39).

2. *Dorses* (*CIL*, VI, 3209). — Variantes : Δόρσας, ou plutôt Δόρζας (*RA*, 1907[2],
p. 426, n° 17), Δορίζ(ας) (Latyschev, IV, p. 153, n° 254), d'où *Dorizon* (*CIL*, III,
4369) et le composé Δορζένθης, avec ses diverses graphies, Δορζίνθης, Δορσίνθης,
Δορξένθης, Δορκενθίας. Ce dernier mot, si la forme en était certaine (*RA*, 1908[2],
p. 56, n° 57), semblerait rattacher la série soit aux noms composés en -κένθης,
soit au dissyllabe Δόρκας, qui n'est pas sûrement thrace (Fick, *Personennamen*,
p. 93 et 121) et ne s'est encore rencontré qu'à Maronée (Conze, *Samothr.*, II,
p. 97 ; *IG*, XII, 170), mais qui semble apparenté aux noms indigènes Δέρκος,
Δέρκων, etc. (*RA*, *Ibid.*, en note). — Le nom de lieu Δόρδας (Procop., *op. cit.*,
p. 306, n° 33) est peut-être une simple variante de Δόρζας.

3. Ces formes sont citées par Carl Pauli, *Inschrift von Lemnos*, II, 1, p. 22
et 25, sans indication des sources, suivant la méthode habituelle de l'auteur.
Je ne les ai retrouvées nulle part, et je ne sache pas que personne les ait
depuis rencontrées. Tout ce que je puis dire, c'est que pour les quelques noms
de la même liste que le hasard m'a permis de pouvoir identifier, je n'ai pas
constaté d'inexactitude ni d'erreur. Il est donc possible que les formes *Derzipara*
et *Derziparus* existent dans des textes ignorés ou peu accessibles.

il est d'une formation régulière, mais le second élément, *parus*, n'est pas connu par d'autres exemples[1], et par suite demeure douteux. N'importe quel autre nom, régulièrement composé de *Drizu* et de l'un des dissyllabes usités comme finales dans les noms thraces tétrasyllabiques, serait tout aussi admissible.

153-154. — Deux épitaphes d'Italiens morts à *Novae*.

La première nomme un Ombrien, natif de Fano[2]. Son nom indigène, *Farfinias*, paraît inconnu jusqu'à présent[3]. Il était *cornicen* de la *legio VIII Augusta*, qui se trouvait en Mésie au Ier siècle de l'ère chrétienne[4].

La seconde cite une famille originaire d'Etrurie, comme le prouvent, outre l'indication précise du pays, *ex Thuscia*, la patrie du mari, *Crustumia* sur Arno[5], le nom de la femme, *Tanno-*

---

1. Les formes en -*parus*, -παρος, sont toutes des variantes de noms de villes en -παρα. On trouve dans Procope Ἀνθίπαρον, Οὐεσσούπαρον, Βρίπαρος au lieu de Ἀθύπαρα, Βεσσάπαρα, Βηρίπαρα; Tomaschek cite *Zyparus*, peut-être identique à Ζάπαρα. — On connaît une forme de nom d'homme en -*perus*, variante de -πορις (*Eptaperus* = Ἑπτάπορις, *Jahreshefte*, 1900, p. 12, où l'on trouve aussi la graphie *Eprerus*). Il est douteux qu'il faille restituer en - *pa[r]us* la forme - *paus*, qui paraît être, soit une autre variante de -πορις (*Bitipaus*, *CIL*, VI, 2772, rappelle Βειθύπορις, mot correct et admissible, mais connu seulement par la forme *Bithoporus*, citée sans référence par Pauli, *op. cit.*), soit un équivalent de παῖς (opinion de Curtius, fondée sur certaines inscriptions de vases, et rapportée par Tomaschek, *op. cit.*, II, 2, 18, s. v. *Vitupaus*), soit plutôt une graphie spéciale de la finale -πης (cf. Βειθίπης, *BCH*, 1897, p. 133, n° 21; sur αυ = α, cf. Σαύθρης? Kalinka, *op. cit.*, n° 34, l. 84, pour Σάτρης; *Mucatraulus*, Pauli, *op. cit.*, toujours sans référence, pour Μουκάτραλις).

2. *Fanum Fortunae*, sur l'Adriatique, à l'embouchure du Métaure : Pauly-Wissowa, *s. v.*; Besnier, *op. cit.*, s. v.; Nissen, *Ital. Landeskunde*, II, p. 383.

3. M. Kazarov cite pour comparaison le nom d'homme *Furfanius* (Schulze, *zur Gesch. der latein. Eigennamen*, dans *Abhandl.* de Göttingue, nouv. série, V, fasc. 5, p. 357), et le nom du fleuve sabin *Farfarus* (Pauly-Wissowa, *s. v*). — Ajouter le patronymique (primitivement ethnique) *Forfanus*, connu en Thrace sous la forme Φορφανός (*DH*, n° 111[cte], p. 457; revision récente dans *BCH*, 1912, p. 276).

4. Entre 46 et 69, selon Filov, *op. cit.*, s. v. — Cf. *REA*, 1912, p. 257 et notes 1, 2; avec les restrictions de *RA*, 1913[1], p. 70.

5. Localité inconnue. Cf. *Crustumerium*, ville du Latium, et le nom de la tribu *Crustumina*, que l'on rattache d'ordinaire au précédent (Besnier, *op. cit.*, s. v.), mais qui s'en déduit étymologiquement assez mal. L'adjectif *Crustumi-*

nia[1], peut-être aussi les surnoms *Aprio* et *Aprulla*, s'il est vrai qu'il faille les regarder comme spécialement étrusques[2]. Le nom *Antonius*, porté par plusieurs membres de la famille, permettrait de dater le texte du 1er siècle de notre ère; mais il faut nécessairement descendre jusqu'au IIe siècle, parce que l'inscription est assez notablement postérieure à la précédente, puisque, comme nous allons le voir plus loin, elle appartient à une tombe dans laquelle on a employé, comme matériaux de construction, la stèle n° 153, après l'avoir divisée en deux moitiés.

Au IIe siècle également, et dans une ville mésienne voisine de *Novae*, à *OEscus*, nous connaissons la famille d'un décurion municipal dont les membres portent les mêmes surnoms que ceux que nous trouvons ici[1] : *Aprio*, *Aprilla* (ici *Aprulla*), *Valentinus*, *Valentilla* (ici *Valentina*). Si l'une et l'autre famille sont originaires d'Etrurie et venues à la même époque dans des villes de garnison sur le Danube, on peut se demander le motif de cette émigration. Rien n'indique qu'aucun des deux chefs de famille ait été soldat, et par suite il n'y a pas lieu de penser que l'une des légions mésiennes aurait pu à ce moment se composer de contingents étrusques[4]. Une transplantation de colons

nus se tirerait beaucoup plus facilement du substantif *Crustumia*. Je laisse à de plus compétents le soin de fixer le rapport de ces deux mots; je me borne à remarquer qu'en fait la plupart des villes qui appartenaient à la tribu *Crustumina* sont étrusques (*Regio VI* : Kubitschek, *Imperium rom. tributim descriptum*; Ricci, *Epigr. lat.*, p. 330 et 345).

Remarquer en outre : 1° que nous connaissons un nom de localité identique à celui de *Crustumia*, sauf que la désinence en est neutre au lieu de féminine: c'est la ville de *Crustumium*, que Vibius Sequester, *de Flumin.*, 4, place sur le fleuve *Crustumium*, voisin de Ravenne, cité aussi par Pline, *HN*, III, 115 et Lucain, II, 406 (j'ignore pour quels motifs Pauly-Wissowa, *s. v.*, déclare fausse, en ce qui concerne la localité, l'affirmation du géographe antique); — 2° que l'adjectif *Arnius* est inconnu, sauf par un génitif, *Arni*, nom propre (peut-être abrégé) fourni par *CIL*, VI, 32997 : l'adjectif usuel, quand il s'agit de l'*Arnus* (Arno), est *Arniensis*.

1. Schulze, *op. cit.*, p. 143. — *Tan(nonius)* dans la région danubienne : *CIL*, III, 7772.

2. Otto, *Thesaurus ling. lat.*, II, p. 211; Schulze, *op. cit.*, p. 124.

3. *CIL*, III, 7431.

4. Opinion émise par M. Kazarov à propos du N° 154 seul.

italiotes par ordre de l'empereur ' est possible, mais nous manquons de preuves et même d'exemples. Le plus simple et le plus naturel est peut-être de penser que ces familles étrusques sont en Mésie pour y faire le commerce de détail ' à la suite des armées. Le fait que l'épitaphe n° 154 provient de Steklen, village voisin de Svichtov = *Novae*, semble confirmer cette hypothèse : c'est le camp proprement dit, et non la ville, qui occupait, croit-on ', le site de Steklen.

N° 153. — Stèle de calcaire portant en acrotères deux avant-trains de lions, vus de face '. Le champ de l'inscription (1ᵐ,08 × 0ᵐ,66) est en creux et entouré d'une moulure; au-dessus, fronton mouluré contenant une rosace à quatre lobes; le sommet du fronton s'inscrit dans un bloc quadrangulaire qui sépare les deux acrotères.

La pierre, actuellement cassée en trois morceaux, a pu être entièrement reconstituée, sauf une très légère cassure superficielle à la partie inférieure. Elle avait été dans l'antiquité coupée dans le sens de la longueur en deux parties égales, afin d'être remployée à la construction d'une tombe, ainsi qu'il est expliqué ci-après. L'inscription est soignée et très lisible. — Musée de Sofia '.

Haut. : 1ᵐ,86; larg. : 0ᵐ,90; ép. : 0ᵐ,28.

Lettres : l. 1 et 7 : 0ᵐ,09; l. 2 et 3 : 0ᵐ,08; l. 4 et 5 : 0ᵐ,07; l. 6 : 0ᵐ,06; l. 8 et 9 : 0ᵐ,05.

1. Par exemple sous Marc Aurèle ou ses successeurs (nom *Aurelius* fréquent dans le texte d'*Œscus*).

2. Sur les *mercatores* et les *negotiatores* à la suite des armées et dans les *cannbae legionum*, cf. ces mots dans *Dict. des Antiq.*; ajouter pour la Thrace mes remarques dans *BCH*, 1898, p. 532.

3. Cf. notamment *Izvestia de C/ple*, 1905, p. 456, et pl. CII, 1.

4. Arrangement analogue sur la stèle d'un autre soldat, à Bechli : Kalinka, *op. cit.*, n° 401, fig. 131 (cf. n° 471, fig. 150, avec les lions couchés de côté) et renvois de la p. 348.

5. *Izvestia Soc. arch.*, 1913, p. 193, n° 2, fig. 105 (Kazarov).

P · FARFINIAS	*P(ublius) Farfinias,*
P · F · POLL ·	*P(ublii) f(ilius), Poll(ia tribu),*
SEVERVS · FAN	*Severus, Fan(o)*
FORT CORN	*Fort(unae), corn(icen)*
LEG VIII · AVG	*leg(ionis) VIII Aug(ustae),*
V AN · L · MAXXX	*v(ixit) an(nis) L, m(ilitavit) a(nnis) XXX :*
H : S · E ·	*h(ic) s(itus) e(st).*
VITALIS ET FEROX	*Vitalis et Ferox,*
FILI F·C·	*fili, f(aciendum) c(uraverunt).*

Nº 154. —Plaque de calcaire portant une inscription limitée par un cadre mouluré. — Musée de Sofia[1].

Elle était placée horizontalement et servait de couvercle à une tombe[2] dont la stèle précédente, coupée en deux dans le sens longitudinal, formait les grands côtés verticaux, les petits côtés se composant de pierres non inscrites.

Long. : 2 mètres; larg. : 0^m,89; ép. : 0^m,35 (sur la droite, 0^m,28, afin de s'adapter plus exactement à la moitié du Nº 153 qui lui était contiguë).

Lettres : l. 1 : 0^m,09; l. 2 : 0^m,07; l. 3, 4, 16 : 0^m,055; l. 5 à 15 : 0^m,05.

V I V I S I B I		*Vivi sibi*
M A N T O N V S		*M(arcus) Antonius,*
M · F · DOMOCRVS		*M(arci) f(ilius), domo Crus-*
T W I A E A R N I Æ		*tumiae Arniae,*
A P R I O E X · T H V S	5	*Aprio, ex Thus-*
C I A · E T T A N N O		*cia, et Tanno-*
N I A · V A L E N T I		*nia Valenti-*
N A · P A R E N T E S		*na, parentes :*
I E M · M · A N T O N O		*item, M(arco) Antonio*

1. *Izvestia*, 1913, p. 192, n° 1, fig. 104.
2. Découverte en 1912 dans un champ appartenant à Kolio Tzvietkov; elle contenait de la terre et les ossements de deux cadavres. Long. : 1^m,90 ; larg. : 1^m,70; prof. : 1^m,30 (renseignements fournis par M. P. Malief, directeur du gymnase de Svichtov).

V A L E N✝N O · V I X	10	*Valentino, vix(it)*
AN · X · MENS · ꞮꞮꞮ · ET		*an(nis) X, mens(ibus) III, et*
A N T O N I A E · A P R V ᴠ		*Antoniae Aprul-*
L A E · V I X · A N V ꞮꞮꞮꞮ		*lae, vix(it) an(nis) VIIII,*
M E N S · V I · F I L I S		*mens(ibus) VI, fili(i)s*
P ꞮꞮ S S I M S · O B I T I S	15	*piissimis, obitis,*
F E C E R V N T		*fecerunt.*

Remarquer quelques ligatures : l. 2 et 9 : ɴ = ɴɪ ; l. 4 : ᴡ = ᴠᴍ, ᴁ ; l. 9 : ᴇ = ᴇᴛ ; l. 10 : ✝ = ᴛɪ ; l. 15 : ᴍ = ᴍɪ ; — quelques formes spéciales de lettres : l. 1, allongement du premier jambage du v initial ; l. 3 : v tout petit ; l. 12, ʟ en forme de v couché ; l. 6, prolongement vertical sur la gauche de la barre du ᴛ (peut-être *lapsus* du graveur) ; l. 9, 11, 15, allongement de certains ɪ ; — enfin l'orthographe *Thuscia*[1].

155-157. — Trois épitaphes provenant de *Ratiaria*.

Aucun des personnages nommés ne porte de surnom indi-gène ; aucun ne paraît avoir été soldat. Les chefs de famille possèdent les *tria nomina* latins ; ce sont sans doute des mar-chands ou des colons, comme les précédents. La date de ces textes est impossible à fixer ; les gentilices ne sont pas parmi ceux qui sont les plus répandus aux ɪɪᵉ-ɪɪɪᵉ siècles, bien que les qualités de la gravure et de la sculpture ne permettent pas d'attribuer les monuments à une époque trop tardive. Rien n'oblige du reste à les regarder comme contemporains : l'un d'eux paraît cependant antérieur à la réorganisation de la ville sous Trajan[2].

1. Plus rare que *Tuscia*, mais employée aussi par certains auteurs.

2. N⁰ 155, nommant un décurion : la ville est appelée *colonia Ratiaria*, et non *colonia Ulpia Ratiaria*. Mais un texte (*CIL*, III, 8088) qui cite deux autres décurions, nomme l'un *dec(urio) aedilic(ius) col(oniae) Ulp(iae) Ra(tiariae)*, l'autre *dec(urio) aed(ilicius)* [et non *Æl(iae)*, lecture du *CIL*; le vrai texte se trouvait cependant dans *Arch.-Epigr. Mitth.*, 1891, p. 149, n⁰ 20] *col(oniae) Rat(iariae)* : l'absence de l'épithète *Ulpia* ne constitue donc pas une preuve. Le défunt s'appelle *L. Tettius Rufus* : cf. *P. Tettius Rufus*, préteur au début du règne d'Auguste (*CIL*, X, 5059). — Le n⁰ 157 nomme *G. Valerius Alexan-der* : un autre *G. Valerius Alexander* est nommé dans une inscription bilingue de *Marcianopolis* (*CIL*, III, 761). Cf. en outre *Valerius Alexander*, préfet des vigiles à Ostie sous Gordien (*Prosopogr.*, III, p. 410, n⁰ 316).

Deux de ces stèles se classent parmi les plus belles et les plus grandes trouvées en Mésie : elles font honneur à la corporation des tailleurs de pierre de *Ratiaria*, dont nous avons déjà eu l'occasion de constater l'habileté technique[1]. J'ai cru devoir représenter ici l'une d'elles (fig. 54), comme type d'un genre de monuments funéraires très répandus dans toute la contrée, particulièrement dans les villes de garnison[2].

Le champ de l'inscription se détache en creux au milieu d'un grand cadre qui, au lieu d'une simple moulure en relief, comprend une large bande ornée d'un rinceau de lierre ou de vigne. Souvent les tiges de la plante jaillissent d'un vase pansu sculpté à la base de la stèle. Souvent aussi le sommet comporte, non le fronton triangulaire usuel, mais un couronnement carré dont un arceau occupe le milieu, entourant un motif central : tête, rosace, palme, etc.

N° 155. — Stèle de marbre, profilée comme un autel, et moulurée sur trois faces. — Trouvée sur la rive du Danube, au lieu-dit *Ialia*, parmi des tombes voûtées partiellement démolies. — Musée de Sofia[3].

La face postérieure du monument est fruste et percée d'un trou carré de 0m,04 de côté. Cette entaille de scellement devait servir à fixer la pierre contre un mur; l'ensemble avait ainsi l'apparence d'un autel à demi engagé dans une construction. L'inscription est encadrée d'une moulure; une seconde moulu-

1. A propos des nᵒˢ 81 et 148.
2. On en trouvera ci-après plusieurs autres exemplaires. Ajouter les stèles conservées au Musée de Sofia, et reproduites dans Kalinka, *op. cit.* : elles proviennent de *Novae* (fig. 121), d'*Œscus* (fig. 122 : autel; 128 : bustes; 131 : fronton triangulaire et banquet funèbre; n° 370), de *Marcianopolis* (n° 345 : fronton triangulaire), de *civitas Montanensium* (fig. 127 : bustes), d'*Almus* [? trouvée à Mokrech] (fig. 125); — cf. fig. 133 à 135; provenances : Aboba, Konin, Teteven.
3. *Period. Spisanié*, LXXI (1911), p. 860 et pl. II (Kazarov). — On a trouvé au même endroit une fibule en or et une tuile (long. : 0m,13, ép. : 0m,025) portant gravée au moyen d'un timbre en creux (0m,105 × 0m,02) l'inscription **LEG VII CPF** (*Ibid.*, p. 861 et fig. 10).

ration de fort relief simule la base et le sommet d'un autel; à la partie supérieure, traces d'une décoration de feuilles de lierre. Au dessous de ces feuilles court un bandeau plat où sont gravées les lettres D. M. (haut. : 0^m,03).

Les quatre angles de la façade sont écornés; le sommet et la base sont ébréchés, ainsi que la partie supérieure gauche de la moulure qui limite l'inscription. Seule la mouluration de la base et du sommet se prolongeait sur les côtés; elle a disparu entièrement à la base.

Haut. : 1^m,36; larg. : de 0^m,73 (en haut) à 0^m,66 (en bas); ép. : 0^m,57. — Lettres : 0^m,085 gravées avec soin.

D · M ·	*D*(*is*) *M*(*anibus*)
L · TETTI	*L*(*uci*) *Tetti*
RVFI · ÐC	*Rufi, dec*(*urionis*),
PONTIF	*pontif*(*icis*)
COL · RAT 5	*col*(*oniae*) *Rat*(*iariæ*),
FONTEIA	*Fonteia·*
NVSFRꟻ	*nus frat*(*er*).

Nous connaissons déjà, à *Ratiaria*, plusieurs décurions ordinaires ou honoraires[1].

Pour le titre de *pontifex*, cf. *CIL*, III, 1655 (*Viminacium*) : *pontifex mun. Æl. Vim.*; 6217 (*Troesmis*); 6170 (*Ibid.*,) : *sacerd*(*oti*) *provin*(*ciae*), *ob hon*(*orem*) *pontif*(*icatus*), ce qui semble établir une équivalence entre les mots *sacerdos* et *pontifex* : Sur cette question, cf. *Dict. des Antiq.*, s. v. *Pontifex*.

Les deux stèles suivantes proviennent d'un autre lieu-dit, appelé Koukermech, et situé à une demi-heure à l'ouest du village d'Artchar. Il existe en cet endroit divers tombeaux sur lesquels nous possédons quelques renseignements précis[2] que je

---

1. *CIL*, III, 8088, 8090, 14217 ; ajouter 1641 *add.*, 6294, 7422, 7429, 8089, 12650 et notre n° 156.

2. *Period. Spisanié*, LXXI (1911), p. 853-859, et fig. 1 à 9. — M. Kazarov, auteur de l'article, avait déjà publié un sommaire des découvertes dans *Izvestia Soc. arch.*, 1910, p. 216, où le nom de la localité est orthographié Koukarnech.

vais résumer ici, conformément au plan de cette publication :

Les découvertes ont été fortuites, et, comme presque toujours, les constructions ont été partiellement démolies par les paysans[1]. Certaines fouilles ont
été continuées par le Musée de Sofia d'abord, puis par le Ministère de l'Instruction publique bulgare (*groupes* A B C), ou bien par la Société archéologique
de Vidin (*groupe* D). Les tombes sont des constructions souterraines, déjà
ouvertes peut-être dès l'antiquité; elles n'ont par conséquent fourni à peu près
aucun mobilier funéraire.

Groupe A : orienté E.-O. avec entrée à l'O., composé de deux tombes acco-
lées et identiques. Murs verticaux en briques ($0^m,34 \times 0^m,14 \times 0^m,045$), séparées par des couches de ciment romain épaisses de $0^m,05$ environ; voûte en
plein cintre faite de briques plus larges ($0^m,34 \times 0^m,28 \times 0^m,045$); intervalle
entre les deux voûtes partiellement allégé par une petite niche voûtée (haut. et
prof. : $0^m,35$, larg. : $0^m,21$) dont le sommet est à $0^m,18$ au-dessous de la surface supérieure du monument qui, vu de l'extérieur, forme un bloc rectangulaire de 7 mètres de long sur $2^m,50$ de large, posé sur un lit de béton destiné
à empêcher l'infiltration des eaux.

Chaque tombe mesure $2^m,15$ de long (perpendiculairement à la voûte), $1^m,65$
de large, $1^m,50$ de haut (sous clef de voûte); le sol en est bétonné. L'entrée
ayant été violée, le mode de fermeture primitif en est inconnu; elle conserve
une sorte de marche en pierres brutes réunies par du ciment, qui la barre sur
toute sa largeur et s'élève à $0^m,50$ au-dessus du sol. Les murs de briques qui
soutiennent les voûtes sont, sur les faces extérieures N. et S., contrebutés par
un second mur vertical, en pierres brutes cimentées, large de $0^m,63$.

La terre de remblai entourant l'édifice contenait des débris de tuiles, des
pierres, etc. On a rencontré, à 1 mètre environ en dehors de l'une des tombes,
des ossements humains, des poteries brisées, des agrafes[2] en fer, un fragment
($0^m,62 \times 0^m,61 \times 0^m,18$) d'auge en pierre; à $2^m,50$ de profondeur, auprès de
l'autre tombe, des ossements, un crâne, une grande agrafe, et, à $0^m.70$ de l'entrée, un autre crâne parmi des tessons de poterie d'un noir roux. La question
est de savoir si ces divers débris ont été retirés des tombes par les violateurs
de sépulture.

L'espace en avant des tombes paraît avoir été dallé de briques plates ($0^m,38$
$\times 0^m,28 \times 0^m,045$) noyées dans une couche de ciment. Au voisinage se trouvait,
renversée, la stèle n° 156.

---

1. La tombe circulaire du groupe D a été transportée à Vidin pour y être
reconstituée par les soins de la *Société archéologique* de cette ville.

2. Le mot employé, ici et plus bas, *piron*, n'est pas dans les dictionnaires
bulgares. J'ai pensé que c'est un mot scientifique forgé par l'auteur de l'article,
peut-être d'après le mot grec περόνη. En tout cas il ne s'agit pas d'une fibule,
indiquée dans le même texte par le mot *fiboula*.

Groupe B : distant de 2ᵐ,50 du précédent, avec entrée au S.; même genre de construction. Les deux groupes formaient un ensemble placé sur une plate-forme où l'on accédait par un escalier central de 5 marches dont l'une est encore en place (0ᵐ,80 × 0ᵐ,47 × 0ᵐ,22), dont les quatre autres ont été remployées dans les constructions du village : deux de celles-ci, retrouvées dans une maison particulière où elles servent de piliers, mesurent 1ᵐ,10 × 0ᵐ,50 × 0ᵐ,28.

Groupe C : tombeau voûté, aujourd'hui démoli. L'entrée, placée à une extrémité au milieu du mur de briques perpendiculaire à la voûte, se composait de 6 blocs de calcaire : — un seuil et un linteau de mêmes dimensions (1ᵐ,50 × 0ᵐ,30, ép. 0ᵐ,58 pour le seuil et 0ᵐ,55 pour le linteau); — deux montants analogues comme largeur (0ᵐ,30) et épaisseur (0ᵐ,58), différents pour la hauteur (0ᵐ,78 et 0ᵐ,68); — une marche d'escalier (0ᵐ,97 × 0ᵐ,23 × 0ᵐ,23) placée devant le seuil; — la porte proprement dite, formée d'une sorte de bouchon vertical en pierre (0ᵐ,90 × 0ᵐ,77 × 0ᵐ,68), muni à sa partie supérieure d'un anneau de fer (diam. : 0ᵐ,10) maintenu par une tige scellée au plomb.

Groupe D : tombe de forme ronde, située sur la chaussée de Lom, à 10 minutes du village d'Artchar. A 0ᵐ,60 au-dessous du sol, mur circulaire dont il subsiste 42 blocs de calcaire travaillés sur la face externe seule et disposés en 3 rangs concentriques reliés par des crampons de fer scellés au plomb : les 2 rangs inférieurs sont intacts, le rang supérieur n'a plus que 7 blocs. La largeur des blocs varie de 1ᵐ,14 à 2ᵐ,48; leur hauteur est de 0ᵐ,56, 0ᵐ,50, 0ᵐ,70 suivant leur rang.

Le diamètre de la tombe est de 7 mètres; on ignore si le mur était plus haut et comment était disposée la couverture. Sur le côté N., on a découvert un vase d'argile brisé, contenant des ossements; à 1 mètre plus loin, fragment d'un crâne dans une couche de charbon; morceau de plomb arrondi, ayant gardé la forme du vase où il a été fondu, et provenant sans doute du plomb de scellement employé pour fixer les tenons en fer qui ajustent les pierres du mur.

Groupe E : à 1 kilomètre à l'O., restes de murs et pavement en mosaïque composée d'espèces d'osselets ou de bipennes en argile noire, qui forment un dessin régulier en se plaçant alternativement verticaux et horizontaux [1].

Nº 156. — Stèle de marbre blanc provenant du groupe A [2].

Haut. : 2ᵐ,35; larg. : 0ᵐ,85; ép. : 0ᵐ,32.

Champ de l'inscription : 0ᵐ,98 × 0ᵐ,46; lettres : 0ᵐ,07 environ (3 premières lignes), puis 0ᵐ,06 environ.

L'arceau mouluré qui orne le couronnement renferme une

1. Dallage appelé *optostratum* : Cf. *Dict. des Antiq.*, s. v. *Pavimentum*, p. 361.
2. *Period. Spisanié*, LXXI (1911), p. 857 et pl. I.

rosace à 6 lobes et est flanqué de demi-palmettes à la partie
supérieure ; il repose sur deux petites bases qui portent gravées les lettres D.M. Le reste de la décoration est tout à fait
analogue à celle de la figure 54.

. D. . M·		*D(is) M(anibus)*
G V A L E PΦ		*G(aio) Valerio*
A L E X A N		*Alexan-*
D PO Q · V · A ·		*dro, q(ui) v(ixit) a(nnis)*
L' I V L I A P O L	5	*L : Julia Pol-*
LI T T A C O I Ⅺ		*litta co(n)jux,*
ET		*et*
V A L E R I M A		*Valeri(us) Ma-*
RCIAN · ō ō DEC		*rcian(us) o(rnatus) o(rnamentis)*
		dec(urionalibus).
M A PC ⅤS · P H I	10	*Marcus Phi-*
LISC · ALEXAN		*lisc(us), Alexan-*
DRIAIVLIA · FLI		*dria Julia, fili(i),*
PATRI · B · M ·		*patri b(ene) m(erito).*

Remarquer les ligatures aux l. 2, 4, 6, 9, 10, 12 : j'ai essayé
de les reproduire aussi exactement que le permettent les caractères d'imprimerie.

Pour les noms propres : *Alexander, Pollitta,* cf. ci-dessus,
p. 85, note 2 ; *BCH*, 1900, p. 612, nº 70. — Pour la graphie
coiux, cf. un autre texte de *Ratiaria* : Kalinka, *op. cit.*, nº 393.

Nº 157. — Stèle de calcaire blanchâtre[1]. — Musée de Sofia,
nº 3202 : trouvée antérieurement à 1903. — Fig. 54.
Haut. : 2ᵐ, 66 ; larg. : 0ᵐ,86 ; ép. : 0ᵐ,30.
Lettres de 0ᵐ,07 (premières lignes) à 0ᵐ,03 (dernières lignes).
Dans le fronton, tête d'Hercule imberbe, la peau de lion nouée
autour du cou. Sur les personnages symétriquement placés de
chaque côté de l'arceau central (Attis), cf. Cumont, *op. cit.*, II,
p. 437 ; Roscher, *Lexikon*, I. p. 727 ; Pauly-Wissowa, I,
col. 2251 ; Kalinka, *op. cit.*, nº 381 (*OEscus*).

1. *Izvestia Soc. arch.*, 1912, p, 7, nº 4, fig. 4.

Fig. 54.

D(is) M(anibus)
C(aii) Cassi(i)
Felicis,
vix(it) an(nis) LXX,
5   *et Cassiae*
Lacaenae,
conjugi e(jus),
v(ixit) a(nnis) LX, et Vet-
sidio Supe-
10   *ro, fil(io) piissi-*
mo, qui v(ixit) a(nnis) XXII :
H(ic) s(iti) s(unt). — Cassia Cogi-
tata parent(ibus) et filio
    f(aciendum) c(uravit).

Pour le changement de cas (gé-
nitifs aux l. 2 et 3, datifs aux l. 5 à
11), cf. un exemple analogue à *OEs-*
cus, (Kalinka, *op. cit.,* n° 370). On
peut toutefois considérer aussi que
l'expression *Dis Manibus C. Cassii*,
etc., est une périphrase équivalant à
C. Cassio, etc., et que par suite l'ensemble du texte est, en fait, au datif.

Le nom *Vetsidius* est connu par un texte douteux des *Satires*
de Perse (IV, 25), par une transcription grecque de provenance
thrace (Périnthe, *DU.* 72 a, p. 370 = *IGR,* 781, avec l'orthographe Ὀυεττίδιος), qui est elle-même sujette à caution, comme
provenant d'une copie manuscrite faite par Cyriaque d'Ancône,
et par trois exemples dalmates (*CIL,* III, 2932, 3028, 3029) qui
écrivent *Vettidius.*

Pour le nom *Lacaena,* cf. un exemple dalmate : *CIL,* III,
9044.

A la l. 13, l'espace blanc n'existe pas sur l'original et provient d'une inadvertance du dessinateur.

Georges SEURE.

LE KERMÈS DANS L'ANTIQUITÉ

L'étude chimique et microscopique de restes divers, provenant de la caverne énéolithique de l'Adaouste (Bouches-du-Rhône), nous a montré, entre autres choses, des débris animaux de couleur rouge, que nous avons considérés comme des fibres musculaires de la cochenille du kermès [1].

La préparation analysée contenait aussi des fibres textiles teintes au pastel; d'autres étaient rouge carmin. Mais cette nuance ne fait pas partie de celles, tirées du kermès, que les Anciens auraient su fixer sur leurs tissus, d'après les auteurs qui se sont occupés des anciennes techniques tinctoriales; nous devons donc admettre, avec quelque réserve, que les Primitifs provençaux teignaient leurs vêtements à la cochenille. D'ailleurs, au moment où nous avons observé le fait, nous n'avions pas encore reconnu la nature exacte des fibres musculaires du kermès, qui étaient disséminées dans la pâte examinée. Celle-ci était formée d'orge torréfiée, de viande et de kermès; elle a pu être un médicament plus ou moins magique. Néanmoins, il est probable que les peuplades néolithiques qui récoltaient ce produit animal et qui connaissaient les réactions chimiques compliquées servant de base à l'utilisation du pastel, n'ignoraient pas l'emploi de la cochenille indigène.

Cet insecte (*Kermococcus vermilio* Planch., anciennement *Coccus ilicis*) vit en parasite sur le chêne-kermès (*Quercus coccifera* L.), arbrisseau touffu, à feuilles persistantes épineuses, assez nettement localisé dans la région méditerranéenne, où il

1. J. et C. Cotte, *Examen d'une pâte préhistorique*, in C. R. Ac. Sc., t. CLXII, p. 762 (1916). Au début de ce travail nous désirons témoigner notre gratitude à M. Bailet, qui nous a obligeamment ouvert sa bibliothèque, et à M. Trabut, qui nous a communiqué des noms kabyles.

habite surtout le calcaire. Il est l'espèce dominante dans les
« garrigues », qui lui doivent leur nom.

Dans le français scientifique, il a le même nom que son parasite le plus célèbre. Cette confusion de termes se retrouve chez
les Grecs ; ainsi Dioscoride (IV, 46) dit que le κόκκος tinctorial
est un petit arbuste, ligneux, auquel sont attachés les κόκκοι‘
dareils à des lentilles[1].

Mais, en général, les auteurs font bien la distinction entre
l'arbre et son produit : Ὁ δὲ πρῖνος...φέρει παρὰ τὴν βάλανον καὶ
κόκκον τινὰ φοινικοῦν. Le chêne-vert porte, en plus du gland, un
certain *coccos* couleur de pourpre (Théophraste, *H. N.*, III, 16).
Le κόκκος est considéré comme une sorte d'excroissance du
chêne, et d'autres productions analogues ont reçu la même
appellation, témoin cet autre κόκκος qui se trouvait aussi sur le
chêne-kermès et que les femmes allaient enlever avec les dents,
peut-être à cause de sa saveur sucrée (Dioscoride, IV, 46). Le
κόκκος grec est l'équivalent du *coccus*, *coccum* ou *coccos* latin[2] ;
mais il a, dans cette dernière langue, un sens plus précis : il ne
signifie plus « grain » d'une manière générale, et « graine
d'écarlate » d'une manière spéciale ; il s'applique exclusivement
au kermès, qui est appelé aussi *acinus coccineus* et *rubens
granum*.

Pline nous donne un autre nom du même produit : *Granum
hoc, primoque ceu scabies fruticis, parvæ aquifoliæ ilicis : cusculium vocant.* « Cette graine paraît d'abord comme une galle
d'un arbrisseau, le petit yeuse à feuilles piquantes ; on l'appelle
cusculium » (XVI, 12). Nous trouvons ailleurs, chez le même
auteur : *Est autem genus ex eo in Attica fere et Asia nascens,
celerrime in vermiculum se mutans, quod ideo scolecion vocant
improbantque* (XXIV, 4). Nous n'avons aucun renseignement
précis sur ce *vermiculus*, en lequel se muait le *kermococcus*.
Nous sommes, sans doute, encore en présence d'un renseignement mal recueilli ou mal compris par Pline. Peut-être

---

1. Dioscoride, *De medicinali materia*, édit. Erm. Barbaro, Cologne, 1519.
2. C'est de ces mots que sont venus *cochenille* et *coccinelle*.

fait-il allusion à un parasite interne, analogue à un *scutellistes*
par exemple, qui dévprerait la cochenille et dont les
anciens auraient connu la larve. L'adulte de ce parasite, à
moins que ce ne soit le mâle de la cochenille elle-même, aurait
été cité par Pausanias, qui le compare à un moustique : ἐοικὸς
κώνωπι φαίνοιτο (X, 36, 2). La larve de ce parasite, en vidant son
contenu, enlèverait à la cochenille presque toutes ses propriétés
tinctoriales, ce qui expliquerait pourquoi on refusait dans le
commerce la variété *scolecion* ou *vermiculaire*.

Pausanias ajoute au renseignement que nous venons de
donner que c'est cet animal, inclus dans ce qu'il appelle le fruit
du chêne-kermès, dont le sang est utilisé pour la teinture. C'est
bien là une allusion, d'une netteté parfaite, à la nature animale
de la cochenille, formulée malheureusement en termes qui en
font une erreur scientifique. Pour en finir avec Pausanias, nous
ajouterons qu'il nous fournit un autre nom propre aux Galates
qui étaient au-dessus de la Phrygie et servant à dénommer le
chêne au kermès, celui de ὗς; les Grecs d'Ionie et d'ailleurs
continuaient à employer, pour le même abrisseau, le mot de
κόκκος. Nous retrouvons là le transfert au végétal parasité du
nom de son produit industriel principal, comme chez Dioscoride. Au reste, le contexte montre que l'auteur avait bien en
vue le chêne-kermès.

Cependant le terme σκωλήκιον, qui désignait du temps de
Pline une variété commerciale de qualité inférieure, a fini par
s'appliquer au produit normal, en certains lieux du moins.
Nous voyons figurer, dans la formule pour teinture pourpre
que donne le pseudo-Démocrite[1], l'emploi simultané du κόκκον
et du σκώληξ ὁ πορφύριος (πορφύριος ἐκ τοῦ ἐρῶ γενόμενος, dans le
manuscrit de Saint-Marc); le même texte déconseille ensuite
l'emploi du Γαλατίας σκώληξ (récolté sur l'ὗς de Pausanias, évidemment) qui est sans valeur, parce que sa couleur n'est pas
solide. Il y a une coïncidence fort curieuse entre ce texte de

<hr>

1. M. Berthelot, *Les origines de l'alchimie*. Paris, Steinheil, 1885. — Appendice F, p. 357.

Démocrite et celui où Pline parle de la mésestime dans laquelle était tenue la variété *scolecion*. Si ce n'était cette coïncidence, nous croirions pouvoir déduire de l'emploi du mot σκώληξ que le texte du pseudo-Démocrite est relativement récent.

Les Égyptiens faisaient venir leur cochenille de Syrie et d'Arabie ; les Hébreux paraissent l'avoir eue déjà lors de l'Exode. Ils l'appelaient ver, ou ver-à-cramoisi (*tôlâ*, *tôlá at sânî*, littéralement « ver qui resplendit »). Ce terme a été traduit par *vermiculus* dans la Vulgate.

Il est un vocable, apparenté à un des noms anciens du chêne kermès, qui doit nous arrêter un instant : c'est ύσγινον ou *hysginum*. La question de l'*hysginum* est très confuse, et maintenant encore, après les travaux de nombreux commentateurs, on pourrait redire, avec l'auteur du *Thesaurus linguæ latinæ* : « *De hysgino video esse quæstionem non levem inter doctissimos viros* ». Et cela d'autant plus que la présence d'un ύσγη est venue tout embrouiller.

Débarrassons-nous d'abord de cet ύσγη. Nous en devons la connaissance à Suidas, pour qui c'est une sorte de végétal servant à la teinture. Il est probable qu'il s'agit encore du chêne-kermès ; mais c'est là une simple supposition. On aurait tout aussi bien pu, par assimilation, donner ce nom à une autre plante (garance, etc.), fournissant une couleur qui rappelait celle de l'ύς.

On s'est demandé s'il n'y avait pas plusieurs *hysginum*, tellement il semblait impossible de concilier les textes des divers auteurs à son sujet. On a fait de ce produit une couleur bleue. C'est ainsi, par exemple, qu'on a interprété un passage de Vitruve, dans lequel il est question d'obtenir des couleurs pourpres par le mélange de racine de garance et d'*hysginum* avec une terre : « *Fiunt etiam purpurei colores infecta creta rubiæ radice et hysgino* » (VII, 14). Une phrase de Pline est analogue : « On préfère le *purpurissimum* de Pouzzoles... parce qu'il s'imbibe le plus d'*hysginum* et qu'on le force à absorber de la garance, *causa est quod hysgino maxime inficitur*, *rubiamque cogitur sorbere* » (XXXV, 26). On a conclu de ce qui précède que l'*hysginum* devait être un bleu, pour que son mélange avec de la garance pût donner du pourpre. Mais d'autres textes nous permettent de classer l'*hysginum* dans la gamme des rouges. Telle est la phrase de Nicander (*Theriaca*, 511) :

"Ανθεα δ'υσγίνῳ ἐνερεύθεται

« ses fleurs sont d'un rouge d'*hysginum*[1] ». Il semble aussi que l'on puisse trouver une assimilation de couleur entre le kermès et l'*hysginum* dans Myrinos (*Anthol. palat.*, VI, 254, 3) :

Τὰκ κόκκου βαφθέντα καὶ ὑσγίνοιο[2] θέριστερα

« des vêtements d'été teints avec du *coccum* et de l'*hysginum* ». Écoutons Pline : « *Quin et terrena miscere coccoque tinctum Tyrio tingere, ut fieret hysginum...* On teint de nouveau avec la pourpre ce qui est teint au *coccum*, afin d'obtenir l'*hysginum* » (IX, 65).

Souvenons-nous que les Anciens vantent l'éclat de la couleur extraite du kermès (Pline, IX, 62; Josèphe, III, vii, 7); *sânî*, son nom hébreu, vient de *sânâh*, resplendir; le cramoisi est appelé en araméen *zâhôr*, de *zâhar*, resplendir. Parfois même cette allusion à l'éclat motive l'emploi d'expressions presque péjoratives : Isaïe (LXIII, 1) appelle aigüe, *hâmûs*, la couleur du kermès, ce qui est bien voisin du χρῶμα ὀξύ des Grecs[3]. Cependant les Anciens ne paraissent pas avoir su préparer avec leur cochenille les beaux rouges auxquels arrive la chimie moderne; la teinte qu'ils obtenaient tirait, sans doute davantage sur le violet[4]. Ce devait être une sorte de cramoisi,

---

1. D'après Pline le *nyctegreton* est de couleur *hysginum* (XXI, 36).

2. Ecrit parfois ὑστίνοιο.

3. Regnaud (*Principes généraux de linguistique indo-européenne*, Paris, Hachette, 1890) fait dériver l'idée de piquer de celle de lumière (ὀξύς rapproché de la racine *ukš*). Quant à *sânâh*, malgré l'indépendance réciproque habituelle des langues sémitiques et indo-européennes, nous ne pouvons pas ne pas songer, à son sujet, à σάνδιξ et σάνδυξ, vermillon, à σανδαράχη, au sanscrit *sindûra*, rouge minium, *candra*, lune, au latin *incendium*, etc.

4. Le prunier a été appelé κοκκυμηλέα.

qui se rapprochait sensiblement de la pourpre, ou plutôt de certaines pourpres extraites des mollusques marins. Cette observation faite, il nous faut remarquer encore combien le mot ὕσγινὸν est, par ὕσγη, rapproché de ὕς, et il est tout naturel, dès lors, de considérer l'ὕσγινον comme un produit originairement retiré du kermès. « C'est un colorant, βάμμα τί », dit Hésychius. A l'époque où écrivaient les auteurs dont les textes nous sont restés, c'était devenu un colorant dont la base restait le kermès, mais qui paraît avoir été un mélange. Sa nuance est fixée approximativement par la phrase où Pline nous dit qu'on l'obtient en superposant la teinture à la pourpre et celle à la cochenille, phrase qui rappelle d'assez près le vers de Myrinos reproduit plus haut.

Si nous acceptons cette manière de voir, d'après laquelle *hysginum* aurait désigné d'abord un mélange tinctorial riche en *coccum*, puis une nuance, les textes que nous avons cités ci-dessus deviennent très clairs; il est vrai que nous interprétons les premiers autrement qu'on ne le fait habituellement. En nous rappelant combien la langue des Anciens était peu précise souvent, et notamment quand il s'agissait de couleurs, nous pourrons traduire ainsi Vitruve (VII, 14) : « On prépare aussi des couleurs pourpres avec un mélange de garance et d'une terre, ou avec de l'hysginum[1] ». La phrase de Pline (XXXV, 26) deviendra : « On préfère le *purpurissimun* de Pouzzoles, parce qu'il se mélange le mieux avec l'*hysginum* et qu'on peut lui faire absorber de la garance. » Il nous faudra toutefois reconnaître que cette manière exclusive de comprendre l'*hysginum* ne supprime pas complètement toutes les difficultés. Telle est celle que soulève ce passage de Pline : « *Hyacinthus in Gallia maxime provenit. Hoc ibi fuco hysginum tingunt* » (XXI, 97). C'est là un passage très obscur, et qui varie selon les divers

---

1. Certaines éditions portent d'ailleurs : « *Fiunt etiam purpurei colores infecta creta rubia radice et ex hysgino.* » Le pluriel *colores* aide à faire accepter cette version.

manuscrits. Il en est qui remplacent *fuco* par *loco* ; d'autres
par *pro cocco*. Avec *pro cocco*, Pline aurait dit qu'on obtient
l'*hysginum* avec l'*hyacinthus*, ce qui doit être faux. En adoptant
fuco, avec les éditions modernes, il faut comprendre : « Ils
teignent en *hysginum* avec ce rouge. » On pourrait donc déduire
encore de ce passage que l'*hysginum* était un pourpre assez
nuancé de bleu, désignant parfois une teinte, abstraction faite
des produits servant à l'obtenir.

Il va sans dire que nous n'acceptons nullement la manière
de voir des auteurs qui ont identifié l'*hysginum* et l'*hyacinthus*
(ou *vaccinium*) ou la guède. Nous n'avons pas à combattre des
hypothèses surannées. Nous étudierons la guède ailleurs. Quant
au *vaccinium*, ce n'est pas le lieu de nous livrer à de longues
considérations à son sujet. Nous ferons remarquer seulement
que les anciens imprimeurs l'écrivaient avec un seul *c*, et que
le dérivé populaire, *vaciet*, laisse en effet supposer une forme
vacinium, puisque la forme classique *vaccinium* aurait donné
plutôt *vachiet*. La comparaison entre les mots *vaccinium-vaci-
nium* et ὑάκινθος est suffisamment éloquente pour témoigner
d'une origine commune[1]. Cette parenté est à rapprocher du
texte de Dioscoride (IV, 61), disant que l'ὑάκινθος est appelé par
les Latins *vacinium*. Ὑάκινθος ne désignait pas un végétal unique
et n'était souvent pas synonyme de l'*hyacinthus* latin ; la
sémantique de ces mots est bien compliquée et ne peut trouver
place dans ce travail.

Toutes les citations qui précèdent nous montrent quelles ont
été, dans la grande époque classique, la réputation du kermès
et l'étendue de ses applications. On comparait sa couleur à
celle des roses (Pline, XXI, 22) ; on le réservait pour les man-
teaux des généraux (Pline, XXII, 3), sans doute à cause de sa

---

1. Ce mot s'écrivait primitivement ϝάκινθος, et c'est ainsi qu'il faut le rétablir
chez les vieux poètes ; par exemple dans l'Iliade (XIV, 348) et dans l'hymne
homérique à Déméter (v. 426). M. Meillet (*Mém. Soc. Linguist. de Paris*, t. XV,
p. 161-4) croit que ce mot a été emprunté par le grec, comme par le latin, à la
langue méditerranéenne qui les a précédés, ce qui expliquerait la présence d'un
χ ou de deux *cc*.

résistance aux intempéries. Nous savons en quelle estime est tenu aussi dans les Proverbes le tissu teint au kermès. C'est une étoffe cramoisie qui sert d'aspersoir dans certaines purifications chez les Hébreux (*Lév.*, XIV, 4, 6, 49, 51, 52 ; *Num.*, XIX, 6 ; *Hebr.*, IX, 19) ; c'est un ruban cramoisi qui est attaché au poignet d'un des enfants de Thamar (*Gen.*, XXXVIII, 27, 30), que Rahab met à sa fenêtre à Jéricho (*Jos.*, II, 18, 21), et le cramoisi revient en maints autres passages de la Bible, où les symbolistes lui font représenter le feu et la vie, naturelle ou spirituelle. Le kermès rivalisait avec la pourpre, lui était souvent mélangé, nous l'avons vu, pour rehausser la couleur de celle-ci vers les tons chauds. Il disputait même à la pourpre le nom de φοινικοῦν, et on paraît l'avoir confondu parfois avec cette substance, puisque le Digeste a soin de spécifier (L. XXXII, *de Leg.*, 70, § 13) que le mot *purpuræ* englobe tous les genres de pourpre, mais non le *coccum*.

Répandu sur tout le pourtour du bassin méditerranéen, le kermès était particulièrement exporté de la péninsule ibérique, de Turdétanie d'après Strabon (III, 2), des environs de Mérida, d'après Pline (IX, 65). Tandis que Dioscoride dit que le kermès d'Espagne est le plus mauvais de tous, qu'il le place après ceux de Galatie (vanté par Pline, déprécié par le pseudo-Démocrite), d'Arménie, d'Asie et de Cilicie, Pline lui attribue une grande renommée et dit qu'il fournit aux gens pauvres de ce pays un moyen de payer leur tribut. Le même auteur place au dernier rang le kermès de Sardaigne. Pierre Quiqueran[1] (*De laud. Prov.*, II. fol. 48, an 1550) nous apprend que, de son temps, la récolte du kermès dans la Crau d'Arles produisait 11.000 pièces d'or, soit environ 200.000 francs, qui auraient à notre époque une valeur bien plus considérable. Actuellement, la cochenille du kermès paraît être infiniment plus rare dans celles de nos régions que nous avons parcourues, et il faudrait

---

1. Ce renseignement nous a été communiqué par notre excellent ami, M. Carias, à qui nous devons plusieurs autres observations utilisées dans cet article.

qu'elle fût mise à bien haut prix pour payer les frais de sa récolte.

En dehors de ses applications tinctoriales, le kermès était utilisé en thérapeutique. Pline (XXIV, 4) lui attribue des propriétés astringentes : « Macéré dans le vinaigre, on l'applique sur les blessures récentes ; délayé dans l'eau, on l'instille dans les cas de conjonctivite et d'ecchymoses au niveau des yeux. » Dioscoride (IV, 46) dit aussi : « Il possède un pouvoir astringent, bon pour les blessures et les lésions des nerfs ; broyé avec du vinaigre, on en fait des cataplasmes. »

La réputation de ce médicament a été vraiment extraordinaire. Les médecins arabes l'ont emprunté aux Grecs, et Mesué (IXe s.) en a fait la base de sa fameuse *confectio alkermes*, dans la préparation de laquelle entrait de la soie crue, teinte au kermès. Au XVIe siècle, à Montpellier, on substitua à la soie teinte du sirop de kermès ; ce fut alors la *confectio alkermes Monspeliensium*, qui, après des transformations diverses, est venue presque jusqu'à nous et s'est enfin ensevelie dans l'oubli.

Maintenant le kermès est abandonné, détrôné par des produits plus économiques. Seuls les Musulmans l'emploient encore pour colorer leurs coiffures, et nous ne savons pas s'il ne faut pas voir dans cette utilisation la survivance de quelque vieux mythe oublié. Nous aurions alors à comparer ce détail à celui que nous trouvons dans des livres, où il a dû être emprunté de l'un à l'autre, et que nous ne pouvons pas vérifier, qu'en Allemagne une autre cochenille, le *Margarodes polonicus* L., parasite du *Scleranthus perennis* L., était recueillie au Moyen-Age, le jour de la Saint-Jean, à une heure déterminée, et avec un certain appareil religieux ; on la nommait « le sang de saint Jean ».

L'observation que nous avons faite, en étudiant les restes de la grotte de l'Adaouste, nous rejette en pleine époque préhistorique. A cet âge, déjà, les populations primitives avaient reconnu l'existence de la graine d'écarlate sur les petits chênes rabougris des collines calcaires de Provence. Elles allaient la récolter, soit comme un produit tinctorial, soit comme un des éléments de leur barbare pharmacopée, et il est intéressant, à ce point de vue, de la voir associée à l'orge, qui a joui d'une réputation si étrange et si persistante chez les médecins de l'antiquité.

En possession des documents qui précèdent sur les anciennes utilisations du kermès, nous nous sommes demandé s'il serait possible de chercher quel était le nom indigène de cet animal, vers le début de notre ère, dans la région d'où proviennent les vestiges qui nous l'ont fourni. Les noms provençaux et méridionaux actuels, tels que nous le donne le *Tresor dóu Felibrige* de Mistral, ne nous fournissent pas grand'chose. *Graneto* est bien voisin du *granum* de Pline : « *Granum hoc...* » *Vermèu* paraissait dériver d'une manière si évidente du *vermiculus* latin, en passant sans doute par le sens de *vermeil*, que ce nom ne nous a pas arrêtés tout d'abord ; nous y reviendrons cependant plus loin. *Caborro*, usité en Gascogne, est rapproché par Mistral du *gabarro* espagnol, à sens de *javart*, tumeur qui se forme au pied du cheval et du bœuf. *Javart* était rattaché par Ménage à l'italien *chiavarda*, cheville ; Littré fait remarquer à ce sujet que la transformation en *j* du *ch* italien est inacceptable. Mais il peut y avoir parenté étymologique sans descendance directe, et *gabarro, javart, chiavarda* semblent bien faire une famille de mots. *Caborro* pourrait se joindre à eux au point de vue phonétique ; mais le sens qu'il possède rend bien difficile cette assimilation. On comprend que l'on puisse passer aisément du nom de la cheville à celui d'une tumeur qui se développe au pied ; mais d'une tumeur de cheval à une cochenille du chêne, il y a une différence telle que l'on saisit mal le rapprochement entre ces objets qu'auraient pu faire des cerveaux de primitifs.

Un autre nom, *pousset* (*poussé* dans la Drôme, d'après Honnorat), est rapproché par Mistral, à cause de ses autres sens (poussière, sable fin, balles de céréales), de *poussière* et ainsi du latin *puls* ; c'est un vocable que le français avait emprunté au provençal, et nous trouvons dans Littré un passage de l'*Instruction générale sur la teinture*, de 1671 : « du vermillon ou graine d'écarlate, du pousset ou pastel d'écarlate », d'où il est facile de déduire que pousset était le kermès trituré (*pulsatum*).

Nous ne pouvons guère nous expliquer le nom de *freisset* que si l'on a donné à la cochenille un nom du chêne, son hôte et encore cette explication n'est-elle émise par nous que sous les plus expresses réserves. On sait combien le chêne-kermès est broussailleux, et il existe un bas-latin *frasca*, à sens de broussailles, qui peut dériver de la racine *frag*, briser. Il pourrait y avoir entre ces mots une parenté imprécise, à moins que *freisset* n'ait reçu directement son nom, sans l'emprunter au chêne, et que ce nom n'évoque encore l'idée du broyage industriel de l'animal.

De Laget (*Agriculture de la Crau*, 1896, p. 70) mentionne le nom de *galineto*, qui n'est évidemment pas bien ancien, et assimile la couleur de la cochenille à celle de la crête des gallinacés.

S'il y avait eu transfert au végétal du vocable sous lequel était désigné son produit le plus intéressant, nous pourrions retrouver dans les noms du chêne-kermès le renseignement cherché. Ces noms, dans nos langues d'oc, évoluent autour de deux formes principales : *garrus* et *avaus*.

Garrus, *agarrus*, *jaru*[1] sont rattachés par Mistral à un latin *acaros*, houx, que nous ne retrouvons pas dans nos dictionnaires, et qui, s'il a existé, dérivait certainement de la racine *ac*, à sens de pointe, d'épine, et l'on sait combien la garrouille a les feuilles épineuses. Körting croit à un rapprochement avec le celte *gar*, jambe, dont la racine est sans doute *car*, que l'on retrouve en sanscrit avec le sens d'aller. Nous ne saisissons pas

---

1. Aussi *garri*, *jarri*, *garric*, *ganic*, *garrit*, *garriço*, *garrigat*, *garrigol*, *garriçol*, *garrouio*, *jarroulho*, *agarras*; *jarriçado*, en périgourdin, est une chênaie. D'après certains auteurs *jarrissade*, en français, désignerait une clairière ; mais M. Bouër, dont la compétence en matière forestière est connue, ignore ce terme.

l'idée suivie par Körting quand il fait cette assimilation, qui rappelle cependant le groupe *caborro — javart*. Une même racine *car*, à sens de dureté de pierre, et qui est certainement aryenne, a laissé un certain nombre de dérivés dans nos langues indo-européennes ; or notre chêne-kermès a les feuilles coriaces. Mais nous avions été plutôt attirés par une autre racine *car* ou *cor*, à sens de rouge, et qui paraît avoir servi à former bon nombre de dérivés : *garance, carotte, garais* (fusain à fruits rouges), *garou* (le κόκκος κνίδιος), *gorria* (rouge, en basque), κόρκορος et *kerkeraphrôn* (mouron rouge, en dace), etc. Dans cette manière de voir, c'est à titre de porteuse de kermès que la garrouille aurait reçu son nom populaire ; elle serait « (l'arbre) au rouge. » Il est cependant une considération qui nous a empêchés d'adopter cette hypothèse.

Les plus anciens textes où nous ayons vu citer ce chêne (déjà une charte de 845) parlent de *garricæ* et de *garric* ; ceci laisse supposer un *g*aricus*, d'où *garricium*[1], et semble avoir avec *quercus* une parenté qu'invoque Mistral. On peut en rapprocher aussi le kabyle *kerrouch*, le berbère *akerrouch*, le français *gariès* (un de nos chênes blancs), le latin *cerrus*. Il y a là des analogies qui peuvent, comme pour beaucoup d'autres noms de végétaux, avoir leur origine dans les langues méditerranéennes dont on commence à peine à démêler les filiations[2].

Cette hypothèse rendrait possible, aux yeux des linguistes, le rapprochement de divers mots ayant les uns un seul *r*, les autres *rr*.

Une autre objection est que les anciens n'ont pas dû assimiler les chênes toujours verts à ceux qui perdent leurs feuilles.

---

1. A. Thomas, *Essais de philologie française*, 1898, p. 76.
2. On pourrait croire à une parenté très éloignée de cette famille avec celle du grec δρῦς, du provençal varois *droui* et *drouino* (= *Quercus Fontanesii* Guss = *Pseudosuber* Reich. non Desf.), du vocable de Compiègne *drille* ou *drillard* (chêne blanc), du gothique *triu*, de l'anglais *tree*, en admettant un **gʷaruks* ou une forme voisine originaire.

Pour répondre à ceci, il nous suffira de citer quelques exemples, montrant que la langue populaire porte trace, parfois, des affinités génériques. *Quercus coccifera* est appelé en Italie *querce spinosa* (d'après Arcangeli), *Stecheiche* en allemand, en kabyle *kherkhach*[1], voisin encore de *quercus*, ainsi que peut-être *kechrit*, autre nom algérien, et nous pouvons ajouter à cette liste d'autres noms nord-africains du même chêne : *kerrouch el kermez*, *abellouth iyilef* (cf. *ilex*; le *Quercus Ballota* Desf. est un chêne vert).

Au sujet des autres noms méridionaux du chêne kermès : *avaus, avausse, avals, abals, agaus, avoùs, agoùs*, Mistral cite un roman *agauz*, et l'étymologie nous paraît ici facile à trouver : la racine doit être *ac*, à sens de pointe, d'épine, et le terme bas-latin *agasatus*, aiguisé, peut être mis en parallèle avec cette famille de mots. Nous avons ici une manière de dénommer la garrouille, qui ressemble beaucoup à celle qui a fait appeler par les Grecs le chêne-vert et le houx πρῖνος[2], de πρι, à idée de scie ; c'est l' « (arbre à feuilles) serretées[3] ».

Mais si nous pouvons accepter qu'*avaus* dérive de la racine *ac*, ce mot ne nous fournit aucun renseignement sur les appel-

---

1. En Kroumirie on lui donne le nom de *garroug*; ce doit être là une importation provençale, faite par le port de la Calle.

2. Simonide de Céos appelle le kermès πρινὸς ἄνθος « fleur du yeuse ».

3. Le chêne-vert porte en espagnol le nom de *encina* (cfr. *uncinus*? crochet). *Ilex* est rapproché par Regnaud, avec doute, de *vĭresco*, par *hvir-ex*; ce serait « le (chêne toujours) vert ». Nous préférons voir une analogie avec la manière dont a été formé πρῖνος, et rapprocher *īlex* de *hŭlis*, houx en vieux haut allemand (d'où *Hülze* et *houx*), et lui trouver ainsi la racine *kōl*, piquer (cfr. κορυφή, pointe, russe *kolóti*, basque *chulatu*, piquer, etc.). Il suffit d'admettre une forme *hīlex* disparue. L'irlandais *cuilenn*, l'anglo-saxon *holegn*, houx, permettent de supposer, comme forme initiale des noms du houx, un vocable voisin de *kōlex* = « (arbre à feuilles) piquantes ». Il est inutile d'insister sur le voisinage de *ulex*, arbuste épineux, de *cŭlex*, moustique. Les auteurs qui ont étudié l'étymologie de ce dernier mot acceptent bien pour lui le sens de « (insecte qui) pique ». C'est de cette même idée que sont dérivés les noms : irlandais *cuileog*, cymmrique *cylion*, armoricain *kelionen*, mouche. — On aurait pu penser aussi, pour *īlex*, à un rapprochement avec *vĕrŭ, vĕrum*, broche, dard dont la première est brève, il est vrai ; mais il pourrait y avoir de lointaines affinités de racines.

lations du kermès, pas plus que *garrus*, si ce dernier est apparenté à *quercus*.

C'est dans le basque et l'espagnol que paraît être la solution de la question.

Nous ne nous arrêterons pas sur le basque *arteiscd*, qui dérive évidemment d'*artea*, yeuse.

Mais, en plus, la même langue nous fournit *cuscullà*, *coscollà* pour le chêne-kermès ; l'espagnol appelle *coscōja* le même végétal (*coscolya* en catalan), et *coscōjo* le kermès animal (catalan *coscoy*). Ce sont là des dérivés indiscutables du *cusculium* ou *cuscolium* de Pline[1]. Reportons-nous au texte de cet auteur : « *Granum hoc, primoque ceu scabies fruticis parvæ aquifoliæ ilicis, cusculium vocant ; pensionem alteram tributi pauperibus Hispaniæ donat. Usum ejus gratiorem in conchylii mentione tradidimus. Gignitur et in Galatia, Africa, Pisidia, Cilicia : pessimum in Sardinia* » (XVI, 12). Il paraît découler de ce texte que *cusculium* (ou *cuscolium*) était un nom vulgaire du kermès, à l'époque de Pline, qui emploie ce terme sous une forme presque dédaigneuse : *cusculium vocant*. Dans la mesure où nous avons le droit de faire des déductions dans cette voie, la persistance de *cusculium* dans le basque, plus encore que sa persistance en espagnol, peut faire croire que *cuscolion* était le terme employé par les Ibères. C'est en appelant ainsi le kermès, sans doute, qu'ils en faisaient un des modes de paiement de leur impôt. Mais rien ne prouve que ce même terme ait été aussi en usage chez les Ligures de Provence. Il en a été ainsi probablement si *cuscolium* a été en usage jusqu'en Italie avec le même sens, et on pourrait croire à cette hypothèse en voyant citer ce mot par Pline ; mais le contexte peut faire craindre que l'auteur n'ait enregistré un nom pure-

---

1. Le mot *quisquiliæ*, que Riemann et Gœlzer font dériver de *(s)qui-squiliæ (cf. *(σ)xo-σxoλ-μάτια) désignait des objets de rebut, des balayures. Nous retrouvons ce mot dans le *couscóuio* provençal, à sens analogue, dans le *coscoja* espagnol, homonyme du kermès, mais qui désigne les feuilles sèches.

ment ibère. Toutes les déductions que l'on peut faire à ce sujet reposent donc sur des bases bien fragiles.

Quelle est l'étymologie de ce *cusculium* ou *cuscolium*? Son allure rappelle les redoublements de la première syllabe dont on connait de si nombreux cas, et l'on pourrait songer à un * (*s*) *cu-scolium*, qui ressemble fort à σκώληξ, σκωλήκιον. Σκώληξ est rapporté, par certains auteurs, à une racine * *skar* (cf. sk. *sar*, *sr*, avancer, sauter ; d'où : lit. *selu*, ramper ; latin *salio* ; grec ἅλλομαι ; racine dont l'*s* correspond dans certains cas à *sc*, ex. : sk. *savya* = latin *scævus*, grec σκαιός) signifiant se mouvoir çà et là, qui aurait fourni aussi : sk. *kṛmi*, d'où est venu indirectement notre *kermès* ; latin *vermis* ou *quermis* ; grec ἕλμιγξ ; anc. slave *crŭmĭnŭ* ; lit. *kirminis* ; gothique *vaurms* ; irlandais *cruimh* ; cymmrique *pryf* ; armoricain *prév*, etc., ver, groupe rattaché par d'autres auteurs à une racine *kvar*.

Nous parviendrions ainsi immédiatement, pour *cuscolium*, à une notion de ver, à laquelle nous allons arriver par une autre voie ; mais rien ne prouve qu'un terme voisin de *scolium* ait été usité, dans l'ouest du bassin méditerranéen, pour désigner les animaux inférieurs. Aussi préférons-nous nous arrêter sur la persistance, dans les langues d'oc, de termes comme *couscoui*, *couscoul*, *couscouol*, *courcoussoun*, *courgoussoun*, *courcoussou*, *coucoussoun* [1] (*corch* en catalan), noms de charançons ; *courcoussous*, véreux ; *courcoussun*, vermoulu ; *coussoun*, insecte en général, à rapprocher évidemment du latin *curcŭlio*, ou *gŭrgŭlio*, charançon. En les comparant aux termes basques et espagnols s'appliquant au kermès, et secondairement à la garrouille, nous sommes conduits à un sens de petit animal, nous n'osons dire : de petit arthropode.

Or, un certain nombre de mots, dans des langues bien diverses, possèdent un sens voisin, allant du ver à l'arthropode de petite taille, et paraissent nous conduire à une forme initiale

---

1. L'existence de ces mots permet de supposer que *cusculium* a été aussi en usage en Provence, et que *cusculium* et *curculio* forment un doublet.

voisine de *kox. Tels sont : sanscrit *kusû*, ver ; latin *cossis*, *cossus*, *cossonus*, d'où français *cosson*, bruche ; espagnol *guzano* et basque *cochoa*, ver ; armoricain *cos*, vermine, charançon ; finlandais *koi*, gerce, etc. On peut même rapprocher de cette famille de mots κίς, larves rongeant divers végétaux ; sanscrit *kîṭu*, insecte, vermisseau, d'où *kîṭaja*, cochenille[1]. Nous sommes toujours là dans une idée analogue. N'oublions pas que la notion de ver, chez les Anciens, était très confuse, et était presque celle d'animal invertébré, dans de nombreux cas ; nous voyons en sanscrit, par exemple, l'huître s'appeler *krmiçankha*, le ver-coquille (Pictet).

On doit pouvoir aller plus loin encore dans cette voie du rapprochement des noms du kermès. Roget de Belloguet[2] rattache *cusculium* au ὗς de Pausanias. Nous avons vu que ὗς, au dire de ce dernier auteur, était le nom particulier sous lequel le chêne à cochenille était désigné par les Galates d'Asie-Mineure, dans leur parler indigène, et ce nom pouvait bien être d'origine gauloise, puisque Pausanias insiste sur le fait que les Hellènes d'Ionie et du reste de la Grèce en utilisaient un autre. R. de Belloguet fait remarquer que le cymrique abonde en mots commençant par *ysg*, noms de plantes ou autres. Il cite un *ysgwl*, (prononcer *esgoul*), excroissance, croûte, gale, qui répondrait parfaitement au *cusculium* de Pline et rappellerait le « *scabies fruticis* ». Du même idiome il cite aussi *wsg*, *ysg*, principe de mouvement et de séparation, d'où *ysgai*, écume, presque identique à ὕσγη. Le cornique *yz* désignerait toutes sortes de graines. Il semble être assez hardi de vouloir trouver des identifications dans le cornique ou le cymrique pour le nom d'un produit qui s'écarte peu de la région méditerranéenne. Si l'on veut chercher, dans cette voie, autre chose que des idées directrices, on s'expose à forcer les ressources que

---

1. Il est curieux de constater le voisinage de ces mots et de *kîṭ*, teindre.

2. Roget de Belloguet, *Ethnogénie gauloise. Glossaire gaulois*. Paris, Maisonneuve, 1872.

peut donner la linguistique, en réclamant d'elle plus qu'elle ne peut nous fournir.

Mais nous trouvons fort séduisante l'idée d'apparenter ὖς et *cusculium*. Il suffit de songer à une forme primitive **kux*, presque identique au **kox* précédent, à idée de ver ou de petit animal, et d'où ὖς peut être dérivé immédiatement ; elle expliquerait très bien aussi les termes ὖσγη et ὖσγινον. On pourrait rapprocher également de ce groupe de vocables un des noms kabyles du chêne-kermès, *hek*. Si ces vues sont exactes, *cusculium* aurait pu être formé du radical et des suffixes suivants : *cusc-ul(u)-iu-m* ; on y retrouverait le suffixe diminutif *-ulu-*, ainsi qu'un suffixe secondaire *-iu-* (de *yo*), qui, lui aussi, a assez souvent un sens diminutif. Ces suffixes pourraient fournir un argument en faveur de notre hypothèse, et nous faire admettre que *cusculium* s'appliquait bien, primitivement, à la cochenille et non à son hôte. Malheureusement le chêne-kermès mérite également les épithètes diminutives : c'est un des nains du genre chêne, et nous ne connaissons ὖς qu'appliqué à lui et non à l'insecte qu'il porte.

C'est également à la racine **kox* ou **kux* que le terme κόκκος pourrait aussi se rattacher, soit qu'il ait été formé par redoublement, soit qu'il y ait eu addition du suffixe -κο ou -κυ, si répandu. Il faut reconnaître cependant que si le choix de cette étymologie (**kox* ou **kux* = insecte) a l'avantage de relier d'une manière logique, en apparence, les noms divers de la cochenille, il se heurte à quelques difficultés, car la racine que nous proposons semble avoir pour sœurs d'autres racines à sens de grain ou de rouge. Κόκκος, à sens de grain, est utilisé déjà dans les hymnes homériques ; pour désigner le kermès, il apparaît plus tard, chez Hippocrate. Mais les documents écrits ne sont que des éléments insuffisants quand il s'agit de discuter sur l'antériorité de sens pour des vocables du genre de celui-ci. Remarquons toutefois que les textes anciens nous fournissent surtout κόκκος, dans le sens de grain, pour désigner les graines du grenadier, κόκκοι τῆς ῥοιᾶς, ou les fruits du garou, κόκκος κνίδιος.

Le sens de grain a pu ne s'étendre qu'ultérieurement à des corps morphologiquement analogues, tels que les caryopses de céréales. Comme les grains de grenadier et les fruits du garou sont rouges, de même que le kermès, on comprend que R. de Belloguet ait songé à donner au vocable κόκκος le sens de « rouge ». Il le rapproche du celtique, et M. Dottin [1] paraît disposé à le suivre dans cette voie. Sans chercher d'influences nordiques, nous trouvons dans les langues indo-européennes de nombreux dérivés d'une riche famille de racines parentes, à idée de lumière, d'éclat, et secondairement de rouge, parmi lesquelles sont d'ailleurs *car* et *cor*, à idée de rouge, dont nous avons déjà parlé, et le sanscrit *kuç*, briller (en n'oubliant pas que le *ç* devient fréquemment *x*, de sorte que *kuç = *kux*). D'après Roget de Belloguet, κόκκος et *cusculium* seraient « le rouge », comme ὖς serait « (l'arbre au) rouge ».

Nous avons été séduits un moment par cette hypothèse, mais nous l'avons abandonnée : d'abord parce que le groupe *couscoui* (insecte) nous semble trop voisin de *cusculium* pour qu'il soit possible de scinder cette famille ; ensuite parce que rien ne permet d'affirmer que κόκκος ait été le « grain rouge » avant d'être le « grain ». Au contraire il semble avoir existé un **kox*, à sens de grain, qu'il serait possible de rétablir d'après un certain nombre de ses dérivés : κόσκινον, crible (agite-grain, tandis que κιναχύρα est agite-paille) ; *coscote*, vieux mot français à sens de granule, que l'on retrouve dans *coscotons* et *coscossons* (il y a peut-être, dans ces mots, redoublement enfantin) ; κοττίς et κοτίς, tête, qui semble bien former une famille avec κότινος et κοτίναξ, olivier sauvage à petits fruits [2] ; κύτινος (*cўtĭnus*), grenade ; κύτισος (*cўtĭsus*), cytise ; κοτύλη (*cŏtŭla*) mesure (cf.

---

1. Dottin, *Manuel pour servir à l'étude de l'antiquité celtique*. 2ᵉ édit. Paris, Champion, 1915, p. 81.

2. D'où *cŏtĭnus*, sumac, qui fournissait une couleur comparée à la pourpre. Κοστή a été cité comme nom de l'orge ; Bailly ne le mentionne pas. Ce doit être une abréviation d'ἀκοστή ; l'idée d'arête, de barbe d'épi (rac. αx) a fait former plusieurs noms de l'orge.

cosca et *cossa*, droit de mesure), κόττανον, figue à petits fruits, etc.
Toutes réserves sont faites à cause du redoublement de la
dentale, de la brièveté ou de la longueur de la première
syllabe, etc.; mais ces objections tombent si l'on admet une
origine méditerranéenne, c'est-à-dire très reculée, pour ces
vocables. Cette racine *kox*, graine, serait sans doute apparentée
à la racine *ku*, grossir, enfler, engendrer, et ses dérivés seraient
à rapprocher de *granum* [1] à sens analogue, dans lequel on croit
trouver une racine **prag* ou **crax* « croître ». Indépendamment
du sens purement spéculatif *κόκκος*=rouge, nous avons donc le
choix entre plusieurs hypothèses sur l'origine de κόκκος = grain
et de κόκκος = cochenille, seuls sens de ce mot grec réellement
constatés : 1° dérivation indépendante, l'une d'une racine à
sens de grain, l'autre d'une racine à sens de ver, avec conver-
gence de formes, par entraînement de l'un des mots par rapport
à l'autre ; 2° l'idée de grain servant secondairement à dénommer
la cochenille ; 3° la cochenille donnant son nom au grain.
Nous inclinerions plus volontiers vers la dernière hypothèse,
ainsi qu'on l'a vu plus haut ; mais nous avouons manquer
d'arguments décisifs pour rejeter les deux premières. Nous
admettons donc que ὕς et *cusculium*, auxquels il faut peut-être
joindre κόκκος-kermès, ont le sens de ver ; ils se rapprochent
ainsi, au point de vue sémantique, du grec σκώληξ et σκωλήκιον,
de l'hébreu *tôlî* et de l'arabe *qirmiz* [2]. Les noms de la cochenille,
dans l'antiquité, auraient donc présenté une remarquable
homogénéité de sens.

On sera peut-être étonné de voir que nous n'ayons pas ajouté

---

1. A côté de κόκκος, cochenille et grain, on peut placer le *granum hoc* de
Pline, déjà cité, la « graine d'écarlate » de nos aïeux, le *graneto* provençal.
Peut-être, pour bien comprendre l'association d'idées qu'il y a eu entre le
kermès et le grain, faudrait-il pouvoir remonter jusque dans la mentalité des
premiers Aryens.

2. Il est bon de noter cette parenté des vocables aryens avec les langues
sémitiques, car si *qirmiz* semble dériver du sanscrit *krmi*, l'hébreu *karmil*,
étoffe rouge, est bien voisin du sanscrit *krmilikd* (Pictet), même sens. L'industrie de la teinture au kermès a apporté avec elle ses termes aryens, quand
elle est venue concurrencer la pourpre dans les parages mêmes de la Phénicie.

à la série précédente *vermiculus*, avec les dérivés, *vermeil* et *vermillon*, que tous les auteurs classiques lui attribuent. En réalité, il semble que *vermiculus* ait été bien peu employé pour désigner la cochenille. On le trouve sous la plume de l'auteur de la Vulgate, qui a eu à traduire *tôlâ*, et a cherché. non pas l'équivalent usuel du mot, mais son équivalent scientifique. Il ne paraît pas que *vermiculus*, avec ce sens, ait été dans la langue populaire d'un usage courant ni même d'un usage quelconque. En dehors de la Vulgate, on ne le voit guère cité que chez Isidore (VIIe s. après J.-C.) ou dans des textes comme les Capitulaires. Il existe bien chez Orelli (n° 4240) une inscription dans laquelle se trouve l'expression : *vermiculum straverunt*; mais elle est de la basse latinité, et *vermiculus* doit y désigner une sorte de mosaïque. Comment croire, dès lors, qu'un terme aussi peu employé que celui-là, autant que nous pouvons le présumer, nous ait donné le mot *vermeil* [1] ? En réalité l'origine de celui-ci, si elle a été peu reproduite, nous paraît avoir été fournie par de Larramendi [2] : c'est le basque *bermejoa, bermeyoa*, à même sens. Ces mots viennent de *bermea*, flamme [3], qui possède la même racine que *beroa*, chaleur. Il est probable que les lointaines affinités de ces mots, empruntés par une des plus anciennes langues d'Occident, se trouvent dans le fonds commun des langues indo-européennes. Il est logique de rapprocher *bermea* de la racine **bhrag*, briller, qui a donné notamment l'irlandais *barg*, rouge de chaleur, *flamma, ferveo*, en se souvenant que le basque remplace volontiers par un *m* le *v* des anciennes langues. *Bermejoa* a donné le *bermejo* castillan et tous les mots qui se rapprochent de *vermeil*; on peut remarquer, à ce sujet, que le *vermillon* a été primitivement un produit espagnol. Lorsque le paysan provençal appelait *vermèu* la

---

1. Dans le sens de « lieu où se trouvent des vers » (Ex. « mener la volaille au vermeil »), ce mot dérive naturellement de *vermiculus*.

2. M. de Larramendi, *Diccionario trilingue castellano, bascuence y latin*. Saint-Sébastien, 1853.

3. Appelée aussi *garra* ; cf. *garri*, rouge, cité plus haut.

cochenille qu'il cueillait sur le chêne-kermès, sans doute il n'avait pas emprunté ce terme au latin ; il le tirait du fond même du parler du pays ; il conservait une trace de l'antique comparaison entre la flamme et les couleurs fournies par le kermès, comparaison dont les Basques sont les seuls à avoir conservé les deux termes, et qui rappelle les vieux rabbins hébreux, représentant symboliquement le feu par le kermès (Josèphe, *Antiq. Jud.*, III, vii, 8).

Cette étude nous a donc permis de nous arrêter sur deux mots, l'un fourni par Pline, *cusculium*, l'autre basque, *bermejoa*, et d'admettre que nous avions là deux vocables utilisés dans la péninsule ibérique, et vraisemblablement dans le midi de la Gaule, avant l'arrivée de la civilisation romaine.

Elle semble avoir établi aussi qu'il y a eu une remarquable uniformité dans la manière dont ont été formés les noms du kermès. A l'ouest comme à l'est de la Méditerranée, on l'a considéré comme un ver, ou tout au moins comme un animal inférieur. Rendons hommage, en passant, au beau travail d'induction scientifique fait par ceux qui ont reconnu les premiers la nature animale du kermès, de cette formation immobile et sans organes visibles, accolée pendant toute son existence à la branche sur laquelle elle s'est fixée. Peut-être la teinte rouge que l'on obtenait en écrasant le kermès, et que l'on prenait pour du sang (Pausanias), a-t-elle inspiré cette identification.

Mais les vieilles appellations qui régnaient autour du « Grand-Circuit » devaient toutes disparaître successivement, et finalement c'est un mot emprunté par les Arabes à la famille linguistique indo-européenne qui devait supplanter tous les autres, imposé par les écrits d'une pléiade de savants et par l'autorité qui émanait alors de la force expansive de l'Islam à une civilisation latine qui s'était complètement assoupie.

J. et CH. COTTE.

QUELQUES DOCUMENTS INÉDITS

SUR LES FOUILLES DE VICTOR PLACE

EN ASSYRIE

(Suite et fin[1]).

III

DIVERSES AUTRES TENTATIVES DE SAUVETAGE

En septembre 1855, à la réception des dépêches et des divers rapports concernant le naufrage[2], on s'était inquiété, au ministère d'État, des moyens à mettre en œuvre pour opérer le sauvetage des antiques. Comme les rapports signalaient le manque d'appareils puissants, tant à l'arsenal anglais de Bassorah qu'à bord du « Manuel », on résolut d'envoyer un vaisseau de l'État afin de coopérer au sauvetage.

Plus tard, en octobre, un crédit de 10.000 francs fut ouvert[3] ; dans la lettre ministérielle, adressée à Clément, on lit : « Ce crédit, exclusivement applicable à l'embarquement et au sauvetage, doit servir au paiement des dépenses faites ou à faire pour cet

---

1. Pour les précédents articles, voir la *Rev. arch.*, 1916, II, p. 230 ; 1917, II, p. 171.

2. Ministre d'État à Clément. Paris, 23 octobre 1855.

3. Le rapport nº 1 de Clément, daté de Bassorah 17 juillet 1855, est timbré à l'arrivée au Ministère d'État, le 15 septembre 1855. La lettre expédiée par V. Place de Constantinople, le 26 août 1855, était reçue le 5 septembre 1855. Il y avait déjà quatre mois que l'accident était survenu et l'on voit que les correspondances mettaient deux longs mois pour aller de Bassorah à Paris par la voie de Constantinople.

objet, par vous, par le Commandant du « Nisus », et par un négociant de Beyrouth, M. Médawar, qui a été autorisé par moi à essayer quelques tentatives de sauvetage, et avec les agents duquel je vous engage aussi à vous entendre à ce sujet. »

La lenteur des communications postales et télégraphiques rendirent vaines ces diverses tentatives, et il en résulta une telle confusion dans les ordres que nous avons préféré en faire un récit séparé.

Voici d'abord l'affaire du « Marceau ».

En septembre 1855, M. Fould, ministre d'État, demanda à son collègue de la Marine et des Colonies l'envoi d'un bâtiment d'État à Bassorah Voici la réponse qu'il reçut :

<table>
<tr><td>CABINET DU MINISTRE
MINISTÈRE DE LA MARINE
et des Colonies</td><td>Paris, le 27 Septembre 1855</td></tr>
</table>

MONSIEUR LE MINISTRE ET CHER COLLÈGUE,

J'ai reçu la dépêche que vous m'avez fait l'honneur de m'adresser sous la date du 24 de ce mois, pour me prier d'ordonner, par le télégraphe, au Commandant d'une frégate française se trouvant dans le G. Persique, de coopérer par tous les moyens à sa disposition au sauvetage des antiquités provenant de Mossoul et de Bagdad qui ont sombré dans le Tigre avec les bateaux ou radeaux qui les portaient, ainsi qu'à leur embarquement sur le navire de commerce « le Manuel ».

L'aviso « Marceau », et non pas une frégate, avait été envoyé en effet, à Suez, à la disposition de M. Bourée, qu'il devait transporter à Bender-Buschir ou à Bassoray ; mais le Capitaine de ce bâtiment, ayant appris à Aden que M. Bourée s'était rendu de Suez à Bassoray[1] sur un navire anglais, m'a écrit dans le courant du mois de mai dernier qu'il allait conduire le « Marceau » à l'île de la Réunion, où je le suppose actuellement arrivé ; c'est sans doute de cet avis que M. Clément a entendu parler.

C'est donc avec regret que je me vois dans l'impossibilité de

1. Le Ministre se trompe ici, car M. Bourée descendit à Bender-Bouchir ; il avait été nommé envoyé extraordinaire et ministre plénipotentiaire à Téhéran par arrêté en date du 9 mai 1855.

satisfaire au désir que vous m'avez exprimé, aucun bâtiment de la Marine Impériale ne se trouvant actuellement dans le Golfe Persique, ni même devant y paraître d'ici longtemps. »

signé : Amiral Hamelin.

Cette dépêche explique la correspondance qui fut échangée entre le ministre, Bourée et Clément. L'agent de Place ayant su, en effet, que le ministre se disposait à envoyer un bâtiment de l'État à son aide, écrivait[1] : « J'ai appris qu'une frégate à vapeur
« française devait se trouver à Bender-Bouchir (Golf. Pers.) aux
« ordres de M. l'Ambassadeur de France à Téhéran. J'ai pris
« sur moi de faire part à M. l'Ambassadeur du malheur survenu
« aux antiques, en le priant de mettre la frégate à vapeur, si
« faire se peut, à la disposition du Ministère d'État pour le
« sauvetage des radeaux coulés, même du grand bateau s'il est
« possible et l'embarquement des gros colis... Je n'ai encore
« reçu aucune réponse de M. l'Ambassadeur. » En août, Clément voyant l'inutilité de ses efforts, privé qu'il était de tout matériel, était allé à Bender-Bouchir. Il pensait y trouver le navire français dont il n'avait d'ailleurs aucune nouvelle, ou, au moins, des lettres de M. Bourée[2] ; mais il n'y trouva ni l'un ni l'autre, nous avons vu pourquoi.

Voici maintenant l'affaire du « Nisus ».

Un peu plus tard, Bourée, qui était ambassadeur extraordinaire de France à Téhéran, écrivait à Clément[3], l'informant qu'il avait écrit « au commandant du « Nisus » à Bouchir » où devait probablement toucher ce vaisseau : « J'en suis aux suppositions, ajoutait-il, car je n'ai aucun avis de l'envoi de ce bâtiment dans le Golfe Persique. » Il supputait ensuite les dates des arrivées respectives du « Manuel » et du « Nisus » et conseillait enfin à Clément de scier les taureaux en deux ou trois pièces, ainsi que Botta l'avait fait. Il poussait même la

1. Clément au Ministre d'État. Note 1. Maaghill (près Bassorah), 17 juillet 1855.

2. Voir plus haut p. 114, et Clément au Ministre d'État. Note 2, Bassorah, 20 novembre 1855.

3. Bourée à Clément. Légation de France en Perse. Téhéran 16 novembre 1855,

sollicitude jusqu'à lui indiquer qu'il trouverait des scies spéciales à Bombay. Cette lettre datée de Téhéran, le 16 novembre 1855, ne dut toucher Clément que deux mois après environ et elle ne lui apportait aucun renseignement nouveau.

Cependant on s'inquiétait toujours du « Nisus » à Téhéran ; aussi Bourée écrivait-il à Clément, le 12 février 1856, en lui disant qu'il était certain « que ce bâtiment... n'avait pas paru dans les eaux du Golfe Persique le 31 janvier ».

« Le Nisus », dont il est question ici, était un brick à voiles de la marine impériale ; stationné à l'île de la Réunion, il devait exécuter une croisière dans le Golfe Persique, où il arriverait au mois de décembre 1855[1]. Le ministre lui télégraphia d'aller coopérer au sauvetage des antiques, trop tard cependant, car, le 18 octobre, le capitaine Thierry avait informé, par lettre, le ministre de son départ pour les mers de Chine. La réponse suivante lui parvenait à près d'un an de là :

Singapore, 20 avril 1856 briq (sic) Le Nisus

A Monsieur le Ministre d'État,

« J'ai l'honneur d'accuser réception à Votre Excellence de la dépêche qu'elle a bien voulu m'adresser relativement au sauvetage des antiquités assyriennes naufragées dans le Chat-el-Arab.

C'est avec un vif regret que j'apprends si tardivement que vous avez compté sur moi en cette circonstance ; j'espère que malgré l'absence du Nisus l'entreprise aura pu être menée à bonne fin. Il se rendra, si on le désire, dans le Golfe Persique en décembre 1856, puisqu'il a manqué ce voyage en 1855, mais, continue-t-il : « Demandez l'autorisation au Ministre de la Marine, car j'ai l'ordre de l'Amiral commandant la station de l'Indo-Chine de ne quitter la Réunion que le 15 Novembre 1856 ». Signé : le capitaine de frégate c^{dt} le Nisus. Thierry. Le cabinet du ministre annotait ainsi cette dépêche : « M. Tournois[2].

---

1. Cabinet du Ministre de la Marine et des Colonies, dépêche du 5 octobre 1855. Paris.

2. Tournois était alors sous-chef de bureau à la Direction des Beaux-Arts.

Il faudra se rappeler cette proposition si le sauvetage n'était pas opéré cet été. »

On comprend alors l'embarras du ministre qui déclare que « ceci dérange tous ses calculs[1] » et de Clément qui écrit de Bagdad, le 26 décembre 1856, à M. Bourée : « M. l'Ambassadeur, j'ai l'honneur de vous accuser réception de la dépêche télégraphique datée de Paris 16 octobre et de Constantinople le 18 octobre 1855. Cette dépêche étant arrrivée à Bassorah pendant que j'en revenais ne m'a été remise à Bagdad que le 22 courant, mais j'avais, le 1er de ce mois, pris connaissance de la copie envoyée au consulat général de Bagdad.

« Ce n'est que par le contenu de cette dépêche que j'ai appris qu'un navire de l'État, le Nisus, était mis à la disposition de l'administration, ce que j'ignorais complètement, lorsque, après avoir terminé le 25 Novembre l'embarquement à bord du « Manuel » de toutes les antiquitées sauvées du désastre, je signais au capitaine du Manuel l'autorisation d'appareiller pour son retour en France, ne jugeant pas convenable alors de le retenir jusqu'au 31 Décembre, ce qui eût occasionné pour l'administration une dépense inutile de 7000 frs environ.

« De retour à Bassorah le 31 courant, je trouvais le Manuel parti depuis le 8 ; je ne pouvais donc pas le retenir selon les ordres de Mr. le Ministre jusqu'au 31 Décembre. Quant au Nisus on n'en avait encore aucune nouvelle ici à Bassorah ni à Bouchir. Je n'ai pas cru devoir rester plus long tems (*sic*) à Bassorah pour attendre le Nisus, car je doute fort qu'il arrive à sa destination avant la fin de janvier, et je suis revenu de nouveau à Bagdad afin de recevoir des instructions de M. Tastu et une partie du crédit de 10.000 fr. pour faire face aux dépenses du sauvetage, mais à mon arrivée à Bagdad, le 20 de

---

1. L'amiral Hamelin, Ministre de la Marine, au Ministre d'État, Paris, 12 janvier 1856. Au sujet de la mission du « Nisus », où il annonce à son collègue que le brick « Nisus » est dans les mers de Chine, annotation en tête du rapport.

ce mois, je n'y ai pas trouvé M. le Consul g^{al} et même on n'a pas pu m'apprendre s'il arriverait bientôt.

« Je l'attendrai ici jusqu'au 20 janvier et à cette époque, que M. Tastu soit arrivé ou non, je repartirai pour Bassorah et y attendrai l'arrivée du Nisus. »

Ce navire, Clément l'attendra en vain à Bassorah, ainsi qu'il a attendu « le Marceau », puisqu'aucun d'eux n'est même entré dans le golfe Persique abandonné par notre marine.

On a vu que les agents consulaires français et anglais s'étaient dévoués à la tâche de sauver ce qu'il était possible du naufrage ; d'autres aussi offrirent leurs services. Ce fut d'abord Perreymond, qui avait été envoyé en Mésopotamie comme secrétaire-comptable de la mission Fresnel-Oppert. Cette mission, qui n'obtint pas tout le succès attendu par le ministère, s'était terminée en laissant Fresnel et Perreymond totalement ruinés. Ils moururent tous deux à Bagdad dans le dénûment, enseignant le français pour subvenir à leurs premiers besoins[1]. Quoique si mal récompensé de ses efforts, Perreymond adressait, le 26 juin 1855, une lettre au ministre d'État l'informant qu'il se mettait à sa disposition « étant établi à Baghdad, dans le cas où il lui plairait d'ordonner que des tentatives soient faites » dans le but de sauver les antiques à l'aide d'un bâtiment muni d'apparaux puissants. Le ministre ne paraît pas avoir répondu à cette offre, mais il accepta les services de Michel Médawar, drogman du consulat de France à Beyrouth.

Ce Syrien dirigeait la maison « Médawar frères et Cie » et sa succursale de Bagdad l'avait fort bien renseigné sur les conditions dans lesquelles les antiquités avaient péri. Il était d'ailleurs en relations suivies avec « l'Expédition scientifique de Mésopotamie » dont il avait assuré le transport de bagages transités à Beyrouth. Il avait même avancé des fonds à Fresnel.

Il écrivit alors à F. de Saulcy, qu'il avait connu en Syrie,

1. Voir M. Pillet, *Comptes rendus des séances de l'Académie des Inscriptions et Belles-Lettres*, 1917, p. 329, et *Revue d'Assyriologie*, tome XIV, 1917 et suivants.

lui faisant le récit du naufrage et le priant de s'entendre avec Prosper Mérimée afin de lui confier la mission de sauver les pièces naufragées.

« D'après ce que l'on m'écrit, dit-il[1], il paraît qu'il y a des chances de retrouver, à l'aide des Bédouins et une fois que l'on aura l'appui de la France auprès du Pacha de Bagdad, sinon la totalité des objets sombrés, au moins les caisses qui renfermaient le plus précieux, mais qu'il faudra de grandes dépenses pour atteindre ce but... Ce n'est pas pour moi une spéculation d'argent que j'ai en vue; je suis, grâce à Dieu, assez riche pour ne pas avoir besoin de me salir; ce que je veux, c'est un moyen d'avoir une distinction d'honneur du gouvernement que je sers en surnuméraire depuis 18 ans et que mon père avait servi une vingtaine d'années avant moi. Ma maison de Bagdad est dans une situation excellente pour atteindre ce but; son directeur [Sakazan] est un homme très intelligent... d'après ce qu'il m'écrit, il n'y aura pas beaucoup à espérer si on laisse faire la besogne par l'agent ou les agents du Ministère à Bagdad. »

Prosper Mérimée appuya cette demande par une amusante lettre où il dit que Médawar « voudrait la croix et espère que vous la lui ferez donner pour cette pêche miraculeuse ». S'il réussit, dit-il, « il me semble qu'on pourrait fort bien crucifier cet honnête Syrien qui sert la France depuis 18 ans[2] ».

Le ministre accepta les offres de Médawar et lui écrivit de s'entendre avec Tastu[3], consul général de France à Bagdad; 3.000 fr., pris sur le crédit général de 10.000 fr., devaient suffire à ses tentatives. Médawar remercia le ministre[4], puis écrivit au chef de sa maison à Bagdad, qui commença les démarches[5]. Clément en parle en ces termes : « Je me suis

1. Lettre de M. Médawar à F. de Saulcy de l'Institut. Beyrout. 23 juillet 1855.

2. Lettre de Prosper Mérimée, s. d., mais timbré à l'arrivée. Paris, Ministère d'Etat, 6 octobre 1855. Mérimée l'écrivit à la hâte au moment de partir pour rejoindre le duc Pasquier à Trouville.

3. Ministère d'Etat à M. Médawar à Beyrout. Paris, 23 octobre 1855.

4. Lettre de M. Médawar au Ministre d'Etat. Beyrout, 19 novembre 1855.

5. Lettre de M. Médawar au Ministre d'État, 10 décembre 1855.

entretenu, dit-il[1], avec M. Sakazan, agent de M. Médawar de
Bairout, qui m'a communiqué verbalement les ordres qu'il a
reçus de sa maison à la fin de novembre..., il part aujourd'hui
pour Bassorah. »

Sakazan put se convaincre de l'inutilité des efforts qu'il
tenterait avec de si faibles moyens, car Médawar informa
bientôt le ministre[2] que Clément avait désespéré de rien sauver
de plus et que M. Tastu, le 10 décembre, n'était pas encore revenu
à son poste, qu'enfin « le Manuel » était parti. Dans ces conditions, ses agents avaient « suspendu les démarches qu'ils
faisaient et attendu l'arrivée à Bagdad du consul général de
S. M. I. » Sakazan et Clément s'occupèrent cependant de trouver
un navire qui pût assurer le transport des antiques en Europe,
si l'on parvenait à sauver quelques pièces. La maison « Lynch »
le pouvait faire ; elle demanda 10 l. s. par tonne pour le transport de Bassorah au Havre[3].

Enfin, le 21 janvier 1856, Tastu arrivait à Bagdad[4] et arrêtait,
bientôt les opérations que Sakazan et Clément pouvaient avoir
entreprises, le crédit ouvert par le ministère étant, en effet,
presque entièrement dépensé.

IV

Opérations de trésorerie et dernière
tentative de sauvetage.

Nous avons vu[5] que le 23 octobre 1855[6] le Ministre avait

1. Clément au ministre Fould, n° 4. Bagdad, 7 décembre 1855.
2. Lettre de M. Médawar au ministre. Beyrout, 31 décembre 1855.
3. Lettre de M. Clément au ministre. Bagdad, 20 novembre 1856.
4. Lettre de Tastu consul général de France à Bagdad au ministre. Bagdad,
20 novembre 1856.
5. Voir plus haut, chapitre III, page 113.
6. Relevé de comptes. Flùry-Hérard. Paris, 21 novembre 1856. Ce banquier
établi à Paris, n° 372 rue Saint-Honoré, avait des correspondants à Marseille,
Constantinople, Beyrouth, Alep, Mossoul et Bagdad. La banque existe encor
aujourd'hui, à la même adresse.

ouvert à E. Tastu, consul général de France à Bagdad, un crédit de 10.000 fr. pour les diverses tentatives de sauvetage et l'embarquement des antiques à bord du « Manuel ». Le 20 novembre 1856, notre consul adressait au ministère les pièces justificatives et le compte général suivant :

Bagdad 20 novembre 1856
Clément à M. Fould
Ministre d'Etat.

Timbre du Ministère
d'Etat, 23 décembre 1856

COMPTE GÉNÉRAL

Extrait du Cahier des dépenses pour l'embarquement et le sauvetage à Bassorah des antiquités assyriennes.

	Chamis	Piastres	rancs
Reçu de divers en 1855			
De Salla-eb-Ahmet négociant à Bassorah sur le crédit de 20.000 piastres ouvert par M. Place, consul de France	1.900	16.150	3.800
De M. Taylor, consul anglais à Bassorah.	1.235,220	10.500	2.470.588
De Weys Pacha, Gouverneur de Bassorah.	1.529,320	13.000	3.058.823
Vente de mauvais bois provenant des kéleks.	24,6	210	49.412
	4.689.320	39.860	9.378.823

Dépenses

		Chamis	Piastres	Francs	
1855	Mai	712, 5.20	6.057.20	1.425. 29.4	
	Juin	767, 7.20	6.527	1.535. 76.4	
	Juillet	252, 2.20	2.144.20	504. 58.8	(T. 3.465 fr. 646)
	Août	492, 7.20	4.189.20	985. 76.5	
	Septembre	290, 7	2.472	581. 64.7	
	Octobre	438, 3.20	3,726.20	876. 82.4	
	Novembre	843, 5.20	7.171	1.687. 29.4	(T. 7.597 fr. 176)
	Décembre	169, 8	1.444.20	339. 88·2	
1856	Février	185, 2.20	1.575	370. 58.2	
		4.153, 7	35.307.20	8.307. 64.6	
		535, 5	4.552.20	1.071. 17.7	
		4.689, 3,20	39.860.	9.378. 82.3	

M. Clément avait remis, suivant l'état n° 2 [*le précédent*] au consulat [*de Bagdad le 9 juin 1856*] 4.522 piastres et 20 paras en diverses monnaies qui ont produit une plus value de

	piastres turques	Francs
115 piastres soit	4.667	
Restait 8.333 piastres versées par M. Tastu, soit au change de 4 piastres et 10 paras le franc . .	8.333	1.960 fr. 70
	13.000	

Certifié véritable le présent état s'élevant à la somme de 1.960 fr. 70.

Le Consul général
E. Tastu.

D'après ces états de dépense, à la fin de novembre 1855, c'est-à-dire après l'embarquement, sur le Manuel, des antiquités sauvées, les frais se montaient à 7.597 fr. 176, représentant le coût des diverses opérations de sauvetage et d'embarquement. Les tentatives qui furent faites ensuite, jusqu'à la fin de février 1856, ne représentent donc que 710 fr. 46 [339,88 + 370,58] ; cette somme minime suffit à couvrir les quelques voyages ou les tentatives faites par l'agent de Médawar.

A l'ouverture du crédit de 10.000 fr., les traites furent tirées sur Flûry-Hérard[1], banquier à Paris, rue Saint-Honoré, n° 372, qui percevait un droit de 1 0/0 comme frais de banque ; mais, auparavant, Clément en avait été réduit aux expédients pour se procurer les fonds nécessaires.

A la nouvelle du désastre, Place lui avait tout d'abord ouvert, sur ses fonds personnels, un crédit de 20.000 piastres turques (4.705 fr. 88) pour tenter le sauvetage[2] ; puis Taylor, vice-consul anglais de Bassorah, lui avait avancé 2.000 krans (10 500 piastres ou 2.470 fr. 58) pour lui permettre de se rendre à Bender-Bouchir[3]. Clément indiqua le détail de ses dépenses : « Jusqu'à ce jour [17 juillet 1855], dit-il[4], j'ai disposé sur mon crédit [de

1. Relevé de comptes. Flûry-Hérard. Paris, 21 novembre 1856.
2. Clément au Ministre d'État (Fould) note 1. Maaghill (près Bassorah), 17 juillet 1855.
3. Clément au Ministre d'État (Fould) note 2. Bassorah, 2 novembre 1855.
4. *Ibid*, note 2.

20 000 piastres] de 16.150 piastres[1] qui ont été employées à payer, suivant les instructions de M. Place, les charpentiers venus de Mossoul, le chef des radeaux, mon traitement de deux mois à partir du 12 mai dernier à raison de 1.575 piastres [*370 fr. 58*] par mois (mon drogman est à ma charge à qui je donne 500 piastres [*117 fr. 65*]) et les dépenses qu'ont occasionné le tirage à terre de la grande figure, les deux expéditions faites à 8 lieues de Bassorah par le L. C. Mes'soud Bey..., la tentative infructueuse des officiers anglais qui s'étaient chargés de retirer à terre le taureau, ainsi que mon voyage à Kourna avec deux barques remorquées par le bateau à vapeur anglais.

« Je prie Votre Excellence d'être convaincu que j'ai agi avec la plus grande économie.

« Un négociant de Kourna (Georgis ou Salla-eb-Ahmet ?)[2]... m'a rapporté fort peu de choses, avec 1 caisse d'antiques, 4 mauvaises briques qu'on m'a fait payer horriblement cher, en égard à leur peu de valeur.

« J'aurais beaucoup désiré donner de ma poche le prix des objets à moi appartenant (environ 275 fr., quoique le tout n'en vaille pas 150), mais comme j'ai déjà eu l'honneur de le dire à Votre Excellence, ayant été entièrement dépouillé, et n'ayant qu'un modique traitement avec un drogman à ma charge, dans un pays dépourvu de tout et où tout est très cher, j'ai cru devoir prendre cette somme dans la caisse de l'administration et même d'emprunter à quelques personnes pour me vêtir. »

Après avoir arrêté les tentatives de Clément et de Sakazan, on aurait pu croire que le ministère avait renoncé à l'espoir de rien sauver de plus. Cependant, le 11 avril 1856[3], il fut ordonné de Paris au commandant de Maisonneuve de se rendre, avec la

---

1. Remarquons à ce sujet que le compte général, cité plus haut, n'est pas tout à fait d'accord avec Clément, puisque jusqu'à la fin de juillet 1855, il fut dépensé 14.728 piastres 40 (= 3.465 fr. 646) et non 16.150 piastres.

2. D'après le compte général cité plus haut, quoique le dernier fût désigné alors comme négociant à Bassorah.

3. L'amiral Hamelin, Ministre de la Marine et des Colonies, au Ministre des Beaux-Arts, Paris, 11 avril 1856.

« Sibylle » qu'il commandait, dans le golfe Persique pour coopérer (!) au sauvetage. C'était reprendre des essais abandonnés depuis près d'un an, puisque la « Sibylle » n'arriva dans les eaux du golfe qu'en 1857.

De Maisonneuve emprunta, sans doute dans le Chatt, un vapeur anglais « Salamatye » et voici le rapport qu'il fit de sa tentative :

« De Maisonneuve, commandant de la Sibylle. — Extrait du journal du bord du Salamatye, au mouillage de Bassorah, le 1ᵉʳ mars 1857... J'ai quitté Bassorah le 24 février ; Raschid Pacha... a voulu me faire accompagner par un côtre turc de la station locale ; je suis arrivé à Kurna le 27 au matin muni de firmans pour les cheicks About-Sahat et Hussein de cette ville et je me suis immédiatement rendu au lieu où sont naufragées les principales antiquités... Par suite de la continuité des vents du Nord, les eaux étaient hautes, leur profondeur atteignait 2 mètres à une brasse de terre et 4 à l'arcasse du Bugalow naufragé qui contient les marbres... D'autres antiquités appartenant à la France sont *naufragées sur la rive gauche du Tigre, exactement en face du minaret de Kurna, et à peu près à 1 mille au delà de la rive gauche de l'Euphrate.*

« Je tiens ces renseignements précis d'un cheikh de Kurna.

« Il résulte de l'état des choses :

« 1° Que malgré les puissants apparaux que j'avais embarqués sur le Salamatye, la profondeur des eaux et surtout la température glaciale ont rendu toute tentative de sauvetage impossible.

2° Que ce travail ne doit être entrepris que dans le cours de l'été ;

3° Qu'il ne saurait être conduit à bonne fin sans moyens spéciaux, fortes bigues, ancres pour les consolider, cabestans à terre et à flot, grands chalands, enfin navires à vapeur. »

Il termine en déclarant que « le cheikh et les habitants sont *des sacripants* » et qu'il faut que les navires soient des vapeurs bien armés.

Cette reconnaissance fut, en effet, une petite expédition

et si le commandant français avait déployé tout un appareil militaire, le cheikh Hussein n'avait pas négligé non plus d'embusquer les siens dans les palmiers qui bordent les rives du Tigre. Au retour, Hussein défendit aux habitants de rien vendre aux équipages et réclama avec insolence 300 piastres pour sa peine, disant que les Anglais lui auraient donné plus encore. Pour tout salaire, notre homme se vit rudement chasser du bord et l'expédition regagna Bassorah sans accident.

Dès lors, l'œuvre des puissants rois de l'Assyrie sommeillera sous le linceul épais du limon arraché aux rives du grand fleuve. Un à un, les grains de ces beaux reliefs finement taillés s'en iront roulant jusqu'à la mer. Les émaux splendides de Sargon perdront leurs vives couleurs ; les Annales de Babylone elles-mêmes n'auront revu la lumière du soleil que durant quelques jours, et maintenant tous ces trésors s'en sont allés comme une fine poussière. Au fil des eaux épaisses et jaunes du Chatt-el-Arab, elles s'en vont ainsi combler l'antique Nar-Marratou où voguaient jadis les galères de la Chaldée et de l'Élam.

V

Du Havre au Musée du Louvre.

Le 20 mai 1856, « le Manuel » mouillait au Havre, justifiant la confiance de son armateur, qui, en avertissant le ministre de son départ de Bombay (2 février 1856), ajoutait[1] : « Le navire marchant très bien, j'espère qu'il sera rendu à destination du 20 au 25 mai prochain. »

---

1. Lettre d'Antonin Lopez au Ministre d'Etat. Bordeaux 20 Mai 1856. *Le Constitutionnel*, dans son numéro du jeudi 22 mai 1856, signalait ainsi le fait : « Le trois-mâts *Manuel*, qui vient d'arriver de Bombay au Havre, avait à bord 76 colis d'antiquités provenant des ruines de Ninive, qu'il est allé charger à Bassorah. La plus importante de ces antiquités, qui toutes ont été recueillies par MM. Place et Fresnel, est un groupe représentant un génie et un taureau. D'autres objets sont d'une si grande dimension qu'il a fallu élargir les panneaux pour les faire entrer dans la cale. » — Nouvelles diverses, page 2, 5° colonne.

Dès son arrivée, A. Lopez prévenait le ministre, lui deman-
dant de transmettre directement au capitaine Loquay les
instructions relatives au débarquement des antiques[1].

Les ordres n'étaient cependant pas encore arrivés lorsque le
commissaire général, Bonifacio, écrivit au ministre[2] : « Le bâtiment est au havre (*sic*) depuis le 20 mai courant déjà ;... la
charte-partie ne stipulant pas de jours de planche, il faudra se
conformer aux usages de la place qui en accordent de 15 à 20 ;...
en dépassant ce terme on s'exposerait à payer une indemnité
pour le retard apporté au déchargement ». Cependant, le 3 Juin,
rien n'était encore fixé pour le débarquement et Bonifacio conseillait[2] d'entreposer les antiques sur la petite place de la
mâture. Les frais de transport du navire à cet endroit devaient
s'élever à 1.900 fr. Il rappelait enfin que le procès-verbal
d'embarquement des antiquités portait 52 caisses, marquées
B.M. « . . Cette indication, disait-il, rend très vraisemblable que
les colis ainsi marqués sont ceux destinés au Musée britannique,
mais cependant ce n'est pas là une certitude et il serait dési-
rable que nous fussions très exactement fixés à cet égard. » En
effet, le consul britannique Featherstonhaugh ne pouvait donner
de renseignements positifs, n'ayant « aucune pièce qui établisse
clairement la répartition entre les gouvernements »[3].

Cependant le ministre demandait d'opérer d'urgence le
débarquement des caisses destinées au British Museum afin de
les remettre à l'agent anglais délégué pour les recevoir. « Cela
n'est pas possible quant à présent, fut-il répondu, les deux ou
trois grosses pièces appartenant au gouvernement français
occupent la partie centrale du panneau et sont disposées de
telle sorte qu'elles doivent nécessairement être débarquées les
premières ; il ne sera donc permis de remettre à l'agent anglais
ce qui est pour le Musée britannique qu'après le déchargement
des grosses pièces. »

1. Lettre d'Antonin Lopez au Ministre d'État. Bordeaux, 21 mars 1856.
2. Lettre de Bonifacio au Ministre d'Etat. Havre, 29 mai 1856
3. Lettre de Bonifacio au Ministre d'Etat. Havre, 3 juin 1856.

Enfin, le 10 juin, Arsène Houssaye, inspecteur général des Musées, arrivait au Havre pour assister au débarquement des pièces qui avait lieu dans les journées des 11, 12 et 13 juin 1856, c'est-à-dire onze mois, jour pour jour, après leur départ de Bagdad[1].

Voici le procès verbal de ces opérations :

Havre, 13 Juin 1856.

« Je soussigné Bouchet, S. commissaire de Marine, délégué par le Commissaire général, Chef du Service, conformément aux instructions de S. E. le Ministre d'État et de la Marine de l'État, déclare avoir assisté les 11, 12 et 13 juin, à la livraison, par le capitaine du navire « Le Manuel », des caisses d'antiquités et pièces non encaissées énumérées ci-après. » Suit l'inventaire.

« Les divers colis énumérés ci-dessus, bien arrimés dans la cale, sont arrivés et ont été livrés en bon état, ainsi que cela a été constaté par M[r] l'Inspecteur général des Musées, Arsène Houssaye.

« Ils ont été, par les soins et aux frais du capitaine du « Manuel », transbordés sur le chaland le « Jeune Édouard », en ce qui concerne les objets à destination de Paris et, quant aux colis marqués B.M., débarqués sur le quai et remis à M. le Consul de S.M.B.

« Le navire le « Manuel » étant arrivé au Havre dans le délai déterminé par l'art. 8 du traité du 21 décembre 1854 » avait d'autre part rempli les autres conditions de la charte-partie.

« Après avoir fait enlever toutes les caisses et reconnu leur poids approximatif, acceptant le poids de 32.000 kg. pour le taureau et de 13.000 kg pour le génie, poids qu'il était impossible de contrôler, je suis arrivé à reconnaître que le chargement du « Manuel » s'élevait à environ 30.000 kg. pour les 52 caisses remises à M. le Consul de S. M. Britannique et à 76.000 pour le chargement destiné au gouvernement français et

1. Lettre d'Arsène Houssaye au Ministre d'État. Paris, 15 juin 1856.

transbordé sur « le Jeune Édouard » ; ce dernier poids de 76.000 kg. a été contrôlé par le calcul du tirant d'eau dudit chaland et peut être considéré comme d'une approximation très satisfaisante.

« Le chargement total du Manuel serait donc de 106.000 kilogrammes.

« Je déclare, en outre, que le capitaine du navire ci-dessus a embarqué sur le chaland diverses pièces de bois qui lui avaient été données à Bassorah par M. Clément et qui appartiennent à l'administration ainsi que deux morceaux de pierres détachées, l'un du génie, l'autre du taureau.

« Fait au Havre, le treize juin mil-huit cent cinquante six. »

Signé : BOUCHET.

« Vu : le commissaire général de la Marine. »

Signé : BONIFACIO.

Le même jour, le consul britannique signait le reçu des 52 caisses destinées au British Museum[1].

Le chaland « Jeune Édouard » chargé de ses antiques remonta le cours de la Seine jusqu'à Paris, sans accident. Parti en juin du Havre, il arrivait au quai du Louvre à la fin du même mois.

Ce transport avait été concédé à MM. Muleur, Dally et Pauwels[2]. Par contrat signé le 7 juin 1856, ils s'engageaient à effectuer le transport du Havre à Paris sur « Le Jeune Édouard » des antiquités dont le poids pouvait atteindre 80.000 kg ; le prix à forfait était de 5.500 fr. et l'excédant était payé à raison de 30 fr. la tonne. Le traité accordait neuf jours de planche pour le débarquement à Paris et il était dû ensuite 50 centimes par jour et par tonneau de jauge du chaland.

Les armateurs reçurent 5.643 fr. 65 se décomposant comme suit :

Prix de transport	5.500 fr.
Frais pour bois, timbre, main-d'œuvre, etc.	143 fr. 65
Total......	5.643 fr. 65 [2]

1. Voir plus haut notre chapitre I (*Rev. arch.*, 1916, II, p. 240).

2. Muleur, Dally et Pauwels réunis au Ministre d'État, section des Beaux-Arts, 16 juin 1856 et 4 juillet 1856 ; leurs bureaux étaient situés place Louis XVI, n° 8, au Havre, et au port Saint-Nicolas de la Villette, à Paris.

Le transport de Bassorah au Havre avait coûté 87.600 fr. et le prix de revient total s'établit ainsi :

Pour 38 jours d'attente supplémentaire à Bassorah à 200 fr. par jour .	7.600
Prix forfaitaire du transport de Bassorah au Havre.	80.000
Transport du Havre à Paris.	5.643,65
Transport du quai du Louvre au Musée (environ)	3.000

Le coût total de cette opération fut donc de 96.243,65

Les dimensions considérables des deux principales pièces n'étaient pas sans avoir inquiété le ministre qui écrivit pour avoir quelques détails sur le chaland qui avait été choisi.

Il lui fut répondu : « Les écoutilles du *Jeune Edouard* ont 6^m,30 de long sur 3^m,20 dans œuvre du châssis ; la hauteur du dessus des carlingues, au dessous du barrot, est de 2^m,55 ; le taureau a 4^m,17 de long d'une extrémité de la base à l'autre et 4^m,22 de hauteur de la base au-dessus de la tête[1] ».

Enfin, après avoir scié quelques pièces du chaland, celui-ci arrimait la précieuse cargaison qui était débarquée sur le quai du Louvre où l'affluence des curieux fut considérable.

On se pressait pour assister à cette arrivée des grands dieux de l'Assyrie qui avaient vu de leurs prunelles glacées tant de générations passer et tant de règnes disparaître. Aussi le ministre fut-il obligé d'adresser à la Préfecture de Police l'ordre d' « expédier immédiatement sur le quai du Louvre, 4 ou 5 agents... chargés de maintenir l'ordre (et) d'éviter des accidents »[2].

Le connaissement remis par le « Jeune Édouard » au ministère[3] porte 28 colis ainsi désignés :

---

1. Lettre de F. Hazard à M. Tournois sous-chef du Bureau des Beaux-Arts, 9 juillet 1856. Ces deux dimensions, 4^m,17 et 4^m,22, ainsi que le fragment détaché à la naissance de la queue ont permis l'identification certaine de cette pièce avec le n° 14 du Musée du Louvre. Cf. E. Pottier, *Les Antiquités assyriennes*, 1917, p. 63. Les légères différences des mesures sont imputables aux divers instruments de mesures employés.

2. Lettre du Ministre d'Etat à M. le Commissaire de Police de la section du Louvre. Paris 1er juillet 1856.

3. Pr. M. Muleur. Le Marinier à M. Tournois. Paris, 4 juillet 1856.

	1 taureau.	Poids 32.000 kg. [1]
	1 génie. . . . . , . .	Poids 14.000 kg.
Nos 18 à 23	6 caisses	
1 à 16	16 colis	
No 17	1 » . . . . :	Poids 30.000 kg.
	1 ballot pierre cassée	
	1 poisson.	
	1 colis	

Total   28   Poids total 76.000 kgs.

Le débarquement, commencé le 1er juillet, dut se poursuivre durant deux ou trois jours; il était opéré par Dubrujeaud[2] qui effectua le transport jusqu'au Musée du Louvre. Enfin, les antiques entrèrent dans les dépôts du musée en attendant que l'architecte les plaçât dans la grande salle assyrienne[3].

Maurice PILLET.

1. Les poids sont ceux que donne une note de Sébille, rue Saint Dominique n° 45 à Paris, s. d.

2. Lettre de Dubrujeaud, charpentier, 8, rue des Ecluses-Saint-Martin à Paris. 6 juin 1856. Lettre du Ministre d'Etat à Muleur. Paris, 3 juillet 1856.

3. Les archives du Musée du Louvre ne possèdent aucun document sur les dates d'entrée de ces pièces; il nous est donc impossible de les préciser. De plus, les journaux de l'époque n'ont pas relaté ce fait, quoiqu'il ait été remarqué, ainsi que nous l'avons vu plus haut. Leurs colonnes étaient occupées alors par l'énumération des troupes revenant de Crimée et dont une partie était passée en revue à Longchamps par l'empereur (juillet 1856).

Erratum à l'article I (1916, II, p. 230). — Page 239, ligne 23. Au lieu de octo 15/55, lire 13/55. — Id. 1. 32. Au lieu de 15 octobre 1855, lire 13 octobre 1855. — Page 240, note 1. Au lieu de Beaufort, lire de Beaufond. — Page 241, ligne 2. Au lieu de M. Maroille, lire M. Baroche et ajouter : à qui le décret du 1er juillet 1856 avait donné l'intérim du Ministère des Affaires étrangères pendant l'absence du comte Colonna Walewski.

Erratum à l'article II (1917, II, p. 171). — Page 184, note 1, au lieu de mille francs, lire 2.470 fr. 58 au cours.

LÈS

SUJETS ANTIQUES DANS LA TAPISSERIE

(Suite [1])

Je tiens d'abord à témoigner ma vive reconnaissance à M. Guiffrey, qui a bien voulu me permettre de consulter ses notes pour établir mes listes. Grâce à sa libéralité, j'ai pu dresser un ample catalogue des tapisseries représentant des sujets antiques ou dérivant de motifs antiques. Cependant ce catalogue reste incomplet ; les événements m'empêchent de dépouiller les inventaires des châteaux de Hongrie, Pologne et Bohême. Je remercie d'avance ceux qui voudront bien apporter des compléments à ces listes, établies suivant l'ordre alphabétique des sujets. Avant de signaler un oubli on est prié de se reporter à l'index [2], les tapisseries à plusieurs sujets ou à personnages divers n'étant désignées à la lettre alphabétique que sous la rubrique de la scène principale ou du personnage le plus ancien. J'écris en entier la référence la première fois que je la cite ; je l'abrège aux citations suivantes. Pour les tapisseries citées sans références, se reporter aux Histoires générales de la tapisserie publiées par Wauters, Guiffrey, Pinchart ;

---

1. Voir la *Revue* de mai-juin 1917, p. 296-309.
2. L'index renverra aux paragraphes du présent travail, numérotés en chiffres romains, et non aux pages.

ces tapisseries sont trop connues pour nécessiter une bibliographie spéciale. Je dois la liste des tapisseries de la Couronne d'Espagne à des renseignements privés.

En principe, j'arrête mes listes à la fin du xvi⁰ siècle, époque où la Renaissance triomphe définitivement et où la fabrication de la tapisserie semble subir un ralentissement pour reprendre au xvii⁰ siècle à Bruxelles, aux Gobelins, à Aubusson, à Beauvais. Les tapisseries, comme je l'ai dit précédemment, étant livrées longtemps après leur commande, payées le plus souvent au moment de la livraison ou signalées dans des inventaires dressés à la mort de leurs propriétaires, les dates que je relève sont, d'ordinaire, postérieures à la date de commande et, par conséquent, au choix du sujet et à l'exécution du carton. Je poursuis donc mes listes, en France, jusqu'au règne de Henri IV ; en Flandre, jusqu'à la mort de l'archiduchesse Isabelle-Claire-Eugénie ; en Italie, jusqu'à la décadence de l'art de la lisse au dernier quart du xvi⁰ siècle.

En Angleterre, les rares ateliers qui nous ont livré des tapisseries, souvent difficiles à identifier, semblent n'avoir pas survécu à la fin du xvi⁰ siècle ; elles ne nous sont souvent connues que par des inventaires postérieurs.

Quoique les ateliers flamands et franco-flamands aient été de beaucoup les plus nombreux et les plus importants et aient fourni à eux seuls le plus grand nombre des tapisseries aux xv⁰ et xvi⁰ siècles, nous possédons beaucoup plus de documents concernant les ateliers italiens, parce que les auteurs des cartons étaient, en général, des peintres connus.

I

MYTHOLOGIE ; DIEUX ET DÉESSES[1] ; PERSONNAGES HÉROÏQUES ; CYCLES LÉGENDAIRES.

I. **Achille** (voir *Troie*).

1. Voir aussi aux *Triomphes* et aux *Métamorphoses*

II. **Actéon** (voir *Diane*).

Suite de 10 pièces, sans or, ayant 126 pieds de cours sur 13 de haut ; fabriques d'Angleterre, xvie siècle (Boyer de Sainte-Suzanne, *Tapisseries anglaises*, p. 72).

Tapisserie citée dans l'inventaire de Florimond Robertet (Grésy, *Inv. des objets d'art de la succession de Flor. Robertet*, ministre de François Ier, dressé par sa veuve le 14 août 1532, Paris, s. d.).

III. **Adonis** (voir *Vénus*).

IV. **Adraste.**

Histoire d'Adraste, suite de tapisseries. Inventaire dressé, en 1629, de l'hôtel occupé alors à Bruxelles par Alexandre d'Arenberg, héritier des biens de Charles de Croy.

V. **Agamemnon** (voir *Troie*).

VI. **Amazones** (**Preux et Preuses** ; voir aussi *Troie*).

Sous la rubrique *Amazones*, je suis obligée de classer les Preux et les Preuses (on sait que huit des Preuses sont des Amazones). Je reconnais que cette classification peut sembler au premier abord arbitraire. Les premiers Preux sont des héros antiques : Josué, Judas Macchabée, David, Hector, Jules César, Alexandre ; mais les tapisseries représentant la plupart du temps les héros des deux sexes, j'adopte ici le titre sous lequel les *suites* sont désignées dans la plupart des inventaires des xive et xve siècles, ne pouvant séparer les personnages réunis. De même, je classe ici les représentations des hauts faits accomplis par les héroïnes, *Sémiramis, Thomyris, Deiphilo* (qui prit Thèbes), *Lampedo. Ménalippe, Marpesie, Orithye, Penthésilée* (alliée des Troyens), *Hippolyte* (épouse de Thesée, mère d'Hippolyte)[1].

« 3680. Item, les deux tappiz des neuf Preux. » (Labarte, *Inv. de Charles V* : tappiz à ymages, p. 378).

« L'histoire de neuf Preux et des neuf Preuses » (longue description) ; 20 aunes sur 4. Tapisserie vendue en 1388 par Pierre Baumetz au duc de Bourgogne (*Inv. de Charles VI*, 1422).

1. On trouvera l'énumération des neuf Preuses dans la description du château de Coucy (*Paris et ses historiens au XIVe et XVe siècles*, p. 559-61).

« Les neuf Preuses, tapis d'or et de soie et de fin fil d'Arras par le duc de Bourgogne à Jacques Dourdin en 1395 ; prix 2.000 francs. ». (*Ibid.*).

« Réparation des deux Preuses par Jean de Jaudoigne en 1396. » (*Ibid.*).

« Un tapiz nommé les Preuses et est proprement la conquête de Thèbes, 26 liv. 8 s. par. » (*Ibid.*).

« Ung grant tappis des neuf Preux » (*Inv. de l'hôtel du Porc épic*, au comte de Hainaut, rue de Jouye, en 1418.)

L'histoire de Thèbes, tapisserie citée dans un inventaire des châteaux anglais de 1419. (Boyer de Sainte-Suzanne, *Tap. angl.*, p. 48.)

« Un tapiz ouvré des neuf Preux et neuf Preuses faict richement à or. » (*Inv. de Philippe le Bon*, 1420.)

« Ung autre tapiz ouvré des 9 Preuses, seulement faict richement à or. » (*Inv. de Philippe le Bon*, 1420.)

« Un autre tapis où il y a Tamiris Teucra et Pentasilée. » (*Inv. de Charles VI*, 1422, p. 27-28.)

« Trois grands personnages de dames : Ménalippe, Sémiramis et Lampheto, avec leurs noms au-dessous, les armes de Berry et plusieurs autres petits personnages, prisé 16 liv. 4 s. par. » (*idem*).

« Un tapiz nommé les Preuses dit la conquête de Thèbes par Deiphilo, 26 liv. 8 s. » (*idem*).

« Un autre tappiz bien vielz où il y a plusieurs personnages de Roynes et autres dames nommées Deiphilo, Argentine, sa sœur Synope et Ypolite et il y a dessoubz lesdits personnages escripture et leurs noms escriptz et en-dessus en hault sont les armes de Berry et plusieurs petits escussons estimée seulement 12 liv. 16 s. p. » (*idem*).

« Un vieil tappiz bien despicié de l'istoire de la reine Pentasalée » (*idem*).

Ces tapisseries semblent être de fabrication parisienne.

« 20. Item, un autre petit malostrue tapis ou les dames se combatent » (*Inv. du château des Baux* en 1426; Imprimerie nationale, 1878, p. 40.)

Tapisserie représentant un combat d'homme et de femmes sauvages (*Inv. de Nicolas V*, pape, 1447-1455.) Italie?

« L'ystoire des 9 Preux contenant 9 pièces, achaptées de monseigneur le général Gaillaut ; porté à Blois avec celle du Roman de la Rose » (Le Roux de Lincy, *Tap. d'Anne de Bretagne*, IV, p. 81.)

« 365. Item, ung autre grand pang bien vieil les escriptaulx dessus,

ouvré à soye, fil d'or et lami, à personnages des 9 Preux. » (P. Vayra.
Inv. des chât. de Turin et de Pont d'Ain en 1497-8; Turin, 1883,
n° 365.)

« 580. Item, neuf pangs de tappicerie où sont en chacun pang ung
des neufz Preus et une fame, les armes auprès d'eux dessoulz ung
pavillon, leurs nomz dessus escrips et un petit pan de mesure verdiere
où est la pourtraicture de Bertrand de Charquin. » (*Ibid.*).

Les tapisseries du château des Baux et de Turin et de Pont-
d'Ain sont peut-être parisiennes.

« Une grande pièce à or de l'istoire des 9 Preux refaicte et restouppée
par Pierre van Alst, tapissier de Bruxelles en 1514. » (Deshaines,
Documents inédits sur les tap. de Bruxelles, 1882, p. 27.) Flandre.

Arthur, Charlemagne, Godefroy de Bouillon ; Judas Macchabée à
gauche et David ; Josué manque, gâté, Hector, Alexandre et César
(Guiffrey, *Hist. générale de la tapisserie*). Suisse, xvᵉ siècle.

La Guerre de Troie, Penthésilée, reine des Amazones, la Victoire de
Diomède, l'Investiture de Pirus, tapisserie du Musée Victoria et Albert
(voir *Troie*). Tournai, xvᵉ siècle.

« Six pièces des neuf Preux rehaussées d'or et une pièce qui sert de
ciel. » (Etat des meubles du château de Pau, portés à Paris sur le com-
mandement du roy en août 1602 ; A. Lafollye, *Le chât. de Pau*, 1882,
p. 55.)

Histoire des Amazones. (Inv. de Rubens ; Max Rooses, *L'Œuvre de
Rubens*, Anvers, 1888.)

VII. **Dieu d'Amour** (voir aussi *Cupidon*).

« Ung tappis de Dévoremans d'Amours et d'Enfants à or. » (*Inv. de
Philippe le Hardi*, 1404.) Flandres.

« Ung tapis de l'histoire du Dieu d'Amours dit des Bergiers ». (*Ibid.*).
Flandres.

« Histoire du dieu d'Amours, de Juno, Palas et Vénus. » Inventaire
dressé à la mort de Marguerite de Masle, veuve de Philippe le Hardi,
morte à Arras le 16 mars 1405 ; prisée XLIII j libvres. Achetée probablement par Philippe à Cassel. Arras, xivᵉ siècle.

« Histoire du dieu d'Amour. Inventaire de François Gonzague IV, de
Mantoue, en 1406.

« Une chambre de tapicerie de haulte lice, ouvrée à ung pou d'or,
garnie de ciel, dossier couverture de lit sur champ vert, appelée la
Chambre de la Plaidoirie d'amours, où il y a plusieurs escriptures
d'amours en rolleaux ». — Cette chambre fut donnée en 1429 à Agnès

de Clèves lors de son mariage avec Charles, infant de Navarre, par Philippe le Bon. (Inv. de Philippe le Bon, de 1420.) Flandres.

La Chambre d'Amour. (Inv. de Charles VI, 1422.) Paris ?

« L'Hôpital d'amours » chambre de tapis, comprenant un ciel sans gouttières, un dossier et 4 tappiz, confisqué en 1480 à Douai sur le fils de Louis de Luxembourg, comte de Saint-Pol. Flandres.

Histoire d'amour, 4 pièces (ancien inv.). Bruxelles, xvᵉ siècle.

Il est difficile de se rendre compte du véritable sujet de ces tapisseries, aucune ne nous étant connue.

VIII. **Andromède** (voir aussi *Persée*).

La délivrance d'Andromède, carton attribué à Maître Philippe. Ancienne collection Léopold Goldschmidt (voir *Biblioth. des Arts décoratifs*, Tap.). Bruxelles, début du xviᵉ siècle.

Persée délivrant Andromède, tapisserie faisant partie de la suite de 5 pièces dite *Les Poésies*. Palais royal de Madrid. Bruxelles, xviᵉ siècle (voir *Poésies*).

IX. **Apollon**.

Histoire de Phébus-Apollon, suite achetée pour François Iᵉʳ à l'atelier de Bruxelles, en 1538, par Bastien de la Porte, 1961 livres.

Apollon et Minerve, carton exécuté à Ferrare entre 1535 et 1547 par Dosso Dossi et son frère Jean-Baptiste (voir aussi *Métamorphoses*).

Apollon et Marsyas, carton de tapisserie exécuté en 1566 par le Bronzino pour l'atelier de Florence.

Combat d'Apollon et des Géants (voir *Géants*).

Apollon et Diane (voir *Diane*).

X. **Ariane** (voir *Bacchus*).

XI. **Atalante**.

Suite de 6 pièces, confisquée par le duc d'Albe à Jean, marquis de Berghes, grand bailli de Hainault, condamné comme empoisonneur, mort en Espagne en 1568. La vente des biens de l'hôtel dit hôtel d'Aimeries à Mons eut lieu à Broard'huys à Bruxelles, en juin 1570 et achevée à Anvers à la fin de la même année.

Suite de 8 pièces, rehaussée de soie (*Inv. du château de Joinville*, 1583.) Flandres ?

XII. **Atlas**.

Atlas et Vénus, portière flamande du xviᵉ siècle, représentant un écu d'armoiries ayant pour supports, d'un côté Atlas, de l'autre Vénus posée sur le monde avec cette devise : *Susque de que ferre.* Collection de

M. Engel-Dolfus. Exposition rétrospective de Mulhouse, 1883 (Darcel. *Chronique des Arts*, 1883, p. 192.)

XIII. **Bacchus** (voir *Triomphes*).

Bacchus, ancienne collection Spitzer. (Voir *Biblioth. des Arts décoratifs*, Tap.) Flandres, fin du xvi⁰ siècle.

Bacchus représenté dans un médaillon d'une tapisserie à motifs décoratifs et rinceaux. Ancienne collection E. Peyre. Fontainebleau, après 1530.

Éducation de Bacchus, Bacchus et Ariane, tapisseries signées (Lille, fleurs de lys) G. Wermiers L. ou G. W. Collection du comte de Pontgibaud. (*Exp. de l'Union centrale des Arts décoratifs*, 1876.)

XIV. **Centaures.**

Suite de 6 pièces, exécutée d'après les dessins d'Alessandro Allori dans l'atelier de Florence, entre 1588 et 1590. On y travaillait encore en 1595.

XV. **Céphale.**

Tapisserie de la Salle Borgia au Vatican, Rome. (Voir *Biblioth. des Arts décoratifs*, Tap.) Flandres? début du xvi⁰ siècle.

XVI. **Cupidon.**

Suite de 7 pièces, exécutée dans l'atelier de Bruxelles sous la direction de Jean Raes, avant 1634.

XVII. **Cybèle.**

Histoire de Cybèle, tapisserie exécutée à Florence en 1557, par Giovanni Sconditi.

Cybèle, représentée dans un médaillon d'une tapisserie à motifs décoratifs et rinceaux, tapisserie exécutée en 1530 à Fontainebleau, Musée des Gobelins.

XVIII. **Diane.**

Diane et Actéon, suite de tapisserie soie et or, exécutée soit à Fontainebleau, soit à Bruxelles, d'après les dessins de Matteo del Masaro de Vérone, de l'atelier du Primatrice, vers 1538.

Diane et Actéon, suite de 5 pièces d'après des cartons italiens, de fabrique inconnue, sans monogramme, xvi⁰ siècle. Collection impériale d'Autriche (*Jahrbuch des Kaiserhauses*, Vienne, 1884).

Histoire de Diane, suite de 4 pièces : 1° Latone change les paysans en grenouilles (naissance de Diane); 2° Diane tue le chasseur Orion ; 3° Diane sauve Iphigénie ; 4° mort de Méléagre. En bordure, croissants et D enlacés, monogramme de Diane de Poitiers. Au château d'Anet. Fontainebleau, milieu du xvi⁰ siècle.

« Tapisserie du roy nommée Diane, tendue dans la chambre de Mesdames au baptême du Dauphin, fils de Henri IV. » Cette suite serait, selon M. Roussel, celle qui se trouve actuellement au château d'Anet.

« Histoire de Diane, tenture très riche d'or, d'argent et de soie et le fond tout en or, contenant 3 aunes 1/2 de hauteur et 32 de cours. Estimée 90 écus l'une. » Vendue à Paris vers 1630.

« Autre tenture de Diane, même dimension, relevée aussi d'or et d'argent, estimée 60 écus l'aune. »

« Autre tenture de Diane relevée de soie et très fini mêmes dimensions, valant 25 écus l'aune carrée. » (*Revue des Sociétés savantes*, 5ᵉ série, t. VIII, p. 874.) Fontainebleau, xviᵉ siècle.

Les Chasses de Diane, suite de 8 pièces : « A Pierre Villars pour avoir racommodé et nettoyé une tenture de tapisserie des Flandres, représentant les chasses de Diane : 950 francs. » (*Comptes des Bâtiments*, 1667, p. 219 ; voyez, sur cette réparation de la tapisserie de Diane, relevée d'or, l'année 1666, p. 122 et 155.) « A la veuve La Combe pour le racommodage de la tenture de tapisserie de l'histoire de Diane, le 29 octobre 1667 : 450 francs. »

En 1670, Jean Masin répare 4 pièces de l'Histoire de Diane rehaussées d'or, en même temps que 7 pièces de l'Histoire de Coriolan, le tout pour 641 francs. Il est difficile d'identifier ces pièces.

Histoire de Diane et de Latone, suite de 7 pièces : 1° Latone change les laboureurs en grenouilles ; 2° Diane entourée de ses chiens ; 3° Diane se repose avec ses nymphes sur une colline ; 4° Diane demande à Jupiter une éternelle virginité ; 5° Niobé empêche que l'on fasse des offrandes à Latone ; 6° Diane et Apollon tuent les fils de Niobé ; 7° Diane protège le dessin de Méléagre. Collection royale d'Espagne. Armeria reale de Madrid. Flandres, xviᵉ siècle.

Histoire de Diane, suite de 8 pièces, conservée au château royal de Madrid (selon M. Guiffrey, tissée à Bruxelles). xviiᵉ siècle.

Histoire de Diane, suite de 8 pièces. (*Inv. de la Maison de Gonzague*, 1668.)

Diane et Orion, dessins attribués à Lucas Penni, de l'équipe du Primatice, connus par une suite de 6 gravures. (Ces dessins étaient-ils destinés à servir de cartons de tapisseries ?)

XIX. Dieux. Réunion de dieux et scènes de la Fable.

Châteaux de Champs-Chevrier et Court-Cheverny. Flandres, xvᵉ siècle ou début du xviᵉ siècle.

XX. Europe.

L'enlèvement d'Europe, 1 pièce, signée. Bruxelles, xviᵉ siècle (après 1528). En bordure, des médaillons représentant Suzanne, Bethsabée et autres sujets bibliques. Collection impériale d'Autriche. (*Jahrbuch des Kaiserhauses*, Vienne, 1884.)

XXI. **Erisychthon**.

Erisychthon puni par Cérès (voir *Métamorphoses.*)

XXII. **Flore**.

Flore ou le Printemps ; elle est accompagnée d'un taureau, d'un bélier et d'un Amour ; motifs décoratifs. Tapisserie exécutée par Giovanni Roost à Florence ; d'après un carton du Bronzino de 1553. Aux Uffizi à Florence, n° 123 du catalogue.

XXIII. **Géants**.

La Bataille des Géants, suite exécutée à Ferrare au xvi° siècle.

Combat d'Apollon et des Géants, tapisserie exécutée dans l'atelier Barberini à Rome, pour le duc de Ferrare, destinée à compléter la suite des *Batailles des Géants*.

XXIV. **Ganymède**.

L'Enlèvement de Ganymède (voir *Poésies.*)

XXV. **Héro**.

Héro et Léandre, suite de 9 pièces, tapisserie de Paris, donnée en 1528 à Renée de France à l'occasion de son mariage avec le duc de Ferrare.

XXVI. **Hercule**.

« Ung grand tappiz de Hercules, prisé 86 liv. 8 s. p. » (*Inv. de Charles VI*, 1422.)

La Vie d'Hercule, suite de tapisseries qui décorait la salle du banquet à Lille, à l'occasion du Vœu du Faisan, février 1454 (*Mémoires d'Olivier de la Marche*, éd. de Bruxelles, 1616, p. 417.)

« L'Histoire d'Hercule contenant 7 grandes pièces de tapisserie, achaptée par le roy à Moulins, 12 may 1494. » (*Inv. d'Anne de Bretagne*, éd. Le Roux de Lincy, t. IV, p. 79.)

La Jeunesse d'Hercule, tapisserie du Musée de Bruxelles. (Voir *Biblioth. des Arts déc.*, tap.). France, xv° siècle.

La mort d'Hercule, tapisserie conservée à Hampton-Court. (Voir *Biblioth. des Arts déc.*, tap.). Flandre, fin du xv° siècle.

Hercule et Atlas, pièce d'une suite représentant les travaux d'Hercule. Ancienne collection Peyre. Flandres, xvi° siècle.

Hercule tue l'hydre de Lerne. App. à Dupont et Guichard. (Voir *Biblioth. des Arts déc.*, tap.). Flandres, fin du xv° siècle ou commencement du xvi° siècle.)

Hercule. Collection Froling à Cologne, 1890. Allemagne? xvi° siècle.

Histoire d'Hercule. Collection de la duchesse de Denia à Barcelone. (Voir *Biblioth. des Arts déc.*, tap.). Flandre, xvie siècle.

Histoire de la vie d'Hercule, chambre de tapisserie, commandée en 1513 par Marguerite d'Autriche, gouvernante des Pays-Bas, payée à Clément Sarazin ou Sarrazin 86 livres ou 560 livres tournois, accompte des tapisseries offertes à M. de Ponnich, gouverneur du roi d'Angleterre à Tournay. Tournai, xvie siècle.

« 424. Quatre grans pièces de tappiscerie aussi de haute lisse, contenant les gestes et faitz de Herculles. » (*Inv. de Charlotte d'Albret*, 1514, éd. Bonnaffé. 1878, p. 85.) France.

Les fruits d'Hercule, suite de tapisserie tendue en 1518 au château d'Amboise, lors du baptême du dauphin, fils de François Ier.

Histoire d'Hercule, suite de 5 pièces qui décorent la grande salle d'Isbrouc (Inspruck). (*Inv. des joyaux de Maximilien*, 1519.) Bruxelles, xvie siècle.

Les travaux d'Hercule, tapisserie citée dans l'*Inventaire de Florimond Robertet*, 1532.

Tenture d'Hercule, 3 pièces : 1° Hercule porte la sphère céleste que soutient Atlas ; 2° Hercule combat Cerbère ; 3° Hercule et Cacus. Chaque sujet est représenté au centre de la pièce, entouré d'un encadrement de grotesques et de rinceaux. Tapisserie flamande du xvie siècle, d'après des cartons italiens. Ancienne collection Peyre. Exposée au Musée des Arts décoratifs en 1880 (Darcel, *Catalogue descriptif*, nos 22, 23, 24.)

Les travaux d'Hercule, suite de 9 pièces, monogramme et écusson, achetée par l'empereur François Ier, alors roi des Romains (mort à Inspruck en 1735.) Collection impériale d'Autriche (*Jahrbuch des Kaiserhauses*, Vienne, 1884, p. 206) Audenarde, xvie siècle.

Histoire d'Hercule, 2 pièces de chacune 6 aunes de long sur 5 de large, vendues par Guillemin Dermoyen, fabricant à Bruxelles, 1512 livres de Flandres de 40 gros. Ancien château de Binche.

Les Douze Travaux d'Hercule, suite de 12 pièces, vendue par Guillaume de Kempenare à Marie de Hongrie, 1539. Bruxelles, xvie siècle.

Histoire d'Hercule, suite de 5 pièces : 1° Hercule, Apollon et Minerve chassent les Vices du Parnasse (1542) ; 2° Le Mariage d'Hercule et d'Hébé (1542) ; 3° Hercule délivre Ixion (1543) ; 4° Le Bain d'Hercule (1545) ; 5° Hercule tue l'hydre (1545). Cartons fournis à l'atelier de Ferrare par Dosso et Jean-Baptiste Dossi entre 1535 et 1545, terminés par Guglielmo Boides et Camillo Filippi, pour le duc de Ferrare.

Hercule, suite de 4 pièces : 1° Hercule et Antée ; 2° Hercule et le Taureau ; 3° Hercule et le Lion de Némée ; 4° Hercule et Cerbère. Cartons donnés à l'atelier de Ferrare par Leonardo da Brescia. Ferrare, milieu du xvɪ᷒ siècle.

La Force d'Hercule, suite de tapisseries citée par l'ambassadeur de Mantoue à Venise en 1554 (Bertolotti, *Le arti minore alla corti de Mantova nei secoli XV, XVI et XVII*, Milan, 1889, p. 224.)

Les Travaux d'Hercule (*Inv. pontifical* de 1555). Italie, xvɪ᷒ siècle.

Les Travaux d'Hercule, suite de 7 pièces, sans or, ayant 126 pieds de cours sur 18 de haut. Au mobilier national à Paris (Boyer de Sainte-Suzanne, *Tap. anglaises*, p. 72.) Angleterre, xvɪ᷒ siècle.

L'Histoire d'Hercule, suite exécutée dans l'atelier de Florence en 1565, d'après les cartons de Van der Straten ou le Stradano (Boyer de Sainte-Suzanne, *Tap. italiennes*, p. 17.)

Les Travaux d'Hercule, tapisserie actuellement (1915) chez Séligmann, à Paris. Flandres ? xvɪ᷒ siècle.

Les Forces d'Hercule, suite de 8 pièces (*Inv. de Gabrielle d'Estrées*, 1599.) Bruxelles, fin du xvɪ᷒ siècle.

Les Amours d'Hercule et de Io, tapisserie placée dans la chambre dite de la Reine, au château de Richelieu (*Archives de l'art français*, 1882, p. 221.)

XXVII. Hippolyte.

Histoire d'Hippolyte, fils de Thésée, cartons pour tapisseries commandés par le cardinal Hippolyte d'Este (1509-1572) à Pirro Ligorio. Les tapisseries ne furent pas exécutées. On connaît deux recueils de ces dessins, l'un à la Bibliothèque de l'Arsenal ; l'autre se trouvait dans la collection Villot. Ferrare, xvɪ᷒ siècle.

XXVIII. Io (voir *Hercule*).

XXIX. Icare.

La chûte d'Icare (voir *Poésies.*).

XXX. Jouvence.

La Fontaine de Jouvence. « N° 3701 : Item, ung petit tappiz à ymages de la fontaine de Jouvence. » (*Inv. de Charles V, Tappiz à images*). Paris, xɪv᷒ siècle.

En 1389, Jean de Jodoigne répare un tapis de la Fontaine de Jouvence.

En 1393, Jacques Dourdin livre au duc d'Orléans un tapis de la Fontaine de Jouvence. — « Un ciel de tapisserie de fil délyé de Paris à personnages et une fontaine, contenant 10 aunes trois quartiers. » (*Inv. de Charles VI*, 1422).

« Item, une pièce de tappicerie fort usée, où est la Fontaine de Jouvence. » (Tuetey, *Inv. des biens de Charlotte de Savoie*, 1483 ; Paris, 1865, p. 16.)

« Item ung tapis de leine bien historié de la Fontaine de Jouvence. » (*Inv. de Notre-Dame de Paris* de 1438 ; *Arch. nat.*, LL, 198, fol. 31.)

XXXI. Jupiter.

Jupiter apparaît dans quelques scènes, comme personnage secondaire. (Voir *Réunion des Dieux*, *Vulcain*, etc.).

XXXII. Léandre (voir *Héro*.)

XXXIII. Latone (voir *Diane* et *Métamorphoses*.)

Histoire de Latone, suite de 4 pièces, exécutée dans l'atelier de Florence, d'après les cartons d'Alex. Allori en 1579 : 1° *Quando partori il sole e la luna* ; 2° Les paysans troublent l'eau où Latone va boire ; 3° Les paysans changés en grenouilles ; 4° Latone *scacciata de Guinone*.

Histoire de Latone. Les Enfants de Niobé tués par Apollon et Diane, tapisserie placée dans la chambre, dite de la Reine, au château de Richelieu. (Voir *Archiv. de l'Art français*, 1882, p. 222).

XXXIV. Marsyas (voir *Apollon*).

Marsyas écorché vif par Apollon (voir *Poésies*).

XXXV. Mars.

Le dieu Mars ou le mois d'octobre, tapisserie du Mobilier national. Flandres, début du xvi° siècle.

XXXVI. Méléagre.

« N° 1297. Item, la tappisserie Melliager, 8 pièces ». — « 1325, Item, 3 pièces de gouctières de l'histoire de Melliager. » (P. Vayra, *Inv. des chdt. de Turin et de Pont d'Ain, en 1497-1498*, Turin, 1883.)

XXXVII. Mercure.

Le mariage de Mercure et de la Philologie (d'après Martianus Capella.) Tenture exécutée pour l'abbesse de Quedlinburg, vers 1200 ? Selon Kugler, la tapisserie serait tissée ; mais M. Guiffrey laisse la question en suspens. Allemagne, xiii° siècle (?).

Mercure, collection de la duchesse de Denia à Barcelone (voir *Biblioth. des Arts déc.*, tap.). Flandre, xvi° siècle.

Mercure, médaillon d'une tapisserie à arabesques et rinceaux. Carton de l'Ecole de Primatice, 1596 (*Dessins du Louvre*, n° 8837.) Gravé par Quélus.

XXXVIII. Midas.

Le roi Midas. Collection Federigo Zuccari (voir *Biblioth. des Arts déc.*, tap.). Italie, xvi° siècle.

XXXIX. Muses.

.Les sept Muses, 1 pièce de tapisserie. (*Inv. du garde-meuble pontifical*, 1555.) Italie. xvi° siècle.

XL. Minerve (voir *Allégories*).

Le Temple de Minerve, tapisserie exécutée dans l'atelier de Florence
en 1573.

XLI. Neptune.

Neptune représenté dans un médaillon d'une tapisserie à arabesques
et à rinceaux. Flandres, xvi° siècle (?).

Neptune représenté dans un médaillon d'une tapisserie à arabesques
et à rinceaux. Collection Gavet. Bruxelles, fin du xvi° siècle.

XLII. Niobé (voir *Diane* et *Métamorphoses*).

Histoire de Niobé, suite de tapisseries exécutée dans l'atelier de Florence, d'après les cartons d'Alessandro Allori en 1586. Trois pièces
furent exécutées plus tard en 1594.

XLIII. Odyssée (voir *Ulysse*).

XLIV. Œdipe.

La naissance d'OEdipe, tapisserie d'après des cartons de l'Ecole de
Jules Romain. Collection Massillon, 1894 (voir *Biblioth. des Arts déc.*,
tap.).

XLV. Orphée.

Orphée ravissant avec sa lyre les montagnes, les arbres, les animaux
et les Enfers. (*Inv. de Florimond Robertet*, 1532). Flandres, début du
xvi° siècle.

Orphée, tapisserie exécutée soit à Bruxelles, soit à Fontainebleau,
d'après les cartons de Matteo del Masaro, de l'atelier du Primatice,
pour faire pendant à Diane et Actéon. Fontainebleau ou Bruxelles,
juin 1538.

Histoire d'Orphée, suite de 8 pièces de 28 aunes de cours sur 3 de
haut, d'après les cartons de Jules Romain (Félibien, *Inv. du Garde-
meuble* de 1660.) Bruxelles, xvi° siècle.

XLVI. Pâris.

Le Jugement de Pâris, 1 pièce, au château de Binche.

Paris et Hélène, 1 pièce, tapisserie faisant partie d'un achat de tapisserie de Bruxelles, par les archiducs Albert et Isabelle en 1607.

XLVII. Phaéton.

Tapisserie de l'Inventaire de Florimond Robertet, 1532. Flandres.

Phaéton, suite de 4 pièces, appartenant au cardinal Hipp. d'Este
(1509-1572). Ferrare, milieu du xvi° siècle.

Histoire de Phaéton, suite de 6 pièces, exécutée en 1585 dans l'atelier de Florence, d'après les cartons d'Aless. Allori : 1° Phaéton demande à Apollon à conduire le char du soleil ; 2° Apollon montre le char à son fils ; 3° Apollon remet les rênes à son fils ; 4° Phaéton foudroyé par Jupiter ; 5° Phaéton pleuré par ses sœurs ; 6° Phaéton enseveli par ses sœurs (Boyer de Sainte-Suzanne, *Tap. ital.*, p. 18.)

2 pièces de cette histoire furent exécutées à Florence par Papini pour le cardinal Montalto, entre 1610 et 1616. En 1638, Pierre Fèvre restaure l'histoire de Phaéton endommagée dans un incendie du palais Pitti.

Une tenture de l'Histoire de Phaéton fut exécutée à Florence pour le marquis de Peschiera en 1628, avec des grotesques.

Une tenture de 6 pièces figure dans un inventaire de la Maison de Gonzague en 1668.

XLVIII. **Persée.**

Histoire de Persée, suite de 8 pièces vendue à Charles-Quint en 1520 par Gabriel van der Tommaen ; atelier de Bruxelles. Cette suite figure encore dans l'inventaire des biens de la Couronne d'Espagne.

Persée (voir *Andromède*).

XLIX. **Pomme d'or.**

Histoire de la Pomme d'or, tapisserie exécutée sous ce titre par Jehan Dourdin en 1385 (Terminck, *Arras*, 1879, p. 247.) Arras, xvi⁰ siècle.

L. **Procris.**

Histoire de Procris et Céphale, tapisserie qui décorait la chambre dite de Lucrèce, au château de Richelieu (*Archives de l'Art français*, 1882, p. 219.)

LI. **Pluton** (voir *Proserpine*).

LII. **Proserpine.**

Histoire de Proserpine et de Pluton, suite de 8 pièces, tenture de baldaquin avec plafond, formait lit ou intérieur de tente. Datée 1566. Collection impériale d'Autriche. (*Jahrbuch*, Vienne, 1884.)

Histoire de Proserpine et de Pluton, suite de 4 pièces, exécutée dans l'atelier de Florence en 1579 : 1° Jeux de Proserpine ; 2° Enlèvement de Proserpine ; 3° Pluton pénètre dans l'antre de la terre ; 4° Proserpine cueille la grenade.

L'Enlèvement de Proserpine, tapisserie du xvi⁰ siècle, conservée au château de Brissac, avec inscriptions latines en majuscules romaines. (Barbier de Montault, *Epigraphie de Maine-et-Loire*, p. 131, n° 176.)

LIII. **Psyché.**

Histoire de Psyché, suite de 3 pièces : 1° L'Amour implore Jupiter ;

2° Psyché arrive à la Cour de Jupiter ; 3° Noces de l'Amour et de Psyché.
Collection du baron d'Hunolstein. Exposée au Musée des Arts décoratifs
en 1880. (Darcel, *Catalogue descriptif des tapisseries*, n°⁸ 8, 9, 10.)
Flandres, fin du xvᵉ siècle.

Suite de tapisserie avec bordures à personnages selon l'antique ;
fruits et fleurs. Autrefois au palais Ferretti, à Gênes. Italie ?
xviᵉ siècle.

Suite de 4 pièces, soie et laine tissée dans une fabrique d'Angleterre,
d'après les dessins d'Albert Dürer. Inventaire de Mazarin (Boyer de
Sainte-Suzanne, *Tap. anglaises*, p. 66.)

Suite de 8 pièces. Collection du cardinal Hippolyte d'Este (1509-
1572). Ferrare, xviᵉ siècle.

Suite de 32 sujets, souvent attribuée à Raphael ou à Jules Romain ;
d'après M. Guiffrey, de Michel Coxie ; selon la *Grande Encyclopédie*,
tirée de cartons de Raphael et arrangée pour tapisserie par Michel
Coxie. Vasari cite ce dernier comme l'auteur des 9 fresques du château
Saint-Ange attribuées à Perino del Vaga, fresques qui semblent avoir
servi de modèle aux tapisseries. Le Maître au dé a gravé cette suite
(ou les dessins ?) en [1532. Il existe à Channtilly des vitraux tirés
des mêmes sujets. Il est probable que toutes ces œuvres ont été exécutées d'après des dessins de Raphael ; le style en est nettement
romain.

Félibien cite 26 pièces de cette suite qui décoraient le château du
Louvre ; 11 pièces sont citées dans un inventaire royal de 1671. Nous
en connaissons actuellement 12 pièces, les unes marquées du monogramme de Bruxelles, les autres de celui de Fontainebleau ; 6 de ces
pièces sont au château de Pau : 1° La vieille raconte l'histoire de
Psyché ; 2° Psyché sur la montagne ; 3° Son repos ; sa toilette ;
5° Zephir lui amène ses sœurs ; 6° Elle assiste au Triomphe de Cérès.
6 sont au château de Fontainebleau. Il y aurait plusieurs séries de
cette suite, outre celle de la Couronne de France ; une aurait été donnée
à l'Electrice de Bavière ; 6 tapisseries ont été tissées en 1650 dans
l'atelier de Raphael de la Planche (actuellement à l'hôtel Watel-
Dehaynin à Paris). La première suite aurait servi de modèle pour fabri-
quer des tapisseries détachées de qualité inférieure. M. Braquenier en
possède plusieurs d'une suite commune ; M. Pereire en a acheté une en
vente publique vers 1881-1882. (A. Gorse, *Etude sur les tap. du chât.
de Pau*, 1881, p. 10 ; *L'Art*, 1886, art. de Paul Lafond ; *Bulletin archéologique des travaux historiques*, 1888 ; *Bulletin de la Société de l'Art
français*, 1910, p. 34.)

L'Amour couronnant Psyché de fleurs, tapisserie signée de Lille.

Collection du comte de Pongibaud (Exp. de l'Union centrale des Arts décoratifs, 1876.)

LIV. **Pyrame.**

Histoire de Pyrame et de Thisbé (Inv. de François Gonzague IV de Mantoue en 1407.) Flandres?

LV. **Saturne.**

Saturne et Jupiter (voir *Troie*.)

Saturne et les trois Parques, carton de tapisserie exécuté en 1559 pour l'atelier de Florence par le Stradano.

Une pièce de l'Histoire de Saturne fut exécutée en 1559 par B. Squillé. Florence

LVI. **Sibylles.**

Les douze Sibylles, tapisserie de l'inventaire de Florimond Robertet, 1532. Bruxelles?

« Sept pièces de tapisserie des Sibylles. » (*Inv. manuscrit des meubles et effets dépendant de la succession de François de Gain, seigneur d'Oradour sur Glain, fait en 1565, éd. Beauchet-Filleau.*) Bruxelles?

LVII. **Sirènes.**

« 572. Une pièce de tapisserie rouge à Sireynes. (P. Vayra, *Inv. des chât. de Turin et de Pont d'Ain, en 1497-1498*, Turin, 1883).

LVIII. **Sylvain.**

Histoire de Sylvain, 1 pièce exécutée en 1557 dans l'atelier de Florence, par Giovanni Sconditi.

LIX. **Thésée.**

Histoire de Thésée et de l'Aigle d'or, tapisserie de Nicolas Bataille exécutée en 1389 pour le duc d'Orléans au prix de 1.200 francs. Paris.

« *Tercio magnum tapissium tocius Thesei* (V. Promis, *Inv. fait en 1440 des meubles empruntés par le pape Félix V à l'hôtel des ducs de Savoie, in Société savoisienne d'hist. et d'archéol.*, t. XV, p. 15.)

364. « Item, ung bien grant pang de tapisserie à personnages de l'istoire de Teseus à grands escripteaulx. » (P. Vayra, *Inv. des chât. de Turin et de Pont d'Ain, 1497-1498*, Turin, 1883.)

Histoire de Thésée, suite de 10 pièces, exécutée dans l'atelier de Bruxelles par Jean Raes, avant 1634. Cette suite semble être celle qui figure dans l'inventaire des biens de la Couronne d'Espagne.

LX. **Titans.**

Combats des Titans contre les dieux, suite de 4 pièces, d'après le cartons de Jules Romain, exécutée dans l'atelier de Ferrare : mentionnée dans un ouvrage de 1543.

LXI. Troie (Achille, Agamemnon ; Hector, *scènes de l'Iliade, siège et destruction de Troie.)*

Histoire d'Hector de Troie, grand tapis à haute lice par Nicolas Bataille, exécuté pour Louis Ier d'Anjou, frère de Charles V, payé le 7 juin 1376. Paris (?)

L'Histoire d'Hector de Troie, exécutée par Jacques Dourdin, achetée par Philippe le Hardi en 1396 pour envoyer au Grand Maître de l'Ordre teutonique. Paris (?)

« L'Histoire de la destruction de Troye, tappiz vert de fil d'Arras, à 46 s. p. l'aune, vendue par Jacque Dourdin en 1398 pour la reine Isabeau. » Paris (?)

« Ung tappiz ouvré à or de Hector à Troye. » (Inv. de Philippe le Hardi. 27 avril 1404 ; meubles advenus au comte de Nevers, Jean, son fils. »

Episode du siège de Troie. Ancienne collection Schouwaloff. Tournai ou Arras, xve siècle.

Le Siège de Troie, tapisserie figurant dans un inventaire des châteaux anglais en 1419. Elle tendait en 1503 la chambre de Marguerite, fille de Henri VII d'Angleterre, lors de son mariage avec Jacques IV d'Ecosse. (Boyer de Sainte-Suzanne, *Tap. angl.*, p. 48.)

La Guerre de Troie, la Reine Penthesilas, la Victoire de Diomèdes, l'Investiture de Pirus en une tapisserie. Musée Victoria et Albert. Tournai (?) xve siècle. (Voir *Biblioth. des Arts décoratifs* , tap.).

L'Histoire de Troie, exécutée sous la direction de Francesco de Ferrare, assisté du flamand Michetto de Ruggiero et de Lorenzo, vers 1450-1460. (*Courrier de l'Art*, 1882, p. 592.)

L'Histoire du Siège de Troie, suite de tapisserie, œuvre de cinq tapissiers réunis à Urbin vers 1470-1475 par Frédéric de Montefeltre.

La Destruction de Troye, grande tapisserie achetée par les magistrats de Bruges et de la chastellerie du Franc pour reconstituer la tapisserie brûlée au château de Masle, habité par Charles le Téméraire et Marguerite d'York. Achetée à Pasquier Garnier, tapissier à Tournai, le 27 avril 1472.

La Prise de Troie, suite de tapisseries tendue dans l'abbaye de Saint-Maximin à Trèves, en 1473, pour l'entrevue de Charles le Téméraire et de l'empereur Frédéric ; elle appartenait au duc de Bourgogne. Flandres.

Le Siège de Troie, tapisserie conservée à Montereau-faut-Yonne. France ou Flandres, xve siècle ou début du xvie.

Item, une autre pièce de tappicerye de l'istoire de Troyanes. (Tuetey, *Inv. des biens de Charlotte de Savoie*, 1483 ; Paris, 1865. p. 16.)

« N° 568, Ung autre grand pang de tapisserie à grans personnages de Saturnus et Jupiter et de la Destruction de ¡Troye à escripteaulx dessus. (P. Veyra, *Inv. des chât. de Turin et de Pont d'Ain*, 1497-1498 ; Turin, 1883.)

L'Histoire de Troie ; Priam au milieu de sa cour. Palais de Justice d'Issoire, château d'Aulhac, d'après Jubinal. France, fin du **xv**ᵉ siècle.

Episodes de la guerre de Troie, légende en haut en lettres gothiques. (*Biblioth. des Arts décoratifs*, tap.) France (?) milieu du **xv**ᵉ siècle.

La Guerre de Troie, suite de tapisserie. Cathédrale de Zamora. France (?) **xv**ᵉ siècle.

Scènes de l'Iliade, suite de tapisseries. Cathédrale de Saragosse. Flandres, fin du **xv**ᵉ siècle.

« L'Histoire de Troyes la Grande », suite de 11 pièces, ornait l'église des Carmes à Bruxelles lors de la réunion du chapitre de la Toison d'or de 1501 ; elle décorait l'église des Sablons lors du baptême de Marie de Hongrie le 20 septembre 1505. Cette suite se trouvait en 1536 au palais royal de Bruxelles. Bruxelles (?) fin du **xv**ᵉ siècle.

« Les Faicts des Troyens », suite de tapisserie qui décorait la chambre de Philippe le Beau, lors de son séjour au château de Blois en 1501. (*Grandes Chroniques de France*, éd. de 1514, *Cérémonial français*, I, 229.) Flandres (?)

« Deux pièces de Troye et une de Calcon, restouppées par Anthoine de Lombeke, tapissier demeurant à Bruxelles en 1517. » (Deshaisnes, *Doc. inéd. sur les tap. de Bruxelles*, 1882, p. 29.)

« La Destruction de Troie représentée sur une des tapisseries ornées de plusieurs choses antiques. » — Elle décorait la grande cour du château d'Amboise pour le baptême du dauphin, fils de François Iᵉʳ, le 25 avril 1518.

L'Histoire de Troie, suite de 7 pièces, de 350 aunes, achetée à Pierre Van Aelst en 1522. Bruxelles.

La Guerre de Troie, suite de 7 pièces, sans or, de 80 pieds de cours sur 12 de haut, fabrique d'Angleterre. Au Mobilier national à Paris (Boyer de Sainte-Suzanne, *Tap. anglaises*, p. 72.)

La Guerre de Troie ; les Troyens se disputent le corps de Sarpédon. Ancienne collection Berwick et Albe. Flandres, début du **xvi**ᵉ siècle.

La Prise de Troie. (Vente des 8 et 9 février 1889.) Flandres, **xvi**ᵉ siècle.

Le Siège de Troye la Grande, tapisserie de haute lisse, laine et soie (*Inv. de Florimond Robertet*, 1532.)

La Guerre de Troie. Palais royal de Madrid. Flandres, milieu du xvi⁰ siècle.

L'Histoire de la guerre de Troie, inscription : *Victor Agamennon Grecis victoribus summo applausu spolia distribuit.* (Vente du 27 mai 1910 ; prix 9.000 francs.) Bruxelles, xvi⁰ siècle.

Scènes troyennes, suite de 6 pièces, vendues en 1594 à l'archiduc Ernest d'Autriche par François Sweerts. Bruxelles, fin du xvi⁰ siècle.

Les Travaux de Troie, tapisserie acquise en 1607 par les archiducs Albert et Isabelle ; elle faisait partie de la commande des 29 tapisseries faites par les archiducs à l'atelier de Bruxelles.

Le Siège de Troie, suite de 8 pièces, apportée en dot en 1608 par Isabelle de Savoie au prince Alphonse d'Este. Bruxelles (?) xvi⁰ siècle.

L'Histoire de Troie. Inventaire de Rubens. (Max Rooses; *L'Œuvre de Rubens*, Anvers, 1888.)

L'Histoire d'Agamemnon, ancienne tapisserie réparée en 1556 par H. et G. de Pannemaker. Tournai (?) xv⁰ siècle (?)

L'Histoire d'Achille, suite de 8 pièces mentionnée dans un inventaire de la Maison de Gonzague de 1668. Ferrare (?)

LXII. Ulysse et l'Odyssée.

Histoire d'Ulysse ou Odyssée, chambre de tapisserie achetée par Georges Ghuys pour des clients inconnus à Jean Hebaut, tapissier d'Audenarde.

Les Travaux d'Ulysse. Ordre est donné par François Iᵉʳ de reproduire en tapisserie à l'atelier de Fontainebleau les fresques de la grande galerie du château par Nicolo dell'Abbate, galerie détruite sous Louis XV. On ne sait si cet ordre fut exécuté (Le P. Dan, *Le Trésor des merveilles de Fontainebleau*, 1642.)

Scènes de l'Odyssée, cartons de tapisserie exécutés par le Pordenone pour le duc de Ferrare Hercule II, mais qui restèrent inutilisés par suite de la mort de leur auteur. Ferrare, xvi⁰ siècle.

La Rencontre d'Ulysse et de Pénélope, tapisserie qui passe pour avoir été tissée à Gênes d'après les cartons de Perino del Vaga. App. à M. Villa. Gênes, xvi⁰ siècle.

L'Histoire d'Ulysse, suite de tapisseries exécutée dans l'atelier de Florence en 1564, d'après les cartons de Van der Staten, dit le Stradano.

Ulysse et Circé, tapisserie app. à M. de Chavannes (Voir *Bibliot. des Arts décoratifs*, tap.). Bruxelles (?) xvi⁰ siècle.

L'Histoire d'Ulysse, inventaire de Rubens (Max Rooses, *L'Œuvre de Rubens*, Anvers, 1888.)

LXIII. **Vénus.**

La chambre de Vénus, selon Jubinal, serait décrite dans le « Livre de Cuer d'amour espres » ou le livre de 1457, comme appartenant à René d'Anjou. Arras, xv⁰ siècle.

Histoire du débat entre Jeunesse et Vieillesse à la Cour de Vénus, 6 scènes représentées sur 3 tapisseries. Inscriptions au bas des robes.

Suite de tapisseries vue à Venise où elle était exposée par un marchand turc selon la lettre d'un serviteur du duc de Bourgogne adressée à son maître (Philippe le Bon ou Charles le Téméraire ?). Arras, xv⁰ siècle.

Vénus et Cupidon. Deux petites histoires de toile d'argent de Vénus et Cupidon. — Etat des meubles du château de Pau, portés à Paris sur l'ordre du roy en 1602 (Lafollye, *Le château de Pau*, 1882, p. 55.)

Vénus et Adonis, tapisserie conservée à Bel-Air, près d'Angers, au xvii⁰ siècle, avec l'inscription : *Venus plore — Sur le corps d'Adonis* (Barbier de Montault, *Epigraphie de Maine-et-Loire*, p. 262.). xvi⁰ siècle ou début du xvii⁰.

LXIV. **Vulcain.**

Histoire de Vulcain, carton d'après un peintre italien, tapisserie tissée à Bruxelles, xvi⁰ siècle.

L'Histoire de Vulcain, suite de 5 tapisseries : 1° Vulcain se plaint à Jupiter ; 2° Mars et Vénus surpris par Vulcain (d'après le Primatice); 3° Vulcain ſfabrique des filets : 4° Neptune et l'Amour cherchent à prendre Vulcain ; 5° Danses. Cette suite a été exécutée à Bruxelles, mais peut-être commandée à l'atelier de Fontainebleau. Inventaire des biens de la Couronne royale d'Espagne.

L'Histoire de Vulcain, suite de 4 pièces, imitée au xvii⁰ siècle d'une suite plus ancienne dans la fabrique anglaise par François Crane. Cartouches avec inscription. Bordure imitant des sujets en bronze.

Vulcain, motif central d'une tapisserie à rinceaux et arabesques. Inventaire des tapisseries de Catherine de Médicis. France, xvi⁰ siècle.

(*A suivre*)   L. ROBLOT-DELONDRE.

UN *GRIFFONNEMENT*

DU CABINET DE PEIRESC

Les papiers dits de Peiresc, conservés à la Bibliothèque Nationale[1], contiennent plusieurs de ces croquis à la plume qu'il appelait lui-même, avec raison du reste, des « griffonne-ments »[2]. Si imparfaits qu'ils soient, ils ont au moins le mérite qu'ils nous permettent de nous faire une idée de certains monuments aujourd'hui détruits ou perdus, sans compter qu'ils sont accompagnés de notes précieuses pour l'histoire de nos antiquités nationales. Il est parfois hasardeux de se fier aux documents amassés par les savants des siècles passés, lorsque les œuvres d'art qu'ils ont dessinées ou décrites ont disparu ; car d'une part ils n'ont pas toujours été à l'abri des faussaires, et de l'autre il a pu leur arriver à eux-mêmes, malgré la pureté de leurs intentions, de reconstituer ou d'interpréter maladroite-ment les pièces authentiques, mais mutilées, qu'ils avaient sous les yeux. Cependant leur témoignage est souvent aussi du plus grand prix : il peut éveiller notre attention sur des pièces égarées, employées à de vils usages ou mises au rebut chez des particuliers, ignorants de leur origine. Les croquis réunis par Peiresc nous rendraient certainement beaucoup de services de ce genre s'ils nous étaient tous parvenus. Lorsqu'il mourut, ses notes personnelles et les documents qu'il avait amassés for-

---

1. Bibl. Nat., ms. français 9530. Sur l'origine et la nature de ce recueil, v. *Bull. de la Soc. des antiquaires de France*, 1914, p. 292 ; 1916, p. 230.

2. Griffonnements adressés à Peiresc : *Lettres de Peiresc*, éd. Tamizey de Larroque, t. V, p. 584, 585, 604, 607, 619, 637, 650, 651, 656, 694, 695, 736, 753, 783, 785, 786, 789, 808.

maient dans sa bibliothèque 356 « fagots ». nous dirions des liasses ou des dossiers. D'après l'inventaire que l'on en fit alors[1], plusieurs contenaient çà et là des dessins; mais Peiresc avait en outre constitué avec cette série de documents un dossier spécial, ainsi désigné dans l'inventaire : « *Grande quantité de dessins. Dessins d'inscriptions, de masures antiques, mausolées, arcs de triomphe, etc...*[2] » Les inscriptions sont passées dans un recueil que l'on conserve à la Bibliothèque Nationale (mss. lat. 8957, 8958); pour le reste, il est peu probable que nous l'ayons en entier dans le manuscrit français 9530; car la part de Peiresc y est assez mince, si l'on en retranche tout ce que ses successeurs y ont fait entrer d'insignifiant ou d'inutile. Il y a donc eu un fort déchet parmi les griffonnements qu'on lui avait envoyés de tous côtés. sur sa demande, comme en témoigne sa correspondance. Il ne nous en reste que quelques débris, échappés au saccage dont ses papiers eurent à souffrir après sa mort. Mais, tels qu'ils sont, ils ont déjà guidé utilement les chercheurs; ils ont permis à l'abbé Albanès de retrouver un sarcophage de la Gayole et, plus récemment, M. l'abbé Chaillan en a tiré fort à propos plusieurs dessins qui nous rendent l'image du sarcophage d'Ennodius Felix, découvert jadis au même lieu et depuis longtemps perdu[3].

Le croquis que reproduit notre fig. 1 couvre, dans le recueil de la Bibliothèque Nationale, le verso du f° 3. Au-dessus on lit, sur deux lignes : *Tombeau de marbre blanc qui est contre la porte de l'Église | Notre Dame de la plaine d'Ières Et a esté trouué la proche.* Comme le montre le croquis, ce tombeau était un sarcophage gallo-romain, orné de sculptures sur trois de ses faces; au temps de Peiresc, on le voyait donc près d'Hyères, contre la porte de l'église Notre-Dame de la plaine, évidemment

---

1. Conservé à la bibliothèque de Carpentras, ms. n° 1870. V. le *Catal. des mss. de Carpentras*, III, p. 278.

2. Même ms., f° 262; *Catal.*, ibid.. p. 281.

3. Espérandieu, *Bas-reliefs de la Gaule rom.*, I, n. 40, 41; Chaillan, *Bull. du Comité archéol.*, 1913, p, 317, pl. XXV, XXVI.

identique à celle qu'on appelait aussi Notre-Dame du Plan et qui
s'élevait à 3 kilomètres environ de la ville, du côté de l'Est,
dans la direction du Gapeau. « C'était une chapelle placée au
milieu d'une propriété agricole, appartenant aux Bernardines
de l'Almanarre..... Cette chapelle était fort ancienne. On suppose qu'elle fut construite à l'aide de matériaux empruntés à

Fig. 1. — Croquis du cabinet de Peiresc.

la ville gallo-romaine. Réparée ou agrandie au XVIIIe siècle,
elle était originairement de forme romane. Elle a été démolie de
1848 à 1850[1] ». Une des inscriptions latines, trop rares, que l'on
a trouvées sur le territoire d'Hyères, provient des décombres
de Notre-Dame du Plan[2]. « Cette chapelle, dit encore un historien moderne, ayant appartenu aux religieuses de Saint-Pierre
d'Almanarre, il ne serait pas extraordinaire que la pierre eût
été transportée là avec d'autres matériaux provenant des ruines

1. Aufauvre (Amédée), *Hyères et sa vallée*, Paris, 1861, p. 192. V. la carte
de l'Etat-Major (feuille 248), *Toulon* S. O.
2. *Corp. inscr. lat.*, XII, n. 386. Cf. 385, 387, 388.

de Pomponiana[1] ». En ce cas, il se pourrait que le sarcophage eût la même origine.

Les sculptures couvraient la face antérieure et les deux faces latérales; toutes les trois, dans le croquis, sont reproduites à la file, sur le même plan, et séparées seulement les unes des autres par deux traits verticaux qui correspondent aux angles de devant. Au-dessous sont écrits ces mots : *Il y a aux costez un home neu qui tient un cheual par la bride*, note répétée sous la face latérale de droite : *Il y a un home qui tient ce cheual*, parce que, la feuille étant trop courte de ce côté, le dessinateur, faute d'avoir bien pris ses mesures, n'a pas pu faire entrer l'homme à côté du cheval. Il résulte manifestement de ces indications naïves que leur auteur n'a pas compris le bas-relief qu'il avait sous les yeux et qu'il n'a même pas cherché à l'interpréter, ce qui est bien pour nous la meilleure garantie de l'authenticité du monument et de la fidélité du dessin. Aujourd'hui nous avons tout ce qu'il faut pour déterminer exactement le sujet représenté : c'est la *Chasse d'Hippolyte*[2].

Face antérieure, 1er tableau (à gauche). Dans l'angle, Phèdre est assise devant une de ses femmes; l'Amour s'appuie contre ses genoux, tandis qu'une autre servante, empressée à lui donner ses soins, tourne le dos à Hippolyte nu, debout, maintenant un cheval par la bride; un compagnon du héros, également à pied à côté d'un cheval, se prépare à partir avec lui pour la chasse.

2e tableau (à droite), séparé du premier par une colonnette, dont on n'aperçoit que la partie supérieure. Scène de la déclaration. La nourrice, apportant son message amoureux, s'approche d'Hippolyte assis, tourné vers la gauche, regardant de face et semblant écouter un de ses compagnons, qui, un livre à la main, lui fait la lecture[3]. A l'extrémité, un chasseur debout à côté d'un cheval et, à ses pieds, un chien (?).

1. Denis (Alphonse), *Promenades pittoresques à Hyères*, 4e éd., 1865, p. 163.
2. V. Carl Robert, *Die antiken Sarkophagreliefs*, III, ii (1904), p. 169 à 219, nos 144 à 179, pl. XLIV à LVI.
3. Eurip.; *Hippol.*, 954. Robert, *l. c.*, n. 159, pl. XLIX.

Les deux *faces latérales* continuent et complètent le tableau principal, comme nous le voyons sur la plupart des monuments de cette série[1] : chacune d'elles est remplie par un chasseur debout à côté d'un cheval, avec un chien à ses pieds, de sorte que ces deux figures symétriques se font pendant aux deux bouts de la cuve.

Parmi les trente-cinq marbres antiques, jusqu'ici connus, sur lesquels était sculptée la *Chasse d'Hippolyte*, deux ont été exhumés en Gaule : le premier, trouvé à Marseille, se réduit à un fragment ; l'autre, trouvé à Arles, est une des plus belles pièces que possède le musée de cette ville[2]. Mais, dans toute la série, le monument avec lequel le sarcophage d'Hyères offre le plus d'analogie est un sarcophage de Rome, conservé à la Villa Albani[3]. Si la première scène (le *Départ d'Hippolyte*) est assez ordinaire, la seconde (la *Déclaration*) apparaît plus rarement sous la forme d'un tableau distinct[4]. Tel est le cas dans le bas-relief Albani ; les deux scènes, à elles seules, y remplissent toute la face antérieure, dont elles occupent chacune une moitié ; seulement le *Départ* y est placé à droite et non à gauche. Hippolyte reçoit assis le message d'amour ; mais dans la première scène il n'a point de cheval à côté de lui ; il y a aussi quelques personnages de plus. Bref, les deux bas-reliefs ne reproduisent pas un carton identique.

Le croquis du « Tombeau » est encore accompagné de cette note manuscrite, au bas du feuillet : « *Il a esté porté à Lyon à la maison des champs de M. le Cardl a qui ie l'envoyis auec | quantité de congélations lan 1648.* » En 1648, Peiresc était mort depuis onze ans : à cette date, la note ne peut être que de la main de M. de Rians, son neveu, alors possesseur de ses papiers. Les autres notes, quoique d'une encre plus pâle, d'une écriture moins fine et moins couchée, trahissent cependant la même

---

1. Robert, *l. c.*, nn. 151 *a* et *b* à 173 *a* et *b*.
2. Robert, *l. c.*, nn. 160, 174 ; Espérandieu, *Bas-reliefs de la Gaule rom.*, I, nn. 87, 133.
3. Robert, *l. c.*, n. 159.
4. Robert, *l. c.*, nn. 152, 154, 159.

main. Voici comment on peut imaginér que les choses se seraient passées. M. de Valavez, frère de Peiresc, possédait un domaine sur le terroir d'Hyères[1]; Peiresc et sa famille n'avaient pu manquer de remarquer le sarcophage de l'église Notre-Dame. Quel que soit celui des trois personnages à qui il faut attribuer le griffonnement qui nous est parvenu, M. de Rians, peut-être après la mort de son oncle (1637), inscrivit, pour mémoire, sur le feuillet les premières notes; plus tard, il y ajouta la dernière, quand le sarcophage eut été enlevé de l'église. M. de Rians ne jouit pas d'une très bonne réputation dans le monde savant et on pourrait s'étonner qu'il ait pris tant de peine; mais il ne faut pas oublier que ce fut lui qui vendit les manuscrits de son oncle; on ne lui ferait pas grand tort en supposant qu'il vendit aussi le sarcophage d'Hyères et que le croquis comme les notes qui l'accompagnent lui servirent à préciser ses souvenirs dans cette négociation[2]. Quoi qu'il en soit, le sarcophage fut transporté à Lyon et de là à la maison des champs de M. le cardinal, c'est-à-dire de l'archevêque de cette ville, Alphonse de Richelieu, frère du ministre. Ce prélat, auparavant archevêque d'Aix (1626-1629), y avait noué avec Peiresc des relations très amicales, qui persistèrent même après qu'il eut été transféré au siège de Lyon; Peiresc, qui l'avait reçu dans son domaine de Belgentier[3], avait continué à entretenir avec lui un commerce épistolaire assez actif[4]. Il est naturel que Valavez, puis, après la mort de Valavez (1647), son fils, le baron de Rians, aient tenu à honneur de cultiver une si précieuse amitié. La brièveté de la mention « M. le cardinal »

---

1. *Lettres de Peiresc aux frères Dupuy*, éd. Tamizey de Larroque, I, p. 546.

2. C'est précisément en 1648, aussitôt après la mort de Valavez, que furent vendus les manuscrits (Léopold Delisle, *Le cabinet des manuscrits de la Biblioth. imp.*, I, p. 284.)

3. En 1635 (*Lettres de Peiresc*, V, p. 594, 767.)

4. Il est souvent question d'Alphonse de Richelieu dans les *Lettres de Peiresc*, publiées par Tamizey de Larroque; mais les lettres que Peiresc lui adressa à lui-même sont encore inédites. On en conserve les minutes à la bibliothèque de Carpentras, registre V, fol. 479-515. Elles trouveront place dans le tome IX de la correspondance.

semble bien indiquer qu'elle a été rédigée avant l'année 1653, où Alphonse de Richelieu décéda à son tour. On sait que, sorti de l'ordre des Chartreux, il fit toujours profession d'aimer la pauvreté, même quand il fut parvenu aux plus hautes dignités de l'Église ; mais il avait de la curiosité et il encourageait volontiers les savants[1]. Rians devait être sûr de flatter ses goûts en lui envoyant, avec le sarcophage, « quantité de congélations », c'est-à-dire des stalactites ou des concrétions de coquilles, coraux et roches diverses[2], semblables à celles que Peiresc avait volontiers collectionnées, si ce n'étaient pas celles-là mêmes. Par délibération en date du 28 février 1640, le conseil municipal d'Arles avait offert à Alphonse de Richelieu trois sarcophages qui lui furent expédiés à Lyon aux frais des Arlésiens ; l'un de ces monuments, sur lequel est sculptée la *Chasse de Méléagre*, orne aujourd'hui le Musée d'Autun ; il n'a quitté Lyon qu'en 1857[3]. C'est sans doute dans cette ville ou dans ses environs que se cache encore le sarcophage d'Hyères ; notons seulement qu'en 1804 il n'était pas, comme la *Chasse de Méléagre*, chez les demoiselles de la Balmondière, où Millin n'aurait pu manquer de le voir[4].

Georges LAFAYE.

1. V. sa biographie par Antoine Péricaud aîné dans les *Archives historiques et statistiques du département du Rhône*, t. X, Lyon, 1829. Il fut un des bienfaiteurs du cabinet de Borilly à Aix ; v. Tamizey de Larroque, *Les correspondants de Peiresc*, fascicule XVIII, p. 71-72.

2. Sur ce sens du mot au xviie siècle, voyez Tamizey de Larroque, *ibidem* p. 51.

3. L. Jacquemin, *Guide du voyageur dans Arles* (1835), p. 259 ; Carl Robert, *op. cit.*, III, p. 280, n. 219 ; Espérandieu, *op. cit.*, III, p. 57.

4. Millin, *Voyage dans les départements du midi de la France*, I, p. 534.

ESQUISSE

D'UNE

BIBLIOGRAPHIE ÉGYPTOLOGIQUE

———

(*Suite*[1])

III. MUSÉOGRAPHIE

A. — ANTIQUITÉS DE TOUTE NATURE[2].

1. **Musée du Caire** (anciennement Musée de Boulaq, puis Musée
   de Gizeh). — Chaque objet a deux numéros : celui du *Journal*
   d'entrée (demeuré manuscrit, sauf les n°ˢ 26416-34049, publiés
   de 1885 à 1899, année par année, dans le *Bull. de l'Inst. ég.*) et
   celui du *Catalogue général.*

   Guides. — Mariette, *Notice des principaux monuments exposés dans
   le Musée de Boulaq* (Alexandrie, 1864. In-8). — 6ᵉ éd. (Le Caire,
   1876. In-8).

   Maspero, *Guide du visiteur au Musée de Boulaq* (Boulaq, 1883.
   In-12). — Le Musée du Caire en possède une rédaction manuscrite bien plus complète que l'imprimé.

   [Virey], *Notice des principaux monuments exposés au Musée de
   Gizeh* (Le Caire, 1893. In-12). — Réimprimée en 1895.

   Maspero, *Guide du visiteur au Musée du Caire* (Le Caire, 1902.
   In-8). — 4ᵉ éd. (Le Caire, 1915. In-8). — Trad. angl. (6ᵉ éd.,
   1917), trad. arabe (1904) et trad. allem. (1912).

   Catalogue général du Musée du Caire. — Détail des volumes parus
   à ce jour (tous de format gr. in-4) :

   Daressy, *Ostraca* [pharaoniques], 1901, 67 pl. [cf. AZ, t. XXXVIII,
   pp. 19-41].

———

1. Voir *Revue archéologique*, 1917, II, p. 197 et suiv.
2. Les publications relatives aux textes hiératiques et démotiques sont
énumérées plus loin, dans des sections spéciales.

Daressy, *Fouilles de la Vallée des Rois* [tombes de Maherpra, Amenophis II et Thoutmosis III], 1901-1902, 57 pl.

Daressy, *Textes et dessins magiques*, 1902, 13 pl.

Daressy, *Statues de divinités*, t. I-II, 1906-1905, 63 pl.

Daressy, *Cercueils des cachettes royales*, 1909, 63 pl.

Fr. von Bissing, *Die Metallgefässe*, 1901, 3 pl.

Fr. von Bissing, *Die Fayencegefässe*, 1902, pl.

Fr. von Bissing, *Die Steingefässe*, 1904-1907, 2 fasc., 14 pl.

Fr. von Bissing, *Tongefässe*, fasc. I, 1913, 8 pl.

Crum, *Coptic monuments*, 1902, 57 pl.

Lange et Schäfer, *Grab- und Denksteine des Mittleren Reichs*, fasc. 1-2, 1902-1908, nᵒˢ 20001-20780 ; fasc. 4, 1903, 119 pl.

Lacau, *Sarcophages antérieurs au Nouvel Empire*, t. I-II, 1903 suiv., 57 pl.

Lacau, *Stèles du Nouvel Empire*, t. I, fasc. 1, 1909, 71 pl.

Edgar, *Greek moulds*, 1902, 33 pl.

Edgar, *Greek sculpture*, 1903, 32 pl.

Edgar, *Greek bronzes*, 1904, 19 pl.

Edgar, *Graeco-Egyptian glass*, 1905, 21 pl.

Edgar, *Graeco-Egyptian coffins*, 1905, 48 pl.

Edgar, *Sculptors' studies and unfinished works*, 1906, 43 pl. [cf. *Rec.*, t. XXVII, pp. 137-150].

Edgar, *Greek vases*, 1911, 28 pl.

Grenfell et Hunt, *Greek papyri*, 1903.

Strzygowski, *Koptische Kunst*, 1903, 40 pl.

Carter et Newberry, *The tomb of Thoutmôsis IV*, 1904, 28 pl.

Spiegelberg. *Die demotischen Inschriften*, 1904, 26 pl.

Spiegelberg, *Die demotischen Papyrus*, 2 vol., 1908-1906, 146 pl.

Milne, *Greek inscriptions*, 1905, 11 pl.

Ahmed Bey Kamal, *Stèles hiéroglyphiques d'époque ptolémaïque et romaine*, t. I-II, 1904-1905, 90 pl.

Ahmed Bey Kamal, *Tables d'offrande*, t. I-II, 55 pl.

Quibell, *Archaic objects*, t. I-II, 1905-1904, 66 pl.

Quibell, *Tomb of Yuaa and Thuiu*, 1908, 60 pl.

Gaillard et Daressy, *La faune momifiée de l'antique Égypte*, 1905, 65 pl.

Legrain, *Statues et statuettes de rois et de particuliers*, t. I-III, 185 pl.

Newberry, *Scarab-shaped seals*, 1907, 22 pl.

Reisner, *Amulets*, 1907, 25 pl.

Reisner, *Models of ships and boats*, 1913, 33 pl,

Bénédite, *Miroirs*, 1907, 25 pl.

Bénédite, *Objets de toilette*, [peignes, épingles, étuis], t. I, 1911, 27 pl.

Vernier, *Bijoux et orfèvreries*, t. I, fasc. 1-2, 1907-1909, 37 pl.

Maspero, *Sarcophages des époques persane et ptolémaïque*, t. I, fasc. 1-2, 1908-1914, pl.

Weigall, *Weights and balances*, 1908, 9 pl.

Chassinat, *La seconde trouvaille de Deir-el-Bahari*, t. I, fasc. 1, 1909, 14 pl.

Jean Maspero, *Papyrus grecs d'époque byzantine*, t. I-III [en 6 fasc.], 1910-1916, pl.

Lefebvre, *Papyrus de Ménandre*, 1911. 53 pl.

Borchardt, *Statuen und Statuetten von Königen und Privatleuten* [Ancien Empire], t. I, 1911, 59 pl.

Elliot Smith, *The royal mummies*, 1912, 103 pl.

Moret, *Sarcophages de l'époque bubastite à l'époque saïte*, fasc. 1-2, 1912-1913, 40 pl.

Gauthier, *Cercueils anthropoïdes des prêtres de Montou*, fasc. 1-2, 1912-1913, pl.

Currelly, *Stone implements*, 1913, 63 pl.

Choix de monuments. — Mariette, *Mon. div.*, *passim.*; *Annales*, *passim.*

Mariette, *Album du Musée de Boulaq* (Le Caire, 1871. In-fol.) 40 pl. photogr.

Le Musée égyptien, t. I-III (Le Caire, 1890-1915 In-4) pl.

Legrain, *Répertoire généalogique et onomastique du Musée du Caire* (Genève, 1908. In-8).

Borchardt, *Kunstwerke aus dem ägyptischen Museum zu Cairo* (Le Caire, 1907. In-fol.) 50 pl. — Existe aussi avec texte français et avec texte anglais.

Loret, *Les statuettes funéraires du Musée de Boulaq* (*Rec.*, t. IV, pp. 89-117 et t. V, pp. 70-86).

2. **Musée d'Alexandrie** [surtout époque gréco-romaine]. — Guides par Botti : *Notice des monuments du Musée d'Alexandrie* (Alexandrie, 1893. In-12) et *Catalogue du Musée d'Alexandrie* (Alexandrie, 1901. In-12), ce dernier aussi en arabe ; tenus au courant par des rapports annuels de Breccia.

Les textes hiéroglyphiques du musée sont, pour la plupart, publiés par Daressy, *Ann.*, t. V, pp. 113-128.

3. **Autres collections de l'Egypte.** — P. Perdrizet, *Bronzes grecs d'Egypte de la collection Fouquet* (Paris, 1911. In-4) 40 pl.

Gauthier, *Monuments et fragments appartenant à l'Institut français d'archéologie orientale au Caire* (*Bull. Inst. Caire*, t. XII, pp. 125-144) 6 pl.

Daninos-Pacha, *Catalogue de la collection d'antiquités égyptiennes de Tigrane Pacha d'Abro* (Paris, 1915. In-4) 66 pl.

4. Musée du Louvre. — Pas de catalogues récents.

Champollion, *Description du Musée Charles X* (Paris, 1827. In-12).

E. de Rougé, *Notice sommaire des monuments égyptiens exposés dans les galeries du Musée du Louvre*, 4e éd. (Paris, 1865. In-12), souvent réimprimée, en dernier lieu, avec quelques retouches de Pierret, en 1895.

E. de Rougé, *Notice des monuments exposés dans la galerie d'antiquités égyptiennes, salle du rez-de-chaussée et palier de l'escalier du sud-est*, 4e éd. (Paris. 1873. In-12).

Pierret, *Catalogue de la salle historique* (Paris, 1873. In-12).

Pierret, *Recueil d'inscriptions inédites du Musée égyptien du Louvre* (Paris, 1874-1878. 2 vol. in-4) [= *Études égyptologiques*, t. II et VIII].

Gayet, *Musée du Louvre, stèles de la XIIe dynastie* (Paris, 1886-1889. In-4) 60 pl. [peu exact]. [= *Biblioth. de l'Éc. des hautes-études*, t. 68].

Schäfer, *Die äthiopische Königsinschrift des Louvre* (AZ, t. XXXIII, pp. 101-113) 2 pl.

Bénédite, Mémoires divers sur des œuvres d'art du Louvre, dans *Monuments Piot*, t. II, VII, IX, X, XII, XIII, XVII et XIX.

5. Paris, Bibliothèque nationale. — Ledrain, *Les monuments égyptiens de la Bibliothèque nationale* (Paris, 1877-1881, 3 fasc. in-4) 100 pl. [= *Biblioth. de l'Éc. des hautes-études*, t. 38 et 47].

E. de Rougé, *Étude sur une stèle égyptienne appartenant à la Bibliothèque impériale* (*Bibl. ég.*, t. XXIII, pp. 139-319).

Chabas, *Un hymne à Osiris* (*Bibl. ég.*, t. IX, pp. 95-139) pl.

6. Paris, Musée Guimet. — Wiedemann, *Proc. Soc. Bibl. Arch.*, t. XIV; Weill, *Rec.*, t. XXXVI, pp. 83-101 ; Catalogue sommaire par E. de Milloué, souvent réimprimé.

Moret, *Galerie égyptienne, stèles, bas-reliefs, monuments divers* (*Annales du Mus. Guimet*, t. XXXII, 1909) 65 pl

7. Musées provinciaux français. — **Aix-en-Provence.** — Devéria, *Bibl. ég.*, t. IV, pp. 223-256.

Avignon. — Moret, *Monuments égyptiens du Musée Calvet* (*Rec.*, t. XXXII, pp. 137-160 ; t. XXXIV, pp. 87-96 et 182-189 ; t. XXXV, pp. 48-59 et 193-206) 7 pl.

Boulogne-sur-Mer. — Mariette, *Catalogue analytique de la galerie égyptienne du Musée de Boulogne* (Boulogne, 1847. In-12).

Cannes. — Duringe, *Étude sur quelques monuments égyptiens du Musée de Cannes* (Lyon, 1907. In-4) 4 pl.

Le Havre. — Loret, *Les antiquités égyptiennes du Musée du Havre* (*Rec.*, t. II, pp. 89-94).

Lyon. — Devéria, *Bibl. ég.*, t. IV, pp. 55-113 (6 pl.)

Orléans. — A. Baillet, mémoires divers, dans *Bibl. ég.*, t. XVI, pp. 9-92 (5 pl.)

Reims. — Maspero, *Sur deux stèles égyptiennes conservées à Reims* (*Bibl. ég.*, t. XXVIII, pp. 125-128).

Rennes. — Maspero, *La stèle égyptienne du Musée de Rennes* (*Bibl. ég.*, t. VII, pp. 173-181).

Rouen. — Loret, *Monuments égyptiens du Musée d'antiquités de Rouen* (*Rec.*, t. II, pp. 151-158).

Sens. — J. Baillet, *Les antiquités égyptiennes du Musée de Sens* (*Rec.*, t. XX, pp. 176-187).

Toulouse. — Palanque, *Rec.*, t. XXV, pp. 121-138.

Vannes. — J. Baillet, *Antiquités égyptiennes du Musée de Vannes* (*Rec.*, t. XXII, pp. 39-41).

Ventes d'antiquités égyptiennes — Catalogues des collections Mimaut (1837), Anastasi (1857), Raifé (1867), Posno (1883), Sabatier, Hoffmann (1894 et 1899), Philip (1905), etc. — Sur la vente Sabatier, cf. Legrain, *Rec.*, t. XIV, pp. 54-66 et t. XV, pp. 1-20.

8. **British Museum.** — Birch, dans *Synopsis of the contents of the British Museum* (Londres, 1838. In-8); souvent réimprimé, en dernier lieu en 1856; *Guide to the 1st and 2d Egyptian rooms* (Londres, 1874 [et 1879]. In-8).

Sharpe, *Egyptian antiquities in the British Museum* (Londres, 1862. In-12).

Budge, *Guide to the Egyptian collections* (Londres, 1901. In-8) 53 pl.; *Guide to the Egyptian... sculpture* (Londres, 1909. In-8) 39 pl.; *A guide to the first and second Egyptian rooms*, 2e éd. (Londres, 1901. In-8) 32 pl ; *A guide to the third and fourth Egyptian rooms* (Londres, 1904. In-8) 8 pl.

Yorke et Leake, *On some Egyptian monuments in the British Museum and other collections* (Londres, 1827. In-4) 20 pl.

Arundale, Bonomi et Birch, *Gallery of antiquities selected from the British Museum* (Londres, [1844]. In-4) 57 pl.

Sharpe, *Egyptian inscriptions from the British Museum and other sources* (Londres, 1837-1856. 2 vol. in-fol.) 120 et 96 pl.

Birch, *Inscriptions in the hieratic and demotic character* (Londres, 1868. In-fol.)

Budge, *Egyptian sculptures in the British Museum* (Londres, 1914. In-4) 54 pl.

Hieroglyphic texts from Egyptian stelae, t. I-V (Londres, 1911-1914. In-4) 256 pl.

Breasted, AZ, t. XXXIX, pp. 39-54, pl. I-II [Br. Mus. 135*]

Birch, *Egyptian texts of the earliest period from the coffin of Amamu* (Londres, 1886. In-fol.) 32 pl.

Budge, *The sarcophagus of Anchnesraneferab* (Londres, 1885. In-4).

Hall, *Catalogue of Egyptian scarabs, t. I. Royal scarabs* (Londres, 1913. In-4).

9. **Londres, University College** (Collection Petrie). — Cf. *Ancient Egypt*, 1915, pp. 168-180.

Petrie, *Handbook of Egyptian antiquities collected by Prof. Flinders Petrie* (Londres, 1916. In-8).

Petrie, *Amulets* (Londres, 1914. In-4) 54 pl.

Petrie, *Scarabs and cylinders ᵉ bearing names* (Londres, 1917. In-4).

Petrie, *Tools and weapons* (Londres, 1917. In-4).

10. **Collections anglaises diverses. — Londres, Sir John Soane's Museum.** — Sarcophage de Seti I :

Bonomi et Sharpe, *The alabaster sarcophagus of Oimenepthah I* (Londres, 1864. In-4) 19 pl.

Lefébure, *The Book of Hades* (*Bibl. ég.*, t. XXXIV, pp. 61-132).

Cambridge. — Budge, *A catalogue of the Egyptian collection in the Fitzwilliam Museum, Cambridge* (Cambridge, 1893. In-8).

Harrow. — Budge, *Harrow School Museum, catalogue of the Egyptian antiquities from the collection of the late Sir Gardner Wilkinson* (Harrow, 1887. In-8).

Liverpool. — Gatty, *Catalogue of the Mayer collection, part I. The Egyptian antiquities* (Liverpool, 1877. In-8).

Manchester. — Murray, *The Tomb of Two Brothers* (Manchester, 1910. In-8) 24 pl.

Lord Amberst of Hackney. — Bonomi, *Catalogue of the Egyptian antiquities in the Museum of Hartwell House* (Londres, 1858. In-4) 8. pl.

Anastasi. — *Catalogue of the very magnificent and extraordinary collection of Egyptian antiquities the property of G. Anastasi* (Londres, 1857. In-8).

Athanasi. — Visconti, *Series of engravings...* (Londres, 1837. In-fol.) 16 pl. [mêmes pl. que coll. Papandriopulo]. — *Catalogue of G. d'Athanasi's Egyptian antiquities* (Londres, 1837. In-8).

Earl of Belmore. — Birch, *Tablets and other Egyptian monuments from the collection of the Earl of Belmore* (Londres, 1843. In-fol.) 23 pl. [Collection entrée au British Museum].

Fraser. — *A catalogue of scarabs belonging to George Fraser* (Londres, 1900. In-8) 16 pl.

Hilton Price. — *A catalogue of the Egyptian antiquities in possession of F. G. Hilton Price* (Londres, 1897-1909, 2 vol. in-4) pl.

Mac Gregor. — Wallis, *Egyptian ceramic art. The Mac Gregor collection* (Londres, 1898. In-4) 30 pl.

Lady Meux. — Budge, *Some account of the collection of Egyptian antiquities in the possession of Lady Meux. Second edition* (Londres, 1896. In-4) 34 pl.

Duke of Northumberland. — Birch, *Catalogue of the Egyptian antiquities at Alnwick Castle* (Londres, 1880. In-4) [cf. AZ, 1882, pp. 203-205].

Salt. — *Catalogue de la collection Salt à la fin de G. d'Athanasi, A brief account of the researches and discoveries in Upper Egypt* (Londres, 1836. In-8).

Sams. — *Ancient Egypt, objects of antiquity... in the possession of I. Sams* (Londres, 1839. In-fol.) 34 pl.

Stobart. — Stobart, *Egyptian antiquities collected on a voyage made in Upper Egypt, in the years 1854-55* (Paris, 1855. In-fol.) 5 pl.

Ward. — Ward, *The sacred beetle* (Londres, 1902. In-8) 16 pl.

Ventes d'antiquités égyptiennes. — Catalogues des ventes de Belzoni, Salt, Burton, Hilton Price, Kennard, Rustafjaell, etc.

Expositions. — *Burlington Fine Arts Club. Exhibition of the art of ancient Egypt.* (Londres, 1895. In-4) 27 et 12 pl.

11. **Bruxelles.** — Nombreux articles de Capart, dans divers périodiques.

Eisenlohr, *Egyptian antiquities at Brussels* (*Proc. Soc. Bibl. Arch.*, t. XI, pp. 254-266).

12. **La Haye.** — Spiegelberg, *Die ägyptische Sammlung des Museum Meermanno-Westreenianum im Haag* (Strasbourg, 1895. In-8) 5 pl.

13. **Leyde.** — Leemans, *Lettre à M. Salvolini...* (Leyde, 1838. In-8) 32 pl.

Leemans, *Description raisonnée des monuments égyptiens du Musée de Leide* (Leyde, 1840. In-8).

Leemans, *Aegyptische Monumenten van het nederlandsche Museum van Oudheden te Leiden* (Leyde, 1837-1899, 34 fasc. in-fol.) 587 pl. — Continué par :

Holwerda et Boeser, *Monuments égyptiens du Musée d'antiquités des Pays-Bas à Leide*, t. I-VII (La Haye, 1905-1915. In-fol.) nombr. pl.

Boeser, *Catalogus van het Rijksmuseum... Egyptische Afdeeling* (Leyde, 1904-1907. In-8).

14. **Berlin.** — Passalacqua, *Catalogue raisonné et historique des antiquités découvertes en Égypte* (Paris, 1826. In-8) [Collection qui a formé la base du musée égyptien de Berlin].

Ausführliches Verzeichniss der ägyptischen Alterthümer und Papyrus (Berlin. 1894. In-8), — 2ᵉ éd. très augmentée (1899).

Agyptische und vorderasiatische Alterthümer aus den königlichen Museen zu Berlin (Berlin, 1895-1897. 2 vol. in-fol.) 138 photogr.

Agyptische Inschriften aus den königlichen Museen zu Berlin fasc. 1-7 (Leipzig, 1901-1915. 2 vol. in-4).

Lepsius. *Alteste Texte des Todtenbuchs nach Sarcophagen des altägyptischen Reichs im Berliner Museum* (Berlin, 1867. In-4) 43 pl.

Steindorff, *Das Grab des Mentuhotep* (Berlin, 1896. In-4) 13 pl.; *Der Sarg des Sebk-o* (Berlin, 1901. In-4) 22 pl.

Schack, *Das Buch von den zwei Wegen des seligen Toten* (Leipzig, 1903. In-4) 12 pl.

Schäfer, *Die äthiopische Königsinschrift des Berliner Museums* (Leipzig, 1901, In-4) 4 pl.

Schäfer, *Die Mysterien des Osiris in Abydos* (Leipzig, 1904. In-4) [= *Untersuchungen*, t. IV, 2].

Schäfer, *Agyptische Goldschmiedearbeiten* (Berlin, 1910. In-4) 37 pl. [= *Mitteilungen aus der ägyptischen Sammlung*, t. I].

15. **Collections allemandes diverses.** — Spiegelberg et Pörtner, *Ägyptische Grabsteine und Denksteine aus süddeutschen* [ou *verschiedenen*] *Sammlungen* :

T. I., par Spiegelberg et Pörtner (Strasbourg, 1902. In-4) 20 pl. [Musées de Karlsruhe, Mulhouse et Strasbourg].

T. II, par Dyroff et Pörtner (Strasbourg, 1904. In-4) 25 pl. [Munich].

T. III, par Wiedemann et Pörtner (Strasbourg, 1906. In-4) 11 pl. [Bonn, Darmstadt, Francfort, Genève, Neuchâtel].

Devéria, *Monument biographique de Bakenkhonsou* (*Bibl. ég.*, t. IV, pp. 275-324) [Munich].

Ebers, *Der geschnitzte Holzsarg des Hatbastru* (Leipzig, 1884. In-8)

[Leipzig, 1884. In-8 [= *Abh. sächs. Ges.*, t. IX] (Musée de Leipzig).

Wiedemann, *Die ägyptischen Denkmäler des Provinzial-Museums zu Bonn und des Museums Wallraf-Richartz zu Köln* (Bonn, 1884. In-8 [= *Bonner Jahrb.*, t. LXXVIII].

Spiegelberg, *Ausgewählte Kunstdenkmäler der ägyptischen Sammlung der Kaiser-Wilhems-Universität-Strassburg* (Strasbourg, 1909. In-4) 20 pl.

Catalog der Sammlung ägyptischer Alterthümer des Grafen Gregor Stroganoff (Aix-la-Chapelle, 1880. In-8).

Pour la collection Schack, cf. Schack, *Rec.*, t. IV, pp. 38-40.

16. **Pays scandinaves.** Lieblein, *Die ägyptischen Denkmäler in St. Petersburg, Helsingfors, Upsala und Copenhagen* (Christiania, 1873. In-8) 25 pl.

V. Schmidt, *Textes hiéroglyphiques inscrits sur pierre tirés du Musée de Copenhague* (Copenhague. 1879. In-4).

V. Schmidt, *Ny Carlsberg Glyptotek, den aegyptiske Samling*, 2ᵉ éd. (Copenhague, 1908. In 12) 16 [1ʳᵉ éd., moins complète, 1899].

V. Schmidt, *Choix de monuments égyptiens de Ny-Carlsberg* (Copenhague, 1906. In-4) 6 pl. — 2ᵉ série (Bruxelles, 1911. In-fol.) 66 pl.

V. Schmidt, *Museum Munterianum* (Copenhague, 1918. In-4) 6 pl.

Katalog öfver egyptiska fornlemninglar i Nationalmuseum (Stockholm, 1868. In-8).

17. **Russie.** — Lieblein, *op. laud.*; Touraieff, Nombreux mémoires dans diverses revues russes.

Golenischeff, *Ermitage impérial, inventaire de la collection égyptienne* (Petrograd, 1891. In-8).

18. **Athènes et Constantinople.** — Pörtner, *Agyptische Grabsteine und Denksteine aus Athen und Konstantinopel* (Strasbourg, 1908. In-4) 13 pl.

Cavvadias, *Catalogue des musées d'Athènes* (Athènes, 1895. In-8) pp. 28-41 [cf. Mallet, *Rec.*, t. XVIII, pp. 1-15; Spiegelberg, *Rec.*, t. XXV, pp. 190-198].

19. **Autriche-Hongrie.** — Mahler, *Agyptische Altertümer in Ungarn* (*Verhandl. XIII Orientalisten-Kongr.*, 1902, pp. 339-342).

Bergmann, *Uebersicht der ägyptischen Alterthümer des K. K. Münz- und Antiken-Cabinets* (Vienne, 1876); cf, aussi ses nombreux articles dans diverses revues autrichiennes et dans AZ, t. XVIII, pp. 49-53 et 87-93; t. XX, p. 36-43 (cf. p. 102); t. XXVII, pp. 125-127; t. XXVIII, pp. 36-43; *Rec.*, t. III, pp. 148-152;

t. IV, pp. 33-38; t. VI, pp. 131-165; t. VII, pp. 177-196; t. IX,
pp. 32-63; t. XII, pp. 1-23.

Wreszinski, *Agyptische Inschriften aus dem K. K. Hofmuseum in
Wien* (Leipzig, 1906. In-4) 5 pl.

Reinisch. *Die ägyptischen Denkmä'er in Miramar* (Vienne, 1865.
In-8) 43 pl.

Fr. von Bissing, *Three stelae at Graz* (*Ancient Egypt*, 1914, pp. 14-
15).

Golenischeff, *Die Metternichste'e* (Leipzig, 1877. In-fol.) 9 pl.

20. **Italie. — Bologne.** — Catalogue du musée égyptien par Kminek-
Szedlo.

Kminek-Szedlo, *Le grand sarcophage du musée égyptien de Bologne*
(Bologne, 1878. In-8) [aussi en italien, 1876].

Florence. — Articles de Pellegrini dans diverses revues ; catalogue général du musée égyptien par Schiaparelli

Berend, *Principaux monuments du Musée égyptien de Florence,*
t. I [seul paru] (Paris, 1882. In-4) 10 pl. = *Bibl. de l'Éc. des
hautes-études*), [t. 51].

Milan. — S. Levi, *Delle antichità egiziane di Brera* (Rome, 1886.
In-4) 2 pl. [= *Mem. Accad. Lincei*, t. 283].

Palerme. — Schäfer, *Ein Bruchstück altägyptischer Annalen* (Berlin, 1902. In-4, [= *Abh. Berl. Ak.*, 1902]; pour les nouveaux
fragments [au Caire], cf. Gauthier, *Musée ég.* t. III. 2 (1915)
pp. 29-53. pl. 24-31 ; Daressy, *Bull. Inst. Caire*, t. XII, pp. 161-
214.

Rome. — Obélisques. — Mercati, *De gli obelischi di Roma* (Rome,
1589. In-4).

Kircher, *Oedipus aegyptiacus* (Rome, 1652-1654, 3 tomes en 4 vol.
in-fol.) pl.

Zoega, *De origine et usu obeliscorum* (Rome, 1797. In-fol.) 8 pl.

Ungarelli, *Interpretatio obeliscorum Urbis* (Rome, 1842, 2 vol.
in-fol.) pl.

Parker, *The archaeology of Rome, part IV : the Egyptian obelisks.*
2ᵉ éd. (Oxford, 1879. In-4) 18 pl.

Marucchi, *Gli obelischi egiziani di Roma* (Rome, 1898. In-8) 4 pl.
[= *Bull. comuna'e*, t. XXIV-XXV].

Vatican, etc. — Marucchi, *Il museo egizio Vaticano descritto ed
illustrato* (Rome, 1899. In-8) 5 pl. — 2ᵉ éd.

Monumenta aegyptia Musei Borgiani Velitris (S. l. n. d. In-fol.) 9 pl.

Visconti, *Monumenti egiziani della raccolta Papandriopulo* (Rome,
1828. In-fol.) 14 pl.

Turin. — Nombreux travaux de Rossi dans divers périodiques italiens.

Orcurti, *Catalogo illustrato dei monumenti egizii del Museo di Torino* (Turin, 1852-1855. 2 fasc. en 1 vol. in-8).

Maspero, *Rapport sur une mission en Italie* (*Rec.*, t. II, pp. 159-199 ; t. III, pp. 103-123 ; t. IV, pp. 125-151)

Fabretti, Rossi et Lanzone, *Regio Museo di Torino, antichità egizie* (Turin, 1882-1888. 2 vol. in-4).

Venise. — Wiedemann, *The Egyptian monuments at Venice* (*Proc. Soc. Bibl. Arch.*, t. VIII, pp. 87-92).

21. **Etats-Unis.** — Bulletins mensuels des musées de New-York et de Boston, *passim*.

Metropolitan Museum, a handbook of the Egyptian rooms (New York, 1911. In-8).

Pier, *Egyptian antiquities in the Pier collection*, t. I (Chicago, 1906. In-4) 22 pl.

22. **Sidney.** — Sir Charles Nicholson, *Aegyptiaca* (Londres, 1891 In-8), pl.

B. PAPYRUS HIÉRATIQUES.

Pas de travail d'ensemble depuis celui de Goodwin, *Hieratic papyri* (*Cambridge essays*, 1858 ; trad. franç. par Chabas, *Bibl. ég.*, t. X, pp. 63-105).

1. **Musée du Caire.** — Pas de catalogue imprimé des papyrus.

Mariette, *Les papyrus égyptiens du Musée de Boulaq* (Paris, 1871-1877. 3 vol. in-fol.) 44, 57 et 21 pl.

Grébaut, *Hymne à Ammon-Ra* (Paris, 1874. In-8). [= *Biblioth. de l'Ec. des hautes-études*, t. 21].

Chabas, *Les Maximes du scribe Ani d'après le papyrus hiératique 4 de Boulaq* (Paris, 1876-1878. 2 vol. in-4) [= *L'Egyptologie*, t. I-II].

Amélineau, *La morale égyptienne quinze siècles avant notre ère, étude sur le papyrus de Boulaq n.* 4 (Paris, 1892. In-8).

Griffith, *The account papyrus n° 18 of Boulaq* (AZ, t. XXIX, pp. 102-116).

Davis, *The funeral papyrus of Iouiya* (Londres, 1908. In-4) 34 pl.

Naville, *Papyrus funéraires de la XXIᵉ dynastie, t. I : le papyrus hiéroglyphique de Kamara et le papyrus hiératique de Nesikhonsou au Musée du Caire* (Paris, 1912. In-4) 30 pl. ; t. II : le papyrus hiératique de Katseshni (Paris, 1914. In-4) 65 pl.

Pleyte, *Over drie handschriften op papyrus bekend onder de titels* van *Papyrus du Lac Moeris, du Fayoum et du Labyrinthe* (Amsterdam, 1884. In-4) 8 pl.

Lanzone, *Les papyrus du Lac Moeris* (Turin, 1896. In-fol.) 9 pl.

2. **Musée du Louvre.** — Dévéria, *Catalogue des mss. égyptiens... du Louvre* (Paris, 1872. In-12).

E. de Rougé, *Rituel funéraire des anciens Egyptiens,* texte complet en écriture hiératique publié d'après les papyrus du Louvre, fasc. 1-5 (Paris, 1861. In-fol.) 20 pl. [inachevé].

Pierret et Devéria, *Le papyrus de Neb-Qed* (Paris, 1872. In-fol.) 12 pl.

Pierret, *Études égyptologiques*, t. I (Paris, 1873. In-4).

Maspero, *Mémoires sur quelques papyrus du Louvre* (Paris, 1875. In-4) 15 pl. [= *Notices et extraits*, t. XXV ?].

P.-J. de Horrack, *Le Livre des Respirations* (*Bibl. ég.*, t. XVII, pp. 109-137) 7 pl.

Virey, *Étude sur un parchemin rapporté de Thèbes* (*Mém. Miss. Caire*, t. I, 1887, pp. 481-510) pl.

3. **Bibliothèque nationale, etc.** — Prisse, *Fac-simile d'un papyrus égyptien en caractères hiératiques* (Paris, 1847. In-fol.), pl.

Virey, *Études sur le papyrus Prisse* (Paris, 1887. In-8) [= *Biblioth. de l'Éc. des hautes études*, t. 70].

Jéquier, *Le papyrus Prisse et ses variantes* (Paris, 1911. In-4) 16 pl.

Dévaud, *Les Maximes de Ptahhotep*, t. I (Fribourg, 1916. In-4).

Pleyte, *Le papyrus Rollin* (Paris, 1868. In-4) 21 pl.

Spiegelberg, *Rechnungen aus der Zeit Setis I* (Strasbourg, 1896. In-fol.) 45 pl.

Spiegelberg, *Correspondances du temps des rois-prêtres* (Paris, 1895. In-4) 8 pl. [= *Notices et extraits*, t. XXXIV, 2].

Guieysse et Lefébure, *Papyrus funéraire de Soutimès* (Paris, 1877. In-fol.) 23 pl.

Maspero, *Le papyrus Mallet* (*Bibl. ég.*, t. VIII, pp. 23-41) 6 pl.

4. **British Museum.** — Pas de catalogue imprimé des papyrus.

Birch, *Select papyri in the hieratic character from the collections of the British Museum. First series* (Londres, 1841-1844. 3 fasc. In-fol.) 168 pl. [Papyrus Sallier I-IV et Anastasi I-IX]. — *Second series* (Londres, 1860. In-fol.) 19 pl. [Papyrus Abbot et d'Orbiney].

Chabas, *Voyage d'un Égyptien en Syrie* (Paris, 1867. In-4) 13 pl. [cf. *Bibl. ég.*, t. XI, pp. 203-340].

Gardiner, *Egyptian hieratic texts, transcribed, translated and annotated. Series I : literary texts of the New Kingdom. Part I the papyrus Anastasi I and the papyrus Koller, together with the parallel texts* (Leipzig, 1911. In-4).

Maspero, *Les Enseignements d'Amenemhaît Ier à son fils Sanouas-rît Ier* (*Inst. fr. Caire, biblioth. d'étude*, t. VI, 1914).

Maspero, *Hymne au Nil* (Paris, 1868. In-4) ; nouvelle édition, complètement récrite, dans *Inst. fr. Caire, biblioth. d'étude*, t. V, 1912.

Maspero, *Le conte d'Apôpi et de Soknounrî* (*Études égyptiennes*, t. I, pp. 195-216).

Maspero, *Du genre épistolaire chez les Égyptiens de l'époque pharaonique* (Paris, 1872. In-8)[= *Biblioth. de l'Éc. des hautes-études*, t. 12].

Chabas, *Le calendrier des jours fastes et néfastes* (*Bibl. ég.*, t. XII, pp. 127-235).

Maspero, *Une enquête judiciaire à Thèbes* (Paris, 1871. In-4) [Papyrus Abbott].

Moldenke, *The Tale of the Two Brothers* (New-York, 1888-1893. ... ... in-8) [Papyrus d'Orbiney].

Maspero, *... sur le papyrus d'Orbiney* (Paris, 1888. In-4).

Chabas, *Papyrus magique Harris* (Chalon, 1860. In-4) 11 pl. [cf. *Records of the past*, t. X, pp. 135-158].

Birch, *Facsimile of ... Egyptian hieratic papyrus of the reign of Rameses III [... and papyrus Harris]* (Londres, 1876 In-fol.) 79 pl. — Trad. angl. par Birch et Eisenlohr (*Records of the past*, t. VI et VIII) et par Breasted, *Records*, t. IV, pp. 87-206 ; cf. encore Piehl, *Dictionnaire du papyrus Harris n° 1* (Vienne, 1882. In-8) et Erman, *Zur Erklärung des Papyrus Harris* (*Sitz. Berl. Ak.* 1903, pp. 456-474).

Maspero, *Études égyptiennes*, t. I, pp. 1-72, 81-194 et 217-259, 15 pl. [Papyrus Harris 500].

Eisenlohr, *Ein mathematisches Handbuch der alten Ägypter* [Papyrus Rhind] (Leipzig, 1877. In-4) et atlas de 23 pl.

Birch et Budge, *Facsimile of the Rhind mathematical papyrus* (Londres, 1898. In-fol.) 21 pl.

Maspero, *Un manuel de hiérarchie égyptienne* (*Études égyptiennes*, t. II, pp. 1-66) 2 pl. [Papyrus Hood].

Budge, *Egyptian hieratic papyri in the British Museum* (Londres, 1910. In-fol.) 48 pl.

Wreszinski, *Der Londoner medizinische Papyrus und der Papyrus Hearst* (Leipzig, 1912. In-8) 19 pl.

Birch, *The papyrus of Nebseni* (Londres, 1876. In-fol.) 33 pl.

Budge, *On the hieratic papyrus of Nesi-amsu* (Londres, 1891. In-4).

Le Page Renouf, *The papyrus of Ani* (Londres, 1890. In-fol.) 37 pl. 2ᵉ éd., 1894. — 3ᵉ éd., par Budge, Londres, 1913, 2 vol. in-8) 37 pl. — Cf. aussi Budge, *The text of the papyrus of Ani* (Londres, 1895. In-4).

Budge, *The Book of the Dead. Facsimiles of the papyri of Hunefer, Anhai, Kerasher and Netchemet, with supplementary text from the papyrus of Nu* (Londres, 1899. In-fol).

Budge, *The Greenfield papyrus, the Funerary papyrus of princess Nesitaneblashru*, (Londres, 1912. In-4) 128 pl.

5. **Collections anglaises diverses.** — Birch, *Description of the papyrus of Nas-Khem* (Bungay, 1863. In-4) [Ce papyrus appartenait alors au Prince de Galles].

Griffith et Petrie, *Two hieroglyphic papyri from Tanis* (*Eg. Expl. Fund*, t. IX, 1889) 15 pl.

Griffith, *The Petrie papyri, hieratic papyri from Kahun and Gurob* (Londres, 1897-1898. 2 vol. in-4) 48 pl.

Newberry, *The Amherst papyri* (Londres, 1899. In-4) 24 pl. [Collection vendue à Pierpont Morgan].

Gardiner (et autres), *Theban ostraca* (Oxford, 1913. In-4) [en partie à Toronto].

Peet, *Papyri Mayer A and B* (*Journ. Eg. arch.*, t. II, pp. 173 177 et 204-206) [à Liverpool].

Rhind et Birch, *Facsimiles of two papyri found in a tomb at Thebes* (Londres, 1863. In-fol). — Cf. Möller, *Die beiden Totenpapyrus Rhind des Museums zu Edinburg* (Leipzig, 1913. In-4) 20 pl.

6. **Leyde.** — Les papyrus sont publiés dans Leemans, *Aegyptische monumenten...*, avec un texte de Chabas qui est réimprimé dans *Bibl. ég.*, t. X, pp. 131-171.

Pleyte, *Études égyptologiques*, fasc. 1-7 (Leyde, 1866-1869. In-8).

Gardiner, *The Admonitions of an Egyptian sage* (Leipzig, 1909. In-4) 19 pl.

7. **Berlin** — Erman et Krebs, *Aus den Papyrus der königlichen Museen* (Berlin, 1899. In 8) 24 pl.

Lepsius, *Denkm.*, t. VI [Facs. des papyrus Berlin I-VII]; cf. Chabas, *Les papyrus hiératiques de Berlin* (*Bibl. ég.*, t. X, pp. 289-364) 2 pl.

Hieratische Papyrus aus den königlichen Museen (Berlin, 1896-1911. 5 vol. in-fol.) — En voici le détail :

T. I (1896-1901) *Ritual für den Cultus des Amon* (66 pl.)

T. II (1905). *Hymnen an verschiedene Götter. Zusatzkapitel zum Totenbuch.*

T. III (1905-1911). *Schriftstücke der 6 Dynastie aus Elephantine. Zaubersprüche für Mutter und Kind. Ostraka.*

T. IV (1908). *Die Klagen des Bauern* (24 pl.)

T. V (1909). *Erzählung des Sinuhe. Hirtengeschichte* (18 pl.)

Maspero, *Les Mémoires de Sinouhit* (Inst. fr. Caire, biblioth. d'étud ·, t. I, 1908) ; à compléter par Gardiner, *Notes on the story of Sinuhe* (Rec., t. XXXII-XXXVI, *passim* et tirage à part, Paris, 1916. In-8).

Stern, *Urkunde über den Bau des Sonnentempels* (AZ, t. XII, pp. 85-96) 2 pl.

P.-J. de Horrack. *Les Lamentations d'Isis et de Nephthys* (Bibl. ég., t. XVII, pp. 33-53) 2 pl.

Wiedemann, *Hieratische Texte aus den Museen zu Berlin und Paris* (Leipzig, 1879. In-4) 14 pl.

O. von Lemm, *Das Ritualbuch des Ammondienstes* (Leipzig, 1882. In-8).

Jéquier, *Le Livre de ce qu'il y a dans l'Hadès, version abregée publiée d'après les papyrus de Berlin et de Leyde* (Paris, 1894. In-8) [= *Biblioth. de l'Éc. des hautes-études*, t. 97].

Erman, *Die Märchen des Papyrus Westcar* (Berlin, 1890. 2 vol. in-4) [= *Mitt. aus den orient. Samml.*, fasc. 5-6].

Erman, *Die Sprache des Papyrus Westcar* (Goettingue, 1889. In-4) [= *Mitt. Ges. Wiss. Götting.*, 1889].

Erman, *Gespräch eines Lebensmüden mit seiner Seele* (Berlin, 1896. In-4) 10 pl. [= *Abh. Berl. Ak.*, 1896].

Erman, *Zaubersprüche für Mutter und Kind* (Berlin, 1901. In-4) [= *Abh. Berl. Ak.*, 1901].

Möller, *Über die in einem späthieratischen Papyrus des Berliner Museums enthaltenen Pyramidentexte* (Berlin, 1900. In-4).

Gardiner, *Four papyri of the 18th dynasty from Kahun* (AZ. t. XLIII, pp. 27-47, pl. I-III).

Wreszinski, *Der grosze medizinische Papyrus des Berliner Museums* (Leipzig, 1909. In-4) 24 pl.

Vogelsang, *Kommentar zu den Klagen des Bauern* (Leipzig, 1913. In-4) [= *Untersuchungen*, t. VI].

8. **Leipzig.** — Ebers et Stern, *Papyrus Ebers* (Leipzig, 1875. In-fol.) 110 pl. [il y a deux éditions; la première est plus complète à l'égard des planches].

Ebers, *Papyrus Ebers, die Maasse und das Kapitel über die Augen·*

krankheiten (Leipzig, 1889. In-8) [= *Abh. sächs. Ges.*, t. XI, pp. 135-336].

Joachim, *Papyrus Ebers... aus dem Agyptischen übersetzt* (Berlin, 1890. In-8).

Schäfer, *Commentatio de papyro medicinali Lipsiensi* (Berlin, 1891. In-4).

Wreszinski, *Der Papyrus Ebers*, t. I (Leipzig, 1913. In-8).

9. **Russie.** — Golenischeff, *Les papyrus hiératiques* nᵒˢ 1115, 1116 a et 1116 b de l'Ermitage (Petrograd, 1913. In-fol.) 64 pl. ; cf. Gardiner, *Journ. Eg. arch.*, t. I, pp. 20-26 et 100-106.

Golenischeff, *Le Conte du Naufragé* (*Inst. fr. Caire, biblioth. d'étude*, t. II, 1912).

Golenischeff, *Papyrus hiératique de la collection Golenischeff, contenant la description du voyage de l'Egyptien Ounou-Amon en Phénicie* (*Rec.*, t. XXI, pp. 74-102 et 227) ; cf. Erman, *Eine Reise nach Phönizien* (AZ, t. XXXVIII, pp. 1-14).

Erman, *Hymnen an das Diadem der Pharaonen* (Berlin, 1911. In-4) [= *Abh. Berl. Ak.*, 1911].

10. **Vi⸱nne.** — Bergmann, *Hieratische und hieratisch-demotische Texte der Sammlung ägyptischer Alterthümer* (Vienne, 1886. In-fol.).

Bergmann, *Das Buch vom Durchwandeln der Ewigkeit* (Vienne, 1877. In-8) [= *Denkschr. Ak. Wien*, t. 86].

11. **Bologne.** — Lincke, *Correspondenzen aus der Zeit der Ramessiden* (Leipzig, 1878. In-4) 15 pl.

12. **Vatican.** — [Champollion], *Catalogo de' papiri egiziani della Biblioteca Vaticana* (Rome, 1825. In-4) 3 pl.

Marucchi, *Monumenta papyracea aegyptia* (Rome, 1898. In-4) 4 pl.

Marucchi, *Il grande papiro egizio della Biblioteca Vaticana* (Rome, 1888. In-4) 4 pl.

13. **Turin.** — Pleyte et Rossi, *Papyrus de Turin* (Leyde, 1869-1876. 2 vol. in-4) 158 pl.

Lepsius, *Das Todtenbuch der Agypter nach dem hieroglyphischen Papyrus in Turin herausgegeben* (Leipzig, 1842. In-4) 89 pl.

Wilkinson, *The fragments of the hieratic* [royal] *papyrus of Turin* (Londres, 1851. In-fol. et texte in-8) [le *recto* seul, dans Lepsius, *Auswahl*].

Devéria, *Le papyrus judiciaire de Turin et les papyrus Lee et Rollin* (*Bibl. ég.*, t. V, pp. 97-261) 6 pl.

Lieblein, *Deux papyrus hiératiques du Musée de Turin* (Christiania, 1868. In-8). [Cf. Chabas, *Bibl. ég.*, t. XI, pp. 439-476].

Lieblein, *En papyrus i Turin...* (Christiania. 1875. In-8) 2 pl.

Lanzone, *Le Domicile des Esprits* (Paris, 1879. In fol.) 11 pl.

Maspero, *Les chants d'amours du papyrus de Turin...* (*Etudes égyptiennes*, t. I, pp. 217-259); cf. W. Max Müller, *Die Liebespoesie der alten Ägypter* (Leipzig, 1899. In-4) 21 pl.

14. **University of California.** — Reisner, *The Hearst medical papyrus*, t. I (Leipzig, 1905. In-4) 17 pl.

Wreszinski, *Der Londoner medizinische Papyrus und der Papyrus Hearst* (Leipzig, 1912. In-8).

IV. — PHILOLOGIE

A. — ÉCRITURE.

Paléographie hiéroglyphique. — Travaux de Griffith dans divers volumes de l'*Archaeological Survey*, notamment, t. VII (*Beni Hasan IV*), t. VI (*Hieroglyphics*, 1898, 9 pl.) et t. VIII-IX (*Ptahhetep and Akhethetep*).

Lacau, *Suppressions et modifications de signes dans les textes funéraires* (AZ, t. LI, pp. 1-64).

Lacau, *Métathèses apparentes en égyptien* (*Rec.*, t. XXV, p. 139-161).

Junker, *Über das Schriftsystem im Tempel der Hathor in Dendera* (Berlin, 1903. In-4).

Listes de signes. — Les plus complètes sont celles qui ont été publiées par divers établissements typographiques comme l'Imprimerie nationale (par Maspero), la fonderie Theinhardt (Lepsius, *Liste der hieroglyphischen Typen aus der Schriftgiesserei des Herrn F. Theinhardt in Berlin.* Berlin, 1875. In-8), la maison Harrison (*List of Egyptian hieroglyphic type.* Londres, 1892. In-4), l'Imprimerie impériale de Berlin (*Verzeichnis der hieroglyphischen Typen der Reichsdruckerei.* Berlin, 1900. In-4) et surtout l'imprimerie de l'Institut français du Caire (Chassinat, *Catalogue des signes hiéroglyphiques...* Le Caire, 1907. In-8; 2 suppléments, par Chassinat et par Gauthier).

Paléographie hiératique. — Champollion, *De l'écriture hiératique des anciens Égyptiens* (Grenoble, 1821. In-fol.).

S. Levi, *Raccolta dei segni ieratici egizi* (Turin, 1880. In-4) 56 pl.

Möller, *Hieratische Paläographie*, t. I-III (Leipzig, 1909-1912. In-4) 9, 8 et 11 pl.

B. — LANGUE.

Origine de l'égyptien. — Erman, *Das Verhältniss des Ägyptischen zu den semitischen Sprachen*, dans *Zeitschr. deutsch. morg. Ges.*, t. XLVI (1892), pp. 93-129.

Phonétique. — Maspero, *A travers la vocalisation égyptienne* (*Rec.*, t. XV-XXXIII, *passim*).

Maspero, *Introduction à l'étude de la phonétique égyptienne* (*Rec.* t. XXXVII, pp. 147-202 et t. XXXVIII, pp. 85-112).

Steindorff, *Das altägyptische Alphabet und seine Umschreibung*, dans *Zeitschr. deutsch. morg. Ges.*, t. XLVI (1892), pp. 709-730.

Sethe, *De Aleph prosthetico in lingua aegyptiaca verbi formis praeposito* (Berlin, 1891. In-4).

Grammaires. — Champollion, *Précis du système hiéroglyphique des anciens Egyptiens* (Paris, 1824. In-8) — 2ᶜ éd. (1828), augmentée de sa *Lettre à M. Dacier*.

Champollion, *Grammaire égyptienne* (Paris, 1836. In-fol.).

E. de Rougé, *Chrestomathie égyptienne* (Paris, 1867-1876. 4 vol. in-4).

Brugsch, *Grammaire hiéroglyphique* (Leipzig, 1872. In-4). Existe aussi en allemand.

Le Page Renouf, *Elementary grammar of the ancient Egyptian language* (Londres, 1875. In-8).

Loret, *Manuel de la langue égyptienne* (Paris, 1892. In-4).

Erman, *Ägyptische Grammatik* (Berlin, 1894. In-12) — 2ᵉ éd., 1902 — 3ᵉ éd., très remaniée, 1911 (cf. les notes de Lacau, *Rec.*, t. XXXIV, pp. 206-218; t. XXXV, pp. 59-82 et 216-231) — Trad. angl. de la 1ʳᵉ éd., par Breasted (1894) — Adaptation française de la 3ᵉ éd. par Lesquier, *Grammaire égyptienne* (*Inst. fr. Caire, biblioth. d'étude*, t. VII, 1914).

Rossi, *Grammatica egizia* (Turin, 1901. In-8).

Ouvrages de vulgarisation par Budge, *First steps in Egyptian* (Londres, 1894. In-8) et *Egyptian language, easy lessons in Egyptian hieroglyphics* (Londres, 1899. In-8) [= *Books on Egypt*, t. III]; par Miss Murray, *Elementary Egyptian grammar* (Londres, 1905. In-8) [3ᵉ éd., 1914]; par Farina, *Grammatica della lingua egiziana* (Milan, 1910. In-12).

Détails de la grammaire. — Erman, *Neuägyptische Grammatik* (Leipzig, 1878. In-4).

Junker, *Grammatik der Denderatexte* (Leipzig, 1906. In-4).

Maspero, *Les pronoms personnels en égyptien* (*Journal asiatique*, t. XVIII, 1871, pp. 65-103).

Maspero, *Des formes de la conjugaison en égyptien antique, en dé-
motique et en copte* (Paris, 1871. In-8) [= *Biblioth. de l'Éc. des
hautes-études*, t. 6].

Erman, *Die Pluralbildung im Agyptischen* (Leipzig, 1878. In-4).

Sethe, *Das ägyptische Verbum* (Leipzig, 1899-1902. 3 vol. in-4, le
3ᵉ contenant l'index).

Röder, *Die Präposition r* (Berlin, 1904. In-4).

Sethe, *Von Zahlen und Zahlworten bei den alten Agyptern* (Strasbourg, 1916. In-8) 3 pl. [cf. AZ, t. XLVII, pp: 1-41].

Dictionnaires. — Champollion, *Dictionnaire égyptien en écriture
hiéroglyphique* (Paris, 1841. In-fol.).

Birch, *Sketch of a hieroglyphical dictionary, part I* (Londres, 1838.
In-4). — Dictionnaire hiéroglyphique de 9000 mots dans Bunsen,
Egypt's place, t. V, pp. 335-586.

Brugsch, *Hieroglyphisch-demotisches Wörterbuch*, t. I-IV (Leipzig,
1867. In-4) et supplément, t. V-VII (1880-1882) — Le plus considérable des dictionnaires publiés.

Pierret, *Vocabulaire hiéroglyphique* (Paris, 1875. In-8). — Utile
résumé des t. I-IV de Brugsch.

S. Levi, *Vocabulario geroglifico-copto-ebraico* (Turin, 1887-1888.
6 vol. in-4 et suppl.).

Erman, *Agyptisches Glossar* (Berlin, 1904. In-8). — Le seul dictionnaire au courant des dernières découvertes.

Wiedemann, *Sammlung altägyptischer Wörter welche von klassis-
chen Autoren umschrieben oder übersetzt worden sind* (Leipzig,
1883. In-8).

Chrestomathies. — Reinisch, *Agyptische Chrestomathie*, fasc. 1-2
[seuls parus] (Vienne, 1873-1875. In-fol.) 48 pl.

Birch, *Archaic classics : Egyptian texts* (Londres, 1877. In 8).

O. von Lemm, *Agyptische Lesestücke*, fasc. I [seul paru] (Leipzig,
1883. In-4).

Budge, *Egyptian reading book* (Londres, 1888. In 8) ; 2ᵉ éd., très
augmentée (Londres, 1896. In-8).

Erman, *Agyptische Chrestomathie* (Berlin, 1904. In-12).

Möller, *Hieratische Lesestücke*, fasc. 1-3 (Leipzig, 1909-1911. In-4).

(*A suivre.*)

Seymour de Ricci.

VARIÉTÉS

Les Isiaques de la Gaule.

M. Guimet a publié, dans un récent cahier de la *Revue*, plusieurs statuettes de style égyptien, Osiris, *oushabtis* funéraires, qui ont été trouvées en France[1]. Il les disculpe de l'accusation de faux qu'ont permis de porter contre elles certaines incorrections de facture et d'hiéroglyphes ; suivant lui, elles ont été exécutées, non en Egypte, mais en Gaule même, pour les Isiaques de ce pays, et ces incorrections sont le fait, non d'un faussaire moderne, mais de l'ouvrier gallo-romain qui copiait un type étranger.

Je crois pouvoir ajouter un argument en faveur de l'origine gallo-romaine de ces figurines. Un de ces *oushabtis*, trouvé à Autun, porte au revers « une petite fleurette d'ornement, composée de huit points saillants formant cercle autour d'un point central ; ce même ornement est répété à l'endroit correspondant de l'épaule droite, et six fois sur le pilier d'appui »[2]. M. Guimet reconnaît dans ce motif le soleil au milieu des étoiles, et rappelle qu'il est fréquent sur les enveloppes de momies et sur les linceuls d'Antinoë[3]. Quel que soit le sens précis qu'on veuille lui donner, sa valeur céleste et symbolique est évidente.

Or, la présence d'un tel emblème sur le dos est un détail fréquent dans l'art gallo-romain ; il me paraît caractéristique de l'art celtique, qui l'a transmis aux époques ultérieures. On voit au Musée de Rouen une figurine gallo-romaine en terre cuite, du type bien connu des déesses-mères trônant ; elle tient devant elle la triade du mariage, homme, femme, enfant, parmi des symboles célestes, disques et croissants[4] ; au dos apparaissent deux grands soleils formés de cercles concentriques à rayons bouletés. Une autre déesse-mère montre au revers un grand carré dans lequel est inscrite une croix équilatérale cantonnée de quatre disques[5]. Un buste en bronze de Mercure est encadré de deux cornes d'abondance ; une rosace ornée de stries imitant des fruits est gravée au revers de chaque corne[6]. Enfin, on peut mentionner un moule destiné à une statuette de

---

1. *Les Isiaques de la Gaule*, in Rev. arch., 1916, I, p. 184 sq.

2. *Ibid.*, p. 186.

3. *Ibid.*, p. 188.

4. Tudot, *Collection de figurines en argile*, pl. 31 ; Blanchet, *Bull. Mém. Soc. nat. des Antiquaires de France*, 1890, 51, pl. I, 3.

5. Tudot, *op. l.*, pl. 72, E ; p. 34, fig. XLVI.

6. S. Reinach, *Bronzes figurés*, p. 84.

déesse-mère, sur lequel sont tracées au couteau deux étoiles à six et à huit branches[1].

Le port d'un emblème céleste et par suite prophylactique, dans le dos, est prouvé par différents monuments celtiques et gallo-romains. Dans la nécropole ibérique d'Aguilar de Anguita, le marquis de Cerralbo a découvert des disques en bronze, reliés par des chaînettes, qui devaient recouvrir la poitrine et le dos des Celtibères[2]; le guerrier gréco-celtique de Grézan (Gard) porte dans le dos un *apotropaion* analogue[3], et des statuettes de dévots gallo-romains montrent encore le disque protecteur, sur la poitrine et sur le dos, retenus par des cordons plats[4]. Disque seul, disque radié, cercle de points autour d'un point central, ce sont des variantes d'un même symbole céleste, puissante amulette[5]. La tradition semble s'en être perpétuée bien des siècles plus tard, puisque les Génevois et les Suisses portaient sur leurs habits la croix protectrice, non seulement sur la poitrine, mais dans le dos; il en est fait mention dès la bataille de Laupen, en 1339[6].

La place occupée par ce symbole sur l'*oushabti* d'Autun, dont je ne connais pas d'exemple dans les figurines classiques, me semble confirmer l'hypothèse de M. Guimet. On s'est demandé, en découvrant des figurines égyptiennes en Gaule, si elles ont exercé quelque influence sur l'art gallo-romain[7]; nous constatons, du moins, que cette céramique a traité les types égyptiens avec des procédés indigènes.

Genève, novembre 1916.

W. Deonna.

---

1. S. Reinach, *Bronzes figurés*, p. 10.

2. *Comptes-rendus du XIV' Congrès international d'Anthropologie et d'Arch. préhistorique*, Genève, 1914, 1, p. 607, fig. 11-2, p. 612-3.

3. Déchelette, *Manuel d'arch. préhist.*, II, 3, p. 1535, fig. 705.

4. Espérandieu, *Un insigne de dévotion gallo-romain*, in *Rev. arch*, 1909, I, p. 358 sq., fig. 1.

5. Cf. *Indicateur d'antiquités suisses*, 1914, p. 286.

6. *Rev. hist. des religions*, 1915, LXXII, p. 94, 96.

7. Blanchet, *op. l.*, p. 141, note 1.; S. Reinach, *Bronzes figurés*, p 13.

NOUVELLES ARCHÉOLOGIQUES ET CORRESPONDANCE

EMMANUEL-ÉDOUARD CHAVANNES.

Avant Édouard Chavannes il y eut des amateurs de chinoiseries et des sino-
logues. C'est lui, peut-on dire, qui a fondé l'archéologie chinoise, l'histoire
scientifique de l'art chinois.

Né en 1865 à Lyon, d'une famille réformée qui avait déjà compté plusieurs
savants, il fut reçu en 1885 à l'École normale et en sortit agrégé de philosophie. Georges Perrot, alors directeur, s'était beaucoup intéressé à lui et l'avait
poussé vers les études sinologiques, alors représentées au Collège de France
par un homme du monde dont Napoléon III disait : « Quand je l'ai nommé professeur, je savais bien qu'il ignorait le chinois; mais j'espérais qu'il l'appren-
drait. » Chavannes fut le premier sinologue qui eût reçu une forte éducation
classique; on s'en aperçoit à la clarté, à la belle ordonnance de ses écrits.
Bientôt il renonça aux études de philosophie chinoise pour ne pas refaire la
besogne de l'anglais Legge; il se fit attacher à l'ambassade de France à Pékin
et se tourna là vers 'étude de l'histoire ancienne de la Chine, à laquelle il a
contribué avec éclat par sa belle traduction annotée (malheureusement incomplète) de l'œuvre de Sematsien. En même temps, il s'intéressait aux origines
de l'art chinois, sujet qui ne cessa de le passionner et qu'il a entièrement renouvelé par des découvertes, tant à l'époque de son premier séjour en Chine que
lors d'une mission fructueuse qu'il y remplit plus tard. On peut dire qu'en
révélant la sculpture chinoise archaïque, en publiant ses monuments dont il
établit approximativement la date, Chavannes a fait sortir ces études du domaine
de la curiosité pour les faire entrer dans l'histoire.

Professeur au Collège de France à 28 ans, membre de l'Académie des Inscriptions en 1903, secrétaire de la Société asiatique, il publia des travaux d'une
importance hors ligne sur la religion chinoise et sur les documents récemment exhumés qui éclairent d'un jour imprévu les sectes manichéennes de l'Asie
centrale (avec Pelliot). Il forma des élèves distingués, notamment Petrucci,
qu'il eut le chagrin de voir mourir tout jeune. Depuis une quinzaine d'années,
il était considéré, dans le monde entier, comme la plus haute autorité en sinologie. Vers l'âge de vingt-cinq ans, sa santé avait donné des inquiétudes; mais
elle s'était suffisamment remise pour qu'il pût suffire aux plus lourdes tâches.
Vint la Grande Guerre et ses poignantes émotions de tous les jours. Pendant
l'automne de 1917, Chavannes sentit les premières atteintes du mal qui devait
le terrasser le 30 janvier 1918. L'homme était aussi digne d'estime et d'affection
que le savant, et le patriote e le cédait ni à l'un ni à l'autre. Au cours d'une

existence relativement courte, il a servi, avec la même simplicité et la même passion de bien faire, la science et son pays[1].

S. R.

VIDAL DE LA BLACHE

Né en 1845, reçu à l'Ecole normale en 1863 et à l'Ecole d'Athènes en 1867, Vidal fit des recherches fructueuses en Macédoine, en Asie Mineure et en Syrie. Son goût de la géographie se déclara de bonne heure dans des études sur les routes commerciales et l'état économique de l'ancien monde[2]. Mais l'œuvre la plus importante de sa vie a été le renouvellement, en France, de l'enseignement géographique ; il a été et est resté jusqu'à la fin un chef d'école, dont les jeunes géographes français se sont inspirés tour à tour. Tout le monde connaît les *Atlas* qui, publiés sous sa direction, nous ont affranchis des travaux allemands similaires. Son chef-d'œuvre, *Tableau de la France*, complément de l'*Histoire de France* de E. Lavisse (1908), est un des livres les plus originaux et les plus profonds qui aient paru de nos jours. — Longtemps professeur à l'Ecole Normale et à la Sorbonne, Vidal était membre de l'Académie des Sciences morales. Il avait eu la douleur de perdre son fils, tombé au champ d'honneur ; ce deuil cruel, laissant intacte sa santé physique — il est mort presque subitement à Tamaris — avait profondément miné sa force morale. Vidal laisse le souvenir d'une intelligence supérieure et créatrice; comme l'a dit avec raison M. Albert-Petit (*Débats* du 7 avril) : « Dans l'histoire de l'esprit humain,

---

1. Voici l'indication des principaux ouvrages de Chavannes; on trouvera aussi beaucoup d'articles de lui dans le *Journal asiatique*, le *Toung Pao*, le *Bulletin d'Extrême-Orient*. — *Voyage des pèlerins bouddhistes*, 1894-98; *Mémoires historiques de Sematsien*, 5 vol., 1895 sq. ; *La première inscr. chinoise de Bodh-Gaya*, 1897; *Deux inscr. chinoises de l'Asie centrale*, 1903; *Docum. sur les Turcs orientaux*, 1903; *Les saintes instructions de l'empereur Hong-Wou*, 1903; *Les deux plus anciens spécimens de la cartographie chinoise*, 1903; *Voyage de Song-Yun dans l'Udyâna et le Gandhâra*, 1903; *Notice sur Alex. Bertrand*, 1904; *Les prix de vertu en Chine*, 1904; *Les paysages chinois*, 1904; *La peinture chinoise au Musée du Louvre*, 1904; *Les neuf neuvaines de la diminution du froid*, 1904; *Inscriptions et pièces de chancellerie chinoise à l'époque mongole*, 1905; *Fables et contes de l'Inde extraits du Tripitaka chinois*, 1905; *Le culte turc des douze animaux*, 1906; *Mission archéologique dans la Chine septentrionale. La sculpture à l'époque des Han*, 1909; *Le Tai-Chan, monographie d'un culte chinois*, 1910; Chavannes et Pelliot, *Un traité manichéen retrouvé en Chine*, 1913; *Mémoires concernant l'Asie Orientale*, publiés par l'Acad. des Inscr., sous la direction de Senart, Barth et Chavannes, t. I, 1913; *Les documents chinois découverts par Aurel Stein dans les sables du Turkestan oriental*, 1913; Chavannes et Petrucci, *La peinture chinoise au musée Cernuschi*, 1912 (*Ars Asiatica*, t. I); *Six monuments de la sculpture chinoise*, 1912 (*ibid.*); *La Sinologie* (dans *La Science française*, t. II, p. 137 et suiv.), 1915.

2. Voir *Revue arch.*, 1869, XX, p. 62: *C. R. Acad.*, 1896, p. 456. En 1871, Vidal soutint deux thèses de doctorat : *De titulis funebribus graecis in Asia Minore* et *Hérode Atticus, étude critique sur sa vie*.

le rôle de Vidal de la Blache tiendra une place que ne tiendront pas beaucoup
de personnages qui ont fait plus de bruit de leur vivant. »

S. R.

JOSEPH DENIKER

Un des meilleurs représentant de l'école anthropologique française,
J. Deniker, est mort à Paris, le 18 mars 1918, dans sa 67ᵉ année. D'origine
russe, lisant presque toutes les langues de l'Europe, écrivant parfaitement la
nôtre, Deniker, formé à l'École de Broca, était depuis longtemps conservateur
de la bibliothèque du Museum et collaborateur assidu de nombreux périodiques, notamment de *L'Anthropologie*, où il résumait tout le mouvement scientifique étranger. Son ouvrage le plus populaire, plusieurs fois réédité, est un
manuel d'ethnographie publié sous le titre : *Races et peuples de la terre*
(1900), qui est devenu classique et mérite de le rester, tant par le savoir de
l'auteur que par sa lucidité. En 1905, l'Institut anthropologique de Londres
décerna à l'auteur la *Huxley Medal*. Deniker, ethnographe et anthropologiste
de profession, était aussi très bien informé de l'archéologie préhistorique et
protohistorique. Ce fut, d'ailleurs, un homme aussi modeste que laborieux et
serviable ; la bibliothèque si riche du Museum lui doit beaucoup, et ceux qui
sont venus y consulter le bibliothécaire ont toujours trouvé auprès de lui le
meilleur accueil.

S. R.

MOISE SCHWAB

Né à Paris en 1839, Moïse Schwab y est mort subitement au mois de février
1918 ; il allait entrer, plein de vigueur encore, dans sa quatre-vingtième année.
Schwab fut un travailleur infatigable. Elevé au *Talmud Torah* de Strasbourg,
secrétaire de l'illustre hébraïsant Salomon Munk de 1857 à 1866, il fut nommé,
en 1868, à un modeste emploi de bibliothécaire dans la grande maison de la rue
Richelieu. C'est là qu'il a fait toute sa carrière ; l'âge de la retraite arrivé, il
continuait à fréquenter la Bibliothèque et y était souvent consulté pour les
manuscrits hébraïques, dont il avait une connaissance approfondie. Son ouvrage
capital est la traduction du *Talmud de Jérusalem* (Paris, 1871-1889, 11 vol.).
Suivant des juges compétents, le premier volume est faible ; mais la qualité du
travail s'améliora rapidement et l'ensemble mérite confiance ; c'était d'ailleurs
une tâche infiniment pénible et même rebutante, qu'aucun hébraïsant n'avait
encore affrontée. D'autres travaux de Schwab concernent l'angélologie juive
(1896-99), les inscriptions hébraïques de France (1904), la bibliographie de la
Perse (1876), celle d'Aristote (1883) ; on lui doit aussi un précieux *Répertoire des
articles d'histoire et de littérature juive* (3 vol. 1899-1902)[1]. Il fut un des fon-

---

1. Pour d'autres ouvrages de Schwab, voir l'article qui le concerne dans la
Jewish Encyclopaedia (1905).

dateurs et des rédacteurs les plus assidus de la *Revue des Études juives*. Schwab était toute modestie, toute candeur; ce ne fut pas un savant de génie, mais le modèle des savants utiles et serviables, sans vanité et sans fiel.

S. R.

LÉON-HENRI-LOUIS BÉRARD

Pendant l'automne de 1917, la Bibliothèque du Musée de Saint-Germain reçut souvent la visite d'un jeune capitaine, déjà blessé grièvement et décoré de la Légion d'honneur en mai 1917, pourvu des citations les plus flatteuses à l'ordre de l'armée. En garnison temporaire à Saint-Germain, il donnait ses heures de loisir à l'archéologie gauloise, où il promettait de devenir un maître. Né en 1883, admis à Saint-Cyr en 1904, il avait séjourné, de 1908 à 1912, en qualité d'officier de cavalerie, à Châlons-sur-Marne, et là s'était vivement intéressé à l'étude des nécropoles du deuxième âge du fer, très nombreuses, comme on sait, dans cette région et trop souvent dépouillées, plutôt qu'étudiées, par des amateurs ignorants ou des spéculateurs Tout autre était la méthode de Bérard; il ne visait pas à réunir des bibelots, mais des faits contrôlés; il fouillait avec une précision irréprochable, tenant des registres très détaillés et dessinant tous les objets, même fragmentés, qu'il lui arrivait de découvrir. Il fit ainsi des recherches d'une haute importance dans les nécropoles de Mairy-Soigny, de Poix, de Sarry, de Cernon, des Grandes-Loges, etc. (voir les *Bulletins de la Société archéologique champenoise*, mars 1913 et suiv.). Parmi les objets qu'il recueillit, le plus précieux, que je voudrais voir appeler *vase Bérard*, est un récipient en bronze orné à la pointe, dans le plus pur style marnien et avec une richesse presque sans exemple; grâce à l'obligeance de Mᵐᵉ Bérard, le Musée de Saint-Germain a pu en exécuter une reproduction.

Le capitaine Bérard avait de beaux projets. Il voulait grouper autour de lui les bonnes volontés désintéressées pour donner à l'archéologie champenoise la tenue scientifique et l'unité de direction qui lui ont souvent manqué. Comme il était parfaitement informé de tout ce qui s'était fait avant lui, je lui conseillais d'en écrire l'histoire; il se montrait très disposé à entreprendre un travail qui reste à faire et ne peut guère l'être que sur place, en tirant parti des témoignages oraux d'anciens explorateurs et de l'examen direct des nécropoles fouil·lées ou saccagées. Nous avions commencé à correspondre et je comptais bien que nos relations deviendraient intimes à mesure que ses desseins prendraient corps et se traduiraient par des publications.

Hélas! Parti comme lieutenant de mitrailleurs dès le mois d'août 1914, il devait trouver la mort, le 9 janvier 1918, au cours d'un violent bombardement de son secteur, alors qu'il se précipitait à son poste de combat...

Ce qu'il fut comme officier, son colonel l'a dit dans une allocution touchante que l'on devra publier un jour. Ici, je ne puis parler que du savant. Je n'ai pas vu, depuis de longues années, un homme de son âge qui fût aussi instruit et aussi capable d'apprendre. Il avait l'étoffe d'un archéologue de race et en donnait déjà l'impression par la sûreté et la netteté de ses propos.

Cet intrépide soldat, ce passionné de l'archéologie nationale, était, par surcroît, un penseur. On s'en doutait même au cours d'un entretien rapide J'ai
été profondément ému, mais non surpris, en lisant de lui une lettre admirable,
adressée aux siens, qui devait être ouverte seulement après sa mort. Cela aussi
devra être publié un jour pour l'édification des générations futures; il faut
qu'elles apprennent, par des milliers de textes pareils, au prix de quel héroïsme,
de quel esprit résolu de sacrifice elles auront acquis le droit à la paix'.

S. REINACH.

MARTIN LE ROY

Ce grand amateur est mort à Paris, au mois d'avril 1918, à l'âge de 75 ans.
Conseiller référendaire à la Cour des comptes, il avait acquis, dans sa jeunesse,
des tableaux de l'école française de 1830 ; mais la vente Spitzer (1893) l'en-
gagea dans une voie toute différente. Il y acheta des objets d'art du moyen âge
et continua, jusque vers 1910, à augmenter sa collection de tapisseries,
d'ivoires, d'orfèvreries, de sculptures, de manuscrits, auxquels se joignirent
quelques tableaux précieux du xv⁰ et du xvi⁰ siècle. Sous la direction de son
gendre, M. Marquet de Vasselot, une publication de luxe a fait connaître ces
trésors, dont quelques-uns ont été légués par Martin Le Roy au Musée du
Louvre et prendront place dans la galerie d'Apollon. Le défunt était membre
du Conseil de l'Union des Arts décoratifs et vice-président de la Société des
Amis du Louvre. Les nombreux spécialistes qui ont demandé à visiter ses
collections, admirablement installées dans son hôtel (9, rue Rembrandt), ont
toujours pu apprécier le goût délicat de leur hôte, en même temps que sa parfaite courtoisie. .

S. R.

Bateaux ou villages?

Revenant, à la suite de M. Naville (cf. *Revue*, 1917, I, p. 244), sur les singulières barques à rames de certains vases égyptiens très archaïques, M. F. W.
Read expose avec détail l'historique de la controverse et reproduit un autre vase
de la même époque, sur lequel sont évidemment figurés des rameurs : ce document, à son avis, devrait mettre fin à la question (*Bull. de l'Inst. franç.
d'archéol. orientale*, 1917, p. 145-151). Il concède, toutefois, que l'opinion
reprise par M. Naville (les prétendues barques sur le Nil seraient des palissades
de villages fortifiés) peut s'autoriser de la *lacune* dans la rangée des rames,
qui représenterait la route conduisant au village, alors que les partisans des
bateaux ne peuvent fournir aucune explication de ce détail. Tant qu'il en sera
ainsi, il me semble hasardeux de prononcer que la cause soit entendue.

S. R.

Artémis Aphaia.

Un correspondant de *Notes and Queries* (mars 1918, p. 70), M. Kean, pro-

---

1. Suivant les volontés du capitaine Bérard, ses albums, registres et objets
doivent être donnés au Musée de Châlons-sur-Marne.

pose de considérer le nom d'Aphaia comme sémitique, יפה = Καλλίστη. On trouve les épithètes d'ὡραία et de καλλίστη appliquées à Artémis ; Théra, établissement phénicien, s'appela d'abord Καλλίστη et peut avoir eu autrefois le même culte de la déesse Aphaia qu'on trouve à Egine. L'explication d'ἀφαία par ἀφανής (Ant. Lib., 40) serait une étymologie populaire. *Videant peritiores.*

X.

Dossier de la Vénus de Milo.

Nouvelle hypothèse : ce serait une Proserpine. Je note cela dans un court article de M. Primitivo R. Sanjurjo, intitulé *Paráfrasis de Arethusa, de Europa y de la Venus de Milo* et publié dans *La Centuria, Revista neosofica*, Orense (Espagne), 1907, n° II, p. 4-6. On peut objecter que la statue du Louvre est beaucoup trop·matronale et trop peu vêtue pour être une Proserpine. Mais il vaut la peine de signaler ici le premier mémoire (à ma connaissance) qui ait été écrit en Espagne sur une question où le dernier mot n'est jamais dit.

S. R.

Céramistes grecs.

Sous le titre : « Nicole's Corpus des céramistes grecques », M. J. Clark Hoppin a publié, dans l'*American Journal of archaeology* (1917, XXI, p. 308-312), une assez longue liste d'*errata* et d'*addenda* à l'article de M. Nicole (*Revue archéol.*, 1916, p. 373-462). En voici quelques extraits (les p. sont celles de la *Revue*) :

P. 377, 12. Amasis. Nᵒˢ 3 et 7 sont le même vase.

P. 378, 16. Archiklès. Le n° 4 est signé de Glaukytès seul.

P. 379, 21. Ergotimos. Le n° 4 porte aussi la signature de Klitias.

P. 380,·26. Hermogène. Les nᵒˢ 16 et 18 sont le même vase; le n° 19 est signé de Taleidès seul.

P. 384. Manque l'artiste *Telesaias* (*Arch. Epigr. Mitth.*, 1895, p. 19).

P. 385. Les nᵒˢ 41 et 42 sont le même vase; une série de vases signés par Tléson manquent.

P. 387. Les nᵒˢ 6 et 7 sont le même vase. Aucun fragment signé d'Epiktetos n'existe à Constantinople.

P. 389. Les nᵒˢ 36 et 49 sont le même vase.

P. 390, 392. Nombreuses additions.

P. 404. Le n° 37 et le n° 26 sont le même vase.

P. 405. Manque l'artiste *Kallis* (*Gaz. Arch.*, 1888, p. 171).

M. Hoppin doit prochainement publier un ouvrage d'ensemble sur les vases signés, qui remplacera celui de Klein et auquel la publication des listes de M. Nicole n'aura certainement pas été inutile.

S. R.

Inscriptions pénitentielles.

La Méonie et le sud-ouest de la Phrygie ont fourni des textes épigraphiques d'une rédaction très particulière que M. Buckler[1] qualifie d'inscriptions *propi-*

---

1. *Annual of the British School*, t. XXI, p. 169.

tiatoires. En voici un spécimen copié à Koula, qu'il a publié le premier : « A Zeus Sabazios et à la Mère Hipta (nourrice de Dionysos)[1], Dioklès, fils de Trophime. Parce que j'ai pris des colombes sacrées, j'ai été puni d'un mal d'yeux et j'ai relaté ce miracle (ἀρετήν) ». Au-dessus de l'inscription figurent deux yeux et deux colombes. Les textes de ce genre connus jusqu'en 1913 ont été recueillis par F. Steinleitner, *Die Beichte im Zusammenhange mit der sakralen Rechtspflege* (la confession dans ses relations avec le droit religieux), 1913. Un texte de Sandal, orné d'un relief qui représente un homme et trois arbres, est la dédicace d'un certain Stratonikos qui rappelle la punition qu'il a subie pour avoir, par ignorance, coupé des arbres dans un bois sacré de Sabazios et d'Anaïtis. Ailleurs, comme dans l'inscription de Dioklès, c'est la partie du corps châtiée qui est figurée (deux seins, une cuisse, une jambe, un bras, des yeux); la dédicace a pour but de demander aux divinités la levée de la peine. Une inscription publiée autrefois par Ramsay est rétablie ainsi par M. Buckler : « Aphias, fille de Théodote, je remercie la Mère Latone qui rend la force à ce qui est infirme; châtiée à la hanche (par une attaque de sciatique?), j'adresse cette action de grâces à la Mère Latone. » Un autre texte fragmentaire, mal compris de Kontoléon qui l'a publié, a été restitué en partie par M. Buckler et semble contenir l'expression de la pénitence d'un homme pour avoir injurié la déesse; il a été condamné par la vierge gardienne du temple à élever une stèle commémorative de l'outrage et de la punition. Le même archéologue a photographié une stèle mutilée au début, dédiée à la Grande Mère Atimis et au Grand Mên Tiamou. Un certain Apollonios réclama de l'argent à Skollos, lequel jura qu'il l'avait déjà rendu; Apollonios fit appel à la déesse, qui frappa Skollos de mort; sa fille Tatias, devenue malade, répara la faute de son père et, guérie elle-même, exprima sa reconnaissance à Artémis et à Mên.

M. Buckler aurait dû, tant bien que mal, traduire les textes qu'il a publiés et commentés, le seul commentaire intégral étant une traduction. Je remarque aussi que parmi ceux qui ont traité jadis de ces textes pénitentiaux il a oublié le soussigné[2].

S. R.

Une grande découverte dans la banlieue de Rome.

J'extrais ce qui suit d'un article de Mme Strong dans le *Times*, en la remerciant de me l'avoir communiqué.

Au sud de Rome, près de la Porta Maggiore et de la voie Prénestine, un glissement du sol sur la voie ferrée de Rome à Naples fit découvrir au printemps de 1917, à une profondeur de 14 mètres, un édifice du IIe siècle de notre ère. C'est une vaste salle à arcades sur plan basilical, avec *atrium*, abside et nef divisée en trois sections par des rangées de pilastres. Toutes les surfaces

---

1. *Hipta* est le nom correct; les Hymnes Orphiques appellent cette déesse *Hippa.*

2. *Cultes, mythes et religions*, t. III, p. 279. J'avais reconnu les affinités de ces cultes locaux avec l'orphisme; elle est aujourd'hui confirmée.

murales disponibles sont couvertes de décorations en stuc d'une exécution à la lois rapide et hardie. 1° Dans la niche de l'abside, Aphrodite poussée sur l'eau par un Eros debout sur un rocher; un Triton tend une étoffe comme pour recevoir la déesse; au-dessus, une Niké. 2° Dans les voûtes de la nef et des bas côtés, nombreux panneaux où sont figurés les périls et les aventures de l'âme en ce monde et dans l'autre (concours de Marsyas et d'Apollon; supplice des Danaïdes; Hermès conduisant des âmes; Héraklès et les Hespérides, etc.). Le long des bas-côtés, à mi-hauteur, large frise où des figures d'*orantes* alternent avec des objets rituels et des candélabres, des vases, des cistes mystiques, etc. Dans la chambre principale, tout est blanc; mais le vestibule est peint en rouge pompéien sur lequel se détachent des fleurs et des oiseaux; sur le plafond, des carrés d'un bleu saphir contrastent avec les *tondi* blancs qui encadrent des scènes dionysiaques. Plusieurs trous dans le plafond et les murs montrent que la basilique a été anciennement dévastée; c'est alors que le beau pavé en mosaïque fut détruit et que disparut l'autel placé dans la niche, avec six piédestaux ou tables dont on a relevé les traces contre les pilastres. L'entrée était à gauche de l'atrium, par un long corridor qui, après avoir tourné autour de l'édifice, débouchait sur la voie Prénestine. Aucune trace d'inscriptions, mais la nature du décor et la difficulté de l'accès ont fait supposer que cet édifice servait aux initiations de quelque confrérie. Actuellement on y arrive par une ouverture étroite et en descendant, sur une profondeur de près de 50 pieds, par des échelles presque verticales. Le déblaiement a présenté des difficultés très grandes, car les lourds trains de Rome à Naples, passant au-dessus, produisaient sans cesse des éboulements de terre et de pierres. Il fallut procéder d'urgence à des travaux de consolidation. La découverte est due aux ouvriers de la compagnie du chemin de fer, qui a témoigné le plus vif intérêt aux travaux; ceux-ci ont été conduits avec un dévouement infatigable par les professeurs Colini et Gatti.   S. R.

Arminius.

Le doyen d'âge du Sénat, M. Gouzy, a prononcé en cette qualité, le 8 janvier 1918, un discours où il y a des choses très justes, mais d'autres qui sont fausses et pourraient accréditer des erreurs.

Suivant lui, Hermann aurait pris tout jeune, à Rome, le nom romain d'Arminius; les Germains auraient fait de lui un dieu sous le nom d'*Irminsul*. Rien de cela n'est exact.

Arminius est un nom romain; le nom indigène de ce prince chérusque est inconnu. Ce sont les modernes qui lui ont donné le nom d'Hermann, lequel n'est attesté par aucun témoignage; on a d'ailleurs supposé aussi qu'il s'était appelé *Siegfried* ou *Ermin*.

Irminsul n'a rien à voir ni avec Hermann ni avec Arminius. *Irminsul* était le nom d'un arbre sacré, qu'un chroniqueur du moyen âge traduit par « colonne du monde, colonne qui soutient tout. » *Irmin* signifie, en effet « universel », témoin le nom du roi des Goths *Ermanaric*, plus exactement *Irmin-rix*, c'est-à-dire « roi suprême ».

Que des pangermanistes de brasserie célèbrent Hermann, le fier Chérusque, et ajoutent qu'il devint un dieu germanique sous le nom d'*Irminsul*, passe encore ; mais nous n'avons aucune raison de déraisonner comme ces gens-là.

S. R.

Winckelmann.

M. W. H. Goodyear, *curator* du Musée des Beaux-Arts de Brooklyn, a publié dans le *Brooklyn Museum Quarterly* (juillet 1917) une biographie de Winckelmann, fondée, comme de raison, sur le monumental ouvrage de Justi. Quelques parties de cet essai sont fort bonnes, mais il y a aussi des erreurs assez sérieuses. Où M. Goodyear a-t-il vu que Perrault (*sic*) « plaçait Homère au-dessous des chanteurs de ballades sur le Pont-Neuf? » (p. 163). Et comment peut-il écrire (p. 162) : « Pendant 150 ans avant Winckelmann, aucun auteur grec n'avait été publié en Allemagne? » Un simple coup d'œil jeté dans Bursian (*Gesch. der class. Philologie*, I, p. 361) lui aurait épargné cette assertion inexacte ; il y aurait trouvé mention du *Sextus Empiricus* et de l'*Hippolyte* de Fabricius, du *Dio Cassius* de Fabricius et de Reimarus, du *Philostrate* d'Olearius, etc. [1] Assurément, l'étude du grec fut très délaissée en Allemagne au xvii° et au xviii° siècle ; mais il ne faut pas trop exagérer cette décadence. Je n'admets pas davantage que, dans une biographie de Winckelmann, le nom de Caylus ne soit pas prononcé. « C'est à lui que revient d'abord l'honneur, écrivait Winckelmann lui-même à Bianconi, d'avoir pénétré dans l'essentiel du style des anciens ». M. Goodyear assure (p. 158) que l'*Histoire de l'art dans l'antiquité* de Winckelmann « est aujourd'hui le livre le plus détaillé et le meilleur qu'on ait encore écrit sur la statuaire antique » ; on se demande vraiment si l'on a bien lu, car ce livre (d'ailleurs ennuyeux) n'a plus qu'un intérêt historique. Il n'est pas moins faux que la médiocre et nombreuse collection de gemmes formée par l'espion Stosch « ait été et soit encore (p. 156) la plus célèbre de son espèce ». Enfin (p. 144), ce n'est pas Louis XIV qui a pris Metz, et ce n'est pas pendant la guerre de la Succession d'Espagne qu'a été ravagé le Palatinat.

S. R.

A la Société archéologique d'Athènes.

On publie (*Le Progrès d'Athènes*, 13 déc. 1917) la lettre suivante adressée par la Société archéologique au nouveau ministre de France à Athènes, M. Robert de Billy. Cette lettre doit être reproduite ici, ne fût-ce que pour témoigner des sentiments de la vieille et illustre Société, où le roi félon, aux gages de l'Allemagne qui le méprise, n'a guère pu recruter de complices lorsqu'il a trahi tout à la fois les Puissances protectrices de la Grèce et son pays.

A l'occasion de la célébration du 90° anniversaire de la bataille de Navarin, la Société archéologique d'Athènes, désireuse de s'associer aux témoignages de

---

1. Si « avant Winckelmann » (né en 1707), signifie au xvii° siècle, on peut citer l'*Hérodote*, le *Ctésias* et le *Pollux* de Jungermann, le *Pollux* de W. Seber, le *Pausanias* de Joachim Kühn, etc., sans compter ce qui a été imprimé par des Allemands en Hollande et ailleurs.

reconnaissance du peuple hellène envers la Puissance libératrice que vous représentez si dignement auprès du gouvernement hellénique et envers votre éminente personnalité, vous a élu, à l'unanimité, membre honoraire.

Les paroles de chaleureuse cordialité que, dans la mémorable manifestation du 21 octobre dernier, Votre Excellence a adressées à la Grèce au nom de son pays et de son gouvernement, ont pénétré d'émotion les cœurs de ses auditeurs et de toute la nation. Elle a rappelé que la Grèce antique avait été la mère des civilisations modernes fondées sur la liberté et que le souvenir de ses bienfaits intellectuels avait déterminé en France le premier élan de sympathie pour le martyre de la Grèce. L'amitié traditionnelle et indissoluble, qui unit l'hellénisme d'aujourd'hui à la France libérale et démocratique, avait ses premières racines dans la communauté de cette culture classique dont la France a entretenu et avivé le flambeau et pour laquelle elle a adopté la plus noble des désignations en l'appelant la culture des « humanités ».

La Société archéologique, fondée en 1837, est la plus ancienne des institutions de notre jeune patrie qui se soit proposée, par une investigation méthodique des restes du passé, de faire contribuer la science aux intérêts moraux de la Grèce, et, en donnant satisfaction à la ferveur érudite du monde cultivé, de fortifier au dehors le culte de l'hellénisme. Elle a servi de trait d'union entre la Grèce régénérée et l'Europe savante qui avait applaudi à la résurrection hellénique. Elle s'est faite la collaboratrice de la science étrangère, dont elle a su apprécier les encouragements et approuver les entreprises. Elle a entretenu des rapports cordiaux avec les archéologues et philhellènes des nations amies. Par une coïncidence significative, où elle se plait à reconnaître une sorte de prédestination, c'est dans le sein de son bureau que fut choisi l'orateur chargé, le 21 octobre dernier, de glorifier dignement l'anniversaire de Navarin et d'interpréter les sentiments de la nation hellénique envers les Puissances libératrices et spécialement envers la France.

En effet, la Société archéologique ne saurait oublier que sa dette de reconnaissance et d'affection envers la France s'accroît en raison des généreux services que votre pays a rendus à la Grèce par son culte de l'humanisme et par la persistance désintéressée de son sentiment philhellène. La France s'est toujours montrée soucieuse d'associer dans sa sollicitude la Grèce antique et la Grèce moderne. Au corps expéditionnaire du général Maison, chargé de libérer notre territoire, elle adjoignit une mission scientifique aux attributions les plus étendues, dont l'œuvre constitue un répertoire encyclopédique de la Grèce historique et physique.

Notre société ne saurait oublier que la pioche des archéologues de l'Expédition de Morée est la première qui ait fouillé les ruines du sanctuaire panhellénique d'Olympie et découvert le temple de Zeus. De même, la Grèce doit aussi à la France la doyenne des Écoles étrangères installées sur le sol grec pour l'étude approfondie et permanente de notre pays. Durant sa carrière déjà longue et brillante, l'École française d'Athènes a trouvé dans la Société archéologique les sentiments d'une sœur aînée. Associée depuis sa fondation à toutes les vicissitudes de la Grèce contemporaine, elle en a partagé les angoisses et les espérances. Fidèle à la tradition française des hellénistes philhellènes, elle s'est acquis les sympathies de la Grèce par la manière dont ses savants ont renouvelé en France le sens de l'hellénisme moderne. Cette communauté de sentiments s'est affirmée dans une occasion solennelle, lorsque, par une collaboration particulièrement active entre la Société archéologique et l'École française d'Athènes, fut organisé le premier Congrès archéologique international, fondé et tenu à Athènes en 1905.

Rien de plus naturel qu'une telle solidarité entre esprits qui communient dans le culte de l'histoire et de l'art. A ce titre aussi, nous avons l'assurance de ne point parler à Votre Excellence un langage qui lui soit étranger ou indifférent. Nous savons ses goûts d'artiste délicat et de fin connaisseur des belles choses anciennes. Nos ruines et nos musées auront en elle un amateur très averti.

Aussi nous est-il particulièrement agréable, Excellence, de saluer en vous non seulement le sympathique représentant de la France amie et aimée, mais en outre le digne successeur des Nointel et des Fauvel. Nous sommes heureux de vous traiter en confrère, en vous inscrivant sur la liste d'honneur des membres de notre Société.

Nous vous adressons le diplôme correspondant à ce titre, comme un double hommage à votre cordialité envers la Grèce d'aujourd'hui et à votre amour éclairé des chefs-d'œuvre de nos ancêtres.

Athènes, le 24 octobre 1917.

Le Président,
N. G. Politis.
Le Secrétaire général,
P. Cavvadias.

Hypercritique.

On lit dans un *Echo* du *Journal des Débats* (9 janvier 1918), à propos des papyrus d'Oxyrynchus, que les morceaux d'auteurs classiques déjà connus, déchiffrés sur les papyrus, « mettent à néant la thèse des *hypercritiques*, d'après laquelle la plupart des œuvres attribuées à l'antiquité seraient apocryphes et auraient été fabriquées par les moines du moyen âge. »

A ce compte, il n'y aurait jamais eu qu'un seul hypercritique, le savant jésuite Jean Hardouin (1646-1729) ; encore admettait-il l'authenticité de Cicéron, de Pline l'Ancien, d'une partie d'Horace et de Virgile. Et puis, si l'on regardait les choses de plus près, au lieu de copier ceux qui n'ont pas été y voir eux-mêmes, on s'apercevrait peut-être que le Père Hardouin s'est moqué du monde et qu'il faut prendre ses paradoxes *cum grano salis*.

S. R.

Un portrait de Dante.

Le *Times* du 4 janvier 1918 annonce qu'on a découvert des fresques du xiv° siècle (école de Giotto) dans l'église de Saint-Augustin à Rimini et qu'une de ces fresques contient un nouveau portrait bien conservé de Dante.

X.

La Bibliothèque Doucet.

Le 1er janvier 1918, l'Université de Paris est entrée en possession de l'admirable Bibliothèque d'art et d'archéologie fondée en 1909 par M. Jacques Doucet. Cet ami éclairé de nos études consent à assurer le budget d'entretien de la bibliothèque pendant les premières années. Provisoirement, elle reste rue Spontini, où   est parfaitement installée dans de petites pièces. M. André Joubin, professeur à l'Université de Montpellier et conservateur du musée de cette ville, a été nommé directeur. Dans la mesure où le permet un personnel très réduit, la bibliothèque est de nouveau accessible aux travailleurs.

Il existe déjà des projets pour transférer un jour la bibliothèque Doucet dans le quartier de la Sorbonne. On ne pourrait, après réflexion, que le regretter. Une bonne partie de ces livres fera toujours double emploi avec ceux de la Sorbonne, de l'École des Beaux-Arts, de l'Institut, etc. Il y aurait lieu de laisser la bibliothèque Doucet là où elle est, en achetant un immeuble dans le voisinage si celui qu'elle occupe actuellement n'est pas disponible. L'ouest de Paris a des musées, mais manque de bibliothèques; pourquoi le dépouiller de celle là?

S. R.

Acquisitions du Musée Ashmoléen d'Oxford en 1916.

Les galeries ont été fréquentées, surtout le Dimanche, par un grand nombre de soldats et de blessés.

Musée Égyptien. — Houe de silex brun poli, objet unique, acquis par Cochrane à El Kab en 1863 (*Journ. Egypt. archaeol.*, III, pl. 33). — Fragment d'une palette prédynastique d'Assouan (têtes d'ibex en bordure).

Musée Méditerranéen préhistorique. — Vase à deux anses, néolithique, avec décoration incisée, prov. d'Épire (?). — Vase chypriote de l'âge du bronze, avec deux orifices tubulaires, surface rouge polie, décor incisé.

Section hellénique. — Grande amphore dipylienne avec scène funéraire, guerriers, chariots. — *Stamnos* que le donateur (Beazley) attribue au peintre de vases Polygnote (Dioscures). Le même archéologue a donné à la Bibliothèque du Musée un millier de photographies, de gravures et de dessins de vases grecs, collection qu'il a réunie au cours de longs voyages dans les deux mondes et qui paraît d'une importance considérable pour les études céramiques.

S. R.

Acquisitions du Musée Ashmoléen d'Oxford en 1917.

Malgré la dureté des temps, le Musée a fait, en 1917, des acquisitions fort importantes :

1° *Vases peints.* Stamnos à fig. r., avec Zeus, Ganymède, Eros, gigantomachie. — Intérieur d'une kylix à fig. r. Dionysos courant vers la g., œuvre du peintre dit *Ambrosios*, dont on connaît deux kylikes et un fragment (anc. coll. R. Westmacott, 1799-1872). — Acquisitions faites à la vente Hope : *Répertoire*, II, 329, 330; II, 7; II, 4, 3; II, 9, 5 et 6; II, 295, 6; II, 354, 82;

2° *Peintures et gravures.* Le *Sens de l'Odorat* par Nic. Maes et une *Marine* de Jan Porcellis. — *Pacte de Dieu avec Noé*, par Séb. Bourdon. — Seize gravures sur bois et sur cuivre données par C. W. Dyson Perrins, toutes du xvᵉ siècle et de la plus grande rareté; plusieurs pièces sont uniques ou n'ont jamais été décrites;

3° *Sculptures antiques.* — A la vente Hope, le Musée a acquis une grande figure de femme haute de six pieds, en marbre du Pentélique (vers 150) et une tête casquée colossale d'Athéna, en marbre asiatique. Sir A. Evans a donné, après l'avoir achetée à la même vente, une belle tête de l'impératrice Livie.

S. R.

La collection Kaufmann.

Cette collection berlinoise, connue surtout par une série choisie de tableaux anciens (publiés par Friedlaender) et une belle copie en marbre de la tête de l'Aphrodite de Cnide, a été dispersée en vente publique à Berlin au mois de décembre 1917. Le prix total s'est élevé à 12 millions de mark (voir *Burl. Magazine*, janv. 1918, p. 35). Voici quelques chiffres (en mark) : N. Froment, *Résurrection de Lazare*, 340.000; Rogier, *Portrait d'homme*, 340.000; Breughel, *Pays de Cocagne*, 310.000; Lippo Memmi, *Vierge*, 62.000; Botticelli, *Judith*, 110.000; Giov. di Paolo, *Adoration des mages*, 50.000; Lotto, *Portrait d'un orfèvre*, 77.000 (acquis par le bijoutier Koch à Francfort); Tintoret, *Portrait d'Ottavio Strada*, 230.000; Moretto, *Portrait d'A. Savelli*, 200.000; Memling, *Vierge*, 135.000; G. David, *S. Jean-Baptiste et S. François*, 105.000; *Nativité*, 200.000; *Pietà*, 70.000; A. Ysenbrant, *Triptyque*, 76.000; Colin de Coter, *Ste Madeleine*, 93.000 (autrefois chez Tabourier à Paris); Joos van Cleve, *Portrait de l'artiste*, 215.000; Patinir, *Triptyque*, 70.000; Geertgen tot S. Jans, *Nativité*, 205.000; Maître de la *Virgo inter Virgines*, *Nativité*, 91.000; J. Bosch, *Christ raillé*, 105.000; Dirk Jacobsz, *Portrait d'homme*, 101.000; Lucas de Leyde, *Madone*, 140.000; Stephan Lochner, *S. Jean Évangéliste et Ste Madeleine*, 63.000; Maître de S. Barthélemy, *Baptême de Jésus*, 230.000, B. Bruyn, *Portrait de femme*, 61.000; B. Strigel, *Madone*, 65.000; L. Cranach, *Portraits de Luther et de sa femme*, 104.000; *Portrait d'homme*, 76.000.

Parmi les sculptures : Piero di Giovanni Tedesco, *Ange du portail du dôme de Florence*, 116.000; P. Vischer, *Madone*, 6.000; Sansovino, *Neptune* (bronze), 71.500; École florentine, *Ange debout*, 116.000.

Objets divers : Reliquaire carolingien, 97.000; tapisserie du Brabant avec l'histoire de Danaé, 81.000; tapis persan, 92.000.

Je ne trouve aucune indication au sujet de la tête d'Aphrodite.

Ces prix sont tout à fait extravagants, même si l'on considère que le mark, en décembre 1917, ne valait guère que 0 fr. 60. Faut il croire que les fournisseurs militaires, enrichis de la ruine générale, cherchent à consolider leurs gains et à les rendre mobiles sous la forme d'objets d'art qui ne manqueront jamais d'amateurs?

S. R.

A propos du Saint Sébastien de Mantegna.

Le *Saint Sébastien* de Mantegna, longtemps conservé dans l'église Notre-Dame d'Aigueperse, près de Riom (Puy-de-Dôme), a été acquis par le Louvre en 1910. A cette époque, on a voulu faire honneur de sa découverte à P. Mantz (1886). Voici ce qu'écrivait M. Leprieur (*Les Musées de France*, 1911, p. 81) :

« Piganiol de la Force et Dulaure l'ont signalée [cette peinture] sans en con-

naître l'auteur. Le tableau figura en 1863 à l'Exposition de Clermont-Ferrand
(n° 417) comme « attribué à Mantegna. » Émile Montégut (1881), bien que déjà
plus affirmatif quant à l'attribution, apprécie médiocrement ce chef-d'œuvre...
C'est P. Mantz qui, en le publiant et le commentant dans la *Gazette des Beaux-Arts*
(nov. 1886, p. 375-387), lui rendit vraiment la gloire. »

Rien de plus dans l'excellent catalogue de Seymour de Ricci (n° 1373 A), où
aucun auteur n'est cité entre Piganiol (1754) et Montégut (1881). Il y a là une
injustice à réparer. L'attribution à Mantegna était parfaitement établie dès
avant 1854; si on l'ignorait au Louvre, ce n'est pas une raison pour oublier
aujourd'hui ce qui a été écrit au sujet du tableau d'Aigueperse longtemps
avant Émile Montégut et Paul Mantz.

Je lis dans l'*Athenaeum Français* du 22 juillet 1854, p. 685 (article signé
François Lenormant et intitulé : *Tableaux de l'Église d'Aigueperse*) :

« Ce n'est pas seulement pour son architecture que l'église provinciale d'Aigueperse se recommande à l'attention : elle possède aussi des tableaux provenant
des libéralités des comtes de Montpensier, tableaux qui, s'ils étaient à l'étranger,
dans quelque ville d'Italie, au lieu d'être dans le centre de la France, attireraient
à eux seuls de nombreux touristes. Dans une des chapelles du pourtour du
chœur, à main droite, on voit au-dessus de l'autel un *Saint Sébastien* peint par
André Mantegna. Ce tableau, l'un des plus beaux de ce maître qui existent en
France, ne déparerait certes pas la collection du Louvre et brillerait même à côté
des deux sujets allégoriques, le *Parnasse* et la *Sagesse victorieuse des vices*, qui
sont un si bel ornement de notre musée de peinture. Il commence, au reste, à
être connu, et même il est signalé dans les *Guides Richard*. Aussi est-il traité
avec soin et considération. Le curé d'Aigueperse l'a fait recouvrir de rideaux qui
le préservent et qu'on écarte avec beaucoup de complaisance pour les visiteurs. »

La suite de l'article concerne surtout le tableau de B. Ghirlandajo dans la
même église, signalé d'abord par Mérimée (qui ne dit rien du *Saint Sébastien*)
dans son *Voyage en Auvergne* (1837, p. 381). Cette œuvre importante n'est mentionnée ni dans la deuxième édition de l'ouvrage de Crowe et Cavalcaselle par
E. Hutton (1909), ni dans le *Ghirlandajo* de G. Davies (1908); mais elle a été
étudiée par P. Mantz (*Gazette*, 1886, II, p. 381) et notée d'après lui par
E. Muntz (*L'âge d'or*, p. 649). De François Lenormant, pas un mot. Je copie
ces lignes de son article (*Athenaeum*, 1854, p. 686) :

« L'automne dernier, voyageant en Auvergne, mon père et moi, nous nous
arrêtâmes pour visiter l'église d'Aigueperse. Après avoir payé notre tribut d'admiration au *Saint Sébastien*, nous remarquâmes cette seconde peinture, dont la
vigueur et le style, assez original, nous frappèrent. En l'examinant avec plus de
soin, nous aperçumes qu'au sommet, vers l'angle de droite, le peintre avait
simulé un papier déroulé comme pour y mettre sa signature. Cette découverte
piqua ma curiosité; m'élevant un peu à l'aide d'un marchepied, je parvins à
déchiffrer les mots suivants écrits d'une assez belle écriture du xv° siècle : *Je
Benedit de Guirlandaye Florentin ay faict de ma main ce tableau l'an MCCCCLX
et dix dans la maison de Monseigneur le Conte de Monpensier, dauphin d'Auvergne.* »

P. Mantz, qui a cru découvrir cette inscription (p. 384), en a donné une transcription non seulement mauvaise, mais ridicule : *Je Benedit a Guirln-ndaje florentin ay fait de ma main ce tablautin* (sic!) *mil CCCC.... a b n* (sic!) *la maison de Monseigneur le connet.. Montreau Daupin Dauvergne »* (*Gazette*, 1886, II, p. 384).

Mantz trouve que le mot *tablautin* est « imprévu » (p. 385). Il dit ne pouvoir lire la date, que Fr. Lenormant semble avoir déchiffrée sans hésitation (1470). Les mystérieuses lettres *a b n* lui paraissent signifier *à Bourbon l'Archambault* et il imagine que le « connétable » est Jean II de Bourbon, fils de Charles I et. d'Agnès de Bourgogne, connétable en 1483, mort en 1488. En 1911, Venturi (*Storia*, VII, I, p. 768) ne connaît le tableau d'Aigueperse que par Mantz et reproduit, en la défigurant encore, sa mauvaise lecture. Avant Venturi, qui paraît n'en rien savoir, Warburg-s'était occupé du Ghirlandajo d'Aigueperse (*Rivista d'arte*, 1904, p. 85) et en avait publié une très médiocre reproduction; mais lui aussi ne connaît que la mauvaise copie de P. Mantz et se garde, avec raison, de la commenter.

Fr. Lenormant a naturellement songé à Louis Ier de Bourbon, comte de Montpensier, dauphin d'Auvergne, qui fut enterré en 1486 dans l'église d'Aigueperse (p. 685). Sa lecture — peut-être interpolée — a du moins l'avantage d'être raisonnable, tandis que celle de Mantz ne l'est pas et ne fait même pas état des deux derniers mots.

Le reste de l'article de François Lenormant concerne la chronologie de Benedetto Ghirlandajo qui avait, suivant lui, subi l'influence de Hemmlinck (Memling). Avec Waagen, il attribue à Hemmlinck et place entre 1451 et 1460 l'exécution à Paris même, par Hemmlinck, du rétable du Parlement, aujourd'hui au Louvre.

« Il est probable que Benedetto del Ghirlandajo, qui avait dû recevoir les leçons de Hemmlinck avant 1470, avant qu'il ne fût établi à Bruges, était né vers 1440 ; peut-être alors avait-il connu à Paris, entre 1451 et 1460, le peintre de la chàsse de Sainte-Ursule. »

Ces hypothèses n'ont plus aujourd'hui qu'un intérêt historique; encore n'est-il pas inutile de les signaler aux futurs auteurs de catalogues, comme aux admirateurs — j'espère qu'il en reste — du génie encyclopédique de Lenormant.

S. REINACH.

Ponctuation.

« La ponctuation est une interprétation. Les jeunes gens arrivent à l'Université sans avoir un soupçon de ce que c'est que ponctuer. Dans les imprimeries, les protes ignorent les règles que l'on enseignait autrefois à l'école primaire. »

Cela se lit, sous la plume d'un connaisseur éminent, dans la *Revue critique* (1917, II, p. 137). Plaintes justifiées, j'en sais quelque chose ! La revision d'une ponctuation fantastique est une des tâches les plus fastidieuses qui incombent aux directeurs de notre *Revue*. Nos collaborateurs et correspondants voudraient-ils un peu s'en inquiéter ?

S. R.

BIBLIOGRAPHIE

V. Giuffrida-Ruggeri. *Anthropologia e archeologia in taluni riguardi della preistoria europea* (extr. de l'*Archivio per l'Anthrop.*, XLVI, 1916). In-8, 31 p. — Cette brochure comprend trois petits mémoires et une conclusion. 1° *Ipsistenocefali* (hyperdolichos) *et brachys dans la Sardaigne préhistorique.* Ce type, antérieur au type méditerranéen, se trouve dans le pleistocène et a survécu en Europe (pays de Galles, Portugal). M. G. Ruggeri y voit un type équatorial et le qualifie de proto éthiopique. Il s'est également rencontré à Anghelu Ruju près d'Alghero en Sardaigne (2000 1500 av. J.-C.). Cette île présenterait les stratifications ethnographiques suivantes : *a*) *Prénéolithique.* Hyper-dolichos proto-éthiopiens, peu nombreux. *b*) *Néolithique.* Dolichos mésatis et type méditerranéen. *c*) *Enéolithique.* Shardanas méditerranéens, avec une minorité de brachys. — 2° *La brachycéphalie maritime et la distribution des dolmens en Europe.* L'auteur discute un mémoire de Patroni sur l'origine des nuraghes, mis en rapport avec les cabanes murées et à coupoles originaires de Chaldée (*Atene e Roma.* XIX, 1916, n. 211-213) et un travail récent de M. Peake (*The origin of the Dolmen*, in *Man*, 1916, p. 116, sq.) qui fait intervenir une thalassocratie des environs de 2200 av. J.-C., ayant pour point de départ les îles du nord de la mer Egée et suivant les côtes de la Méditerranée à la recherche du cuivre et de l'étain. La Corse et la Sardaigne étaient situées sur ce parcours, qui suivait la route terrestre de Narbonne en Bretagne et qui était marquée par la présence de brachys bruns, constatés notamment par Collignon aux environs de Narbonne et sur le golfe de Saint-Brieuc. A ces brachys appartiendraient ceux d'Anghelu Ruju. — 3° *Les races européennes préhistoriques qui ont constitué les populations actuelles.* Encore à propos d'un article de M. Peake. Des trois races qui ont constitué la population de l'Europe (méditerranéenne, alpine et nordique), la race alpine serait venue d'Asie Mineure en trois vagues successives ; la première, vers la fin du paléolithique, serait parvenue jusqu'à Grenelle (Seine) et dans les Ardennes ; la seconde aurait occupé les hauts-plateaux du centre et de l'ouest de l'Europe (ce serait la vraie race alpine) ; la troisième se serait fixée dans la péninsule balkanique au nord du Danube, y constituant la race *dinarique* de Deniker (arménoïde). — 4° *Conclusions de l'auteur.* Faisant suite au plus ancien courant ethnique qui a passé par l'isthme de Suez et implanté la race dite méditerranéenne tant dans le nord de l'Afrique que le sud et l'ouest de l'Europe, deux autres mouvements ethniques de l'est à l'ouest, l'un maritime, l'autre terrestre, se sont produits à l'époque néolithique et énéolithique. Le premier a pour théâtre la Méditerranée ; parmi ceux qui émigrent ainsi, il y a une petite minorité de brachys qu'on peut suivre d'Asie mineure en Grèce,

Pouille, Sicile, Sardaigne, sud-ouest de l'Espagne, ouest du Portugal. L'autre mouvement se poursuit à travers les steppes et tundras du nord de l'Asie et de l'Europe jusqu'à la Baltique ; les émigrants sont les dolichos blonds qui trouvent sur la Baltique leur « aire d'intensification ». Plus tard, ces dolichos blonds émigrèrent du nord au sud et rencontrèrent la race méditerranéenne, non seulement dans l'Europe du sud et de l'ouest, mais dans les Canaries. Ces îles offrent deux types ethniques : un méditerranéen, avec minorité brachycéphale (arménoïdes de Luschan) ; un nordique, composé d'un petit nombre de blonds qu'on a rattachés à tort au type quaternaire de Cro-Magnon.

J'admire l'audace de ces Messieurs. Ne disposant que d'un tout petit nombre de crânes approximativement datés, oubliant ou niant que la forme du crâne, comme le squelette tout entier, peut être modifiée par des conditions de milieu que nous ignorons, mais dont l'action est certaine, ils lancent leurs dolichos et leurs brachys sur les grandes routes de terre et de mer, sûrs de convaincre les historiens par l'appareil de la crâniométrie et les crâniomètres par les témoignages de l'histoire. Il faut connaître ces théories, ne fût-ce qu'en substance ; mais on fera bien, je crois, de réserver son assentiment, non seulement sur les résultats prétendus, mais sur le principe de la méthode.

S. R.

F. H. Sterns. *The palaeoliths from the Eastern Desert.* Extrait des *Harvard Studies,* Cambridge, 1917, p. 48-82, avec 1 carte et 18 planches. — Description raisonnée d'une collection d'instruments en silex trouvés en 1914 par G. W. Murray dans le désert oriental de l'Égypte et distribuée entre l'Université de Londres et le Peabody Museum de Harvard. L'auteur a également tenu compte des trouvailles du même genre faites en 1877 à Luxor par H. W. Haynes (Peabody Museum). La plupart de ces instruments sont grossiers, avec des retouches sommaires ; quelques-uns rappellent les *coups de poing chelléens,* d'autres des types *moustériens.* Comme il n'y a pas de faune concomitante, on peut supposer, mais non affirmer, que ces objets sont contemporains de leurs similaires de l'Europe occidentale. Dans une addition est décrite une nouvelle série paléolithique provenant des environs de Thèbes (coll. R. de Rustafjaell). « Le contraste entre des instruments grossièrement taillés et assez lourds, d'une part, et, de l'autre, des instruments plus finement taillés et de formes plus symétriques, semble constituer la différence essentielle entre les silex de Thèbes et ceux du désert oriental. Cette différence correspond en gros à celle qu'on admet dans l'ouest de l'Europe, entre le Chelléen et l'Acheuléen... Peut-être la symétrie et le travail soigné indiquent-ils quelque instinct esthétique naissant chez les anciens primitifs du désert oriental » (p. 82).

L'auteur a travaillé lui-même avec beaucoup de soin ; mais je me demande si des objets d'un intérêt si restreint méritaient tant de belles phototypies. Des croquis sommaires, avec une seule planche de spécimens, nous en apprendraient tout autant. Je respecte infiniment ces vénérables cailloux, mais ne pense pas qu'ils doivent être traités comme des œuvres d'art.

S. R.

C. et J. Cotte. *La caverne de l'Adaouste.* Analyses de résidus organiques de l'époque néolithique (extr. des *Bull. de la Soc. d'anthrop. de Paris,* 15 mai 1917). — Très important travail. La caverne de l'Adaouste (commune de Jouques, Bouches-du-Rhône) est un des très rares gisements de l'âge de la pierre où l'on ait recueilli des grains de seigle. Les analyses minutieuses des déchets divers, auxquels les auteurs ont procédé, y ont permis de reconnaître la présence de l'avoine, du lin et du chanvre [1], ainsi que celle de la guède, plante tinctoriale dont le centre de production paraît être sur les bords de la Mer Noire. L'emploi du kermès (thérapeutique?) a été également constaté. Les habitants de l'Adaouste étaient surtout carnivores; mais ils se nourrissaient aussi de bouillies à base de farines de céréales ; ils savaient torréfier l'orge. « Nous retrouvons déjà, dans l'alimentation de l'époque préhistorique, les principes fondamentaux qui ont présidé à celle des débuts de l'époque historique. Ce recul de dizaines de siècles dans le passé nous prouve donc l'ancienneté de certaines préparations culinaires, dont plusieurs sont encore en usage de nos jours » (p. 41).

S. R.

L. Franchet. — *Rapport sur une mission en Crète et en Égypte* (1912 1913). *Céramique antique; recherches techniques appliquées à la chronologie* (Extrait des *Nouvelles Archives des Missions Scientifiques,* fasc. 15, 1916). 131 pp. et 6 planches. Paris, Imprimerie Nationale. — M. Franchet a rapporté d'une mission en Crète et en Égypte une série d'observations intéressantes sur la céramique antique. L'auteur est un professionnel, doublé d'un archéologue, auquel nous devons déjà de bonnes études sur l'industrie figuline des anciens, entre autres une *Céramique Primitive* (1911) qui à complété heureusement le *Traité* de Brongniart, trop pauvre en documents sur les séries préhistoriques. Dans ce nouveau travail il a envisagé successivement la céramique crétoise et la céramique égyptienne, parce qu'il fut amené à rechercher s'il y avait une filiation à établir entre ces deux industries ; mais sa conclusion est nettement négative sur ce point et il faut envisager séparément les deux régions.

En Crète la stratigraphie du terrain archéologique a fait l'objet des études approfondies de Sir Arthur Evans, l'heureux fouilleur de Cnossos, qui a établi des divisions chronologiques dont tous les archéologues usent couramment : Minoen ancien, Minoen moyen, Minoen tardif, chaque groupe étant à son tour divisé en trois séries (Minoen ancien I, II, III, etc.). M. Franchet n'a pas accepté ce groupement dans tous ses détails, et d'ailleurs il n'est pas le seul qui le discute. Il fonde sa classification sur l'industrie du bronze qui rentre dans les conditions générales d'une évolution qu'on observe chez tous les peuples [2]. Mais ces divergences n'ont pas, à mon sens, une importance très

---

1. Le chanvre était donc indigène en Europe longtemps avant l'époque de Hallstatt (cf. *L'Anthrop.,* 1898, p. 76).

2. La *Revue archéologique* a publié un article de M. Franchet sur la Chronologie crétoise, qui était un premier résumé des résultats de sa mission (octobre 1916, p. 217).

grande, si la série chronologique des objets reste la même. Or, sur ce point,
l'accord est fait.

Sans suivre l'auteur dans tous les développements techniques de son mémoire,
je citerai les parties les plus neuves de ses observations.

P. 13. Le néolithique ancien existe en Crète, avec outillage en calcaire et en
obsidienne, par exemple à Tripiti et dans la plaine Roussès (cf. p 63 et suiv.).

P. 19. La polychromie des vases crétois (dits de la période de Kamarès) est
amenée par l'emploi des marbrures en noir sur l'engobe rouge (poteries de
Vasiliki). La couleur noire se substitue peu à peu à l'engobe rouge et les
touches colorées conduisent à une palette variée en jaune, blanc, rouge.

P. 22. Le façonnage au tour commence à cette époque et se fait au moyen
d'une simple tournette, maniée à la main. encore en usage dans l'île ; puis on
pratique le tournassage, c'est-à-dire l'art d'amincir les parois du vase en enle-
vant des couches successives sur leur épaisseur avec une lame de métal ; on
arrive à obtenir des poteries d'une légèreté admirable, « en coquille d'œuf ».

P. 24. On remarque parfois la présence d'une plaque ajourée comme une pas-
soire. insérée dans le goulot du vase, à la base du col, et l'on y voit ordinairement un filtre. Ce dispositif existe encore aujourd'hui en Égypte et il a simplement pour but d'empêcher les mouches et autres insectes, qui pullulent dans
les pays chauds, de tomber dans le liquide que contient le récipient.

P. 28. La disparition du noir comme fond, après la période de Kamarès, est
due au perfectionnement du four qui conduit à l'emploi d'une atmosphère complètement oxydante. Le noir n'y peut pas subsister.

L'emploi de la faïence dans la fabrication de certains ex-votos d'un caractère
très artistique, comme les déesses aux serpents de Cnossos, n'est pas dû à une
importation de l'Égypte, car la technique en est tout à fait différente (cf. p. 79).
C'est une production indigène qui resta exceptionnelle et n'eut pas de suite.

P. 33. À la fin de la période du bronze (Minoen tardif I·I), on observe que
la pâte, l'engobe, le façonnage étaient de qualité supérieure, tandis que le
décor périclite ou devient banal. C'est que l'art céramique fait place à l'industrie céramique. Les relations commerciales se multiplient. Il faut produire vite
pour un grand nombre d'acheteurs et travailler pour l'exportation.

P. 35. Le début de l'âge du fer a vu naître des poteries du style géométrique
qui sont souvent remarquables par la beauté du style. Elles sont trop peu connues et étudiées, mais la plupart restent encore inédites et la publication en est
très souhaitable.

P. 37. Un tableau résume l'évolution et les progrès accomplis dans la fabrication céramique pendant les huit périodes étudiées.

P. 38. Série de remarques techniques sur le tournage des vases, sur les
formes successives du tour et sur la cuisson dans le four. Il en résulte que
certains disques épais, en pierre ou en terre cuite, interprétés comme des tables
d'offrandes (pl. I et II) sont plutôt des girelles, des supports sur lesquels on
faisait tourner le vase en le façonnant ; aujourd'hui encore, en Crète, on tourne
les grandes jarres à huile sur des tournettes de ce genre ; le four dont on se
sert a aussi un aspect tout à fait antique.

P. 55. L'*expression* d'argile « mal épurée », qu'on trouve répétée dans les ouvrages d'archéologie pour indiquer une pâte grossière et mêlée de graviers, est impropre, car c'est à dessein que les potiers anciens conservaient ou même ajoutaient à leur argile des débris de calcaire ou du sable, comme matières « dégraissantes » pour obtenir une pâte moins plastique et plus solide à la cuisson, surtout quand on fabriquait des pièces de grandes dimensions.

P. 57. L'auteur recherche si l'on peut distinguer la céramique d'usage domestique et la céramique d'usage cultuel. Il remarque que dans les chapelles des palais crétois on recueille des poteries et des idoles d'un caractère très grossier, même à l'époque des plus belles productions d'art; c'est peut-être par tradition et par rite religieux que certains objets du culte conservaient cet aspect primitif.

P. 73. Dans la plaine Roussès, où l'auteur fit des fouilles fructueuses, il a exploré un certain nombre de tertres ressemblant à des tombeaux, recouverts d'un lit de pierrailles, renfermant à l'intérieur une fosse rectangulaire ou circulaire, bordée par des blocs de pierre; mais ces fosses ne contenaient ni ossements ni offrandes; seulement dans les terres de remplissage on recueillait des morceaux de poteries de l'âge du bronze ancien. M Franchet est convaincu que ces tertres n'ont jamais contenu de corps inhumés; de semblables découvertes ont été faites en Grèce, en Italie, même en France; mais les explications proposées ne paraissent pas jusqu'à présent satisfaisantes.

P. 79. Dans la même plaine fut déblayé un four, datant de l'âge du bronze, qui contenait une matière vitrifiée ayant exactement la couleur de la glaçure verdâtre des déesses aux serpents de Cnossos, glaçure spéciale à la Crète et très différente de celle de l'Égypte.

P. 83. La deuxième partie du fascicule est consacrée à l'Égypte. Les recherches ont porté en particulier sur les débris céramiques amoncelés à Karnak, au sud-ouest du temple d'Ammon, depuis la période thinite jusqu'à l'époque gréco-romaine. L'auteur montre comment ont été fabriquées, d'après lui, les poteries rouges à bords noirs qui caractérisent l'âge préhistorique et dont plusieurs musées possèdent aujourd'hui des spécimens; il repousse à ce sujet les explications proposées par M. Fl. Petrie et par M. Guimet. Chemin faisant, dans la couche du Moyen-Empire, il a déterré deux statues dont l'une (pl. III) est un beau type de la statuaire égyptienne et représente le majordome Si-kar-hir-ka assis, les mains sur les genoux, le visage un peu émacié et vieilli.

Pour la période ptolémaïque signalons un fragment de vase en pâte de verre bleu, avec ornements en imbrications et en fleurs de lotus stylisées du plus bel effet décoratif (p. 117, pl. V).

Le livre se termine par des notes sur l'industrie actuelle des potiers égyptiens, sur leur outillage et la disposition de leurs fours.

E. POTTIER

Pericle Ducati. *Saggio di studio sulla ceramica attica figurata del secolo IV av. Cr* Rome, Tip. dei Lincei, 1916; in-4°, 162 p., avec 9 planches et 20 fig. (extr. des *Mem. dei Lincei*, ser. V, vol. XV). — Quand on ne sut plus faire *beau*, on fit *riche.* A cet égard, le vase de Xenophantos est assez typique de

cette industrie céramique déclinante du iv° siècle, où l'individualisme disparaît
devant des traditions d'atelier, où la polychromie, la dorure, le relief et d'autres
enjolivements un peu faciles se substituent à l'originalité, à la sévérité ou à la
grâce du dessin. M. P. Ducati, sans chercher à publier des spécimens nouveaux de cet art, répartit en séries (qui pourront et devront s'accroître) ceux
qui ont déjà été publiés et en met en évidence les caractères [1]. Il y a là un
travail de *raccolta* et de classification très estimable, dont l'utilité est encore
accrue par d'excellentes et nombreuses illustrations. — Comment expliquer
cette décadence rapide de la céramique athénienne à l'époque même où floris-
saient Scopas, Praxitèle et Apelles ? Pourquoi les artistes dessinateurs d'autrefois ont-ils fait place à de médiocres barbouilleurs ? Il est difficile de ne pas
voir dans ce phénomène un des effets indirects de la guerre du Péloponnèse et
de la ruine économique d'Athènes ; mais il doit y avoir encore d'autres causes,
sans doute d'ordre religieux, qui restent à préciser ou plutôt à découvrir.

S. R.

George H. Chase. — *Catalogue of Arretine Pottery (Museum of fine Arts,
Boston)*. In-4°, 112 pp., 30 pl. Boston et New-York Houghton Mifflin Com-
pany, 1916. — Ce catalogue, bien illustré, contient la description d'une importante collection formée au Musée de Boston, avec des spécimens variés de la
poterie romaine d'Arezzo. Les produits de cette fabrique célèbre ne nous parviennent pour la plupart qu'en fragments ; ceux qu'on voit dans les planches 23
à 30 méritent d'être comparés, pour la beauté du style, aux admirables pièces
qui ont été recueillies à Arezzo même et publiées par M. Pasqui dans les
Notizie degli Scavi, 1884. Les vases entiers sont tout à fait rares ; on a pu en
reconstituer quelques-uns avec de nombreux fragments, le plus souvent com-
plétés par des restaurations (pl. 1 et 2). Mais cette pénurie est compensée ici
par une série de moules, dont beaucoup sont absolument intacts et dont on a
tiré des épreuves qui mettent sous nos yeux des bols ou des couvercles de
vases complets, portant leur décoration intégrale de figures, de masques, de
plantes et de guirlandes en relief (pl. 3 à 22).

J'ai eu l'occasion de voir à Paris des moules du même genre, apportés d'Italie.
Ils étaient dans un état de fraîcheur extraordinaire et n'avaient évidemment
jamais servi. Ni les fragments de moules que nous possédons au Louvre, ni
ce que j'ai vu au Musée d'Arezzo, quand je l'ai visité, ne présentent un aspect
semblable. Il faut donc supposer que des fouilleurs auraient mis la main sur
un outillage de potier, qui était resté chez le fabricant sans être encore utilisé,
et cette circonstance anormale exigerait qu'une enquête sérieuse fût faite sur
place, pour se rendre compte de l'existence d'un tel dépôt. Les personnages et
les ornements sont d'une exécution remarquablement fine et soignée ; ils
répètent souvent des sujets connus, mais ils présentent aussi des détails de
style qui ne sont pas entièrement conformes à ce que l'on connaît.

---

1. En général, les sujets traités *glorificano la donna* (p. 158) ; c'est un caractère
qui se dégage très nettement.

La Préface de M. Chase reproduit, à peu de chose près, celle que le même savant avait placée en tête de son Catalogue de la *Collection Loeb*, publié en 1908 (voir la *Revue archéologique*, 1908, II, p. 151). M. Chase y a résumé l'histoire des vases arrétins et en a expliqué les procédés de fabrication. Il y a joint des renseignements fort intéressants sur les écrits les plus anciens qui mentionnent la découverte de cette céramique. Dès 1282, dans un *Libro della Compositione del Mondo*, un citoyen d'Arezzo, Ser Ristoro, signale des vases trouvés dans la ville ou dans le voisinage et portant toutes sortes de figures en relief, des plantes, des fleurs, des animaux, des personnages. « Quand quelques-uns de ces fragments, dit l'auteur, viennent aux mains de sculpteurs, d'artistes ou de connaisseurs, ils les considèrent comme des reliques sacrées et ils admirent que la nature humaine ait pu atteindre un si haut degré d'habileté dans l'exécution; ils disent que les hommes à qui on les doit étaient des êtres divins ou que ces vases sont tombés du ciel. »

Tel était l'enthousiasme excité par cette découverte au xiii° siècle. Le texte mérite l'attention, car on s'est souvent demandé où les sculpteurs de cette époque avaient puisé leur inspiration pour reproduire des costumes et des figures antiques; on pense surtout aux sarcophages romains, d'un art si souvent médiocre. Il est certain que dans les beaux fragments d'Arezzo ils pouvaient trouver des modèles d'un style beaucoup plus pur, avec des draperies et des attitudes d'un goût parfait.

Dans une *Cronaca Fiorentina* de 1348 un autre écrivain, Giovanni Villani, fait allusion aussi aux vases d'Arezzo, si beaux « qu'il semble impossible de les attribuer à une main humaine » et il rapporte que de son temps on continuait à en découvrir. Ces trouvailles se poursuivirent au xv° siècle. Le grand-père de Vasari, du fameux auteur de la *Vie des Peintres*, mort en 1484, avait trouvé lui-même, à une petite distance d'Arezzo, parmi les restes d'un four antique, quatre vases complets et de nombreux fragments, avec un dépôt de la terre figuline qui servait à la fabrication; les vases furent donnés à Laurent le Magnifique et ce cadeau contribua à procurer les bonnes grâces des Médicis à la famille Vasari. En 1492 une fouille fructueuse fut faite en présence de Jean de Médicis, le futur pape Léon X; ce fait est signalé par Alessi dans un manuscrit de la Bibliothèque Riccardi de Florence; il y est fait mention pour la première fois des inscriptions (noms des fabricants) qui accompagnent les sujets représentés.

Nous apprenons donc, grâce à M. Chase, que les poteries d'Arezzo jouissaient déjà d'une grande célébrité dans le monde artistique d'Italie, non seulement au temps de la Renaissance, mais dès l'époque de Nicolas de Pise. Nous pensons que les historiens de l'art doivent faire leur profit de cette indication. Par exemple, à la cathédrale de Florence, la porte de la *Mandorla* contient dans de charmants rinceaux des amours dansants, des bustes de figures mythologiques, une Vénus nue, vue à mi-corps, qui semblent empruntés à quelque bol d'Arezzo plutôt qu'à un sarcophage romain. Il est curieux de constater que la décoration de ce portail, commencée par Giovanni d'Ambrogio, fut achevée de 1402 à 1403 par un « Arétin » établi à Florence dès 1338, Nicola di Piero Lambert

(André Michel, *Histoire de l'Art*, II, p. 649-650, fig. 400). Peut-être y a-t-il d'autres découvertes à faire dans cette voie.

E. Pottier.

L. Pareti. *Storia di Sparta arcaica.* Parte I. Florence, Libreria Internazionale, 1917. Gr. in-8, 276 p. — Travail très considérable, témoignant d'énormes lectures et, dans les questions très obscures, d'une réserve toute scientifique. L'auteur est également informé des textes historiques, des inscriptions et des découvertes archéologiques les plus récentes. Un second volume est annoncé qui doit traiter des institutions spartiates. Celui-ci est divisé en trois chapitres : *I. Les populations préhelléniques et prédoriennes en Laconie. II. L'invasion et la colonisation dorienne*[1]. *III. Lacédémone et Sparte. La conquête spartiate de la Laconie et de la Messénie.* Un appendice concerne la colonisation de Cyrène ; à l'encontre de beaucoup d'auteurs modernes, M. Pareti n'admet pas que les mythes cyrénéens puissent servir à reconstituer des chapitres d'histoire, sur quoi l'on sera tout disposé à penser comme lui.

J'aurais voulu quelques pages d'introduction pour orienter le lecteur dans cette longue série un peu touffue de discussions. Quand cet ouvrage sera terminé et pourvu d'un bon index, on en fera fréquemment usage ; mais il faudra toujours du courage pour le lire d'un bout à l'autre et y découvrir les opinions personnelles de l'auteur.

S. R.

Biagio Pace. *Arti ed Artisti della Sicilia antica.* Rome, Lincei, 1917. In-4°, 165 p., avec 4 pl. et 93 fig. (extr. des *Memorie dei Lincei*, XV, 6, 1917). — A l'exception de quelques graveurs de coins monétaires, les artistes siciliens ne nous sont guère connus que par leurs œuvres. Il a existé dans cette île, depuis les débuts de la colonisation grecque jusque sous l'Empire romain, une activité artistique continue que les textes littéraires n'éclairent pas. Mais le nombre des monuments encore debout ou recueillis au cours de fouilles est si considérable qu'il est possible, à défaut d'autres documents, d'esquisser l'histoire de l'art en Sicile. C'est ce qu'a fait le premier M. Biagio Pace, professeur à Palerme, qui joint à une information très exacte le don de la clarté et celui de mettre en lumière les points essentiels. L'utilité de ce travail de synthèse est rehaussée par une illustration abondante, sinon irréprochable, où les œuvres de l'art plastique et les monnaies ont été l'objet d'une attention particulière (l'architecture est traitée plus sommairement). L'auteur promet de publier, à titre de complément, une histoire des recherches archéologiques en Sicile, qui sera sans doute

---

1. P. 104 : « Il ne paraît pas douteux qu'il faille parler d'une migration achéenne et non dorienne. Le nom de Dorieus fut adopté tardivement, après 8 0, par la partie des Achéens qui, au début de l'époque historique, se sentaient plus apparentés à la Doride asiatique. Ce nom ne passa pas aux habitants de l'Achaïe et aux autres Achéens plus septentrionaux parce que ces régions étaient, géographiquement, moins exposées aux influences asiatiques et insulaires. » C'est, en somme, la théorie de Beloch.

fort intéressante, car les découvertes faites dans cette île, avant M. Orsi et
depuis, ont constitué un facteur important des progrès de nos études, même sur
le terrain de la protohistoire. Quelques sculptures inédites ont été reproduites
dans ce mémoire : p. 42, une Artémis archaïque de Sélinonte (relief) ; p. 159,
un bélier en bronze de la collection Carapanos à Athènes, etc. Il n'est pas toujours facile de se reporter des gravures au texte qui les concerne (c'est à peu
près impossible pour les planches) et j'ai trouvé l'index incomplet sur deux
points (le mot *Satiro* manque, avec le renvoi nécessaire à la p. 84, 548 ; de
même, le mot *Gaggera* fait défaut, bien qu'il figure sur les légendes des pl. I
et II et dans le texte).

S. R.

Porphyre. *L'antre des nymphes, traduit du grec en français par* **J. Trabucco**,
*suivi d'un essai sur les grottes dans les cultes magico-religieux et dans la
symbolique primitive par* **P. Saintyves**. Paris, Emile Nourry, 1918; in-8,
262 p. — Il était utile de mettre en français le petit écrit de Porphyre ; mais
nous aurions voulu une courte notice sur l'auteur, l'indication du texte que
l'on a suivi, celle de l'usage qu'on a pu faire de traductions antérieures, etc. (il
y a beaucoup d'excellentes choses sur Porphyre dans la très rare traduction de
Plotin par Bouillet, qui devrait être réimprimée). L'essai de M. Saintyves est
extrêmement érudit, mais d'une érudition un peu confuse et qui semble parfois
indifférente à la qualité. L'auteur croit que le culte des cavernes, considérées
comme un abrégé du *Cosmos*, comme l'antichambre des enfers et des cieux,
remonte à l'époque quaternaire, que les grottes sacrées et en particulier les
antres palestiniens témoignent à la fois de l'unité de l'esprit humain et de la
constance des traditions rituelles. A ses yeux, on a tort de considérer les primitifs comme incapables d'idées profondes, car celle du *mana* les synthétise et
les implique toutes « Aristote, Paracelse, Spinoza ne sont grands que pour
avoir rejoint, malgré les obstacles qu'y apportait la science de leur époque
dont il fallait dominer le chaos, la doctrine du *mana* » (p. 253). M. Saintyves
est symboliste, mais pas tout à fait suivant la doctrine qui florissait à la fin du
xviii° siècle : la science du folklore et la sociologie de l'école de Durkheim ont
modifié ses idées. Pour les discuter, il faudrait un volume : je me contente de
dire qu'elles ne sont pas négligeables et que le chapitre sur les antres d'Adonis,
la grotte de Bethléem, etc , mérite notamment d'être lu de près[1].

S. R.

W. Deonna. *Les croyances religieuses et superstitieuses de la Genève antérieure au christianisme* (extr. du *Bull. de l'Institut national genevois*, t. XLII,
1917; p. 206-526, avec 101 fig) — Depuis la « magie paléolithique » jusqu'au culte des saints et à la sorcellerie moderne, M. Deonna passe en revue

---

1. Je signale aussi cette idée plausible que les ignominies attribuées par Juvénal aux *cultrices* de la *Bona Dea* seraient des actes rituels mal compris ou
calomniés à plaisir (comme ceux des chrétiens à la même époque).

les monuments découverts dans le canton de Genève, en les rapprochant de monuments découverts ailleurs, où il croit retrouver l'expression symbolique de pen-ées religieuses et de cultes préhistoriques, notamment celui du soleil. Amulettes et pendeloques, croissants, épingles, coquilles, ornements géométriques et animaux stylisés, sans compter les gemmes, reliefs et statuettes d'époque romaine, fournissent les amples matériaux de cette étude, où l'auteur a fait preuve de son érudition coutumière. Ceux même qui trouveront de l'intempérance à son symbolisme, auquel rien n'échappe, pas même les manifestations les plus innocentes de l'instinct décoratif, consulteront avec intérêt cette riche collection de témoignages, éclairée par un grand nombre de petites figures. — M. Deonna écrit (p. 329) : « C'est bien le disque solaire que l'on reconnaît dans ces pendeloques en bronze des stations lacustres de Genève de l'âge du bronze, composées d'un anneau avec un œil de suspension ; leur sens talismanique, pas moins que celui des pendeloques de même provenance en forme de hache et de croissant, ne saurait prêter au moindre doute. » Que les pendeloques aient reçu un sens talismanique, cela est certain ; mais qu'un anneau avec œil de suspension représente le soleil, qu'une pendeloque triangulaire rappelle le culte égéen de la hache, cela me semble tout à fait excessif et inadmissible [1].   S. R.

M. Chaillan. *L'oppidum de la Teste-Nègre aux Pennes.* D'après les découvertes et les reconstitutions de **G. Vasseur** (extr. des *Annales de la Faculté des Sciences de Marseille*, t. XXIV, 2). Marseille, Ruat, 1917. In 4°, p. 29-53, avec 12 planches. — A 18 kilomètres de Marseille, dans la commune des Pennes, le regretté G. Vasseur a exploré un oppidum ligure, composé de petites cases avec soubassement de pierres brutes, très riches en fragments de poterie, qui furent détruites par un incendie (probablement lors de l'expédition romaine de 124) et subitement abandonnées. On y a trouvé, outre un grand nombre de poteries indigènes, d'amphores et d'autres vases d'usage de fabrique grecque, des céramiques campaniennes, des serpes et haches de fer, des fusaïoles, une lampe de bronze, etc. Les objets les plus remarquables sont une gargoulette grecque surmontée d'une tête humaine, de beaux fragments de bracelets avec la décoration caractéristique de Latène et un avant-bras avec main en corail, amulette percée d'un trou de suspension. Pas de silex, en dehors de cinq hachettes polies en serpentine qui pouvaient servir de phylactères ; pas de monnaies romaines, mais seulement quelques oboles et bronzes de Marseille, ainsi qu'une variété inédite du petit bronze des *Cœnicenses*, au monogramme ME (liés). M. l'abbé Chaillan a publié ces objets (restitués en partie) avec grand soin, en les faisant précéder d'un texte qui met en œuvre les notes de G. Vasseur. Une introduction, due à M Pottier, rend justice, une fois de plus, aux mérites éminents de ce chercheur [2].   S. R.

---

1. Du même auteur et dans le même esprit, *Survivances ornementales dans le mobilier suisse*, extr. des *Archives suisses des traditions populaires*, t. XVI (1917).

2. P. 51, M. Chaillan parle de « fibules variées » et d'une fibule à queue ornée

E Jeanselme. *De la protection de l'enfant chez les Romains.* Paris, Masson, 1917; in-8, 94 p. — Travail sérieux et bien informé, quoique nécessairement un peu sommaire; pour traiter la question dans tous ses détails, ce ne serait pas trop d'un gros volume. Les quelques lignes concernant le mariage des soldats (p. 67) sont assurément insuffisantes pour donner une idée de cette question controversée. Sur l'avortement, sur l'infanticide, il y aurait eu bien autre chose à dire, ne fût-ce que pour montrer comment la sagesse païenne avait proposé des solutions différentes à des questions qui sont encore litigieuses. On parle trop facilement de « la dépravation de la société romaine » (p. 39), jugée en bloc d'après des déclamations stoïciennes Je ne crois pas exact de dire que la prostitution ait alors « gagné tous les rangs » et que les vices contre nature aient été « tolérés, même excusés par l'opinion ». Les honnêtes femmes, celles qui n'ont pas d'histoire, ont été certainement bien plus nombreuses que les autres, même à Rome et dans l'aristocratie; l'image qu'on se fait d'ordinaire de la corruption impériale n'est pas compatible avec le tableau de la bonne société que l'on trouve dans les *Lettres* de Pline. Je crains que M. Jeanselme n'ait pas toujours vérifié ses textes: ainsi il dit que Sénèque admet dans quelques cas l'infanticide. et il renvoie au *De Ira*, lib. IX, cap 12. Le *De Ira* n'a que trois livres; le texte visé est I, 15, et aurait dû être transcrit, car il s'agit de monstres, de véritables déchets humains qu'on élimine et Sénèque estime cet usage conforme à la raison (faut-il le nier?) : *Portentosos foetus exstinguimus, liberos quoque, si debiles monstrosique editi sunt, mergimus. Non ira, sed ratio est, a sanis inutilia secernere.*

S. R.

Stéph. Gsell. *Textes relatifs à l'histoire de l'Afrique du Nord. Fasc. I. Hérodote.* Paris, Leroux, 1916; in-8, 253 p., avec 1 planche. — Voici un nouvel et éclatant service rendu aux études africaines par le savant auteur. Nous trouvons ici, dans un format commode : 1° les textes d'Hérodote sur la Berbérie proprement dite (Tunisie, Algérie, Maroc), avec traduction française; 2° un commentaire très développé et dont l'information, comme on pouvait s'y attendre, ne laisse rien à désirer ; 3° les fragments d'Hécatée relatifs à la Libye (en grec seulement); 4° un excellent index. Aucun travailleur s'occupant de la Berbérie antique ne peut se passer de ce livre, qui rectifie sur nombre de points le tome Iᵉʳ de Tissot et met en œuvre, avec discernement, les publications des trente dernières années. Ne pouvant signaler tout ce qu'il apporte de nouveau, je me contente d'indiquer la doctrine de M. Gsell sur la question infiniment obscure du lac et du fleuve Triton. Alors que Tissot pensait au Chott el Djerid, Rouire aux lagunes voisines d'Hergla, Bertholon à un lac entre Utique et Carthage, M. Gsell revient à l'opinion de Mannert, d'Avezac, de Meltzer et de C. Müller : le lac Triton serait la petite Syrte, le golfe de Gabès ; l'île de Phla serait l'île de Djerba. Mais où est alors le fleuve Triton ? Celui que signale

de deux disques de corail; mais il n'en donne ni dessin ni photographie. Ici encore, comme à Ensérune, les objets qu'on peut qualifier de gaulois appartiennent à la première période de Latène.

Ptolémée, débouchant dans la petite Syrte, serait la courte rivière appelée
Oued el Akarit; mais nous sommes loin du vaste fleuve sortant du mont Ousalaiton (d'après le même auteur) et formant les lacs Libye, Pallas et Tritonitis.
M. Gsell a raison de dire que le système hydrographique décrit par Ptolémée
ne répond à rien de réel ; les lacs du sud de la Tunisie ne sont reliés par aucune
rivière et n'ont jamais communiqué avec la mer.

S. R.

Dr Carton. *Douzième chronique d'archéologie barbaresque* (1913 1914). —
Treizième chronique, etc. (1914-1916). Extr. de la *Revue tunisienne*, 1915,
1917. In-8, 38 et 35 p. — On lira avec intérêt ces résumés substantiels (où
pourtant certaines réclamations personnelles tiennent trop de place) de la
besogne archéologique accomplie dans l'Afrique du nord française à la veille
de la Grande Guerre et pendant les deux premières années. Les publications
relatives à cette branche de nos études continuent à s'éparpiller dans un grand
nombre de recueils : *L'Anthropologie*, la *Revue archéologique*, les *Archives des
Missions*, les *Comptes-rendus de l'Association française* (AFAS.), le *Bulletin
archéologique*, le *Bulletin géographique*, les *Bulletins et Mémoires des Antiquaires*, les *Bulletins d'Oran* et de Sousse, les *Cahiers d'archéologie tunisienne*,
les *Comptes-rendus de l'Académie*, les *Mélanges de Rome*, les *Mémoires de la
Soc. acad. de Lille*, la *Revue africaine*, le *Recueil de Constantine*, la *Revue
d'ethnographie*, la *Revue tunisienne*. Et cette dispersion est facilitée par des
subventions officielles accordées trop facilement à des publications qui font
double, triple ou quadruple emploi avec d'autres. J'oubliais les *Archives de
l'Institut Pasteur de Tunis*, 1916, p. 149 et suiv., où Mme Marthe Conor, nous
apprend le Dr Carton, « a recueilli tous les renseignements que nous a laissés
l'antiquité sur les sauterelles, avec reproduction des figurations, sur mosaïques et lampes, de cet animal. » Combien un pareil travail est à sa place dans
les *Archives de l'Institut Pasteur* ! Vraiment, pour mettre un terme à ce désordre et à ce gaspillage, il faudra un jour le bon sens rude d'un Victor Duruy.

S. R.

A. M. Tallgren. *Collection Tovotsine des antiquités préhistoriques de Minoussinsk, conservées chez le Dr Karl Hedman à Vasa. Chapitres d'archéologie sibérienne.* Helsingfors, Société Finlandaise d'archéologie, 1917. In-4°, 93 p., avec
12 planches. — Cet ouvrage est dédié à la mémoire de Dmitri Alexandrovitch
Klementz, qui, déporté politique à Minoussinsk, commença sa carrière scientifique par une monographie des antiquités de cette région. La collection
Hedman, ici décrite avec détail, a été acquise en bloc de l'antiquaire I. P.
Tovotsine de Minoussinsk en 1916 ; d'autres objets sibériens, recueillis par le
même chercheur, ont été achetés par Aspelin (pour la Société finlandaise d'archéologie), par la comtesse Ouvarov à Moscou, les Musées Alexandre III
(Pétrograd) et de Kiev, etc. La province archéologique de Minoussinsk s'étend
des deux côtés de l'Iénisseï, à environ 300 kilomètres vers l'Est et vers
l'Ouest. Ces steppes ont été habités par diverses tribus turques et tartares
avant de recevoir des immigrants russes ; ils ont donné un très grand nombre

d'antiquités, déjà connues en France par le catalogue de F. R. Martin, *L'âge du bronze au Musée de Minoussinsk* (Stockholm, 1913, sans texte) et par les *Antiquités du nord Finno-ougrien* d'Aspelin (Helsingfors, 1877, fig. 138-351). M. Tallgren croit que l'âge du bronze *ouralien* est tout à fait distinct de l'âge du bronze *altaïque* ; tout en acceptant, comme un fait, l'influence gréco-scythique, il n'admet pas, avec Farmakovsky, que le style « animal scythique » soit entièrement *ionien-olbien*, né dans la Russie méridionale, mais en cherche l'origine, comme Ch. de Linas et moi, dans la région du Turkestan russe actuel. — Parfaitement documenté, avec sa longue introduction, ses descriptions précises et ses belles planches, ce volume est désormais de ceux auxquels il faudra toujours recourir quand on s'occupera des bronzes sibériens, dont l'importance est d'autant plus grande pour l'archéologie générale qu'il y a là comme un trait d'union entre l'Europe hellénisée et l'Extrême-Orient.

S. R.

J. Coggin Brown. *Catalogue of prehistoric antiquities in the Indian Museum*. Simla, Central Press, 1917 ; in-8, 155 p. et 10 pl. — Très utile catalogue de la collection préhistorique de Calcutta, précédée d'une notice fort instructive. Les planches donnent des spécimens intéressants du paléolithique de l'Inde (quartzites de types chelléens et moustériens), du néolithique (trapp) et des outils de très petite taille (*pygmy flakes*, en forme de virgule)[1], enfin de l'âge du cuivre (hachettes de cuivre et ornements d'argent). « Le sud de l'Inde n'a jamais connu d'âge du cuivre et du bronze ; d'après l'état actuel des recherches, le néolithique y passe directement à l'âge du fer, en sorte que les nombreux objets de bronze provenant des nécropoles du sud n'appartiennent pas à une période caractérisée par l'usage exclusif de cet alliage. » En revanche, dix-huit sites· du nord de l'Inde ont donné des instruments en cuivre pur. Dans le district de Balaghat (Provinces centrales), à Gungeria, on a trouvé 424 instruments en cuivre martelé de formes diverses, accompagnés de très minces objets en argent ; ce dépôt, bien que découvert au sud de la Nerbudda, doit être mis en relation avec la civilisation du nord de l'Inde. D'instruments en bronze, l'Inde n'a encore donné que sept spécimens, dont aucun n'est au Musée de Calcutta. Le fer est d'un usage très ancien dans le nord-ouest (vers l'an 1000 av. J.-C.), mais plus récent d'au moins trois siècles dans le sud. — En somme, notre connaissance du préhistorique indien est encore très rudimentaire ; mais le peu qu'on en sait suffit à prouver que le nord-ouest de la péninsule, soumis aux influences babyloniennes, n'influa que tardi-

---

1. Ces petits outils sont très abondants dans les contreforts des monts Vindhya ; ils sont souvent en agate, en jaspe et en calcédoine. Beaucoup ont été trouvés à la surface du sol, dans des abris sous roche et des tumulus qui contenaient des ossements mêlés à de la poterie. Dans quelques cavernes qui ont donné de petits outils, les parois et la toiture étaient ornées de peintures rouges grossières (hématite) ; des peintures analogues, représentant des scènes de chasse, se rencontrent dans les monts Kaimur et près de Raigarh. L'hématite est fréquente dans les stations néolithiques du Dekkan ; on a aussi trouvé deux palettes sur lesquelles l'hématite était broyée et mêlée à de l'eau.

vement et faiblement sur le centre et le sud. Les dolmens sont en grand nombre dans l'Inde centrale et méridionale (2000 dans le seul district de Bellary); mais M. C. Brown pense, avec d'autres archéologues, qu'ils appartiennent presque tous à l'âge du fer et aux temps modernes (p. 7).   S. R.

Louis Bréhier. *L'art chrétien. Son développement iconographique des origines jusqu'à nos jours.* Paris, Laurens, 1918. Gr. in 8, 456 p. avec 241 gravures. — Voici encore un de ces ouvrages de synthèse qui font honneur à notre science et à notre librairie, car on y peut louer à la fois l'originalité de la conception, l'art de la composition, l'érudition sûre et contenue, du bon langage et une exécution élégante.

Comme l'indique le sous-titre, ce n'est pas, au premier chef, une histoire de l'art chrétien, mais de l'iconographie chrétienne. L'histoire de l'art est celle des styles; l'histoire de l'iconographie est celle des types. Cette évolution n'est pas terminée; ses manifestations les plus récentes ont leur intérêt et ce n'est pas le moindre mérite de l'auteur d'en avoir nettement dégagé le caractère, ignoré sans doute des artistes même qui ajoutent encore de nouvelles pages au vieux livre.

Comparons, en effet, une composition religieuse de Puvis à une page des illustrations de Tissot pour les Évangiles. D'une part, c'est l'idéalisme symbolique; de l'autre, c'est le réalisme mystique. La tradition suivie par Puvis est celle qui prit naissance à Alexandrie, qui produisit l'art chrétien des catacombes, celui de l'Église triomphante, puis la magnifique floraison du xiii° siècle. La tradition de Tissot est celle du christianisme syrien, préoccupé de raconter plutôt que d'enseigner; c'est celle qui fleurit dans les monastères de l'Orient, dans l'art roman occidental, pour s'épanouir dans l'art de la Renaissance et l'art moderne, où le réalisme persiste d'abord sans le mysticisme pour redevenir mystique de nos jours.

Bien entendu, ces deux courants se sont rejoints plus d'une fois au cours des siècles et ont, si l'on peut dire, mélangé leurs eaux; le style abstrait a subi l'influence du style narratif, et inversement. Mais, si l'on regarde d'assez haut l'ensemble des monuments de l'art chrétien, on reconnaît combien est judicieuse l'idée maîtresse du livre de M. Bréhier et quel profit peut en tirer, à côté de l'histoire de l'iconographie, celle de l'art lui-même.

L'ouvrage est divisé en 14 chapitres, suivis d'une bibliographie, d'excellents index et d'une table des matières développée : les origines de l'art chrétien et les premiers symboles; les premiers développements de l'iconographie chrétienne; les symboles nouveaux de l'art triomphal; l'iconographie nouvelle de cet art; l'iconographie byzantine jusqu'à la querelle des images; l'âge d'or de l'art byzantin et la Renaissance des Paléologues; l'art dit encyclopédique en Occident du v° au xii° siècle (4 chapitres); l'art théologique et idéaliste du xiii° siècle; les origines byzantines et italiennes de l'art pathétique et pittoresque, du xiii° au xiv° siècle, dominées par le mouvement franciscain et les influences de l'iconographie byzantine; l'art réaliste et mystique du xv° et du xvi° siècle; l'art religieux des temps modernes après la Réforme et le Concile des Trente; l'art académique, le style baroque, les tentatives pour renouveler l'iconographie religieuse au xix° siècle.

Comme de raison, M. Bréhier doit beaucoup à MM. Diehl, Mâle et Millet, mais il profite avec indépendance des leçons de ses éminents devanciers. L'importance qu'il revendique pour les modèles byzantins en Occident est un des sujets où ses études personnelles lui ont permis d'apporter le plus de lumières. « Il faut admettre que l'art occidental, peu touché par l'influence de l'art byzantin officiel, a été au contraire en contact permanent avec l art monastique d'Orient. L'art italien était comme assiégé par les influences byzantines et orsqu'au xiii° siècle le mouvement franciscain amena dans les esprits une révolution morale, ce fut à cet art monastique byzantin que les artistes demandèrent les modèles iconographiques qui répondaient à l'aspect nouveau de la piété chrétienne » (p. 329).

Je m'en tiens là, mais si mes lecteurs sont bien inspirés, ils ne feront pas de même : ce beau livre est à lire d'un bout à l'autre et à méditer.

S. R.

J. A. Brutails. *Pour comprendre les monuments de la France.* Paris, Hachette. 1917. In 8, xvi-271 p., avec 340 gravures. — Précieux petit livre, que personne ne trouvera trop élémentaire et dont l'équivalent n'existait encore dans aucune langue. Ce sont, dit l'auteur, des « notions pratiques d'archéologie à l'usage des touristes ». Sans doute, mais ceux qui ne voyagent point s'en délecteront aussi. Partout se révèle la science solide d'un connaisseur émérite qui sait être bref parce qu'il est parfaitement informé. Quatorze chapitres : I. L'architecture en Gaule avant les Romains. — II. Analyse de la construction : la période gallo-romaine. — III. La période latine (400-1000). — IV. La période gallo-romane. — V. La période gothique. — VI. Renaissance et temps modernes. — VII. Analyse de la décoration : les sujets. — VIII. Les procédés. — IX. La mise en œuvre. — X. Edifices religieux. — XI. Edifices militaires. — XII. Eléments des édifices civils. — XIII. Edifices monastiques et édifices privés. — XI. Edifices publics. — Suit un très utile *lexique*, destiné à réagir contre « l'anarchie qui règne dans le vocabulaire archéologique », car « les ingénieurs parlent une langue, les architectes en parlent une seconde, qui s'éloigne de la première, les archéologues en parlent une troisième, sensiblement différente de l'une et de l'autre ». Ce n'est pas le *Lexique* d'Adeline qui a mis fin à cette confusion : espérons que celui-ci, quoique plus modeste, sera plus efficace. — La *Table des Gravures*, qui termine cet excellent volume, n'était pas indispensable; mais on cherche vainement un index des noms de lieu, qui ne devrait pas faire défaut.

S. R.

ERRATUM. — *Revue*, 1917, II, p. 357, l. 1 : lire *iconographie*.

Le Gérant : A. THÉBERT.

ANGERS. — IMPRIMERIE F. GAULTIER ET A. THÉBERT, RUE GARNIER, 4.

(*Agrandissement Mély*)

Inscription en caractères neski du galon de la robe
de l'Amour, dans le *Roman du Cœur épris*.
(Bibliothèque Impériale de Vienne, M. 2597).

« Le deuxième jour du mois de Moharem, l'an de l'hégire 825 ».
(4 janvier 1421).

Demoulin frères. Sc.

(*Cliché Mély*)

Broderie du baudrier du sabre du Mage
de *l'Adoration des Mages*,
(Musée de Munich).

Société d'Édition Leroux.

Revue Archéologique 1918.

Planche II.

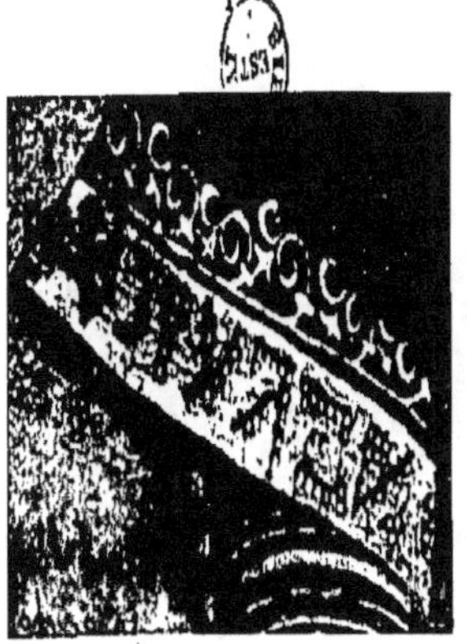

II

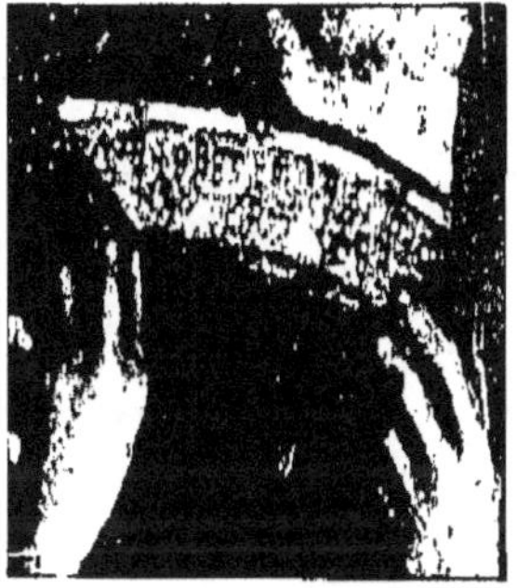

Inscriptions dans les feuillets
du Rétable du Prado

(Identiques à celles du Louvre).

1er Feuillet. — Sur la manche du Grand-Prêtre,
l'inscription N° I.

2e Feuillet. — Sur l'épaulière du vêtement du personnage, a droite, de face, l'inscription N° II.

DÉTAIL DU MARIAGE DE LA VIERGE (Musée du Prado).

Le personnage central, coiffé d'un bonnet de fourrure, présente des caractères anatomiques absolument semblables à ceux du portrait de Roger van der Weyden, de l'Album d'Arras.

(Cliché Mély)

ROGER VAN DER WEYDEN
(Album d'Arras)

(Cliché Mély)

LES SAINTS COSME ET DAMIEN,
Signés MAITRE ROGIER. (?)
Dessin attribué à ROGER VAN DER WEYDEN
(Musée de Cologne)

GRAVURE QUI ACCOMPAGNE TOUS LES ARTICLES
QUI LUI ONT ÉTÉ CONSACRÉS.

LE DESSIN A LA POINTE D'ARGENT (Cl. Mély)
du British Museum.

Demoulin frères, Sc.

Revue Archéologique 1918.

Planche IV.

Revue Archéologique 1918.

Planche V.

Société d'Edition Leroux.

Inscription du turban, (photographiée par incidence).

(Clichés Mély)

Zin malachah kalah WIYdEN.

LES INSCRIPITONS DE DELPHES

DANS LA TROISIÈME ÉDITION

DE LA SYLLOGE INSCRIPTIONUM GRAECARUM [1]

Quand la *Revue Archéologique* [2] a bien voulu accueillir, en mai 1914, ma protestation motivée contre les publications de M. Pomtow, j'espérais que je n'aurais jamais à revenir sur un pareil sujet. Je ne savais pas que l'on préparât une troisième édition de la *Sylloge Inscriptionum Graecarum*, et je ne pouvais guère me douter que, pour y insérer à la place dont ils étaient dignes des textes de Delphes, on eût fait appel à celui-là précisément qui s'en était approprié un grand nombre sans aucun droit. C'est M. Hiller von Gaertringen qui m'a appris, par une lettre datée du 8 juillet 1914, cette nouvelle tout au moins inattendue. Il voulait bien ajouter que, si l'on n'avait pas demandé l'aide d'un des Français qui ont travaillé à Delphes, c'était pour ne pas nous distraire de notre œuvre : « Ich erwog seiner Zeit andere Möglichkeiten (que la collaboration de M. Pomtow), hielt es aber nicht für richtig einen Ihrer Herren darum zu bieten, die die weit wichtigere Aufgabe hatten, die grundlegenden Werke zu bearbeiten ». Cette explication est étrange. En fait, depuis plusieurs années, notre tâche, qui aurait dû être vraiment considérée comme plus importante, était gênée et entravée à chaque instant. L'impunité assurée

---

1. Il ne s'agit ici que du premier volume, le seul que j'aie vu. J'en dois la communication à un neutre obligeant. Ce premier volume comprend 780 pages, 534 textes ; il descend jusqu'en 218 av. J. C. (environ ; les deux inscr. de Delphes qui le terminent ne sont pas encore datées avec précision) et il a paru en septembre 1915.

2. 1914, I, p. 413-424.

aux pillages les avait multipliés ; nous devions nous arrêter sans
cesse pour ce fastidieux supplément de travail qui consistait
à corriger de lourdes bévues, des erreurs grossières. Il était aisé
de prévoir ce qu'allait se permettre celui que l'on admettait à
une part de l'héritage scientifique de Dittenberger.

M. Hiller m'écrivait encore qu'il s'était assuré la collaboration de M. Pomtow « unter der Bedingung dass Inedita, deren
Mitteilung verletzen könnte, vermieden (werden)... sollen ». On
trouve pourtant dans ce premier volume une vingtaine de
textes[1] ou de fragments qui sont présentés comme n'ayant paru
nulle part. Je ne vais pas discuter sur la manière dont a été
tenue une promesse si formelle, et la suite montrera quels sont
ceux que la « Mitteilung » de ces inédits peut « verletzen »,
scientifiquement s'entend. Je pose une tout autre question :
croit-on vraiment que la publication hâtive de centaines d'inscriptions dans la *Berl. Philol. Woch.*, dans les *Gött. Gel. Anz.*
et dans *Klio*, où il fallait entasser rapidement[2] ce qui devait être
inséré dans la *Sylloge*, ait transformé ces inscriptions en propriété de M. Pomtow ? Beaucoup d'entre elles paraissent maintenant en seconde édition : serait-ce donc une sorte de consécration qui pût, aux yeux des honnêtes gens, effacer le caractère
du procédé par lequel elles ont été dérobées ?

La question de droit reste entière, et, puisqu'on a l'air de ne
pas m'avoir entendu, je renouvelle ma protestation en termes

---

1. Les nᵒˢ 20, Σάμιοι πωπόλλωνι (*sic*), et 49 étaient pourtant déjà dans *Klio* XV
(nᵒˢ 87 et 88). — Je relève, sans prétendre à une énumération exacte : 29
(fragm. note 3), 40 *a*, 81 *a*, fragm. de 160 E (dont l'appartenance à la base des
Arcadiens a été reconnue en fait par A. Martinaud), 236 *A* (4 fragm.), 240 *P*
qu'on trouvera ci-dessous publié d'une manière plus décente ; p. 398, note 16
(fragm. où M. P. sans aucune raison veut reconnaître une nouvelle liste de
naopes ; j'ai un argument au moins pour y voir une liste d'amphictions) ; 244 *F* ;
p. 417-8 (inv. 4560) ; 250 *F* (deux fragm. indûment séparés et mêlés bizarrement à un troisième) ; 253 *V* ; 405, note 2 (2 textes) ; 515 *B* (copié sur une
figure des *Ruines de Delphes*).

2. Une preuve de ce que j'avance est donnée par le fait que j'ai pu recevoir
au milieu de juin 1914 un tirage à part où trente-deux pages du premier fascicule de *Klio* 1915 étaient déjà par avance imprimées, contenant des textes en
majeure partie copiés sur l'inventaire de l'éphorie grecque.

aussi nets. Cette question de droit n'est nullement tranchée
par le fait que M. Pomtow s'est approprié ces textes. Et la question de fait doit elle-même être posée clairement. Une fouille où
d'autres avaient travaillé a été pillée, elle a été aussi saccagée :
les pierres, par centaines et pour jamais abîmées ; quand on
s'approche du mur polygonal, on voit les lettres de presque tous
ses textes repassées à la pointe, ce sont autant de traces blanches
qui accusent le travail d'un vandalisme obstiné[1]. D'autre part,
ceux qui avaient enfin reçu la mission de préparer les textes
pour les donner d'une manière convenable se sont vu enlever
les matériaux de leur travail ; en outre, ils ont été l'objet
d'accusations fausses et d'insinuations injurieuses[2]. Le mérite
qui leur revenait dans la lecture, la recomposition, l'établissement et l'interprétation des textes, on s'est efforcé par
tous les moyens de le diminuer le plus possible. Tenter de dis-

1. Cf. *Rev. arch.*, 1914, I, p. 423-4. M. Pomtow se trahit lui-même, une fois
de plus, dans ce volume. N° 418 *A*, il *oublie* dans la note 17 (sic in lapide) de
mentionner que j'avais revu la pierre : *Fouilles* III, 1, p. 164, et pourtant il cite,
trois lignes plus haut, le texte que j'ai republié à cette place. C'est que j'avais
expressément signalé que l'endroit intéressant avait été repassé à la pointe.

2. J'avais parlé, *Rev. arch.*, 1914, I, p. 422-3, des allégations de M. Pomtow
qui ne méritent qu'un démenti pur et simple. En voici un exemple qui a
l'avantage de nous montrer en outre ce que valent les restitutions de M. Pomtow.
N° 366, le lemme renvoie à la publication du texte dans *Klio* XIV, où
M. Pomtow disait expressément que c'est parce qu'il avait « retrouvé » la
pierre que M. Martinaud l'a photographiée. C'est exactement le contraire qui
est la vérité. J'en aurais long à dire — si un tel sujet intéressait le lecteur —
sur les pierres, dont plusieurs publiées dans *Klio* XIV, qui n'ont été relevées,
dessinées et copiées par les membres de la mission Pomtow, à l'automne 1910,
que parce qu'on avait vu que je les étudiais. Peu importe pour le moment. C'est
pour d'autres que M. Pomtow que je tiens à dire ceci : la copie que j'ai donnée
à M. Walek et qu'il a publiée *Rev. de Philol.*, XXXVII (1913), p. 262, avait été
prise par moi à Delphes en 1896 et montrée à M. Holleaux l'année suivante à
Lyon ; mais la pierre, trouvée en 1894, avait souffert lorsqu'on l'avait transportée au Musée. J'avais un vague souvenir d'une copie plus complète, prise au
moment de la découverte, et j'ai fini par la découvrir tout récemment dans un
carnet où son numéro d'inventaire ne m'invitait pas à la chercher. Cette copie
permet d'affirmer qu'à la ligne 16 après Βοιωτοῖς on voit très nettement ΗΣΥΜ,
puis le haut des trois lettres MAX : la restitution ἢ συμμάχ[οις] est donc à peu
près sûre, ou ἢ σύμμαχ[ος]. L' « archonte béotien 'Ησχύλος » dont M. Pomtow
a restitué ici le nom, fera l'ornement d'un index nominum bien fait, avec quelques-unes des inventions saugrenues que nous verrons tout à l'heure.

créditer ceux que l'on pille, ce n'est peut-être pas très habile, sûrement ce n'est pas le moyen de se faire attribuer le bénéfice des circonstances atténuantes. Si j'y insiste, on sait de reste que je ne veux, pas plus aujourd'hui qu'il y a quatre ans, descendre à une polémique personnelle. M. von Wilamowitz, qui sans doute croyait, le 6 juillet 1914, qu'une collaboration entre savants français et allemands était encore possible, terminait par ces mots la lettre où il m'accusait réception de mon article : « Mein Wunsch geht nun nur dahin... dass die schöne Arbeitsgemeinschaft nicht getrübt wird, in die freilich ein Mann von den Manieren des Hrn. Pomtow nicht gehört ». Je m'en tiens à ce jugement qui avait été le mien depuis longtemps, depuis le moment où j'avais vu que tous les renseignements fournis, tous les secours, toutes les facilités données à la besogne d'un homme en qui on n'aurait jamais dû voir un confrère, servaient à l'œuvre de déprédation dont une outrecuidance morbide a singulièrement vicié les résultats. Les pages qui suivent établiront, je pense, ce dernier point.

*
* *

Si l'on avait affaire à un vrai savant, avec qui la discussion fût de mise, on serait tenté de poser d'abord une question de méthode. Quand on trouve inséré chez un auteur le texte d'un document épigraphique, par exemple chez Didyme le décret des Amphictions pour les Mégalopolitains et les Messéniens (n° 224), il est clair que notre devoir est de traiter cette inscription à peu près comme si elle nous avait été transmise par la copie lapidaire. La question se pose déjà tout autrement quand l'auteur ancien, Plutarque comme les autres, cite de mémoire, et sans prétendre à une exactitude littérale, telle dédicace ou tel décret. Mais recomposer des textes de toutes pièces sur une allusion plus ou moins lointaine, inventer des dédicaces telles qu'elles auraient pu être, refaire les décrets de promantie primitifs parce que l'on a retrouvé ceux qui, plusieurs siècles après,

rendaient ou confirmaient cette promantie aux anciens bénéficiaires, c'est un exercice qui me paraît devoir être laissé aux
érudits d'autrefois. Ce serait très déplacé dans une conférence
d'épigraphie, où ce qu'il faut apprendre avant tout aux étudiants, c'est l'élémentaire probité, le respect de la pierre, la
soumission au fait patiemment noté. On doit plutôt leur
inspirer une certaine défiance de ces amusements vieillots[1]. Et
dans une *Sylloge* — le titre semble l'indiquer — ne devraient
figurer que des inscriptions ·judicieusement choisies dans la
masse considérable de celles qui existent. Ce volume contient
beaucoup trop de prétendus textes (n°s 7, 59, 78 *b*, 221, 223,
pour ne citer que quelques exemples) dont on nous dit : *tituhus
nondum repertus, titulum periisse consentaneum est,* ou encore,
en termes vraiment extraordinaires : *titulum .Delphis latere
existimo,* mais que l'on nous donne tout de même. Je ne
signale cette intervention personnelle que parce que l'on y peut
voir comme en germe ce qui se développera par la suite et
deviendra dangereux.

Je voudrais ne pas insister plus longuement sur cette autre
forme d'intervention qui consiste à dénaturer dans les *lemmes*
l'activité de ceux qui se sont occupés de tel ou tel texte. C'est
partout le même étalage, le même envahissement d'une personnalité qui a tout vu, qui sait tout, qui prétend avoir dit sur
tout le premier mot et le dernier, et qui n'hésite pas à s'approprier les résultats du travail d'autrui. Mais je dois prouver ce
que j'affirme. D'autres que M. Pomtow éprouvent une répu-
gnance sincère à se citer eux-mêmes, à prodiguer les références
à leurs·œuvres antérieures. Il faut surmonter cet écœurement

---

1. M. Pomtow ne se refuse pas ces retours vers des choses heureusement
passées de mode. Ainsi n° 324, il éprouve le besoin de mentionner encore la
théorie plus que désuète de Wieseler sur 'Αθηνᾶ Πρόνοια. Il aurait pu rappeler que M. Foucart, *Mém. sur Delphes,* p. 13-14, avait déjà établi que l'orthographe des inscriptions s'accorde avec celle d'Hérodote (Προνηίη). M. Pomtow
ignore qu'une lecture nouvelle a permis de rétablir sûrement le nom de Προναία
dans l'inscription des Labyades D, 35 suiv. Cf. *Rev. ét. gr.,* 1913, p. 107. Un
autre texte du IVe siècle, plus ancien que la base de Céphisodote, et où il faut
lire de même Προναία, est également cité à cette place.

parce qu'il s'agit sans doute de se défendre contre un perpétuel
déni de justice, il s'agit plus encore de rétablir la vérité : sur
tous les points, sauf un seul que je marquerai nettement, le
lecteur pourra contrôler par lui-même, il jugera en pleine
lumière de ce que l'on nous offre et mesurera la confiance qu'il
doit accorder à une pareille publication.

Voici d'abord les monuments et les bases dont j'ai eu à
m'occuper, surtout dans la partie inférieure du sanctuaire. Qu'il
s'agisse de la base des Liparéens (n° 14), de la dédicace du trésor
de Cnide (8), de la base des Cnidiens (140), de celle des Arcadiens (160) ou de celle des Étoliens (383 *B*), mon travail est
présenté partout comme s'il avait été établi d'après celui de mes
prédécesseurs. La référence aux *Fouilles de Delphes* est, la
plupart du temps, indiquée entre parenthèses, comme quand
on renvoie à l'ancienne *Sylloge* ou à tel autre recueil de seconde
main. S'il n'y a pas de parenthèses (n°ˢ 18, 21, 115), mon nom
est en général précédé de celui de M. Pomtow ; il y est même
parfois réuni, comme on verra, dans des conditions que je ne
saurais admettre. C'est son nom qui est accompagné de la
mention « denuo ex lapide » ; il semble que mon travail
dépende en quelque sorte du sien, et le commentaire n'est pas
fait, naturellement, pour détruire cette impression de constante
dépendance. Tout au plus concède-t-on une fois, dans une note
du n° 28 (Épigones), que M. Bulle avait eu tort de rapporter ce
texte à la base des Sept contre Thèbes. Il est impossible de
laisser passer, sans en dire un mot, tant d'inexactitudes et d'in-
convenances. Je suis obligé de renvoyer à mes articles du *Bull.
de corr. hellén.* de 1910 et 1911, et aux deux fascicules des *Fouilles*
que j'ai pu jusqu'ici faire paraître, aussi en 1910 et 1911, et
je prie le lecteur de comparer avec les mémoires de M. Pomtow
qui avaient paru avant ces années. Il s'apercevra vite que mon
travail a été, il faut le répéter, embarrassé et gêné à chaque
instant par des constructions hâtives et erronées qui encom-
braient la route. Aidé par MM. Replat et Martinaud, j'ai dû, dès
le début, critiquer de prétendues « Vorarbeiten » qui n'étaient

que des empiètements précipités, corriger de lourdes et énormes
bévues et déblayer le terrain de bâtisses mythologico-histo-
riques, architectoniques ou topographiques, pesantes d'apparence par la massive érudition qui semblait les appuyer, en
réalité fragiles et mal fondées. Rien ne subsiste, par exemple,
de ces restaurations, données comme sûres, de la base des rois
d'Argos ou de celle d'Ægos-potamoi. Quand M. Pomtow, après
avoir indiqué la première publication du texte nº 300, ose
compléter la bibliographie de cette manière qui veut être une
impertinence : « cf. Pomtow *Philol.* LXXI, 49 (*Fouilles* III, 1,
fig. 34, p. 193) », il compte vraiment trop qu'on le croira sur
parole. En fait, le fascicule des *Fouilles* a paru en 1911, l'article du *Philologus* en 1912. Mais il ne s'agit pas ici d'une reven-
dication de priorité : M. Pomtow essaie — en vain — de
faire oublier les erreurs monstrueuses qu'il avait accumulées
antérieurement sur la base des Liparéens et le trésor de
Thèbes, erreurs qui avaient été corrigées dès le début de
1911[1].

Le lecteur se rendra surtout compte, et c'est ce qui importe
ici, que les inscriptions que j'ai publiées ont été toutes revues
sur la pierre et qu'elles sont en meilleur état, plus complètes
et plus correctes que dans les éditions précédentes. M. Pomtow
le sait aussi bien que personne, puisqu'il a profité de mon travail, mais il pense donner le change en « oubliant » par exemple
de citer, à propos de la base des Étoliens (383 *B*), l'article où
j'ai démontré[2] que les textes de cette base avaient été recopiés,
tous ensemble, dans la seconde moitié du IIᵉ siècle av. J. C. S'il
s'obstine à dédoubler Aristoxenos, à placer au IIIᵉ siècle un
archonte de ce nom que rien ne nous a attesté jusqu'ici, c'est
parce qu'il avait cru d'abord[3] que chacun de ces textes avait été
gravé à sa date. Il avait même tiré, de la disposition des actes
sur la pierre, des conclusions sur la chronologie du IIIᵉ siècle ;

1. *BCH*, XXXV (1911), p. 158-162 ; cf. même fasc. des *Fouilles*, p. 191.
2. *BCH*, *ibid.*, p. 166-171.
3. *Klio*, VII (1907), p. 436.

il espère, en refusant de faire remonter Aristoxenos jusqu'au IVe,
que son erreur paraîtra moins choquante.

Je tiens à noter encore quelques cas où l'on saisit sur le fait
cette perpétuelle altération de la vérité. N° 203 *A*, « fragmenta
duo calcaria, *a* ed. Pomtow Beitr. Topogr. Delph. 114, *b* idem
Delphica III, 45 sqq, coniuncta Bourguet, *Rev. ét. gr.* 1912, 14,
1 ». Qui ne croira, d'après cet énoncé, que j'ai eu tout simplement la peine de rapprocher deux fragments que M. Pomtow
avait bien voulu publier, dont il avait vu l'importance et même
reconnu la matière ? Qu'on me permette alors de transcrire les
lignes de mon Rapport de 1911 auxquelles renvoie ce lemme en
plusieurs points inexact. « J'ai reconstitué l'une (des offrandes
phocidiennes que Pausanias situe dans cette région) au moyen
de deux fragments. *Le premier est déjà connu* : M. Pomtow, *Beitr.*
p. 114, l'a cru de marbre pentélique, c'est en réalité du calcaire
de Saint-Élie, avec une très belle patine dorée ». Et en 1914 je
suis revenu sur ce texte[1] : « M. Pomtow a publié, *Delphica*, III,
p. 45-46, sans s'apercevoir que c'était un morceau qui complé-
tait son ancien texte, un « Marmorfragment » qui est de la
même pierre ».

La dédicace du char des Rhodiens (n° 441) est présentée
ainsi : « In corona bathri permagni quod refecimus et Bourguet-
Martinaud et nos. Edd. Pomtow Delphica, III 73 (*Berl. phil.
W.* 1912, 188) et Bourguet, *Bull.*, XXXV, 1911, 458 ».

D'abord la nouvelle de cette collaboration vraiment imprévue
ne peut surprendre personne plus qu'elle ne m'a étonné moi-
même. Il est inutile de dire qu'elle est illusoire et que rien ne
l'autorise, mais il n'est pas inutile d'ajouter que, depuis la
phrase d'ailleurs étrange des *Delphica* de 1906, p. 32 : Dieser
Rhodier-wagen hat als solcher nicht existiert — jusqu'à mon
article de 1911, rien n'avait paru qui fît croire que M. Pomtow
avait changé d'avis. Il est difficile de modifier les dates des
périodiques. C'est bien en 1911, et à cette époque le *Bull. de*

---

1. *Rev. arch.*, 1914, I, p. 413 note.

corr: hellén. était plutôt en avance, qu'a paru la première étude complète sur la base du char de Rhodes : M. Martinaud et moi, nous avions abouti sur place, par des raccords de pierres et des recompositions de textes, à une restauration sûre, nous avions même donné un dessin de la plateforme où le piédestal avait été dressé. C'est en 1912 qu'a paru le très bref résumé des *Delphica* III. Comment qualifier la manière dont les publications *successives* sont résumées dans les lignes qui précèdent ? Du même mot, exactement, dont on marquera certains emprunts mal déguisés : n° 461, note 7, M. Pomtow veut bien reconnaître que j'ai « aussi » identifié le péripatéticien Lycon honoré par l'Amphictionie, comme si le fascicule des *Fouilles* n'avait pas paru en 1911 et son article des *Gött. Gel. Anz.* en 1913.

Il ne faut pas que le lecteur se méprenne : je ne proteste pas simplement pour affirmer sur tel point de détail une priorité que les faits garantissent. Quand M. Pomtow se prévaut (par exemple n°s 414 et 416) d'avoir publié plus tôt que M. Colin des textes que celui-ci avait la charge de relire et de donner au public, il ne faut pas laisser une question de date se mêler indûment à une question de droit. Ce que j'ai tenu à montrer, c'est la manière dont M. Pomtow rend justice à ceux qui se sont occupés des textes avant lui.

En revanche, il omet de dire (n° 82) qu'il a publié *CIG* 1715 comme inédit, ce que n'auraient pas fait ceux qui ont vraiment retrouvé pendant la fouille et immédiatement reconnu cette base[1]. Il n'a garde de signaler, pour le n° 32 (dédicace des

1. Voir *Rev. arch.*, 1914, I, p. 422. — Il va de soi que la seconde édition de la restitution du nom de Dorieus ne la rend pas plus certaine que la première. Je crois de même que la restitution du « monument élevé par Néréis » n° 453 — auquel manque tout au moins un fragment qui est dans le musée et dont M. Pomtow ne parle pas — n'est nullement assurée, malgré la comparaison avec le texte d'Olympie. Comme exemple de restitution presque comique, je recommande le n° 270 :

[ἐπεὶ Φιλόδαμο; καὶ τοὶ ἀδελφο]ὶ τὸμ παιᾶνα τὸν εἰς τὸν Διόνυσον
[ἐποίησαν (?) καὶ Φιλόδαμο; κατὰ τ]ὰν μαντείαν τοῦ θεοῦ ἐπαγγείλατο
........χ]ρῆσθαι, τυχἀγαθᾶι.

Hermionéens à Perséphone), que, s'il a renoncé à y voir la
base de la statue d'Hermione par Calamis, c'est à une note des
Fouilles qu'il le doit[1]. La véritable lecture du n° 24 Τυρρανο|ί a
été indiquée à M. Pomtow par M. Nikitsky en 1912, je le sais, et
M. Pomtow n'avait pas vu, en 1906, l'I final ; on s'en doute quand
on lit les lignes étonnantes[2] où il a fini par abandonner à
d'autres, après quelques piteux essais, la restitution de ce texte.
Mais cette inscription aurait-elle pu être désignée exactement,
dans le passage du *Bulletin*[3] auquel renvoie M. Pomtow lui-
même : « dédicace archaïque d'une offrande consacrée par *les
Tyrrhènes* », si la copie prise au moment de la découverte, le
1er juin 1894, n'avait pas porté cet I au début de la ligne 4 ?
Qu'il essaie de cacher le plus possible ses propres erreurs
ou de dissimuler ce qu'il doit aux autres, on en a vu assez
pour apprécier le procédé de M. Pomtow et l'exactitude avec
laquelle sont renseignés les lecteurs de la *Sylloge*. Ce n'est pas
précisément mon but de relever tous les exemples, mais je
voudrais étudier de plus près quelques textes pour faire mieux
voir le caractère et la valeur de cette méthode.

L'inscription dédicatoire de la base des Messéniens est, dans
l'état où elle nous est présentée, une énigme. Pourquoi, après
le texte 81 *A*, dont on peut discuter la restitution, mais qui,
du moins à la ligne 1, offre un sens, pourquoi une seconde
dédicace qui paraît bien écrite dans un autre dialecte et dont il
reste seulement quelques débris ? Une *Sylloge* n'est pas un
recueil de bizarreries, de fragments informes destinés à piquer
la curiosité et à la décevoir. Si on voulait être complet, on
pouvait mentionner en note ces quelques lettres où l'on tenait
à reconnaître une seconde dédicace des Messéniens ; mais il eût

1. Cf. *Rev. arch.*, 1914. I. p. 419 et note 5.
2. *Delphica*. II, p. 34 et 35.
3. *BCH*, XX (1896), p. 628.

fallu du même coup raccourcir et alléger les commentaires démesurés dont ce lambeau de texte est surchargé. On y trouve beaucoup de renseignements qui n'ont qu'un rapport lointain avec cette base, mais on n'y trouve pas l'essentiel : à savoir qu'en 1911, grâce à MM. Replat et Martinaud, il a été possible d'établir qu'il y avait eu à Delphes deux piliers triangulaires[1]. Ce fait assuré vient compléter la liste déjà longue des offrandes, bases et monuments, à qui leur forme originale a valu un succès plus ou moins durable et des imitations dans le sanctuaire. La réponse à la question que pose la double dédicace est là, sans aucun doute. Mais, si on avait renvoyé au rapport où ce résultat était affirmé, il fallait pareillement accepter ce qui y était prouvé d'une manière tout aussi expresse : aucune des deux bases triangulaires, quoi que prétende aujourd'hui encore M. Pomtow (p. 101, note 1), n'a été érigée entre le sanctuaire de la Terre et le portique des Athéniens; toutes deux se dressaient sur la terrasse que soutient le mur polygonal.

Il a été déjà question de la base d'Ægos-potamoi (n° 115). Sans doute M. Pomtow accepte maintenant les deux massifs latéraux qu'il n'avait même pas vus en 1906, la colonnade et le toit dont il n'avait pas davantage soupçonné l'existence ; mais il tient à un socle médian qui n'est attesté par rien et dont je pensais que les critiques de M. Poulsen avaient fait justice, et il se contente, pour la colonnade, d'une restitution qu'il appelle normale, qui est en réalité tout hypothétique; elle n'a pas été étudiée sur place et je crois en avoir signalé l'invraisemblance[2]. Il ne dit plus ici où il propose de replacer l'inscription dédicatoire qu'il a « découverte » (115 A) :

[Λακεδαιμό]νι[οι ἀπ' Ἀθεναίον. Ἀπόλλονι],

mais dans les *Delphica* III, tout en l'attribuant aux massifs latéraux et à la banquette qui les réunissait, il se demandait comment ce texte, qui eût dépassé 12 mètres de long, s'accom-

1. *Rev. ét. gr.*, 1912, p. 21-22 ; *Ruines de Delphes*, p. 241,
2. *Ruines de Delphes*, p. 342.

modait des retours d'angle. De plus, il remarquait que les *Fouilles*[1] avaient complètement laissé ce texte de côté, et il avait tout de même quelque doute.

Ici le doute a disparu. Tout au plus reconnaît-on en note que les lettres NI peuvent appartenir aussi à 'Ἀπόλλο]νι. Je suis même persuadé que cette restitution est la seule probable, mais alors tombe le seul lien, peu solide du reste, qui rattachait la pierre à cette base. Si nous n'avons pas accepté, M. Martinaud et moi, ce bloc dans notre étude de l'offrande lacédémonienne, nous avons eu nos raisons. Elles sont aussi d'ordre technique et fondées particulièrement sur le travail de la pierre. Mais à toutes les objections décisives que l'on élèvera contre une attribution fantaisiste, s'en ajoute une, l'écriture, dont M. Pomtow ne parle pas. Je sais bien qu'il n'a pas eu le temps d'étudier beaucoup les pierres, occupé qu'il était à les « préparer » de la manière que l'on sait. Du moins a-t-il vu beaucoup d'estampages. Il ne semble pas que la connaissance qu'il eût pu y acquérir des diverses périodes dans l'histoire de l'écriture à Delphes soit très précise ni très sûre. En 1913 il donne un texte qui est de la seconde moitié du IIe siècle avant J.-C.; il s'en est aperçu en 1914, mais il l'avait d'abord remonté d'un siècle[1]. La base d'Héraclès béotien est du IIe siècle après J. C., il l'attribue au IIIe avant[1]. Je ne reviens pas sur la base des Etoliens. Et ici il restitue un texte de la fin du Ve siècle au moyen de deux lettres NI qui sont, au plus tôt, du IIIe siècle av. J. C., les extrémités appuyées et mêmes aplaties le prouvent de reste. Aurait-on écrit de nouveau à cette époque la dédicace, comme celle du Trésor d'Athènes, en respectant les formes archaïques E = H, O = Ω? Il eût valu la peine d'indiquer que la question pouvait être posée, si la pierre avait appartenu à la base des Lacédémoniens.

Revenons un instant au char des Rhodiens (n° 441). Aucun

1. III, 1, p. 25 et suiv.
2. Cf. *GGA*, 1913, 166 et *Klio* XIV, 266.
3. Voir *Rev. arch.*, 1914, I, p. 420.

auteur n'en parle. L'écriture du texte dédicatoire est le seul indice dont nous disposions ; c'est d'après elle que l'on doit essayer d'arriver à une date probable : criterium assez douteux, je l'ai dit souvent. Aussi, n'ai-je proposé qu'avec réserves[1] la solution qui m'a paru vraisemblable : après 225 les Rhodiens ont voulu, nous le savons par ailleurs, redresser leur colosse qu'un tremblement de terre avait renversé. Un oracle le leur interdit, et les matériaux, bronze, argent et or, qu'ils avaient accumulés ont été transformés en une offrande plus agréable au dieu pythien. Je continue à croire que c'est probable, depuis que M. Pomtow, par une série d'hypothèses qui s'amoncellent les unes sur les autres mais ne se fondent sur rien, a essayé d'identifier le char de Delphes avec le quadrige de Lysippe, presque aussi célèbre que le colosse. Il fait donc remonter la dédicace jusqu'en 304. Il se peut que, dans une signature de Lysippe (Loewy, 93 *b*), l'extrémité des lettres, en particulier du Σ, soit élargie en un point fortement marqué comme dans l'inscription de Delphes ; mais il faut remarquer dans celle-ci, ce dont M. Pomtow n'a tenu nul compte, que l'Ω assez grand n'a plus la forme en arche de pont qui est caractéristique de la seconde moitié du ive siècle, que le cercle assez petit de l'O est d'un trait peu sûr, que la boucle du P commence à s'aplatir avec quelque lourdeur. J'avais dit qu'il me semblait très difficile de remonter jusqu'au ive siècle et, en me gardant d'affirmations tranchantes, indiqué plutôt la seconde moitié du iiie. On ne me donne aucune raison sérieuse pour me faire changer d'avis.

On est assuré depuis 1911[2] que le mur aux décrets martelés qui est à l'ouest du Trépied de Platées, et le long duquel monte la dernière rampe de la voie sacrée, n'a pas porté l'offrande des Phocidiens, la troisième de celles qu'énumère Pausanias. M. Pomtow croyait encore en 1912[3] que c'était le mur des Pho-

---

1. *BCH*, XXXV (1911), p. 456-471. Le texte de Pline sur le quadrige de Lysippe avait été déjà rappelé à cette place, p. 464.
2. *Rev. ét. gr.*, 1912, p. 15-16.
3. *Delphica*, III, p. 71-72.

cidiens, et parlait des « décrets en l'honneur de Phocidiens du temps de la guerre sacrée, qui avaient ensuite été effacés. » Celui qu'il a tenté de lire n'est sûrement pas en l'honneur d'un Phocidien, mais peu importe : du moment que les bénéficiaires de ces décrets n'étaient pas des gens de Tarente, ces inscriptions ont été condamnées à disparaître quand les Tarentins ont fait graver de nouveau, après 340 très probablement, leur dédicace. Ce mur est en effet, sans aucun doute possible, le socle de l'offrande que les Tarentins ont consacrée à Apollon après leur victoire sur les Peucétiens. M. Pomtow paraît accepter aujourd'hui (lemme du n° 40) une solution qui est en effet irréfutable, mais qui est en contradiction avec tout ce qu'il avait écrit au sujet de ce mur, et il ne dit pas à qui il la doit.

Le texte archaïque qu'il nous offre (40 *a*) sans le moindre signe de doute :

$$[\text{Ταραντῖνοι ἀνέθεν δεκάταν ἑλόντες ἀπὸ}]\ \text{Πευκε}[\text{τίων}]$$

nous vaut des étonnements d'un autre ordre. On cherchera en vain soit ici, soit dans le passage des *Delphica* III auquel M. Pomtow nous renvoie, le moindre renseignement sur ce texte, sur la pierre où il serait gravé, sur la forme des lettres, j'ajouterai même, pour plus de précision, sur leur direction. On se demandera la raison de ce silence, et on ne la trouvera pas dans l'indication : *titulum a Bulleo repertum, nondum editum commemoravit Pomtow.* D'où vient ce scrupule inattendu ? Peut-être se l'expliquera-t-on par ce fait : dans le rapport de 1911 [1], avant de résumer les conclusions de l'étude que M. Martinaud et moi avions faite sur le mur des Tarentins, je mentionnais « une grande offrande dont la dédicace archaïque nous est connue par quatre fragments. » Serait-ce donc la même ? J'ai de bonnes raisons pour le croire ; mais alors je peux affirmer que rien n'autorise à lire et à restituer Πευκε[τίων] et que, pour beaucoup de raisons, les quatre pierres que nous avons rapprochées n'ont rien à faire avec la base des Tarentins.

---

1. *Rev. ét. gr.*, 1912, p. 15.

Le lemme et le commentaire de la vraie inscription dédicatoire des Tarentins (40 *b*) exigent encore quelques mots. J'avais dit en 1911[1] : « aux deux morceaux connus de l'assise intermédiaire de degré où cette dédicace avait été gravée, nous avons pu en ajouter deux autres :

Ταραντῖ[νοι ᾿Απόλλωνι δε]κάτ[αν ἑ]λόντ[ες ἀπὸ Πευκετί]ων.

Telle est la restitution imposée par ces quatre fragments, et c'est la même formule que les Tarentins ont inscrite sur leur offrande d'en bas. » — Là-dessus M. Pomtow, qui s'attribue la publication, en 1912, des deux dernières lettres de la dédicace ΩN (qu'il ne remettait du reste pas à leur vraie place), alors que M. Graindor les avait fait connaître dans le *Musée Belge* de 1903, p. 474, ajoute : « Tit. suppl. Bourg. ad exemplum donarii Tarentini prioris », ce qui est formellement démenti par les lignes transcrites ci-dessus. C'est après avoir restitué la dédicace que j'en ai constaté la ressemblance avec celle de l'autre offrande. Et enfin : *at fortasse hic quoque* ᾿Απόλλωνι *abiciendum est*. Voilà où peut mener le désir de critiquer en l'air, par fantaisie, des résultats sûrs, mais dans l'établissement desquels on n'a pas eu la plus petite part. Nous connaissons la longueur totale du mur, la place exacte où viennent les deux fragments qui portent l'un le début, l'autre la fin de la dédicace ; nous en avons de plus deux morceaux, en tout seize lettres, dont douze nous permettent de savoir la distance entre-axes, on calcule avec certitude, à quelques millimètres près, la place où était chaque lettre du texte complet. Dans ces conditions, admettre comme possible la suppression d'un mot de huit lettres, ce n'est qu'un nouvel exemple de la méthode de M. Pomtow.

Tous les caractères s'en trouvent résumés dans la réédition des textes que portent les bases à deux colonnes (513-515). M. Pomtow ne les a connues que par l'article du *Bull. de corr.*

____

1. *Rev. ét. gr.*, 1912, p. 15-16.

hellén.[1] et les pages des *Ruines de Delphes* qui sont consacrées à ces offrandes. Quand il avait parlé du monument de Charixénos[2], il croyait que c'était une base en pont et il imaginait sur le même modèle celles des femmes appartenant à la famille de Lycos-Dioclès, qu'il appelait jadis les « Hetaeren ». Il aurait pu dire d'abord où il avait trouvé les raisons qui l'ont amené à changer d'avis sur ces piédestaux. S'il l'indique dans la suite, c'est que l'inscription 515 *B* a été copiée, il est bien obligé de l'avouer, sur le dessin qui représente la restauration du piédestal de Charixénos par M. Martinaud[3], et s'il l'avoue, c'est parce qu'il a « corrigé » le patronymique de l'artiste Sonicos. Il n'a pas vu les pierres, et nous devons retenir cet exemple de la manière dont il rassemble ses documents épigraphiques et du soin avec lequel il prépare les textes à insérer dans la *Sylloge*.

Pour 513, on voudra bien remarquer que, dans le rapport de 1911[4], j'avais indiqué d'un mot qu'il fallait revenir à une combinaison de fragments que j'avais rejetée antérieurement, et restituer pour la donatrice le nom d'[Ἀρισ]ται[ν]έτα. M. Pomtow, qui a édifié toute une théorie sur le nom du père d'Aristaineta, Timolaos, continue à lire [Τιμαρ]έτα : je ne peux que mettre en garde le lecteur contre un complément imaginaire ; mais l'auteur de tant de retours en arrière, de repentirs et de contradictions, n'est nullement autorisé à me reprocher un changement qui, lui du moins, marquait un progrès dans l'étude de ce texte : on sait trop qu'il n'en a pas toujours été ainsi, par exemple dans l'établissement successif des tableaux chronologiques du IIIe siècle[5].

1. *BCH*, XXXV (1911), p. 472-481.
2. *Klio*, VII (1907), p. 442.
3. Dessin reproduit dans *Ruines de Delphes*, p. 165.
4. *Rev. ét. gr.*, 1912, p. 14, n. 2.
5. Je n'aurai pas l'occasion d'y revenir dans cet article ; j'ai quelque raison de croire que la question sera bientôt traitée à fond. On peut, pour le moment, dire qu'il ne valait guère la peine d'embarrasser le terrain de tant d'hypothèses provisoires et prématurées pour en arriver, après tant de tableaux, tous présentés successivement avec la même assurance, à préparer simplement le retour à la chronologie de M. Beloch pour le groupe des décrets à 6-7 Étoliens, 270-

Et enfin, pour 514 où il n'y avait pas d'image à copier, M. Pomtow n'a probablement pas daigné lire la note où j'avais prévenu [1] des difficultés très grandes que nous rencontrions dans la restauration. Il a simplifié le problème, il suppose que les femmes de la famille Lycos-Dioclès n'ont consacré qu'une seule base, laquelle aurait été supportée par trois ou quatre colonnes. C'est encore ici une hypothèse en l'air; il ne s'aperçoit même pas qu'il mélange dans sa restitution les fragments de deux textes au moins, parce qu'il ignore l'existence d'un groupe de morceaux qui donne le moyen de distinguer, sans contestation possible, entre deux monuments différents.

Déjà plusieurs fois on a vu que M. Pomtow publiait des inscriptions qu'il n'avait lues ni sur la pierre ni sur l'estampage. En voici une preuve de plus. Le n° 458 est en réalité[2]

Ἀριστόμαχος Σωσάνδρου Σικυώνιο[ς]

sur une seule ligne et non pas en deux ; la dernière lettre de l'ethnique n'était déjà plus visible en 1896, il n'est pas fait la moindre allusion dans les *Delphica* ni ici au décret pour quatre Érythréens qui est gravé au-dessous du nom du personnage, l'ami d'Aratos, à qui la statue avait été élevée. Ce texte a donc été simplement copié dans le registre d'inventaire de l'éphorie grecque; il manque la mention : *exscripsit Contoleon*. Mais le

263 (p. 632 avant la note 1 ; p. 736, n. 5). D'autre part, le tableau de la p. 345 contient plusieurs inexactitudes ; on en verra une, particulièrement choquante, dans un instant. Mais si M. Pomtow a eu raison de placer en 274 l'Heracleidas sous lequel les trois naopes thébains sont venus à Delphes, il aurait dû rappeler qu'il lui eût été impossible d'arriver à cette date si on n'avait pas distingué avant lui les trois Héracleidas archontes au iiie siècle, si on n'avait pas identifié le naope-hiéromnémon Eugeiton de Tanagra, que lui, M. Pomtow, a appelé pendant de longues années Eurytion, et dont il datait le décret de proxénie (ici n° 415) de 228 ! Il aurait dû dire qu'il était revenu pour le groupe Aristagoras-Straton, 276-270, à la chronologie de M. Beloch, que j'avais pu confirmer et compléter (*BCH*, XXXV, 1911, 483). Dans ses tableaux successifs, M. Pomtow a été mal inspiré en écartant peu à peu Charixenos III qui ne figure plus qu'avec un point d'interrogation dans le dernier tableau que je connaisse (*Klio* XIV, 305), et qui a pourtant existé.

1. *Ruines de Delphes*, p. 149.

2. Voir *Rev. ét. anc.*, 1918, p. 22.

commentaire débute ainsi : *cum litterae ad med. saec. III pertineant...* Quelles lettres, puisqu'il est prouvé que M. Pomtow n'a vu ni pierre ni estampage? Celles de la copie de M. Contoléon? Ces jugements décisifs sur la date des textes d'après l'écriture sont fondés, on n'en doute plus, sur une étude consciencieuse et précise des monuments originaux.

Le n° 407 est cette inscription où M. Pomtow avait reconnu[1] un décret de proxénie, peut-être pour un Lacédémonien nommé Pantainos, avec collation de privilèges pour cinquante ans. J'ai montré que c'était la consécration d'une offrande : cinquante bœufs donnés par une κώμα lacédémonienne à Apollon. Aujourd'hui M. Pomtow prétend qu'en 1908 il avait à peu près tout lu de ce texte. D'après la manière dont il répartit ce que l'on doit, si on veut l'en croire, à chacun des éditeurs de l'inscription, il ne me resterait guère que le mérite d'avoir déchiffré le mot « κῶμα », que je n'ai pourtant jamais accentué de la sorte. Il est inutile de dire qu'en 1909, quand j'ai consacré plusieurs jours à ces trois lignes presque illisibles, je ne connaissais de M. Pomtow que la publication vraiment risible des *Athen. Mitteil.*, j'ignorais qu'il eût réussi à lire le texte, je ne me doutais même pas qu'il l'eût tenté. J'affirme à mon tour — et c'est ici le seul cas où je regrette de ne pouvoir donner au lecteur le moyen de contrôler par lui-même — qu'en 1909 la pierre était à plat, sur le bord gauche de la voie sacrée, la face inscrite à contre-jour : il était impossible, dans ces conditions, de lire des lettres aussi indistinctes et si près du sol. J'ai prié M. Replat de me faire redresser la pierre, et nous aurions facilement vu si elle avait été changée de place, si elle avait été seulement soulevée quelques mois auparavant. Elle ne l'avait pas été depuis huit ans, depuis le moment où l'on avait rassemblé le long de la voie les pierres des Lacédémoniens. Je n'insisterai pas davantage sur un point où je ne

---

1. *Ath. Mitt.*, 1906, p. 551. Cf. *BCH*, XXXIV (1910), p. 231-232 ; *Fouilles*, III, 1, p. 39.

peux apporter de preuve matérielle, mais je suis sûr de ce que
j'ai dit.

La loi amphictionique de 380, dont nous ne connaissons que
l'exemplaire gravé à Athènes, est présentée ici comme si c'était
M. Kirchner qui en avait étudié le texte et le commentaire
(n° 145). Tant qu'on ne m'en aura pas donné la preuve, je ne
le croirai point : les fautes d'impression ne manquent pas dans
ce livre [1], c'est à M. Pomtow qu'on a confié le texte attique *IG*
II, 54 (n° 175), et les travaux signés de M. Kirchner ont toujours
été des modèles de soin et de conscience. Or il faut dire que
l'éditeur du n° 145 n'a pas tenu le moindre compte de la dernière révision sérieuse qui ait été faite du marbre. M. Ziehen,
dans ses *Leges sacrae* [2], parues en septembre 1906, n'a pas
même cité le livre où les résultats de cette revision avaient été
publiés plus d'un an auparavant : c'est qu'il a entièrement
ignoré ce livre. Ici le cas est différent. *L'Administr. financ. du
sanct. pyth.* est citée dans le lemme, avec renvoi à la page 142,
où j'ai en effet rétabli la vraie lecture de la ligne 45. Cette
lecture est, du reste, repoussée par l'éditeur sans qu'il en donne
aucune raison ; mais ce même éditeur ne s'est pas aperçu
que, quelques pages plus loin (p. 158-160), j'avais étudié le
contenu de cette loi en la rapprochant des travaux que l'Amphictionie, quelques années après l'avoir votée, avait eu à
ordonner et à diriger ; il ne s'est surtout pas aperçu que j'avais
indiqué en note plusieurs nouvelles lectures ou corrections aux
anciennes copies. Que M. Pomtow continue à croire qu'il faut
toujours accepter la correction de Boeckh Πύθια δ᾽ ἀ(γ)όντων,
alors que le vrai texte ΓΥΘΙΑΔΑΕΟΝΤΩΝ est parfaitement
explicable et n'est explicable que par la Πυθιάς, nommée à la
ligne précédente ; qu'il persiste, contre le témoignage formel
des comptes, à situer les Pythia au mois Boucatios pour ce
moment du IVe siècle, c'est son affaire et sa méthode, comme

1. On a vu πὠπόλλωνι et κῶμα, on en verra d'autres tout à l'heure.
2. II, n° 75.

quand il préfère, sur l'Amphictionie, renvoyer le lecteur à un
article de lui, paru en 1897, alors que l'on avait deux ou trois
des textes de cette série. Mais il faut, sans se lasser, rétablir la
vérité, aussi bien pour la l. 45 de la loi amphictionique que
pour les deux ou trois autres où j'ai pu assurer que la pierre
portait des mots moins fantastiques que ceux qui sont encore
acceptés ici. Dans une inscription aussi soignée, l'hypothèse
d'une erreur de gravure ἀ(γ)όντων est inadmissible, il eût été
facile de faire disparaître les traits inutiles de l'E, mais c'est la
correction qui est inutile et, encore une fois, le texte n'apprend
rien sur la date des Pythia à ce moment du ive siècle. Et
d'autre part, quand on est certain que, sur la pierre, la ligne 4
doit se lire : ἐγκερδχνῶ τᾶν δικᾶν οὐδεμίαν, et le début de la ligne 7
[ο̇τι μεγάλα ο̇τ]]ε μικρά, on a le droit de dire que des monstruo-
sités comme ἐγχερα et ἐμινγα n'auraient pas dû se retrouver ici
et continuer à encombrer, outre ce texte, l'histoire du dialecte
delphique[1].

*
* *

Nous arrivons enfin aux textes financiers du ive siècle. Ils
occupent dans ce volume (p. 244-251 et surtout 309-461) une
place que l'on ne s'attend pas que je trouve exagérée. Mais précisément, la manière dont ils sont présentés, commentés, ornés
vaut d'être exposée à part.

Un fait frappe d'abord, les pierres n'ont pas été vues. Pas un
seul de ces grands textes, dont quelques-uns ont jadis exigé
tant de peine pour être déchiffrés — celui de Palaios seul a demandé de longues semaines —, n'a été même regardé. A la manière dont M. Pomtow publie des inscriptions lisibles, on peut
mesurer ce qu'il eût fourni si on l'avait attendu pour connaître
cette série. On ne m'objectera pas sérieusement que Dittenberger avait donné l'honorable exemple d'un épigraphiste de cabinet, d'ailleurs très intelligent, qui connaissait peu les pierres.

_____

1 _Rev. ét, gr._, 1913, p. 104, à propos du _Handb. der gr. Dial._ de M. Thumb,
il avait été répété que ἐμινγα n'existe pas à Delphes.

J'en ai dit assez, me semble-t-il, pour que l'on n'insiste pas sur
une comparaison vraiment accablante, et ce que j'ai à dire encore ne fera que rendre plus sensibles des différences en fait
énormes.

De même que mes copies ont été la base unique du travail
de M. Pomtow (on appréciera bientôt les quelques améliorations
qu'il a cru devoir y introduire), de même les articles et le livre
où j'ai essayé de résumer ce que ces textes nous apprenaient ont
fourni l'essentiel de ses commentaires [1]. Ici encore je m'excuse
d'avoir à rappeler ce que j'ai publié; mais il faut mettre le lecteur en état de porter par lui-même un jugement sur des faits
qui ont été souvent dissimulés avec plus ou moins d'adresse.

M. Pomtow s'attribue le mérite, en fait assez mince, de quelques restitutions de détail comme χρυσέα n° 240 *O*, l. 15, ou
Ἀ[νη]σι[δ]άμου n° 249 *B*, l. 55 : je constate simplement qu'elles
étaient en toutes lettres, l'une *BCH* XXVII (1903), p. 38 et l'autre
Adm. fin. p. 177. Quand il dit, n° 238 : « coniunxi fragmenta
B et C contigua », il oublie que *BCH* XXVII, p. 60 on peut lire :
« les fragments 3479-3423 se raccordent après les premières
lettres de la colonne VI ». Il ajoute : « composui col. I-II cum
III et col. IV-V cum VI-VII, quas quamuis in lapide appositas
B. seiunxit ». Je dois alors noter une fois de plus qu'il ne connaît
la pierre que d'après ma copie, et que sa prétendue critique a
exactement la même valeur que si je lui reprochais d'avoir
disposé dans le sens de la hauteur, sur ses pages 342-343, les

---

1. On ne peut se faire une idée de la dépendance — j'aurais même le droit
d'employer un mot plus fort — où se trouve M. Pomtow par rapport à la première publication de ces textes. Les quelques exemples que l'on trouvera dans
les pages suivantes auraient pu aisément être multipliés, sans grand intérêt
pour personne : il me répugne d'insister sur un tel sujet. Du moins puis-je
noter que, dans le texte de Palaios (249 *A*, l. 19), ma restitution κέρδους καὶ
χάριτο[ς ἕνεκα a été acceptée, alors que celle de M. Wilhelm (*Jahreshefte*, XII
(1909), 150) κέρδους καὶ χάριτο[ς ἄνευ est incontestablement meilleure: Mais
M. Pomtow l'ignore, comme il ignore (n° 523) que le même savant a aussi restitué le texte de la παστάς d'Attale (*Jahreshefte*, VIII (1905), 12). C'est ce même
texte (inv. n°ˢ 782-783) dont M. Pomtow dit à tort ; lapidem nunc deperditum;
voir *Rev. arch.*, 1914, I. p. 419.

colonnes de cette liste, I-III sur l'une, IV-VII sur l'autre, alors
que sur la pierre-elles étaient à la suite les unes des autres.
Laissons ces vétilles et passons à des emprunts plus sérieux.

Le texte de Delphes sur l'asylie du sanctuaire d'Apollon
Pythien à Chalcédoine, cité p. 429 n. 15, n'a été publié par
M. Pomtow que parce qu'il avait été signalé et qu'un extrait en
avait été donné dans les *Fouilles* de Delphes[1]. L'identification
de l'iskhegaon avec le long mur au nord du temple[2], l'assimilation de la monnaie appelée κανόν avec l'amphictionique et
la date exacte de la frappe de cette monnaie, où j'avais reconnu
dès 1897 le statère de Déméter pylaea[3], les rapports personnels
des membres des trois collèges : hiéromnémons, trésoriers,
naopes[4], tout cela, qui semble avoir été trouvé par l'auteur de
ces surabondants commentaires, est dans les articles du *Bul'.
de corr. hell.* et dans l'*Administration financière*. La plupart des
références, citations d'auteurs ou d'inscriptions, me sont em-
pruntées sans que ce soit marqué, sur les travaux au sanctuaire
des Thermopyles par exemple. Il est difficile de se douter, quand
on lit la note 30 des pages 432-433, que tous les textes, classés
et discutés, sur les offrandes de Crésus se trouvent déjà dans
un article du *Bulletin de corr. hell.*[5] : le cratère d'argent et le
bassin à lustration en or avaient été identifiés là pour la première fois. Il est vrai que M. Pomtow, sans doute pour prouver son indépendance, soulève gravement une objection : je
me suis trop peu soucié, à son gré, du fait que Plutarque
appelle πίθος ce cratère qui était, ou semblait être, à l'époque de
Sylla, le seul reste des présents du roi lydien. Je croyais avoir
suffisamment insisté ailleurs[6] sur l'imprécision et l'impropriété

---

1. *Fouilles*, III, 1, p. 200 note.
2. P. 367, n. 15 ; 412, n. 8. — Cf. *BCH*, XXVI (1902), p. 67-68 ; *Adm. fin.*,
p. 102, n. 2.
3. P. 430-1, n. 19. — Cf. *BCH*, XXI (1897). p. 495 ; *Adm. fin.*, p. 161-2.
4. On y revient plusieurs fois, par ex. p. 345, p. 425, n. 22. — Cf. *Adm. fin.*,
p. 75-76, p. 112.
5. XXI (1897), p 483-490.
6. *De rebus Delph. imper. aet.*, p. 20-21, 31, 34-35,

des termes par lesquels Plutarque et les gens de son temps
désignaient beaucoup de choses delphiques, même des institutions et des charges officielles, προφήτης au lieu de ἱερεύς,
στρατηγός ou βασιλεύς au lieu d'ἄρχων, etc...

J'aurais tort si je disais que cette « réédition » des comptes
ne m'a rien appris, j'oublierais le nombre et la variété des procédés par lesquels on peut essayer de cacher ce que l'on doit à
autrui. Dans certains cas, on ajoute de son fonds une remarque
fine et ingénieuse, qui suffit à garantir l'originalité de l'emprunteur : le πίθος de Plutarque et la disposition en colonnes
de la liste chronologique des naopes en sont des exemples.
Dans d'autres, on pousse plus loin que le prédécesseur, on exagère ce qu'il a dit, on le déforme, on dépasse ce que donnent
les textes et on affirme là où il avait paru plus prudent de douter. J'ai montré souvent combien était inexacte l'idée que l'on
s'était faite du « rôle subalterne » des naopes, aujourd'hui personne n'oserait la soutenir, mais j'ai dû discuter la théorie de
Dittenberger sur le mode d'élection des naopes [1] et celle de
M. Homolle [2] sur le lien qui unissait la double prêtrise du
IIᵉ siècle au double naopoïat du IVᵉ et du IIIᵉ. M. Pomtow ne cite
ni M. Homolle ni moi; il affirme [3] que le naopoïat était héréditaire (ce qui peut être vrai en quelques cas, mais il est absurde
d'en faire une règle universelle), et que les naopes Delphiens
étaient en même temps prêtres : hypothèse en l'air, dans l'état
de nos documents invérifiable, mais dont il devait dire que
l'idée première ne lui appartenait pas.

Un autre procédé, c'est la chimérique association par laquelle
M. Pomtow annonce qu'il a collaboré avec ceux qui ont trouvé
la solution d'une question. Plusieurs fois déjà on l'a constaté,
notamment pour le char des Rhodiens ; les exemples abondent
dans les comptes, je n'en retiens qu'un. Page 381, la liste amphictionique de Charixénos, qui présente une irrégularité de

<hr>

1. *Admin. fin.*, p. 71-74.
2. *BCH*, XXII (1898), p. 631. Cf. *Adm. fin.*, p. 109.
3. P. 333.

rédaction : παρὰ βασιλέως Ἀλεξάνδρου Ἀρχέπολις Ἄγιππος· Ἀλέ-ξαρχος Καλλίξενος Δελφοί, est accompagnée d'une note (84) : il y est rappelé que Dittenberger et M. Keil se sont laissés tromper par cette apparente anomalie et ont cru qu'Alexandre avait été représenté par quatre hiéromnémons, tous Delphiens. M. Pomtow continue : « quibus oblocuti sumus B. et nos (*Jahrb. Philol.* 1897, p. 744 n. 9, 759, 765) ». — Je ne reviens pas sur ce qu'a d'étrange ce pluriel : il est choquant partout, mais à cette place il l'est d'autant plus que M. Pomtow ne cite pas les articles où j'ai eu l'occasion de revenir sur ce qui a toujours été mon interprétation de ce texte, jusqu'au jour où le rapprochement de deux fragments (ici n° 252 *Q*) est venu la confirmer définitivement. Mais j'ajoute ceci : M. Pomtow compte que le lecteur regardera seulement les pages qu'il a indiquées : il semble oublier que, dans le même article des *Jarhbücher* 1897, pages 742 et 753, on lit :

4 παρὰ βασιλέως Ἀλεξάνδρου. Ἀρχέπολις Ἄγιππος·
Ἀλέξαρχος Καλλίξενος Δελφοί

4 vom Makedonenkönig (darunter wenigstens 2 Delphier).

S'il a donc fini par adopter l'avis de celui qui avait raison, ce n'est pas sans avoir traversé la période, où il demeure plus ou moins longtemps, de tergiversations, de repentirs et de solutions contradictoires.

Un autre procédé encore consiste tout simplement à attribuer aux autres cette incapacité de se décider, ce perpétuel flottement : saepe retractata ab editoribus, dit-il dans ces « prémonitoires » quelque peu prétentieux qui servent d'introduction aux comptes. Je ne peux pas prendre ce pluriel pour un pluriel de majesté, et pourtant c'est moi seul qui ai publié tous les textes qui suivent — à l'exception de quelques inédits sur lesquels on reviendra. Voici ce qui reste d'une critique particulièrement déplacée, venant d'une telle plume : j'ai averti dès le début de l'*Adm. fin.*[1] que ce livre, où je résumais un travail de

____
1. Page 1, note 1.

plus de dix ans, pouvait être considéré comme remplaçant les commentaires que j'avais donnés successivement sur chaque groupe de textes. Si M. Pomtow ne tient aucun compte de cette note, c'est qu'il a ses raisons. La conception d'ensemble de ce système de comptabilité, la superposition des collèges internationaux, tout, jusqu'à la distinction des caisses où puisaient les naopes, tout m'est emprunté ; mais en renvoyant plusieurs fois à un article de moi, paru en 1898 et que mon livre, sept ans après, a corrigé, M. Pomtow peut triompher à peu de frais d'une théorie sur la « double comptabilité » des naopes dont j'ai montré, avant lui, qu'elle était insuffisante. Même après des traductions comme « depositum vetus » ou « Kontokorrentdepot », je n'ai rien à changer aux pages 86-95 de l'*Admin. fin.*, où le lecteur aurait dû être renvoyé.

Je n'ai rien à changer non plus à l'interprétation que j'ai proposée du mot ἀπόξεσις : je continue à croire, malgré des affirmations contraires [1], qu'au IVe siècle on a désigné ainsi non pas le simple polissage des dalles qui formaient le mur des comptes [2], mais le grattage de ces dalles, déjà couvertes par des textes financiers d'exercices antérieurs, lesquels devaient être effacés pour céder la place à d'autres : nous en

1. N° 244, note 24.
2. Je maintiens « le mur des comptes », ce qui veut dire que le prétendu *murus stelarum*, p. 328, fait partie de ces hypothèses en l'air dont on a vu déjà quelques spécimens. Naturellement il faut mettre à part, comme je l'avais proposé en 1905 (*Adm. fin.*, p. 4), quelques plaques qui ont été gravées sur les deux faces. Où étaient-elles ? Je n'en sais rien. Dresser un mur de stèles dans le boyau étroit que l'iskhegaon délimitait au nord du temple, là où on élevait un toit provisoire pour les consultants de l'oracle, c'est une fantaisie inacceptable. Je n'ai, pour l'instant, rien à changer à ce que j'ai proposé (*Adm. fin.*, p. 2-4 ; *Ruines de D.*, p. 208-211) ; mais j'espère pouvoir démontrer bientôt que les théories de M. Pomtow sur la topographie de cette partie du sanctuaire, et même de quelques autres régions, sont erronées. Dans l'inscription de Tib. Claudius Cleomachos (mur polygonal, retour est) il n'a pas tenu compte de la manière dont sont groupés les mots : τὸ ἀνάλημμα τό τε ἔσω τὸ ὑπὸ τοὺς ἀνδριάντας καὶ τὸ ἔξωθεν. C'est un seul et même ἀνάλημμα, dans deux directions différentes, dont il est question, c'est-à-dire le mur polygonal lui-même, vu de l'endroit où est gravée l'inscription, τό τε ἔσω ; c'est le retour est jusqu'à l'autel, τὸ ἔξωθεν désigne la longue face sud. De même pour l'autre texte de Cleomachos : la πυλίς n'est pas du tout celle qu'a indiquée M. Pomtow, c'est la porte B.

avons la preuve matérielle [1]. M. Pomtow accepte ma restitution,
n° 243 D, l. 22 (en réalité l. 32 du texte) : στατῆρας πέν[τε, ὀδολοὺς]
ὀκτώ, mais il interprète à sa façon ma note sur ce passage. En
fait, j'avais repoussé le complément στατῆρας πεν[τήκοντα] ὀκτώ,
qui était tout aussi possible, parce que le prix eût été trop
élevé pour le travail que l'on a accompli sur les stèles qui
devaient porter les versements des Phocidiens. Quand M. Pomtow ajoute : « quae B. ad hunc locum e textu *BCH* XXII, 321,
40 affert minus recte ab eo intellecta sunt, nam ibi non de
pretio stelae agitur », je pourrais, si je discutais, lui retourner
son compliment : c'est lui qui n'a pas compris qu'il ne s'agit du
prix des stèles ni dans un des passages, ni dans l'autre. Le sens
que M. Pomtow adopte pour l'ἀπόξεσις, il l'a trouvé *BCH*, XXII
(1898), p. 323, mais encore ici c'est à l'interprétation donnée
dans l'*Adm. fin.* que je m'en tiens [2].

M. Pomtow sait aussi tirer un heureux parti des fautes

De même encore il n'a pas apporté le moindre argument contre la théorie que
j'ai proposée sur le remploi de morceaux du trésor de Cnide pour la grande
inscription de Domitien, insérée très probablement contre le mur même du
temple ; il est inutile d'ajouter qu'il ne m'y a pas fait renoncer.

1. *Admin. fin.*, p. 5 et note 3.

2. Sur ce texte 243 il y aurait beaucoup d'autres remarques à présenter.
Pour la couronne replacée sur la tête de la grande statue, le prix élevé du travail s'explique par les échafaudages : M. Pomtow le dit, c'était déjà *BCH*, XXVI,
p. 11. J'ai supposé que la grande statue avait été ornée d'une couronne en
or, qui avait disparu lors du pillage des chefs phocidiens. M. Pomtow affirme
que la couronne était en bronze, non en or ; que la grande statue c'est l'Apollon
Sitalcas, celui qu'il propose de placer entre les bases d'Aristaineta et de Gelon,
à cette même place où il situait jadis le groupe de l'Aurige : autant d'hypothèses. — Il répète trois fois (notes 17, 19, 24) que, dans ce texte, les lignes
s'achèvent toujours sur la fin d'un mot : exemple ['Αθη]lναίου l. 19-20 (ici l)
9-10). — Il lit σταλᾶν ἐργασίας εἴ τ[ὰ ἱερὰ] χρήματα ἐγράφθεν. Ce serait un emploi
très intéressant de ce locatif à Delphes : il eût valu la peine de rapprocher *h*ι
dans le texte d'Argos (*BCH*, XXXIV, 331 = ici n° 56) et de citer la note de
M. Buck, *Class. Philol.*, VI, p. 220. Malheureusement les inscriptions de
Delphes portent d'habitude au ıvᵉ siècle στάλα ἐν ἇι τοὶ ναοποιοί, ζύγαστρον ἐν ὧι
τοὶ πίναχες, σανίδες ἐφ'ἂν τοὶ ναοποιοὶ κάθηνται. Il est vrai que ce n'est pas une
objection pour qui restitue ἧδεν et ἀνέθεν dans des textes de l'époque impériale
et s'imagine qu'il a fallu attendre je ne sais quelle Gramm. Delph. parue en
Allemagne en 1914 pour savoir que παστάς = παρ-στὰς (Solmsen dit. *Beitr. gr.*
Wortforsch., p. 2, que le mérite de cette étymologie revient à Wyttenbach).

d'impression. Il note soigneusement [1] que j'ai dit par erreur *BCH*, XXVI (1902), p. 57 : le transport de chaque ἐπιγναφεῖον du port à Delphes coûte 240 drachmes. Qu'il y ait là une faute d'impression, il n'est pas difficile de s'en assurer : en tournant la page, on lit, *ibid.* p. 59 : c'est 420 dr. que l'on avait payées pour le transport d'un ἐπιγναφεῖον entre Kirrha et Delphes; c'est encore ce même prix de 420 dr. que l'on trouve *Ruines de Delphes*, p. 264. Le *Bull. de corr. hellén.* est imprimé à Athènes; je ne pouvais guère recevoir à Montpellier qu'une série d'épreuves, la plupart du temps une série de placards : il y a donc des fautes, je le sais, et même quelques-unes assez graves [2]. Mais un collaborateur de la *Sylloge* n'a pas la même excuse, elle n'est pas imprimée à Athènes, les textes des comptes ont sûrement exigé plusieurs séries d'épreuves, et pourtant les fautes n'y sont pas rares [3].

Il ne faut pas laisser passer non plus une accusation erronée, que d'ailleurs M. Pomtow n'a pas inventée, mais qu'il essaie d'accréditer. J'avais dit en 1905 [4] : les pièces essentielles de cette comptabilité sont publiées; il ne restait que quelques fragments, et depuis cette date il m'a été impossible de revenir aux comptes pour en donner une édition complète. Du moins, tous les fragments qui pouvaient être de quelque intérêt, je les avais

1. Page 408 (note 5, fin).
2. Il ne serait d'aucun intérêt de les énumérer. J'en veux citer une, *BCH*, XXVI (1902), p. 53, l. 16 : γωνιηᾶν au lieu de γωνιηιᾶν, qui a été fidèlement reproduite ici, p. 408, première ligne (j'ai déjà renvoyé souvent à la page, ici il faudrait citer n° 246 H² col. I, ligne environ 59 !) — Mais je prie le lecteur de croire qu'on me prête gratuitement une faute quand on imprime, en me citant p. 344 au milieu : « les noms les plus *anciennes* ».
3. Je n'en relève que quelques-unes à titre d'exemples. N° 241, χαλκεῖ n'est pas à la fin de la l. 7, mais au début de la l. 8; l. 33, ἠρινῆς (la pierre ἠρινᾶς) ; l. 102 Ἰσμηνίαι (probablement parce que j'avais mis un esprit doux, car n° 243 l. 12 (en réalité l. 22) Ἰσμηνία parce que j'avais imprimé Ἱσμηνία) ; l. 167 (en réalité, II, l. 60) τοὶ ἐπ' Εὐαρχίδα, l'I de ἐπὶ est nettement visible) ; l. 189 (II, 82) Ἐτυμώνδαι [Κ]αλλικράτει : la pierre Ἐτυμώνδαι καὶ Καλλικράτει ; l. 196 (II, 89) Κλεοφάνης, cette forme se trouve trois lignes plus bas, mais ici c'est Κλευφάνης : inversement l. 203 (II, 96). Θεοχάριος est sûr, et non pas Θευχάριος. — N° 243, C², l. 20 (en réalité l. 9) τέτιρα. — P. 392, note 17 Εὐχράται etc..
4. *Adm. fin.*, p. 1.

signalés, et M. Pomtow en a profité pour s'en approprier quelques-uns. Quand il dit : permulta inedita etiam nunc latent, ou bien il sait ce dont il parle et que la vingtaine de fragments insignifiants que j'avais laissés de côté ne valent pas d'être qualifiés de permulta, ou bien il ne le sait pas, et alors pourquoi en parle-t-il ?

Dénis de justice et emprunts, il fallait au moins indiquer comment tout se tient. Mais il me tarde d'en venir à ce qui est l'œuvre propre de M. Pomtow, à ce qui donne vraiment sa marque personnelle au groupe des textes financiers du ıvᵉ siècle.

*
* *

D'abord, s'il a voulu rendre l'étude des comptes aisée et accessible, il est difficile de manquer plus complètement son but. Peu de lecteurs, je le crains, pourront trouver leur route et la suivre dans cet entassement compact et morne, sans air et sans vie, où, sous prétexte d'exactitude, on ne leur fait grâce de rien.

Il fallait, avant tout, être clair. Peut-être M. Pomtow s'y est-il employé de son mieux, mais quel succès ! Commentaires surchargés où tout est sur le même plan, détails minuscules et faits essentiels ; misérables chicanes où il faut toujours qu'une vanité exaspérée trouve son compte ; citations textuelles d'auteurs anciens dont des paragraphes entiers sont recopiés sans utilité ; amoncellement de notes démesurées, submergeant un texte qui semble à son tour se hérisser pour repousser le lecteur trop curieux, tellement on a pris peine à tout y souligner, à tout traduire en chiffres bien lisibles et de corps différents : numéros des lignes et des colonnes à gauche, à droite dates, chiffres des dépenses, chiffres des totaux, dans le texte même appels de notes, numéros d'ordre des naopes, numéros de série pour les divers paiements, signes pour indiquer les places sans lettres[1] : le résultat est une confusion inextricable.

---

1. On fait un crime au premier éditeur de ne pas les avoir indiquées, mais ce

Les quelques lignes de M. Keil[1] qui a compris, lui, l'intérêt de ces textes et contribué, par une restitution heureuse, à en montrer les liens avec l'histoire générale, éclatent et détonnent au milieu de cette pesanteur étouffante et triste. M. Pomtow ne s'est sûrement pas douté de la dissonance.

Il ne s'est pas aperçu non plus d'autres contrastes. P. 247, note 8, il dit : obolus (habet) octo chalcos. C'est une erreur que j'avais jadis commise, et que M. Th. Reinach a bien voulu me signaler. M. Pomtow a appris, en cours d'impression, que l'obole comptait à Delphes douze chalques, et il corrige, p. 349 note 8, son total de la page 250. Jusqu'ici rien de surprenant. Mais de la page 349 à la page 409, il a eu le temps d'oublier ses erreurs et ici, note 8, parce qu'en 1902 j'avais calculé, moi aussi, l'obole à 8 chalques : « perperam B. qui summam non computavit », puis avec sa science de fraîche date il refait l'opération : de même encore p. 420, note 8.

Voici comment, pour un détail qui a son importance, il est arrivé à résumer ses opinions. D'abord page 391, note 10 : Delphi igitur initio plus uno anno diutius hieromnemones manserunt — puis p. 423-4, note 10 : hieromnemones igitur delphici illis temporibus raro diutius anno in magistratu fuisse videntur. On croira que les deux textes, celui à qui s'applique *initio* et celui que désigne *illis temporibus*, sont séparés par un long espace de temps : il s'est écoulé exactement un an de l'un à l'autre, automne 340-automne 339. Mais cette contradiction vaut d'être signalée parce qu'elle est symbolique. La construction de ces listes d'amphictions, de naopes, de fournisseurs même, où M. Pomtow a évidemment mis tous ses soins, est en effet, la plupart du temps, une œuvre toute personnelle, qui reflète l'humeur changeante de son créateur, mais qui sans cesse dépasse les données des textes et ne repose sur rien.

n'est que par ses copies et les reproductions des textes jointes à ses articles qu'on les connaît. Ces espaces ne sont d'ailleurs pas toujours marqués ici avec exactitude.

1. Citées p. 325. La restitution est celle du nom d'Olympias dans le texte des trésoriers sous Caphis.

On connaissait depuis longtemps l'autorité que M. Pomtow s'est attribuée sur les noms de Delphiens. Il était en cette matière le juge suprême et décidait en dernier ressort. Son infaillibilité a été bien des fois mise à l'épreuve, et cruellement. Il n'en continue pas moins à trancher ces questions, parmi beaucoup d'autres, sur un ton qui semble n'admettre pas la réplique. Malgré le jugement « dreimal irrig » qu'il a porté[1] sur ma lecture Κλεοφάνης pour le nom d'un bouleute sous Ariston[2], je garantis l'exactitude de ma copie, et c'est M. Colin qui a eu raison[3] de distinguer les deux bouleutes Κλεοφάνης et Καλλιφάνης que M. Pomtow avait indûment confondus en un seul. Je continue à croire, en dépit de la restitution fausse du n° 514, que Lycos et Dioclès peuvent avoir été des Delphiens ; que n° 241, l. 170 (93), il faut lire Δίκωνος (cf. la note dans Michel, 591), et je suis tout à fait sûr que n° 253 *U* on aperçoit très nettement ΣΩΚΡ, ce qui permet d'estimer à sa valeur la restitution proposée Ἰσοκράτει. La contradiction au sujet des amphictions delphiens qui a été signalée tout à l'heure tient simplement à ce fait que M. Pomtow avait d'abord complété le nom d'un hiéromnémon delphien Φιλ[ολάου, en reconnaissant que ce nom n'est pas connu à Delphes, puis il a eu un repentir et a restitué Φιλ[ομήλου qui ne répond pas du tout aux restes de lettres qu'on a notés dans le texte de Palaios.

C'est ce repentir qui est surprenant, car la toute-puissance se prouve à créer des Delphiens tout aussi bien qu'à dénier à d'autres le droit d'exister. Pour le nom du huitième prytane[4]

---

1. *GGA*, 1913, p. 163.
2. *Fouilles de Delphes*, III, 1, n°ˢ 107, 170, 174.
3. *Fouilles de Delphes*, III, 2, p. 393.
4. N° 252 *O*, ligne 55 et note 15. M. Pomtow a tort de croire que la commission des huit prytanés a toujours été énumérée au complet ; mais c'est maintenant un fait que dans le texte de Caphis (*BCH.*, XXIV, 464-465 = ici 252 *NO*) ils étaient nommés tous les huit. Un fragment découvert récemment, et qui appartient à la plaque immédiatement suivante, m'a permis de reprendre l'étude de ce compte. A la ligne 54, ma restitution [Ἡρινῆ]ς πυλαίας, que M. Pomtow a acceptée sans discussion, est inexacte : ce serait le seul cas où le début d'un paragraphe serait gravé avec la première lettre en retrait sur l'alignement des autres lignes, d'ordinaire la première lettre est en dehors (ἔκθεσις). C'est l'autre

sous Caphis-automne on invente Θεωρί[δου, ou mieux Θεωρί[ωνος, qui figure dans le texte, avec la note : Theorio vel Theoridas nondum ibi occurrunt. Qu'importe? Rien n'est impossible à celui qui a dressé, comme chacun sait, le catalogue des noms propres et les stemmata de tous les Delphiens : s'il lui plaît de faire, lui aussi et pour sa modeste part, concurrence à l'état civil, on n'a qu'à s'incliner devant ses décrets. Dans un compte des naopes, où très souvent l'ethnique du fournisseur étranger n'est pas indiqué, j'avais restitué Ἡράκ[ωνι ἐπὶ] τὸ μέγα θύρωμα... Je suis rappelé à l'ordre en note[1] : nomen rarum Ἡράκων Delphis non ante a. 190 invenitur. Mais si c'est un étranger...? Et Δᾶς, est-ce aussi un nom de Delphien? Parce qu'il a mal interprété quelques marques d'entrepreneur, M. Pomtow s'est avisé de promulguer la loi : il faut écrire Δᾶς ou Δάις[2]. L'ι adscrit, qui ne manque jamais dans ces textes du IVᵉ siècle, ne se trouve pas une seule fois, naturellement, dans ce nom. Le plus étrange, c'est qu'il suffit de tourner la page : le premier mot de la page 408 est précisément Δάωι sans ι souscrit ou adscrit, et de même un peu plus loin Δᾶς, n° 248 M.

Ces contradictions n'étonnent plus; mais la toute-puissance enivre et égare les humains, les Grecs l'avaient bien vu. Voici que maintenant cette autorité s'étend aux noms des étrangers et les régente comme s'ils étaient de vulgaires Ξεναγόρας Ἀβρομάχου ou le sempiternel Τιμόκριτος des actes d'affranchissement. On se rappelle[3] le « bon vieux génitif Χιλώνιος » (*sic*) : il repa-

---

session, la session d'automne que l'on rappelle avant la liste amphictionique, au moment d'en clore les comptes : donc [ὀπωρινῆ]ς πυλαίας. La restitution de la l. 55 est nécessairement : Ἄντωνος, Δίωνος, Ἀπο(λ)λοδώρου (j'ai discerné les trois points du second Λ sur la photographie), restent les cinq lettres ΟΡΩΡ qu'on n'a pas le droit de changer et qui font supposer un nom comme Ὀπωρί[νου, avec un vide d'une lettre devant ἱερομνημονούντων l. 56. — Une conséquence de ce résultat à peu près certain, c'est que le fragm. de liste amphictionique publié *BCH*, XXIV, 488 (ici 251 *L*) n'est pas de l'archontat de Theolytos, comme l'affirme M. Pomtow, mais de Caphis-printemps.

1. Page 412, note 10.
2. Page 407, note 3.
3. Voir *Rev. arch.*, 1914, I, 420, n. 3.

raît ici, n° 430, sans la moindre note indiquant que c'était une
création originale de M. Pomtow. C'en est une autre que la correction du patronymique de l'artiste Sonicos (515 *B*) ou l'attribution à Ægion d'Achaïe du fournisseur appelé Krithon[1] : son
nom n'est suivi dans nos comptes que de l'ethnique 'Αχαιός, le
même qui accompagne les hiéromnémons d'Achaïe Phthiotide :
le nom de sa ville avait cinq lettres, d'où la restitution Θήβας,
Thèbes de Phthiotide, que j'avais proposée. M. Pomtow ne
l'accepte point, parce qu'il n'a pas trouvé un seul Krithon dans
les textes de Phthiotide, tandis que ce nom est gravé sur une
monnaie d'Ægion. Quel rapport peut avoir cette monnaie avec
le fournisseur de nos comptes ? De plus, Αἴγιον a une lettre de
trop pour la lacune, mais tout cela n'importe nullement.

Ce qui importe, c'est d'avoir des listes complètes, bien com-
pactes à l'œil : fi des lacunes que laissent les timorés, ceux qui
respectent les pierres et essaient par un travail trop lent, trop
scrupuleux, de leur arracher peu à peu leurs secrets. Le texte
de Palaios, par exemple, contient la première liste des trésoriers, la seule : elle est particulièrement difficile à lire, il y a
des vides, et il me semble probable que quelques-uns de ces
vides avaient été laissés par le graveur, qui n'avait pas écrit
tous les patronymiques. Nous laisserions-nous arrêter par ce
vain scrupule? Nous savons, depuis la publication de ces
comptes, qu'il y a des rapports personnels entre les membres
des trois collèges; donc le trésorier perrhèbe Amyntas doit être
le fils du Mégaclès qui siège à l'amphictionie, et Pausanias de
Méthone le fils du hiéromnémon Philonautas. On insère dans
le texte[2] ces noms qui n'étaient pas sur la pierre[3], et alors, une
hypothèse menant à une autre, on corrige les inscriptions, on
y ajoute, on refait les listes de naopes telles qu'elles auraient
dû être, et de telle façon qu'il est à peu près impossible, à qui

---

1. P. 411, note 5.
2. P. 425, l. 48 et 54.
3. De même p. 332, l. 26, on ajoute au nom du naope athénien Κλεινόμαχος
son patronymique qui n'a jamais été gravé.

n'a pas le *Bull. de corr. hell.* sous les yeux, de savoir ce qui a réellement été gravé. On invente un hiéromnémon éginète, au génitif Π[υθᾶ ou Π[υθέα ou Π[ισᾶ, on hésite encore. Le nom du premier Locrien sous Chairolas-automne[1] commence par H c'est-à-dire par un H, mais il est décidé qu'il s'appellera Πλειστέας. Cette liste amphictionique de Chairolas-automne (nᵒ 242 *B*) prend un aspect tout nouveau : M. Pomtow a simplement supposé que le graveur avait oublié une ligne, — il la refait de son autorité, invente un Malien Αἰνησίλας qu'on n'a jamais vu nulle part, et insère cette ligne dans le texte avec le nᵒ 12 *a* —; il a supposé encore que les Ænianes ont été omis et rajoutés en fin de liste. Cette double conjecture méritait, tout au plus, d'être mentionnée en note. Ceux qui ne liront que la *Sylloge* auront une vraie peine à deviner l'état exact des deux fragments de marbre que j'ai jadis rapprochés et restitués, j'en fais l'aveu, avec moins de libre fantaisie.

Il manquerait quelque chose à ces constructions si elles ne s'agrémentaient d'allusions aimables. Je n'en parlerais même plus si deux détails ne nous permettaient pas de prendre sur le fait cette méthode, et aussi d'entrevoir la tâche qui incombera ou a incombé à celui qui est chargé de dresser une liste exacte des noms propres pour cette partie de la *Sylloge*. Page 332, l. 31, M. Pomtow imprime le nom d'un naope athénien Θεόφρων, avec une note : « Λεόφρων apud B. errore quadratarii vel editoris (cf. *Bull.* XXIV, 482) ». Si l'on se reporte à l'endroit où M. Pomtow nous renvoie, on lit : « Le nom de l'Athénien est écrit Θεόφρων dans la liste des naopes sous Charixénos, et Λεόφρων dans la liste sur marbre ». M. Pomtow a donc pensé qu'on n'irait pas vérifier ce qu'il indiquait, et qu'on n'y verrait pas en toutes lettres ce qui le convainc, à tout le moins, d'une malveillance parfaitement injustifiée? Mais, encore une fois, on sait le cas qu'il faut faire de ces insinuations et de ces critiques. Ce que l'on doit ajouter, c'est qu'ici même, nᵒ 253 *S*, *environ* ligne 70 (en réalité B, 26), nous retrouvons, précisé-

1. P. 389, l. 10 et n. 3.

ment dans le texte copié sur l'édition du *BCH* XXIV, ce même
Λεόρρον (*sic*) que M. Pomtow avait proclamé, p. 332, être un
nom inconnu à Athènes.

L'autre exemple est plus simple. Page 342, col. II, l. 10 : la
copie de M. Colin, que j'ai revue sur la pierre, porte Μόναρχος
Νικομάχου Θηβαῖος. La lecture est sûre, j'ai vérifié depuis sur une
photographie très suffisante, et l'inscription a été gravée avec
soin. M. Pomtow s'occupe bien de ces détails ! Il imprime dans
le texte Μο[ίρι]χος, et ajoute : « Μόναρχος B. quod errori lapicidae
aut editoris debetur ». C'est que l'esprit de système obligeait à
identifier un naope thébain de 274 avec le Μοίριχος hiéromnémon béotien d'une année voisine. Le « naope Μοίριχος » ira
rejoindre l' « archonte béotien Ἡσύλος » dans un index
nominum, dont les pages précédentes aideront sans doute à
composer les errata ; mais je préviens que je n'ai pas donné
tous les exemples.

On se rend compte de quelques-unes des raisons qui me dis-
penseront de renvoyer pour les inscriptions de Delphes à la
Sylloge. En fait comme en droit, je considère cette publication
de nos textes comme nulle et non avenue ; mais je me demande
comment feront ceux qui se croiront obligés de citer l'un d'eux
d'après cette édition. Il faut voir maintenant la fantaisie personnelle et la construction systématique, que l'on a constatées
dans des cas isolés, se donner libre carrière. La pierre et ce
qu'elle permet d'affirmer servent seulement de point de départ,
M. Pomtow met partout ce qu'il pense être de l'ordre et de la
clarté, il retranche des textes ce qui lui paraît inutile et il y
ajoute ce qu'il trouve à propos d'y introduire. On devinera diffi-
cilement, dans la confusion des lemmes du nº 178 : tabulae,
fragmenta, catalogi, pensiones, ce qui est en fait resté des
comptes de location relatifs aux biens confisqués ; ici encore,
si l'on n'a pas le *Bulletin* ouvert devant soi, on cherchera
pourquoi il a semblé bon d'extraire d'un texte d'abord les
lignes 39-78, puis les lignes 33-38.

Du moins là a-t-il conservé les numéros des lignes ; mais

que dire, entre dix exemples que l'on pourrait prendre, du
n° 243 où le texte a été découpé, chaque morceau ayant ses
lignes comptées à part ? Comme le premier morceau C^2 contenait une liste amphictionique dont il nous reste seulement la
fin, M. Pomtow veut savoir qu'il manque juste onze lignes, il
les refait : « vs. 1-11 sic redintegrandi », et naturellement il les
compte. Il refait même les parties des textes où il s'est imaginé,
sans aucune raison, qu'il y avait des lacunes. Il sait quelles
étaient les dimensions primitives de la plaque de Théon
(n° 253) ; j'avais indiqué jadis[1] qu'entre les deux groupes de
fragments qui sont rapportés avec certitude à la seconde
colonne de ce texte, il existait une lacune de hauteur indéter-
minée. M. Pomtow, lui, détermine cette hauteur, environ
10 lignes : il continue donc la numérotation d'une manière qui
rend les références faciles, environ l. 45, environ l. 50, etc... ;
puis, abusant de ce qu'une faute d'impression a fait tomber les
crochets de restitution dans la ligne « environ 50 » (en réalité
B, 6), il suppose deux lignes complètement oubliées, il les
refait à sa guise, et enfin il admire le total des recettes ainsi
obtenu : his intercalatis omnia optime quadrant.

Encore a-t-il relégué cette trouvaille dans une note. Mais,
pour les comptes des naopes, c'est dans le texte que figurent,
refaits, les intitulés de sessions, les totaux de dépenses. Je crois,
sur la répartition de ces nombreux fragments à 23, 26, 21 lettres, sur leur classement aussi, avoir atteint les limites de ce
que les textes dont je disposais me permettaient d'affirmer.
Ici ces limites sont à chaque instant dépassées. Il n'est tenu
aucun compte de plusieurs motifs de prudence sur lesquels j'ai
insisté. Par exemple, il est évident que les naopes inscrivent
les dépenses dans l'ordre des paiements acquittés et non pas
des travaux réellement effectués : M. Pomtow, lui, fixe le moment
exact où ont été faites les fournitures de bois. Il veut savoir qu'il
y a eu huit plaques sur lesquelles étaient gravés ces comptes des

---

1. *BCH*, XXIV (1900), p. 472 (dessin d'assemblage).

naopes, pas une de plus ni de moins. Nous n'en avons pas une
entière, ce qui ne l'empêche pas d'indiquer avec assurance où
commencent et où finissent les comptes de chaque session, et de
donner les dimensions des lacunes, quitte à rendre nécessaires
des références comme celle-ci : 246 B^2 col. I, environ l. 50.
Pour les deux dernières plaques de cette série, il a trouvé, dit-il,
une dizaine de fragments inédits : il serait à souhaiter qu'une
attribution si précise me facilitât la tâche, mais je crains fort
qu'une pareille affectation d'exactitude là où nous devons douter
ne serve, cette fois encore, qu'à égarer le lecteur non prévenu.

Ce serait une besogne stérile que de montrer dans le détail
la vanité de toutes ces constructions. Deux exemples vont suffire à prouver que je n'ai pas encore employé de termes assez
forts pour caractériser la valeur de ce qui nous est offert. J'a-
vais jadis' publié un petit fragment (inv. 286), brisé partout.
M. Pomtow a trouvé dans le musée un morceau, inv. 4560 (découvert en 1905, trois ans après mon article), qui se raccorde
probablement avec le précédent, mais il n'en a pas tiré un très
heureux parti. Les trois dernières lettres du fragment 286, NIM
obligent à restituer dans les lignes précédentes un salaire de
300 drachmes pour l'architecte, ce qui correspond à un intervalle de cinq mois seulement entre deux sessions successives.
M. Pomtow, qui s'est fait, sur le salaire du sous-architecte en
particulier, une théorie à lui, n'accepte pas cette solution ; alors²
« cum forma K in fragm. 4560 litterae N simillima sit, Bour-
guetum etiam in v. 11 perperam NI pro KI legisse persuasum
habeo ». Sans doute, mais j'ai, encore pour ce fragment, une
photographie qui me permet d'affirmer que ma lecture était
exacte, les trois dernières lettres du frag. 286 NIM interdisant
absolument la restitution κάρο]κι μ[ισθός, et c'est la construction
de M. Pomtow qui est par terre.

L'autre exemple mérite un peu plus de développement. En
utilisant les chiffres des sessions que nous connaissons avec

1. *BCH*, XXVI (1902), p. 88.
P. 418-9, notes 5 et 6.

certitude, j'avais essayé autrefois[1] de présenter ce qui me paraissait le moins invraisemblable pour la succession des pylées
à partir de ce qu'on peut appeler l'ère des naopes. J'y suis
revenu en 1905[2], en répétant encore que le nom de l'archonte
(Cleon) sous lequel la 35ᵉ pylée avait eu lieu n'était pas sûr.
Ce sont des scrupules dont M. Pomtow, on le sait, ne s'embar-
rasse pas. Il nous donne, page 362, un tableau complet des pylées, de la session 1 à la session 85 (pourquoi s'est-il arrêté en
si beau chemin ? il aurait pu descendre jusqu'à Thessalos, en
plein ɪɪɪᵉ siècle), à peu près entièrement bâti, sans que la dette
soit reconnue, sur les données que les publications antérieures
ont fournies, mais les dépassant d'une manière prodigieuse.
On me trouvera bien difficile ; car enfin, emprunts avoués ou
non, M. Pomtow s'est donné de la peine pour confirmer les
résultats où j'étais arrivé. Il a même, nous dit-il, trouvé un
fragment inédit qui appuie toute sa construction ; ce qui n'était
avant lui qu'hypothèse est devenu un système admirablement
lié. Examinons donc ce fragment :

240 *P.* Inv. nº 4678 « quod Kontoleon m. novembri 1907
invenit et exscripsit. Cuius apographi litterae maiusculae in
hunc modum supplendae sunt (ad dextram margo servatus) :

[δραχμὰς δισ ?]χι[λίας ἑκατὸν]	22 lettres
[ἑβδε]μή[κ]οντα, [ὀβολοὺς τρε-]	21
[ἴς, ἡ]μιωβέλιον · [ἐπὶ ῎Αρχωνο-]	21
[ς ἄρ]χοντος, τᾶς ὀπ[ωρινᾶς]	21
[πυλ]αίας μιᾶς καὶ τρι[ακοσ]-	20
[τᾶς], ἀναλώματα · Κάλλιπ-	18
[πος ? Βο]ιώτιος τὰ ἥμισσ[α, ῞Εκτ ?]	22
ωρ ᾽Αχαι[ὸς ἐκ...]σχέου, Δι..	22
...Κροτωνιάτας τὰ ἥμισ[σα]	21

κτλ. »

On se demande où trouvera place un fragment dont les
lignes varient de 18 à 22 lettres, et l'indication insérée plus loin,

1. *BCH*, XXVI (1902), p. 35-37.
2. *Adm. fin.*, p. 66-67.

p. 399, n° 244 *C*, ne fera qu'augmenter le trouble : « ex his versibus amissis (de la plaque qui porte les comptes de Damoxenos-Archon) superesse videtur n° 240 *P*, quo in frustulo tamen versus litt. 21 suppleti erant ». C'est donc un fragment à 21 lettres que M. Pomtow a cru restituer et qu'il nous invite à replacer dans une colonne qui a régulièrement 22-23 lettres[1].

On appliquera l'épithète que l'on voudra à la publication de ce texte. Plutôt que d'y insister, j'aime mieux donner ma copie, qui n'est certes pas parfaite — la pierre est assez endommagée et plusieurs lettres ont résisté à deux tentatives de déchiffrement —, mais qui du moins permettra une étude sérieuse :

Inv. n° 4678, trouvé en novembre 1907 en avant de la maison 548 (plan Convert). Fragm. de calc. gris, brisé partout, sauf à droite (on a la dernière lettre des l. 2-6); bord droit préparé à joints, revers aplani lisse, il y a eu probablement des lettres aussi sur la face postérieure, on n'en lit aucune avec certitude. Haut. 0ᵐ,39, larg. 0ᵐ,335, ép. 0ᵐ,185. — Lettres στοιχ. très régulier 5-6 mm. ; interl. 6-9 mm.

$$[δραχμαὶ —] ισχί[λ]-$$
$$[ιαι ἐξακάτιαι ἑβδε]μήκοντα$$
$$[δύο, ὀβολοὶ δύο,]ἡμιωβέλιον · Ἐ-$$
$$[πὶ . . . . ἄ]ρχοντος, τᾶς ὀπ-$$
$$5 \quad [ωρινᾶς πυλ]αίας, μιᾶς καὶ τρι-$$
$$[ακοστ]ᾶς, ἀναλώματα · Καλλικ[ρ]-$$
$$[άτης Κ]λητόριος τὰ ἥμισ[σ]α, ['Αμ-]$$
$$[ύντ]ωρ 'Λχκιὸς ἐξ 'Ασχέου, Δι[οκ]-$$
$$[λῆ]ς Κροτωνιάτας τὰ ἥμισ[σα ξ·]$$
$$10 \quad [ύλα] ἐ[δέξ]αντ(ο) ἐλάτινα παρ..$$
$$. . . ειν ἐν Δελφοῖς Λ Τ Ι Ξ Γ . . .$$
$$. . ὀνων τετράγωνα τετραχ[άτ]-$$
$$[ια] ὀγδοήκοντα ἓν καὶ μεσό[δμ]-$$
$$[ας ἐ]νενήκοντα, σύμπαντα [ξύλ]-$$

---

1. On a vu un raisonnement faux conduire parfois à une conclusion juste. En ait ce fragment a eu très régulièrement 23 lettres. Si pourtant je ne le replace pas dans l'angle en haut à droite de la plaque Damoxenos-Archon, c'est que des raisons matérielles, à mon avis, s'y opposent. Le rapprochement même des pierres décidera.

15   [α πεν]τακάτια ἑδδεμήκο[ντα ἕ-]
     [ν, τὸ ξύ]λον ἕκαστον [δραχμᾶν π-]
     [εντήκο]ντα, σύμπ[ασα τιμὰ δρα-]
     [χμαὶ δισμ](ύ)ρι[αι ὀκτακισχίλ-]
     [ιαι πεντακάτιαι πεντήκοντ[α.]

Il suffit d'indiquer en note[1] quelques observations sur le texte.
Une chose du moins est certaine : l. 4, ce n'est pas le nom
Ἄρχωνος qui peut remplir la lacune. Si nous sommes sûrs que
la 31ᵉ pylée coïncide avec une session d'*automne*, comme la 35ᵉ —
avant la guerre sacrée les sessions d'automne avaient au contraire
un numéro pair —, l'attribution de cette 35ᵉ pylée à l'archontat
de Cleon devient plus douteuse encore qu'auparavant. On voit
ce qui reste du tableau des pylées, donné avec tant d'assurance
p. 362.

Le nom de l'archonte qui était gravé l. 4 a disparu ; tout ce
que nous en savons, c'est qu'il avait huit lettres au génitif,
mais beaucoup de noms au ivᵉ siècle remplissent cette condition,
sans compter que peut-être l'archonte sous lequel s'est tenue la
31ᵉ pylée n'est pas encore connu. Je voudrais en quelques mots
préciser la manière dont on doit poser la question et indiquer
tout au moins une solution possible.

1. Les trois premières lignes donnent, en partie, le total des dépenses d'une
session, on doit donc restituer : [κεφάλωμα ἀναλώματος ταύτης τῆς πυλαίας αἰγιναίου
δραχμαὶ] avec la somme au nominatif ; il est probable qu'avant [δ]ισχί[λιαι],
[τρ]ισχί[λιαι], etc... il y avait μύριαι, δισμύριαι, τρισμύριαι, etc... — L. 7-8, le nom
de l'Achéen (pour Ἀχαιὸς ἐξ Ἀσχέου, cf. Ἀσχειεύς, WF. 18, 150) n'est pas sûr.
— L. 10-12 je ne vois pas encore de complément probable : ἐδέξαντο n'est proposé qu'avec réserve, la dernière lettre m'a paru être plutôt un A ; après ἐλάτινα,
qui est certain, on pensera à παρ[κο[μίζ]ειν, mais il faudrait alors ἐν Δελφούς, et
ici l'I m'a paru à peu près sûr. Pour ce qui suit, il faut écarter pour bien des
raisons [τερ[αμ]όνων : l'idée de bois tendre conviendrait sans doute, mais à quoi
se rapporterait ce gén. plur. ? Mon ami M. Holleaux veut bien me dire qu'il
interpréterait plutôt les lettres de la l. 11 après Δελφοῖς comme ἀπ' ou ἀφ' : ce
qui suivrait serait donc une indication de provenance (on sait qu'à Delphes les
bois viennent surtout de Sicyone et de Macédoine). Ici les μεσόδμαι (cf. BCH,
XXVI (1902), p. 92 3) sont oppos'es aux bois τετράγωνα, ce sont donc des
poutres à section rectangulaire. — L. 16 et suiv., il est inutile de dire qu'on
pourrait restituer aussi τετρώκο]ντα : tout autre nom de nombre est à rejeter,
comme l'indiquent les misérables restes du total.

D'abord on trouvera dans cette *Sylloge*, p. 402, n° 244 *F*, un fragment inédit (inv. n° 4403) qui est publié d'une manière moins inexacte et incorrecte que le précédent [1] : il a été lu par M. Klaffenbach. M. Pomtow veut savoir que ce morceau est le seul représentant de la seconde plaque des comptes des naopes : ce n'est qu'une de ces attributions trop précises dont j'ai parlé. On y lit un total d'εἰσιτάματα, de « rentrées » ou de recettes pour une session d'automne, le nom de l'archonte manque, et ici aussi il avait huit lettres au génitif. Est-ce le même que celui du fragm. 4678 ? Je ne suis pas, pour le moment, en mesure de répondre. Si je réussis à recomposer d'une manière sûre, grâce à des fragments trouvés depuis 1905, les restes de cette comptabilité qui ne se laissent pas classer et grouper aussi aisément qu'on l'imagine loin des pierres, je le dirai tout de suite.

Mais, dès à présent, je dois revenir sur une donnée chronologique certaine, fournie par un petit morceau trouvé en 1911. Elle a peut-être, avec le problème de l'archonte inconnu dont le nom au génitif compte huit lettres, un rapport moins lointain qu'il ne semble à première vue.

Un fragment, que j'hésitais encore en 1905 [2] à considérer

---

1. Je suis pourtant obligé de faire remarquer une fois de plus que ce fragment rentre dans la catégorie des « biens » qui, comme nous disons en français, « ne profitent guère ». La restitution de M. Klaffenbach concorde exactement avec celle que j'avais écrite au-dessous de ma copie en 1905 : ἀπὸ τῶν ἴκατ[ι ταλάντων ἐκομισ]άμεθα δραχμὰς [αἰγιναίου τετραχ]ισχιλίας. M. Pomtow avoue qu'il ne sait ce que représentent ces 20 talents, il ajoute : sed cf. n. 252, 14, c'est-à-dire : pour expliquer l'origine d'une somme que nous trouvons mentionnée, d'après ses affirmations, à l'automne de 344, nous devons utiliser un renseignement fourni par un texte daté sûrement de l'automne 331, 13 ans après ! — Je propose de reconnaître dans ces ἴκατι τάλαντα une formule abrégée pour désigner le fonds de dépôt, qui n'était qu'une des caisses où puisaient les naopes et qui allait en diminuant depuis Argilios : il avait été, à cette date, de 20 talents, 14 mines, 10 statères.

2. *Adm. fin.*, p. 108, note 3. — Le fragment (inv. 1113) avait été signalé plusieurs fois, entre autres *BCH*, XXI (1897), p. 490 et XXIII (1899), p. 520. Il est publié ici, 253 *V*, sans la moindre allusion aux passages qui en avaient fait connaître l'existence : en note on constate que j'avais mentionné l'ὁπλοθήκη, et c'est tout. D'ailleurs il est publié d'après la copie de M. Contoléon. on n'est pas sûr qu'il soit στοιχηδόν et on lui attribue « environ 34-36 lettres » : il est

comme appartenant à la comptabilité des trésoriers, est daté par le nom de l'archonte Damocrates. Si j'avais pensé que la date de cet archonte devait être assez basse dans le ive siècle, c'est qu'il me paraissait difficile d'intercaler une Pythiade de plus avant la fin du collège des trésoriers. La difficulté me paraît toujours aussi grande. D'autre part, nous savons maintenant avec certitude que l'archontat de Damocrates doit être remonté. Mais peut-être est-il inutile de déplacer quatre archontes dans la liste proposée jadis [1], et prudent d'attendre pour trois d'entre eux une preuve aussi expresse que l'est celle-ci pour l'archontat de Damocrates.

Inv. n° 4747. — 15 juin 1911, dans un champ au-dessous de Marmaria. Calc. gris, fragm. brisé de tous côtés, ép. 0ᵐ,145, haut. surf. inscr. 0ᵐ,20. larg. 0ᵐ,29. — Lettres, στοιχηδόν, 6-7 mm. Interl. 7-8 mm. Vide au-dessus et à gauche du texte. C'est un fragm. de la col. de droite d'une plaque analogue à celle de Théon. Le fragm. n° 1113 (voir la note 2 de la page précédente) doit sans doute être rapporté à la col. de gauche.

```
A Γ O T O Y T Ω N A N A
E Γ I Δ A M O K P A
    Γ P Y T A N E Y O Ͱ
    Ͷ Λ E O B O Y Λ Ϲ
        Λ Λ I N I
        Σ Σ A Λ Ω
        P A Λ E
        Ͷ Φ Ω
```

On doit lire :

'Απὸ τούτων ἀνα[λώματα τῆς ἠρινῆς πυλαίας]
ἐπὶ Δαμοκρά[τεος ἄρχοντος ἐν Δελφοῖς.]
　πρυτανευόν[των　　　—, ．—，　　—,
　Κλεοβούλο[υ,　　　　—，　—， ．—，
5　[Κα]λλινί[κου] · ἱερομνημονούντων τῶνδε ·]
　[Θε]σσαλῶ[ν ·　　　—，　—·]
　[παρ' Ἀλε[ξάνδρου —，　—·]
　[Δε]λφῶ[ν　　—　,　—　κτλ.]

très régulièrement στοιχηδόν et, autant que j'en peux juger, chaque ligne avait au moins 50 lettres.

1. *Adm. fin.*, p. 10-11.

Ici les huit prytanes étaient nommés, l'un d'eux est le Cleoboulos qui a été archonte en 323 ; le nom du dernier l. 5 me semble, s'il est exactement restitué, nouveau à Delphes pour cette époque. Peut-être est-on autorisé à compléter l. 6 Politas et Nicasippos pour les deux Thessaliens, mais ce n'est pas sûr. Du moins est-il certain que l'archontat de Damocrates doit être rapporté au règne d'Alexandre.

Or, parmi les archontes qui ne sont pas définitivement fixés dans cette période, je n'en vois guère qu'un, celui pour qui j'avais considéré la date de 329-8 comme « simplement possible »[1]. C'est Thebagoras, dont Damocrates me paraît avoir désormais tous les droits à occuper la place.

Si Θηβαγόρα au génitif a précisément huit lettres, on se rappellera pourtant que je n'affirme pas que c'est l'archonte de la 31ᵉ pylée. Je considère cette solution comme vraisemblable, mais je ne veux pas, sur tant d'hypothèses écroulées, en échafauder une autre à mon tour ; je préfère m'en tenir à un résultat prouvé. Du moins la critique de ce volume n'aura-t-elle pas été absolument négative.

On me dira sans doute : une œuvre à ce point dépourvue de valeur ne méritait pas une étude si longue. Je répondrai : d'abord je n'ai pas relevé toutes les fautes, ensuite j'en estime le choix suffisant pour fonder ma conclusion. La question de droit sera, j'espère, traitée un jour. En attendant, je pense qu'on ne me répétera pas, au mépris de toute justice, ce qui m'a été dit une fois, à peu près en ces termes : « Sans aucun doute vous avez raison, mais enfin on a les textes ». Ceux qui seraient tentés d'user des richesses delphiques qui ont été mises à leur disposition avec tant de compétence, une science si précise et si originale, une méthode si sûre, j'estime qu'il fallait les mettre en garde. Textes inédits ou déjà connus, c'est partout le même respect de la pierre, du texte et de la vérité. On jugera donc ce

1. *Adm. fin.*, p 11. note 1.

que la science, en fait, a gagné à cette intervention indélicate et malfaisante. La partie delphique de l'œuvre de Dittenberger n'était certes pas de premier ordre, mais quelle vraie force a disparu avec lui, aujourd'hui on s'en rend mieux compte. Je me permets de répéter encore que de telles publications ne valaient pas de gêner et de retarder notre travail.

Emile Bourguet.

mars 1918.

LA « PETITE SAMOS »

Grâce au livre VIII de la *Pharsale*, complété par le *De bello civili* de César et par le *Pompée* de Plutarque, nous pouvons restituer fort exactement l'itinéraire de la fuite de Pompée après Pharsale, depuis l'embouchure du Pénée jusqu'à Péluse.

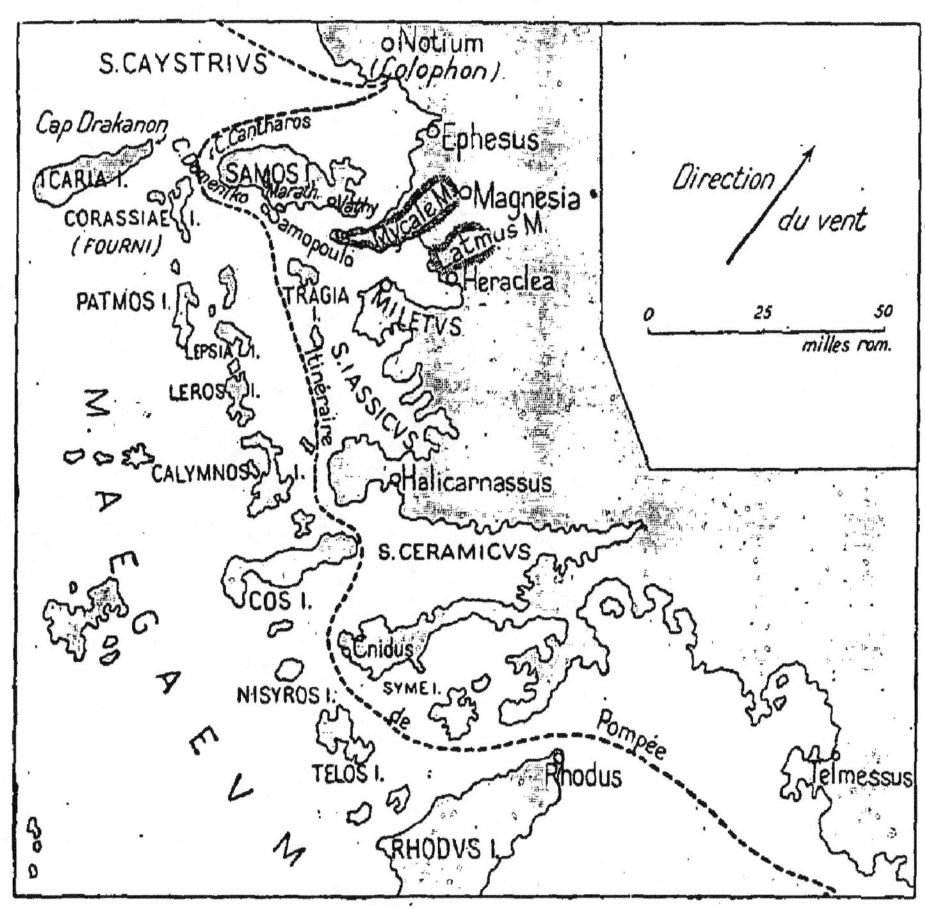

Fig. 1. — Itinéraire de Pompée[1].

Dans la carte que M. Postgate a dessinée en 1917 pour son édition si copieuse du livre VIII de Lucain[2], le tracé n'est incer-

1. Je dois cette carte à l'obligeante amitié de M. le commandant Espérandieu.
2. *M. Annaei Lucani de Bello civili liber VIII*, edited by J. P. Postgate, Cambridge, University Press, 1917, p. 146. J'ai rendu compte de cette édition dans la *Revue critique*, 1918, I, p. 183.

tain qu'aux environs de l'île de Samos. Je crois qu'on peut dissiper cette incertitude et, du même coup, apporter une correction vraisemblable au texte de Lucain.

Après avoir quitté Mitylène le soir du 19 juin 48, Pompée navigue à travers le détroit qui sépare Chios de la presqu'île d'Érythrée, puis se dirige vers le sud-est, faisant route pour Ephèse. Près de cette ville, sur un point qui n'est pas désigné, il s'arrête pour débarquer son allié Dejotarus, qui le quitte sous un vêtement servile afin d'aller remplir une mission auprès du roi des Parthes. Citons textuellement les vers qui suivent (243-249) :

> *Dimisso in litore rege,*
> *Ipse per Icariae scopulos, Ephesonque relinquens*
> *Et placidi Colophona maris, spumantia parvae*
> *Radit saxa Sami; spirat de litore Coo*
> *Aura fluens ; Cnidon inde fugit claramque relinquit*
> *Sole Rhodon, magnosque sinus Telmessidos undae*
> *Compensat medio pelagi...*

M. Postgate ne se décide pas entre les deux routes de mer qui conduisent des environs d'Ephèse à ceux de Cnide ; sa carte marque en pointillé deux tracés, l'un par le nord de Samos, l'autre par le sud. Ce dernier, passant par le détroit de Samos, entre la capitale de l'île et le promontoire de Mycale, était le plus court. Le détroit est large d'environ 1.800 mètres dans sa partie la plus resserrée. D'après les *Instructions nautiques*, « ce détroit est sain de danger à distance prudente de la côte », bien que le milieu soit occupé par l'îlot dit anciennement *Narthex* et appelé aujourd'hui *Panagia*. Mais Pompée n'a pu suivre cette route, sans quoi Lucain ne parlerait pas d'Icarie, qui est à l'ouest de Samos. Il doit en avoir été empêché par un fort vent du sud-ouest, contre lequel l'étroitesse du passage et la menace de l'îlot ne permettaient pas de manœuvrer, c'est-à-dire de tirer des bordées. Au contraire, en suivant la côte septentrionale de Samos, il était relativement abrité par l'île elle-même, dont les collines sont fort élevées, et trouvait toute la place nécessaire pour évoluer dans le vent.

Reprenons maintenant l'analyse des vers cités. *Per Icariae scopulos* fait difficulté, car il n'existe pas, à proprement parler, d'écueils d'Icarie. « Il n'y a pas de dangers écartés autour de l'île » disent les *Instructions nautiques*. Mais au sud du passage entre Samos et Icarie se trouve le groupe des douze îles Corassiae, aujourd'hui Fourni. « Les îles Fourni, disent les *Instructions*, sont séparées de l'extrémité sud-ouest de Samos par un chenal sain et profond... Le courant, entre Samos et les îles Fourni, porte toujours au nord, mais donne naissance à une mer tourmentée et incommode. » Il me paraît donc certain que Lucain, par *Icariae scopuli*, désigne les îles Fourni ; il indique ainsi la direction générale de la route depuis le point où a débarqué Dejotarus : la côte nord et la côte ouest de Samos, puis la passe de Fourni, entre l'île et les îlots qui semblent le prolongement oriental d'Icarie.

Pourquoi, après avoir ainsi mentionné Icarie, parle-t-il d'Ephèse et de Colophon (*Ephesonque relinquens et placidi Colophona maris*) ? C'est que Pompée, longeant la côte nord de Samos, tourne le dos à Ephèse et aux eaux tranquilles de Colophon. Le fait que Colophon est au nord d'Ephèse n'a pas d'importance, car le navigateur qui suit cette route a derrière lui les ports d'Ephèse et de Colophon ; une perpendiculaire au milieu de la ligne qui joint ces deux ports, Panormos et Notion, marque à peu près le trajet qui s'impose pour gagner le cap Kantharion, au nord-ouest de Samos.

La vraie difficulté commence avec ces mots : *spumantia parvae Radit saxa Sami*. De quels rochers s'agit-il ? Pourquoi Samos, « l'une des îles les plus importantes de la mer Égée », disent les *Instructions nautiques*, est-elle qualifiée ici de *parva* ?

Cette dernière épithète a fort embarrassé les commentateurs. M. Postgate propose deux explications, qui sont, je pense, l'une et l'autre à rejeter :

1° Le professeur Bury a rappelé à M. Postgate que l'un des noms anciens de Céphallénie, suivant Strabon, était *Samos* ou *Samé*. Céphallénie a 688 kilomètres carrés, Samos 468 seule-

ment. Lucain aurait donc voulu distinguer, de la petite Samos
de l'est, la Samos plus grande située à l'ouest de l'Archipel. —
A quoi l'on peut répondre, d'abord, que l'épithète *minor* serait
seule correcte [1], puis et surtout que pas un lecteur ou auditeur
de Lucain sur mille n'aurait pu comprendre cela, le fait que
Céphallénie s'était appelée autrefois Samos n'étant connu que
de quelques antiquaires de profession [2].

2° Il est possible, dit M. Postgate, que Lucain ait songé non
à l'île de Samos, mais à la ville principale, qui, suivant Apulée,
n'était pas d'une grandeur en rapport avec sa renommée. — On
sera d'autant moins enclin à admettre cette explication que la
ville principale de Samos est à l'est de l'île, sur le canal, et que
Pompée, comme nous l'avons vu, a dû suivre la route du nord.
D'ailleurs, sur le détroit de Samos, il n'y a pas d'écueils, en
dehors de l'îlot de Narthex qui ne pouvait être désigné ainsi.

Ceux qui veulent conserver le texte des manuscrits n'ont, à
mon avis, qu'une interprétation à proposer (je ne crois pas
qu'on l'ait encore mise en avant). Par *Parva Samos*, Lucain
aurait voulu dire l'îlot appelé aujourd'hui *Samopoulo*, le long
duquel Pompée a dû naviguer en sortant de la passe de Fourni
pour se diriger vers le sud-est. « Cet îlot, disent les *Instructions
nautiques*, situé à environ deux milles et demi dans l'ouest du
cap Colonne, masque le côté est de l'entrée de la baie de Mara-
trocampo ; il a près d'un mille de longeur et gît à quatre enca-
blures du rivage. Sa partie nord est entourée par un haut-fond
de roche qui s'avance à plus d'un tiers de mille dans l'ouest, et
à peu de distance devant sa pointe nord est une roche à fleur
d'eau (*xera*). »

1. M. Louis Havet a fait cette observation très juste quand j'ai lu le présent
mémoire à l'Académie. Ce sont les modernes qui écrivent parfois *Leptis parva*,
Diospolis parva, etc. ; les Romains employaient, en pareil cas, le comparatif
(*minor* ou *altera*).

2. Alors que Haskins et Francken ne soufflent mot de la difficulté que soulève
parvae, Burman s'est demandé si *parva Samos* ne serait pas dit pour distinguer cette Samos de Samothrace (*quae an multo major fuerit, nescio*). En réalité,
Samothrace (178 k. c.) est beaucoup plus petite que Samos (468). La note de
Burman est reproduite dans le *Lucain* de la collection Lemaire.

Ainsi, Lucain aurait pu parler des *spumantia saxa* de la petite île ; mais il y a deux raisons (outre l'emploi de *parva* au lieu de *minor*) de ne pas admettre cette hypothèse. La première, c'est que le poète aurait été bien mal avisé de mentionner un îlot long d'un mille sans rien dire de la grande île voisine ; la seconde, c'est que le nom actuel de *Samopoulo* ne prouve nullement que cet îlot se soit jamais appelé « la petite Samos ». On admet qu'il faisait partie du groupe des îles dites *Trayaiai*, qui étaient des repaires de pirates[1] ; l'une d'elles, auprès de laquelle les Athéniens remportèrent une victoire navale sur les Samiens, est appelée *Tragia* par Thucydide[2]. Enfin, on peut se demander encore combien de lecteurs ou d'auditeurs de Lucain auraient pu deviner qu'il entendît par *parva Samos* un îlot désert et sans aucune importance historique ni géographique.

Cette explication rejetée, il ne reste qu'à corriger le texte. L'île de Samos, couvrant 468 kilomètres carrés, alors que Lemnos n'en a que 477, Cos 286, Icarie 140, ne pouvait être qualifiée de *parva* ni par Lucain ni par sa source (Tite Live.) Demandons-nous d'abord où sont les *spumantia saxa.*

Pompée n'a pu en voir que sur la côte ouest de Samos, entre les caps Kantharion (Katabasis) et Domeniko. « Du cap Domeniko au cap Katabasis, disent les *Instructions nautiques*, la côte est découpée par de nombreuses pointes et ne doit pas être approchée à moins d'un quart de mille. » Si Pompée a rasé cette côte, c'est que, luttant contre le vent du sud-ouest qui lui avait interdit de passer par le détroit de Samos, il devait, en route vers le sud-est, manœuvrer entre le cap Kantharion de Samos et le cap opposé (Drakanon) d'Icarie, pour atteindre la passe de Fourni entre le cap Domeniko et les Corasiae. Par une brise fraîche du sud-ouest, la côte sud-ouest de Samos devait être battue par des vagues courtes qui se brisaient sur les nom-

---

1. Strabon, p. 543, 11 (Didot).
2. Thucydide, I, 116.

breuses pointes signalées par les *Instructions* et leur faisaient
comme une collerette d'écume.

Naviguant ainsi, Pompée a, sur sa droite, Icarie et les Corasiae, que nous avons identifiées aux *Icariæ scopuli* de Lucain ; à
sa gauche, il a l'île de Samos.

Je propose d'écrire *laevae* au lieu de *parvae*. Lucain dit que
Pompée rase (*radit*) les rochers écumants de Samos qu'il laisse
sur sa gauche. Il a dit précédemment qu'il laissait en arrière
Ephèse et Colophon, indiquant ainsi qu'il fait route au nord de
l'île ; il ajoute plus loin qu'il laisse Samos à gauche, indiquant
qu'il va traverser la passe de Fourni.

Paléographiquement, la correction ne présente aucune difficulté. Dans un manuscrit en petites onciales, l'L de *laevae*
pouvait aisément être pris pour un P, l'E de la première
syllabe pour un R. J'ai déjà eu l'occasion de montrer que le
manuscrit laissé par Lucain ne devait pas être parfaitement
lisible, puisque les premiers éditeurs ont lu *fortuna* là où le
poète avait écrit sans doute *sors una* (IX, 596)[1]. Au lieu de
laevae, qui demande un effort pour être compris, ils ont lu
parvae, qui est banal — *lectio facilior*.

L'épithète de *laeva* appliquée à un nom géographique se
trouve encore au livre II de la *Pharsale* (v. 623). Il s'agit de
Brundisium et de la vue de ce port sur la pleine mer :

> *Hinc late patet omne fretum, seu vela ferantur*
> *In portus, Corcyra, tuos, seu laeva petatur*
> *Illyris Ionias vergens Epidamnus in undas.*

Mais il y a plus. Lucain n'est pas un imitateur déclaré de
Virgile ; il représente même une école poétique hostile à celle
du siècle d'Auguste. Mais, comme tous les Romains instruits de
son temps, il a dû, dans sa première jeunesse, apprendre Virgile par cœur et il trahit souvent, par des réminiscences, ces

____

1. *Revue archéol.*, 1902, I, p. 342.

anciens efforts de sa mémoire. Or, Virgile a écrit, décrivant la course des navires au livre V de l'*Enéide* (vers 169-170) :

> *Ille inter navemque Gyae scopulosque sonantes*
> *Radit iter laevum interior...*

Si l'on rapproche de ces vers ceux de Lucain :

> *Ipse per Icariae scopulos... spumantia laevae*
> *Radit saxa Sami...*

on ne niera pas que les seconds témoignent d'un souvenir des premiers, souvenir que la substitution de *laevae* à *parvae* vient préciser, en même temps qu'elle substitue un mot significatif et descriptif à un autre qui, même justifié par l'objet auquel il s'applique, ce qui n'est pas, ne serait qu'une platitude. Quelques lignes plus loin (vers 251), Lucain parle de la *parva Phaselis* où débarqua Pompée, qui n'avait pas encore osé se confier à d'autres murs, et il ajoute :

> *... nam te metui vetat incola rarus*
> *Exhaustaeque domus populis, majorque carinae*
> *Quam tua turba fuit...*

Ici, non seulement l'épithète de *parva* est justifiée par l'exiguité de Phaselis et par sa population qu'on dit inférieure à celle de l'équipage de Pompée, mais par le contraste avec le grand général vaincu (*Magnus*), cherchant pour la première fois dans sa fuite un abri dans une très humble bourgade. Lucain a beau travailler vite : les épithètes de pur remplissage métrique ne lui suffisent pas.

S. REINACH.

SUR UN RASOIR DE L'AGE DU BRONZE

ET SUR

UN RASOIR ABYSSIN DU MUSÉE DE SAUMUR

La question de savoir si des outils préhistoriques en bronze, considérés et classés généralement comme rasoirs, sont bien des rasoirs, semble actuellement n'être plus guère sujette à controverse.

Le regretté J. Déchelette résume ainsi l'état de la question [1] : à l'encontre de plusieurs préhistoriens, « auxquels il a paru invraisemblable qu'une lame de bronze ait pu suppléer convenablement à nos rasoirs d'acier », dit-il en substance, textes et monuments démontrent l'existence de rasoirs de bronze, chez les Sabins, chez les Latins, chez les Carthaginois ; « dans l'intérieur de l'Afrique, les noirs se servent encore de rasoirs du même type, et les bonzes de l'Indo-Chine sont tenus, comme les prêtres latins, de faire usage de rasoirs de bronze ». Enfin, une expérience pratique a démontré que le rasoir de bronze suffisait à tondre les poils de la barbe.

Portons notre attention sur cette analogie signalée plus haut des rasoirs en bronze avec ceux utilisés par des noirs de l'Afrique Centrale [2] ; aucun document précis, à notre connaissance, n'a encore été fourni sur ce point.

Or, par une heureuse rencontre, le musée de Saumur se trouve posséder, à côté d'un rasoir préhistorique en bronze, un rasoir en fer, abyssin, moderne, dont la comparaison, fort

1. *Manuel d'archéologie*, t. II, p. 263.
2. Indiquée aussi par Lafaye, ap. Saglio, *Dict. des antiq.* v° *Novacula*.

instructive, apporte en la matière une précision nouvelle et de
nature à lever tous les doutes.

Le rasoir de bronze, reproduit dans notre fig. 1, avec assez
de détails pour rendre superflue une description, provient de

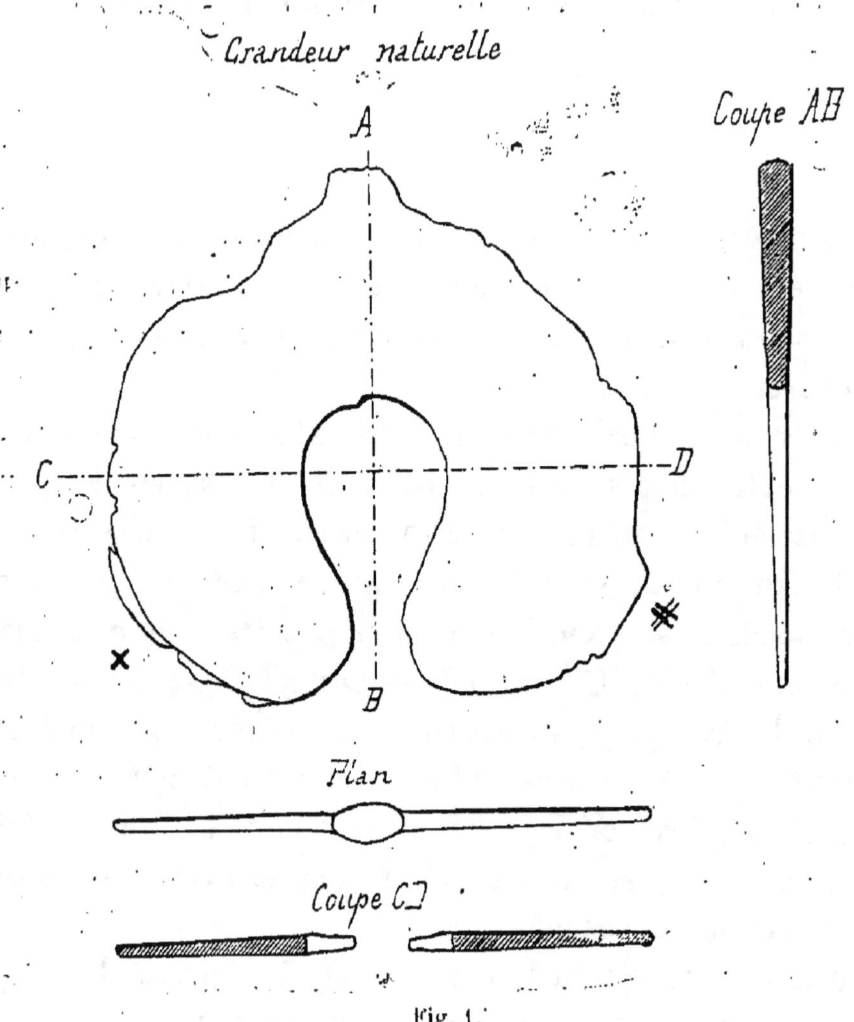

Fig. 1.

l'arrondissement de Saumur, sans qu'il soit possible de préciser davantage le lieu, l'époque et les circonstances de sa
découverte. Le ton de la patine est d'un beau vert. Entre autres
particularités intéressantes, notons les barbes ou bavures qu'on
remarquera sur notre figure entre C et B. Au revers, entre
B et D, à l'endroit marqué, il en existe également de très nettes.

Qu'en conclure, sinon que notre rasoir n'a jamais servi ? L'afflu-

tage soit par friction, soit par martelage, les aurait fait disparaître. En A, se voit très nettement l'amorce du manche que
possèdent les rasoirs à lame circulaire [1]. Il peut sembler étrange
que cette partie, justement la plus épaisse et la plus résistante,

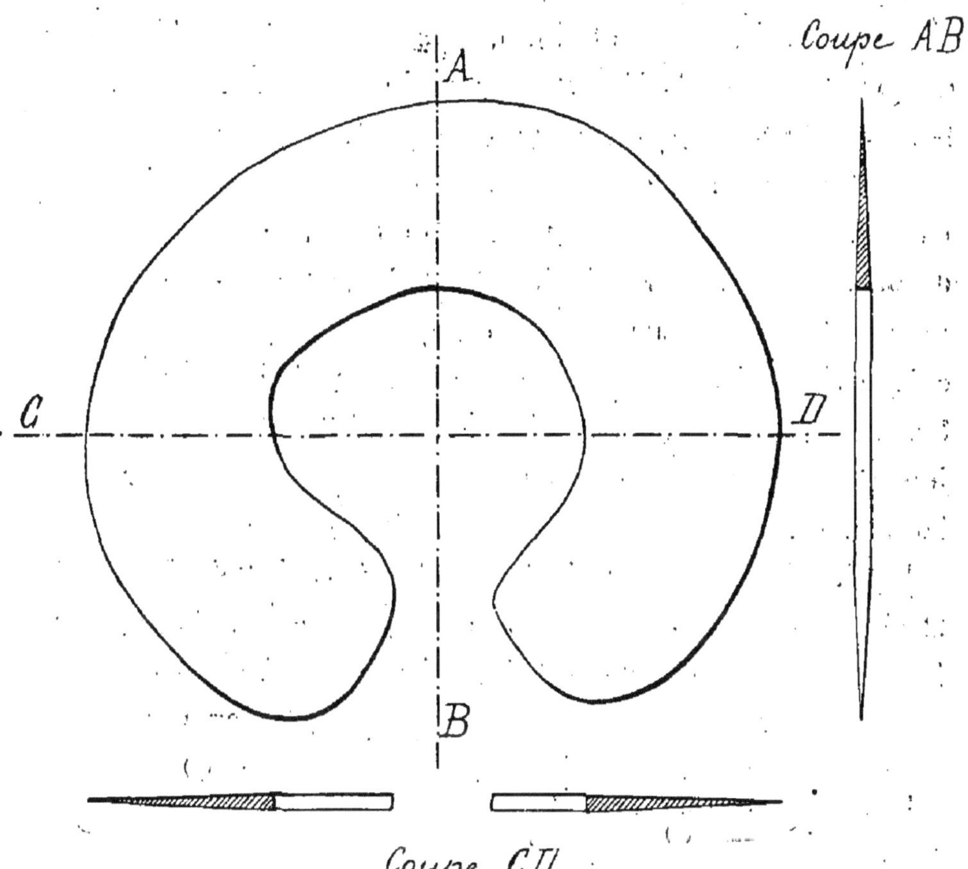

Fig. 2.

ait été brisée, alors que la mince lame nous est parvenue e
parfait état. Nous avons d'abord supposé que le manche avait
pu être supprimé volontairement par le possesseur du rasoir,
pour le tenir plus commodément : pris en A, entre le pouce et
l'index, il est parfaitement en main pour raser. Le rasoir
abyssin, si semblable d'ailleurs, que nous allons décrire, n'a

1. J. Déchelette, *op. cit.*, p. 264.

point de manche et n'en a jamais eu. Toute réflexion faite, et compte tenu de ce que nous avons noté plus haut, à savoir que notre rasoir n'a jamais dû servir, nous croirions plus volontiers que nous avons là un rebut d'atelier ; notre rasoir n'aurait jamais servi, parce que le manche, mal venu à la fonte, se serait brisé avant l'affutage même de l'outil.

Le rasoir représenté dans notre fig. 2, en demi-grandeur, donné au Musée de Saumur par M. de Grandmaison, député de Maine-et-Loire, avec un lot d'objets rapportés d'Abyssinie (région du Lac Rodolphe) par la mission Léontieff, est en fer, le bord externe est extrêmement coupant.

De même que l'on signale [1] les rasoirs de bronze protégés par « un double disque de bois, par un étui d'étoffe ou de sparterie », de même notre rasoir abyssin est protégé, tant sur la circonférence externe que sur celle interne, par une double gaîne en cuir de rhinocéros, très étroite et devenue rigide. Celle qui protège le bord interne est coupée en son milieu, et les deux bouts jouent l'un sur l'autre pour qu'on puisse la mettre en place plus facilement.

La similitude des deux instruments est, on le voit, frappante et permet de conclure, sans le moindre doute, de l'analogie de la forme à l'analogie de l'emploi.

M. VALOTAIRE.

1. J. Déchelette, op. cit. p. 264.

STATIONS ANTIQUES DE LA BASSE LOIRE

Les paysages qui projettent leur silhouette dans les eaux de la Loire, depuis sa source jusqu'à son embouchure, sont généralement pittoresques ; cependant, je ne crois pas que la vallée de ce fleuve soit nulle part mieux encadrée que dans la section qu'on appelle la Loire Inférieure. Il est rare que d'une rive à l'autre l'œil s'égare pour suivre les lignes parallèles qui endiguent ses eaux tranquilles ; le plus souvent, la continuité est harmonieuse, les hauteurs s'abaissent et s'élèvent en même temps ou se rapprochent pour faciliter le passage aux voyageurs.

Pour un conquérant qui s'avance, il y a moins de difficultés à vaincre en suivant de près la rive droite ; les collines qui la bordent ont des versants moins abrupts et mieux disposés pour y fonder des postes d'observation, des lieux de repos ou des hôtelleries. Les Romains ont aperçu ces avantages et n'ont pas manqué d'en profiter en ouvrant une grande voie militaire qui suit les détours du fleuve, desservant les stations dont je voudrais signaler les vestiges en allant de l'est à l'ouest.

Varades. — Cette localité a un nom antique inscrit sur la *Table de Peutinger*, qui nous révèle, comme on le sait, l'existence de plus d'une localité gauloise. Le nom de *Varade*, qui parait dérivé de *Vadum* ou *Varadum*, pourrait indiquer un gué, un passage ou un port ; les mariniers l'ont encore employé en aval, au-dessous de Nantes, et appliqué à un terrain situé au bord de la rivière. Il existe un second port dit *Vorade* à Bouguenais.

Anetz. — Ce bourg domine la rive droite de la Loire, comme le précédent ; il est moins loin du fleuve ; on y voyait, il y a moins de cent ans, les ruines d'une villa somptueuse dont les salles étaient décorées de plaques de marbre et chauffées au moyen d'hypocaustes. Comme ses dépendances se prolongeaient jusqu'aux abords de l'église, il y a lieu de croire que cet édifice religieux a été établi dans l'une des salles de la villa. Devant la porte, ouverte au sud, j'ai déterré moi-même la maçonnerie très solide d'une piscine demi-circulaire ayant 2ᵐ75 de diamètre. En additionnant les découvertes de monnaies romaines, de briques, de murs, et de places carrelées faites par M. Arnaud dans le voisinage, entre la voie romaine et le fleuve, on arrive à restituer un gisement de ruines de 30 hectares environ. Interrogeant les ouvriers qui ont démoli les fondations, j'ai été surpris d'entendre parler de chambres petites comme des cellules, singularité que j'ai rencontrée parmi les ruines de la forêt du Gâvre aux bains romains de Curin.

Saint Géréon — Ancenis. — A Ancenis, nous sommes dans une île peuplée au temps des seigneurs féodaux. Les premiers habitants se logeaient plus haut sur le versant de Saint-Géréon qu'on nomme *Brebion*. C'est là que sont les antiquités, de la Daviais jusqu'à l'Ecochère. Dans la pièce appelée l'*Erenne* ou les *Erennes*[1], les cultivateurs ont trouvé des murs qui s'entrecroisent d'une façon étrange et décrivent une sorte de polygone à pans coupés se dissimulant sous la masse d'un moulin. Les matériaux qui sont sortis de là tels que des carreaux en pierre de Tonnerre, font penser à l'existence d'un monument antique, d'autant que certaines parties renferment des chaînes de briques. Quand on interroge les cultivateurs pour avoir leur impression, ils répondent invariablement qu'ils labourent l'emplacement d'une cité qu'on nommait la ville des *Erennes*. Le cimetière du bourg possède un gisement de sarcophages en calcaire semblables à tous ceux qu'on rencontre dans les stations

---

1. N'a-t-on pas dit d'abord *les Raines* pour les Ruines ?

mérovingiennes, fait qui concorde avec le vocable de saint
Géréon, martyr du iiie siècle. A ce propos, j'ajouterai que le
cimetière d'Anetz a donné lieu à des observations singulières :
les tombeaux, découverts par M. Arnaud, étaient de la longueur
d'un homme de grande taille, larges de 3 ou 4 pieds, ils contenaient deux squelettes. Le fond était carrelé et les côtés étaient
des murettes. Les tombes semblables que nous trouverons à
Vertou étaient fermées par un couvercle d'ardoise.

Oudon et *Le Cellier*. — Le bourg actuel d'Oudon est un établissement du Moyen Age qui a gardé peu de vestiges du
séjour des Gallo-romains, bien que la position soit agréable ; les
fouilles de son église n'ont pas révélé de sépultures anciennes
comme les précédentes autour des assises de son prieuré du
xie siècle ; cependant il faut noter les découvertes faites chez
M. du Plessis et au vieux presbytère, deux belles situations pour
établir une villa au soleil, en face de la Loire : chez le premier,
un aqueduc construit à la façon romaine a piqué la curiosité
du propriétaire parce que rien n'en faisait prévoir l'existence ;
dans le second endroit les briques et le mortier qui sont
tombés de certains murs sont absolument différents des matériaux du pays.

Le gisement de ruines du joli bourg du Cellier est nettement
caractérisé ; il n'y a aucun doute possible. L'église que j'ai vu
démolir avec l'architecte M. Bougouin père, était sur l'emplacement d'un édifice païen transformé, comme tant d'autres,
pour les besoins du culte. La construction première était si
bizarre qu'il est difficile d'en deviner la destination ; elle
formait un rectangle de 13^{m}40 sur 12^{m}75, accolé à une tour
dont on a pu faire un clocher avec une base de 6 mètres. Le
tout était maçonné en mortier rouge d'une grande dureté, avec
des moëllons dont les assises étaient reliées avec des chaînes
de briques. Les ouvriers furent frappés comme nous de l'abondance et de la perfection de ce mortier coûteux, prodigué
surtout dans la base d'une tour ; ils en ont déduit avec moi
qu'il y avait là les vestiges d'un atelier. Ce genre de ciment ne

s'emploie ordinairement que pour les bassins à eau ou pour les foyers.

Le foyer qui a fonctionné dans l'édifice du Cellier a laissé des traces incontestables. Les murailles portaient des crevasses et des ruptures qui trahissaient l'action prolongée du feu. Il ne s'agit pas des suites d'un incendie ordinaire, car les réfections opérées avec des matériaux de toute grosseur sont encore faites avec du mortier rouge, c'est-à-dire contre l'action prévue du feu; chaque réparation a son cachet particulier. L'appareil de la muraille du nord était bien échantillonné et bien jointoyé, tandis que celle du sud montrait des morceaux de calcaire et de schiste mêlés à des moëllons de granit; les imperfections sont de l'époque où le christianisme jugea l'emplacement convenable pour installer le culte sur un sommet bien en vue. On peut être sûr que les ruines dont nous parlons n'étaient pas les restes d'une villa, on n'a pas trouvé de prolongements de murailles à travers les immeubles formant la ceinture de la place de l'église. Les tombeaux qui remplissaient le cimetière étaient le plus souvent composés de six dalles d'ardoise semblables à celles qu'on rencontre communement dans la Loire-Inférieure dans les enceintes antérieures a l'an mil. La chapelle de Notre-Dame de Vendelle, sur le Cellier, possède les mêmes sarcophages; le calcaire tendre est plus rare que l'ardoise. Les premiers centres religieux étaient peu populeux et distribués d'autre façon qu'aujourd'hui. Dans un périmètre restreint comme la paroisse actuelle du Cellier, on voyait dans le même temps au milieu du bourg, Saint-Martin; à Vendelle, île du fleuve, Notre-Dame, et, sur le coteau, le prieuré de Saint-Philbert.

Mauves et *Thouaré*. — J'ai indiqué ailleurs les enseignement qui ressortent des belles ruines découvertes sur les coteaux de Mauves, à 70 mètres au-dessus du fleuve; j'ai montré que le spectateur placé sur le splendide plateau avait un horizon égal à celui de Chantoceaux; c'était assurément un rendez-vous de plaisir, un théâtre y a été déblayé. Je passe rapidement pour présenter quelques reflexions sur les petits groupes qui précédent Nantes le long de la basse voie, car il y a là des vestiges certains d'antiquités. Où était située la villa que le romain Taurus avait fondée sur la rive de Thouaré? Elle n'a pas encore été mise au jour, parce qu'elle est peut-être enfouie sous les terrassements du château. Le lieu dit la *chapelle d'Auray* sera aussi un point à observer, car on y a découvert des tombes mérovingiennes pareilles aux précédentes.

Sainte Luce. — Pourquoi les évêques de Nantes avaient-ils choisi pour leur maison de campagne le joli versant qu'on nomme le domaine de *Chasseil*? Cette belle résidence, qui donna longtemps son nom au territoire de Sainte Luce, devait être une vieille création de nos conquérants, qui tomba dans le domaine public à leur départ. En la plaçant sur le bras de Loire qu'on nomme *le Seil*, les anciens assuraient leurs communications avec Nantes, à travers les prairies de Mauves jusqu'au château de Chefsail (*Caput Salii*).

Doulon. — Les origines de Doulon sont dévoilées par la seule forme du plan de son église. Aucune ne lui ressemble; elle n'a ni chevet, ni transept. C'est un grand rectangle qui dessine une salle quelconque, bâtie pour un usage profane autant que religieux. Pour moi, je suis très porté à croire que nous sommes en présence d'une construction des derniers envahisseurs de la Gaule qui fut utilisée par les chrétiens. Le pignon oriental est décoré de briques.

Chantenay. — La position merveilleuse de Nantes est connue; on sait qu'elle était protégée par des marais et des cours d'eau sur trois côtés, et qu'elle était à proximité de nombreuses îles qui facilitaient le passage du fleuve. Ses antiquités romaines ont été décrites, avec son enceinte fortifiée; sa banlieue seule est encore à explorer. On s'étonne que les beaux coteaux de Chantenay, si bien disposés pour la culture de la vigne, n'aient encore rien fourni aux chercheurs. Il y aura lieu de prendre des notes lorsque l'église sera reconstruite, puisque nous sommes avertis par les découvertes d'Anetz. du Cellier et de Doulon.

Couëron. — Quand on a dépassé Nantes, en suivant la Loire maritime, les collines de la rive droite s'élèvent de nouveau et présentent des aspects pittoresques qui rappellent ceux du pays haut. A la seule lecture des noms de lieu, on pressent que la terre recouvre de vieilles stations. A Couëron, ce n'est pas le siège du culte chrétien qui a servi de guide ; les ruines sont tombées entre les mains d'un propriétaire qui a donné à sa résidence le nom de *Château des Salles*. C'est une appellation peu banale et qui, dans le langage populaire, veut dire que les ruines exhumées accusaient la présence d'un palais ou d'une belle habitation[1]. Il y avait là une chapelle dédiée à Saint-Martin, entourée d'un cimetière rempli de tombes mérovingiennes, ce qui prouve que la population était assez dense dans ces temps reculés, l'église de Couëron n'étant pas à plus de 2 kilomètres.

Les cultivateurs ont parlé de *salles* parce que leur pioche a mis au jour des aires bétonnées solidement établies avec de bon ciment, de la brique pilée et du cailloutis, comme on le fait sous les mosaïques avant de les placer[2]. Certaines pièces étaient chauffées au moyen d'hypocaustes dont les piliers ont été démolis sous mes yeux ; les briques étaient épaisses et consolidaient les matériaux des murs de $0^m,60$ et de $0^m,80$ d'épaisseur; les tuiles creuses de la toiture ressemblaient à toutes celles qu'on rencontre dans les stations romaines. Un expert estime à plus de 20 hectares ce gisement de ruines qui commence au moulin et s'étend jusqu'aux maisons habitées par M. Soliman, en descendant le versant. On se demande comment les vignes pouvaient enfoncer leurs racines à travers les murs, les bétons, les larges briques qui remplissaient le sous-sol quand les vignerons sont venus s'y installer. La place cimentée posée sur les piliers d'hypocauste avait parfois $0^m,20$ d'épaisseur.

L'ardoise était en usage parmi les Gallo-romains beaucoup plus qu'on ne l'imagine. L'une des salles était décorée de bandes

1. Le nom de *salle* est appliqué ailleurs à des ruines romaines.
2. Voir le *Phare de la Loire* du 1ᵉʳ mars 1887 (article signé *La Touche*).

de schiste ardoisier disposées comme nos plinthes modernes. Il est moins surprenant, dès lors, que les Mérovingiens, une fois les carrières ouvertes, aient débité l'ardoise comme des planches pour faire des tombeaux. Ceux de Saint-Martin de Couëron étaient ardoisiers, comme l'ont démontré les fouilles de M. Marionneau dans l'intérieur de la chapelle [1].

Le sol du bourg de Couëron a été peu remué et peu observé par les agents-voyers ; il n'est donc pas aisé de formuler une opinion sérieuse sur l'antiquité de cette agglomération qui est, comme les précédentes, dans une situation avantageuse sur la rive droite, en face d'un passage fréquenté. Le vocable de son église, qui est dédiée à Saint-Symphorien, faisait rêver les archéologues, mais ils attendaient une amorce. En 1880, j'ai été appelé, pendant une fouille pratiquée dans une rue voisine de l'église, pour examiner un mur d'une dureté et d'une largeur exceptionnelle ; là encore, je me suis trouvé en face de bétons et de mortiers qui avaient l'aspect des constructions savantes citées plus haut. J'avais déjà remarqué, dans une excursion antérieure, des tuiles antiques dans le parc de la maladrerie de Saint-Georges.

Le bourg de Couëron est donc un point dont les reconstructions seront à surveiller désormais. J'en dirai autant de l'Étang-Bernard, gros village qui domine les marais de Ver et pouvait être le siège d'un poste d'observation sur la basse voie de Savenay.

Saint-Étienne de Montluc. — Il faut attendre encore pour se prononcer sur le territoire de Saint-Étienne-de-Montluc, vieux domaine épiscopal qui devrait être riche en établissements de tout genre. Ses chapelles rurales très modestes ne sont pas de celles qui arrêtent l'attention. Le maire, qui est un archéologue averti, M. Dubois de la Patellière, n'a pas aperçu dans sa longue carrière autre chose qu'un cimetière d'ardoises autour de l'église paroissiale.

---

1. *Bulletin de la société archéologique de Nantes*, t. V, p. 75.

Savenay. — Pour retrouver un nouveau gisement certain de ruines gallo-romaines, il faut suivre la voie du chemin de fer et aller jusqu'au village de la *Bimboire*, à deux kilomètres de la ville de Savenay. Sur ce point, les travaux de culture ont fait disparaître peu à peu, depuis soixante ans, les substructions d'une villa gallo-romaine dont j'ai vu de mes yeux (1897) les murs, les mortiers et les tuiles. Il y avait là, comme ailleurs, de véritables salles, c'est-à-dire de grandes pièces d'habitation, dont le sol était pavé d'aires savamment bétonnées. La dernière, qui fut démolie en ma présence, dessinait un rectangle de 21^m,30 de côté sur 23^m,15. Les aires composées de béton et de briques concassées, tantôt rougeâtres, tantôt jaunâtres, avaient parfois une épaisseur de 0^m,20. On s'est débarrassé des débris des autres salles en jetant les décombres dans les haies ou dans les mauvais chemins. C'est ainsi que beaucoup de villas antiques ont disparu sans bruit sous la pelle des défricheurs. C'est miracle que celle de la Bimboire n'ait pas eu le même sort ; sans la résistance et l'éclat de son ciment elle aurait échappé à l'œil d'un professeur en promenade[1].

Savenay (*Saviniaca villa* disent les vieux textes). — L'existence de la belle villa qui occupait le centre du coteau de Savenay et ses déclivités s'est révélée à nous uniquement par la persistance d'une aire bétonnée en briques concassées qui fut découverte, vers 1870, dans le jardin de la principale pharmacie de cette ville. Quelques monnaies romaines, conservées dans les collections de MM. Anth. Ménard, avocat, et Barthélemy, agent-voyer, sont venues confirmer le passage des Romains sur ce sommet d'où la vue s'étend, par dessus Donges et Montoir, jusqu'à l'embouchure de la Loire. Le petit bourg de la Chapelle-Launay est comme un prolongement de la même station. Son sol contenait un petit trésor de 4.000 petits bronzes des empereurs du IIIe siècle, 39 deniers argent des Antonins, 7 cuillers en argent, un aureus de Postume, une bague en or avec chaton,

1. *Association bretonne, congrès de Savenay*, 1877.

le tout dans un pot de terre qui fut mis au jour en 1910[1].

Donges-Montoir. — Le sillon de Bretagne s'éloigne de plus en plus à mesure que nous avançons vers le couchant ; il emporte avec lui les belles éminences et ne nous laisse que de grandes plaines marécageuses qui n'avaient pas d'attraits pour les anciens. Ni Donges, ni Montoir ne renferment de ruines qui soient dignes de nous arrêter. Ces paroisses sont nées avec le Moyen-Age, avec les châteaux féodaux et les monastères qui recherchaient les prairies pour faire de l'élevage. Dès que nous dépassons Méans, les rochers réapparaissent, les sommités se multiplient et aussitôt, aux alentours de l'embouchure du Brivet, des antiquités nous sont signalées.

Saint-Nazaire. — Saint-Nazaire nous montre, au-dessus de la gare, la masse granitique d'un beau dolmen et, au sud, la place des Préaux, dont les terrains étaient englobés dans l'enclos du *vieux prieuré*, église vénérable qui remonte au vi[e] siècle. Deux genres de curiosités sont sortis de terre, il y a une vingtaine d'années. D'abord, des auges funéraires en calcaire avec leurs squelettes et, au-dessous des tombes, des murailles romaines qui dessinaient le pourtour d'une salle solidement bétonnée, construite comme toutes celles que je viens de citer. C'était le dernier vestige d'une villa sans doute très vaste, tournée au midi et assise au-dessus des prairies de Penhouet. Elle était ornée de colonnes qui n'avaient pas disparu en 1836, suivant le témoignage de M. Bachelot de la Pylaie, amateur très clairvoyant, auquel nous devons plus d'une observation archéologique[2].

Nous n'avons pas de raison, du reste, pour douter de l'existence de ces somptueuses ruines à Saint-Nazaire, puisque cette localité fut jugée digne de recevoir des reliques insignes du saint dont elle porte le nom au moins depuis le vi[e] siècle, suivant Grégoire de Tours. Il est intéressant de chercher quel nom elle

---

1. La trouvaille a été partagée entre le musée de Nantes et M. de la Jousselandière, amateur de Savenay.

2. Léon Maître, *Saint-Nazaire sous Clovis* (*Congrès archéologique de France*, 1887, p. 412-416).

pouvait porter auparavant. Concelles s'appelait *Nociogilos* avant
l'arrivée des reliques de Saint Julien du Mans, Saint-Philbert-
de-Grandlieu s'appelait *Deas* avant la translation du corps de
Saint Filibert de Noirmoûtier à Tournus. Dans ces deux cas,
nous possédons des titres très anciens, tandis que pour Saint-
Nazaire nous devons nous contenter de la tradition orale et des
inductions fournies par la topographie. A l'approche des cités,
certains ouvrages de défense ou de viabilité prennent déjà le
nom de la ville qu'ils ont en vue. Sur la voie romaine qui
reliait Nantes à Saint-Nazaire, il en était de même. Quand on a
dépassé Donges en allant sur Montoir, on franchit le ruisseau
de l'étier du Pré-Glory à l'aide d'une chaussée et d'un pont qui
n'ont assurément pas un nom moderne ; on les appelle la *chaussée et le pont de Nyon*. Le lieu est désert. Ce n'est pas là une
pure fantaisie de cheminot et d'ingénieur, car ces messieurs
inventent rarement ; ils aiment mieux consulter la voix du
peuple ou les nomenclatures locales. Il existe d'ailleurs un
autre exemple de l'emploi de cette enseigne dans le périmètre
de la ville de Saint-Nazaire ; dans le quartier oriental dominant
les prairies, on rencontre, au milieu des jardins, un énorme
bloc de granit qui a toutes les apparences d'un mégalithe
renversé par les cultivateurs. Je suis allé au cadastre et je me
suis assuré que les géomètres avaient appris des indigènes une
chose singulière : on leur avait dit que le peuple appelait ce bloc
la *Pierre de Nyon ou Denion*. C'était une tradition qui se perpé-
tuait de vive voix ; elle avait tant de consistance dans la
coutume locale qu'elle fournissait aux notaires un signe de
reconnaissance dans les divisions d'héritages et de lots.

Au xviiie siècle, on achetait des sillons de terre situés dans
l'île de la *Pierre Denion*, dit le texte d'un acte de 1774[1]. Laissons
de côté l'orthographe qui ne signifie rien à la campagne et ne
retenons que le *son des mots* qui est, pour notre cas, d'une

---

1. *Archives dép. de la Loire-Inférieure*, E 550. Une *île* représente, dans la
contrée guérandaise, un groupe de terrains non bâtis.

grande portée historique. *Nyon* est la traduction d'un nom celti-
Noviodunum, désignation employée, semble-t-il, par les Romains
pour qualifier les cités qu'ils relevaient de leurs ruines. C'est
l'équivalent du mot *Villeneuve*, qui fut usité au xiie siècle pour
qualifier les nouvelles formations. *Nyon* a disparu de bonne
heure dans les listes officielles du clergé parce qu'il était païen,
mais est demeuré dans la bouche du peuple.

Comment une ville peut-elle disparaître, diront les scep-
tiques? Où avez-vous vu les ruines de la Nyon dont vous
parlez? Cette cité était maritime, or, les agglomérations de
marins et leur magasins ne s'appuient pas sur des murs de
grande résistance. De plus, la population qui vit de la mer
se loge le plus près possible des rivages; elle se trouve donc
exposée plus qu'une autre aux dangers des cyclones, des ras de
marée et des tempêtes. Le quartier qu'on nomme la *Vieille ville*,
par suite d'une habitude séculaire, se trouve justement entre le
prieuré et l'embouchure du Brivet, qui formait autant que
l'Océan, la grande attraction de ces parages.

Les conséquences que je tire de la rencontre du nom de *Nyon*
ne sont qu'un hors-d'œuvre dans le présent mémoire. L'objet
principal sur lequel je me proposais d'arrêter l'attention est la
fréquence des stations romaines disséminées sur notre territoire, surtout quand on examine la rive droite de la Loire. La
rive opposée n'a pas fourni aux chercheurs des gisements de
ruines aussi nombreux. De Chantoceaux à Saint-Brévin, on ne
cite que les découvertes de Saint-Barthélemy à Concelles, de
Rezé, et de la Basse-Motte à Bouguenais. La rive gauche regardait le nord, tandis que l'autre regardait le midi; ses versants
et ses collines étaient moins agréablement disposés pour y
asseoir des villas ou des stations de repos comme Mauves.

Cette recherche du confortable, de la chaleur et des habita-
tions résistantes est bien le temoignage le plus sûr que puissent
invoquer les partisans de la thèse de la conquête de la Gaule
par une nombreuse population de méridionaux. Des armées
barbares n'auraient jamais pris le temps de s'installer avec le

luxe qui éclate dans toutes les stations citées plus haut. Les murs sont épais pour recevoir les tuyaux du calorifère qui réchauffe les parois de chaque pièce; les dallages sont montés sur des piliers carrés avec des briques énormes qui laissent circuler sous les pieds l'air chaud des hypocaustes. Jamais le destinataire de l'habitation ne souffre de l'humidité du sol parce que l'aire se compose de plusieurs couches de ciment sur lesquelles on étend, par surcroît, des mosaïques.

C'est toujours un sujet de stupéfaction, même pour un archéologue en veine de découvertes, de remuer les débris d'une construction antique et de toucher du doigt la pâte des briques et des tuiles, la solidité des mortiers et la quantité de briques pilées mêlées à la chaux dans les couches superposées des matériaux. Quand on a travaillé dans un chantier de l'époque romaine, on conserve une impression ineffaçable de la perfection des procédés mis en œuvre il y a dix-huit siècles. Nos modernes constructeurs doivent être humiliés en comparant ce raffinement des anciens avec la légèreté de nos murs et de nos carrelages qui sont incapables de résister aux variations de température si fréquentes dans l'ouest.

Léon MAITRE.

UTILISATION RELIGIEUSE
DES MONUMENTS MÉGALITHIQUES
PAR LES ANCIENS HÉBREUX [1]

On connaît le procédé qui consiste à mettre au service d'une religion conquérante les monuments religieux des cultes auxquels elle se substitue. On les rebaptise au profit du nouvel ordre de choses et, en modifiant leur affectation, on bénéficie du prestige ancien qui leur était attaché. C'est une pratique dont nous constatons l'emploi dans l'Europe occidentale, notamment dans la Bretagne française, où des monuments mégalithiques d'une grande antiquité, auxquels de temps immémorial s'attachait la piété populaire, menhirs, cromlechs, tumulus dolméniques, sont surmontés d'une croix ou d'une petite chapelle qui les font rentrer dans l'orbite du christianisme. N'en aurait-il pas été de même de quelques-uns des sanctuaires d'Israël, qui se seraient substitués à une organisation plus ancienne? Cette question de l'utilisation des monuments mégalithiques par les Hébreux lors de leur prise de possession de la Palestine, semblera à propos dans une région, où les observations déjà faites par des hommes tels que le géologue Lartet, sur la présence, tant sur la rive chananéenne du Jourdain que dans les régions transjordaniques du Galaad et du pays de Moab, de nombreuses constructions de cet ordre, sont confirmées par les voyageurs modernes, notamment par les recherches et les explorations méthodiquement poursuivies par les PP. dominicains de l'Ecole Saint-Étienne de Jérusalem.

1. Communication à la Société asiatique dans sa séance du 9 février 1917.

I

Nous en tenterons une première application concernant le fameux Galgala des environs de Jéricho, exactement *le Guilgal*.

Or « Guilgal » est un nom commun signifiant un groupe de pierres dressées en rond, généralement au nombre de douze, un cromlech, un cercle de pierres, *Steinkreis* en allemand. Il y avait au moins trois villages de ce nom en Palestine, l'un sis aux environs de Jéricho, l'autre au nord du fameux lieu de culte de Béthel, le troisième à l'ouest de ce même point en se rapprochant de la rive maritime. En arabe ils portent le même nom avec une simple variante de prononciation : *Djeldjoul*.

Le Guilgal ou Djeldjoul de la région de Jéricho, dans le voisinage immédiat du Jourdain, est très réputé parce que Josué, après le passage du fleuve, y aurait installé son campement, le premier en terre chananéenne et qu'il y aurait conservé son quartier général pendant la plus grande partie de l'opération de la conquête (*Josué*, IV, 19 et *passim*).

Voilà donc une localité qui doit son nom à la présence d'un monument mégalithique consistant en un cercle de pierres dressées ; a-t-on gardé le souvenir de cette disposition très particulière ? Oui, d'après le curieux récit du livre de *Josué* (IV, 1-11, 19-24), qui en attribue l'érection au chef de l'expédition israélite, à Josué en personne.

En d'autres termes, le vieux cromlech, dont nous allons rappeler le caractère astronomique et sidéral, a été dépossédé de ses titres et simplement annexé à la chronique de la conquête, dont il aurait pour mission de célébrer le fait le plus notoire.

Les archéologues s'accordent à considérer un cromlech ou guilgal comme un cercle de douze pierres érigées en l'honneur des douze stations du soleil dans les différentes parties de la

zone zodiacale. L'astronomie chaldéenne avait familiarisé de
bonne heure les populations établies depuis les rives du Tigre
jusqu'à la Méditerranée et la frontière de l'Égypte, avec les
principaux mouvements du ciel, notamment ceux du soleil, de
la lune et des planètes. Ces observations n'avaient pas seulement une portée spéculative : elles étaient utilisées pour les
horoscopes. Les Parisiens peuvent encore voir sur la périphérie
de l'ancienne Halle au Blé, aujourd'hui Bourse du Commerce,
la colonne qui servait à l'astronome officiel de la cour de
France, au florentin Ruggieri, pour établir le thème sidéral
de naissance des princes de la famille régnante. Ils auraient
tort d'en rire, 1º parce que la science antique a trouvé un sti-
mulant précieux dans l'application des observations portant sur
la voûte céleste aux intérêts humains ; 2º parce que eux-
mêmes, qui se moquent de « l'astrologie », prennent connaissance dans l'Almanach Hachette des caractères des personnes
nées sous les différents signes du Zodiaque.

Définissons d'un peu plus près le *Zodiaque*, ou cercle zodiacal, ou voie zodiacale, c'est-à-dire le cercle *formé par des figures d'animaux*. Le Zodiaque est une bande circulaire découpée
sur la voûte céleste et inclinée sur l'équateur, large d'une vingtaine de degrés de latitude, où se meuvent sous nos yeux le
soleil et les planètes. Le soleil y apparaissant, mois par mois,
en douze points différents, cette ceinture ou zone a été
découpée en douze sections, qui sont les douze stations ou
demeures du soleil. Dans chacune d'elles, les anciens astro-
nomes, utilisant les étoiles qu'on y découvrait, les ont groupées
en constellations, auxquelles ils ont donné des noms généralement empruntés au monde animal. Nous les rappellerons dans
le distique latin :

> Sunt Aries, Taurus, Gemini, Cancer, Leo, Virgo.
> Libraque, Scorpius, Arcitenens, Caper, Amphora, Pisces.

En français : bélier, taureau, gémeaux, cancer, lion, vierge,
balance, scorpion, sagittaire, capricorne, verseau, poissons,

chacun des douze mois de l'année étant placé sous l'influence d'une constellation.

Le récit du livre de *Josué*, consigné à quelques siècles de l'événement, confirme à nos yeux le caractère mégalithique du monument puisqu'il nous parle de douze pierres dressées ; mais il prétend que ces pierres ont été érigées sur l'ordre de Josué lui-même..

Nous avons, d'ailleurs, un double récit de l'événement et ces deux récits divergents sont, comme il arrive trop souvent, enchevêtrés l'un dans l'autre. Le texte est attribué au document J E, combinaison du jéhoviste et de l'élohiste, et contient plu- sieurs surcharges de date plus récente.

Premier récit, Josué, IV, 1-3, 8, 19-23. — Après que le peuple a franchi miraculeusement. le Jourdain, Josué reçoit de la divinité l'ordre de désigner douze hommes, un par tribu, et de leur prescrire de retirer du lit du Jourdain, mis à sec, douze pierres, qu'ils chargeront sur leurs épaules et emporteront pour les déposer à la station où le peuple doit passer la nuit. Et il en fut ainsi. Les douze pierres en question furent dressées par Josué lui-même au lieu du prochain campement, qui est Gal- gala ou « le guilgal » situé près de Jéricho. — La signification de ce monument, formé par la réunion de douze pierres, est ainsi définie par Josué, s'adressant au peuple : « Lorsque, dans l'avenir, vos fils interrogeront leurs pères en disant : Que sont ces pierres ? vous renseignerez vos fils en leur disant : C'est qu'Israël a franchi le Jourdain en passant par son lit mis à sec ».

En d'autres termes, quand des voyageurs, amenés dans la région par une raison quelconque, s'informaient auprès des habitants — ou du clergé local, si nous supposons, comme une série de textes nous y engagent, la présence d'un lieu de culte en cet endroit — de la signification du monument insolite qu'ils avaient sous les yeux, douze pierres frustes rangées en cercle, on leur répondait : Ces pierres sont la commémoration, datant de l'époque même de l'évènement, du passage merveil- leux du Jourdain mis à sec ; elles ont été arrachées à son lit, abandonné par les eaux. — Le Jourdain est éloigné, en cet endroit, de cinq kilomètres, soit une forte heure de marche.

Second récit, Josué IV, 4-7, 9-12. « Josué manda douze hommes, qu'il avait désignés parmi les enfants d'Israël, un homme par tribu et leur dit : Passez au devant de l'arche de Yahvé, votre Dieu, au milieu du Jourdain ; prenez[1] chacun sur votre épaule une pierre,... afin que la chose demeure comme un signe parmi vous et que lorsque, dans l'avenir, vos fils vous interrogeront en disant : Que signifient pour vous ces pierres ? vous leur répondiez : Les eaux du Jourdain ont suspendu leur cours... ; et ces pierres sont pour les enfants d'Israël un mémorial éternel. — C'est ainsi que Josué érigea douze pierres au milieu du Jourdain et elles y sont demeurées jusqu'au présent jour... »

Nous nous trouvons ainsi en présence de deux versions inconciliables. D'après l'une, douze pierres, extraites du lit du Jourdain, ont été érigées au Guilgal, près Jéricho. D'après l'autre, douze pierres choisies préalablement à l'opération du passage merveilleux de la rivière, ont été dressées dans le lit même du Jourdain. Il semble donc, à regarder les choses de près, que les pierres en question ont été prises sur la rive gauche ou orientale du fleuve, ce qui rend la chose explicable. Car on ne saurait admettre qu'on ait arraché ces blocs du lit même du Jourdain pour les y laisser. Comment se fait-il, d'autre part, que des pierres soient visibles de tous « jusqu'au présent jour », si elles sont recouvertes par les eaux ? Tout cela est d'une réelle incohérence.

Rétablissons la tradition du passage du Jourdain sous une forme acceptable, qui a été sans doute la plus ancienne. C'est à la région du Guilgal lui-même qu'ont été empruntés les blocs, destinés à commémorer le passage : première version, qui a disparu. C'est sur la rive du Jourdain, probablement la rive occidentale, qu'ont été prélevées les pierres, immédia-

---

1. C'est-à-dire : *vous aurez pris*, préalablement à la descente dans le lit du Jourdain.

tement érigées à la suite et en souvenir du passage victorieux : deuxième version, qui a également disparu pour céder la place aux deux versions conservées dans notre texte. Ces traditions et légendes ont un caractère instable et se dérobent quand elles sont l'objet d'une pression un peu vive. Néanmoins elles doivent être tenues pour l'effet et la répercussion de souvenirs attachés à un objet réel, et cela d'autant plus qu'elles se présentent sous différentes formes, attestant une curiosité durable. Du cromlech de Galgala près Jéricho on a ainsi fourni diverses explications, qui attestent son puissant intérêt [1].

II

Le cercle solaire ou zodiacal de Djeldjoul près Jéricho a mis singulièrement en branle l'imagination des écrivains bibliques. Il y avait là douze pierres, douze blocs, probablement de taille considérable et tels qu'on en doit chercher la provenance dans le voisinage immédiat du monument et non à bonne distance comme le prétend notre texte. Que signifie ce nombre de douze ? Les théologiens n'hésitent pas à répondre : il s'ajuste au nombre des tribus d'Israël. Nous savons le peu de fond qu'il faut faire sur cette assertion. Au moment de la conquête, on eût été bien embarrassé pour en donner la liste ; cette liste elle-même resta, pendant des siècles, sujette à bien des contestations. L'Église

---

1. Par une récente brochure consacrée à la mémoire de Mgr Mignot, archevêque d'Albi, décédé en mars 1918, nous avons eu connaissance de l'interprétation « rationaliste » des douze pierres placées dans le lit du Jourdain. Ce prélat, remarquable exégète, écrivain distingué, d'un esprit curieux et délié, prenait quelque plaisir à embarrasser des novices en leur posant la question suivante : « Que pensez-vous des douze pierres érigées par Josué dans le lit du Jourdain? » Et devant l'hésitation de la personne ainsi interrogée : « Vous ne savez donc pas? poursuivait-il, c'étaient douze pierres disposées pour diviser le courant : le peuple d'Israël a franchi le Jourdain en sautant de l'une à l'autre ! » Je ne sais où Mgr Mignot avait recueilli cette très divertissante explication, qui vaut la peine d'être conservée et d'être classée en bon rang dans les *curiosa* de l'exégèse biblique.

chrétienne a recommencé le même jeu avec la liste des douze apôtres, dont il est impossible de dresser le catalogue.

Le « Guilgal » près Jéricho est essentiellement un *dodéca-lithe* selon l'expression grecque : c'est ainsi qu'il figure sur la belle carte mosaïque de Mâdaba, de peu antérieure à la conquête musulmane.

Cette carte datant du ve ou du vie siècle de notre ère est, on le sait, dans un fort mauvais état, certaines parties en ayant été détruites ou endommagées[1]. Entre le Jourdain et la ville de Jéricho, elle figure un édifice, dans la muraille duquel douze pierres ont été enchâssées par deux séries de six chacune super-posées, avec l'inscription : γαλγαλα το και δωδεκαλιθον, ce qui est un témoignage singulièrement significatif de la persistance du souvenir attaché au prétendu monument du passage du Jourdain·

A peu de distance, se lisent les noms de γεβαλ et de γαριζεινι, soit les monts Ebal et Garizim. « La mosaïque, remarque le P. Lagrange, appuie ici l'opinion d'Eusèbe (242, 79), qui pla-çait près de Galgala les deux célèbres montagnes des bénédic-tions et des malédictions (*Deutéronome*, XI, 29) et accusait d'erreur les Samaritains, qui les montraient des deux côtés de Naplouse, ces deux montagnes étant trop éloignées pour qu'on puisse s'entendre de l'une à l'autre ». ·

Le passage du *Deutéronome*, qui a donné lieu à cet étrange déplacement des sommités qui encadrent Sichem-Naplouse, doit être ici exactement rapporté : « Ces montagnes (Garizim et Ebal) ne se trouvent-elles pas au-delà du Jourdain derrière la route du coucher du soleil au pays des Chananéens qui habitent la plaine, vis-à-vis de Guilgal, près du térébinthe de Moré? » (*Deutér.* XI, 30). Il semble que ce texte ait subi une ou plusieurs surcharges et on se demande pourquoi le nom de Galgala a été introduit en cette place.

---

1. Voyez l'étude du P. Lagrange, *La Mosaïque géographique de Mâdaba* dans la *Revue biblique*, 1897, p. 165. — Il s'en trouve une belle reproduction en couleurs dans les locaux de l'École pratique des Hautes-Études, section des sciences religieuses à la Sorbonne (collection Millet).

Peut-être s'agit-il d'un « Galgal » ou cromlech qui ne serait pas celui des environs de Jéricho ; il n'est pas impossible qu'un monument de cette nature se rencontrât sur l'une des collines entre lesquelles est installée Sichem.

D'autre part, la mosaïque de Mâdaba fait figurer une seconde fois les deux montagnes « des bénédictions et malédictions » à leur vraie place, c'est-à-dire au voisinage immédiat de Sichem-Naplouse sous la forme τουρ γωβηλ et τουρ γαριζιν, le *tour* araméen signifiant montagne (cf. la ville de Tyr, Sour). Il n'est pas certain que l'auteur de la mosaïque, qui écrivait en grec et devait ignorer l'hébreu, ait établi un rapprochement entre γεβαλ-γαριζεινι et τουρ-γωβηλ τουρ-γαριζιν. Si l'on imagine un monument mégalithique (dodécalithe) aux environs de Sichem, il correspondrait aux « pierres dressées » de *Deutéronome* XXVII, 2 suiv., ainsi qu'il va être dit un peu plus loin.

La légitimation du monument mégalithique des environs de Jéricho par les souvenirs du passage du Jourdain, ne donna pas satisfaction à tous. On voulut expliquer le mot même de « Guilgal ».

On raconta donc (*Josué*, V, · 2-9) que, immédiatement après le passage du Jourdain, Yahvé avait donné à Josué l'ordre de procéder à la circoncision générale du peuple d'Israël, cette prescription légale n'ayant pas été observée au cours des pérignations au désert. Josué confectionne à cette fin des *couteaux de pierre* (*Kharbôt hatsourîm*), qui lui servent à circoncire le peuple à l'endroit désigné depuis par le nom *Colline des prépuces* (*guibe'at ha'aralôt*). Qu'est-ce à dire? Est-ce l'accumulation des prépuces qui forme un monceau considérable? Ce serait une assez sotte imagination et je n'ai pas de bonnes raisons pour l'imputer à l'écrivain. D'autres y ont vu le souvenir d'un « lieu de circoncision » particulier à la tribu de Benjamin. Je croirais plutôt qu'un grand tumulus — sans doute quelque renflement de terrain sur lequel se détachaient les pierres de l'enceinte zodiacale — avait rendu au jour des résidus d'ateliers de silex préhistoriques, haches, couteaux, grattoirs. Ces « couteaux de pierre » devaient rappeler quelque circonstance notable de la conquête et ils représentaient les instruments même, qui servaient de temps immémorial chez les Israélites à l'opération de la circoncision. Le rapprochement se faisait de soi. Nous en avons la confirmation dans une très curieuse variante du texte hébreu, qu'a conservée la traduction des Septante. Les « couteaux de pierre » employés par Josué pour la circoncision auraient été soigneusement gardés et, lors de sa mort, inhumés dans sa tombe comme des talismans (*Josué* XXIV, 30, cf. XXI, 42).

Une fois l'opération accomplie, Yahvé aurait déclaré à son fidèle agent : « En ce jour, je vous ai déchargés (littéralement : *J'ai fait rouler* de dessus vous, *gallôti* de la racine *gâlal*) de l'opprobre de l'Égypte ; — et l'endroit en a pris le nom de Guilgal (*décharge*), qu'il a porté jusqu'à ce jour ». Cette étymologie ne peut valoir que comme un de ces à peu près, familiers aux écrivains bibliques. L'auteur du livre de *Josué* aurait pu proposer préférablement un rapprochement avec le mot *gal*, signifiant tas ou monceau. Dans l'entrevue de Laban et de Jacob, les hommes des deux groupes disposent un amoncellement de pierres, un *gal*, assez étendu pour qu'on pût y installer la table préparée pour le banquet religieux, destiné à consacrer l'accord des deux parties (*Genèse*, XXXI, 46 suiv.). Le monceau est dit *gal-'éd*, monceau de témoignage, monceau érigé pour une circonstance particulière, dont le souvenir lui restera attaché.

Deux textes du livre des *Juges* (III, 19 et 26) mentionnent la présence, à proximité de Guilgal du Jourdain, d'un endroit dénommé les idoles, *peçîlîm*, littéralement les images taillées : les « idoles qui sont à Guilgal », n'est-ce pas une appellation injurieuse, par laquelle on se propose de désigner les pierres du vieux cromlech ?

On pourrait presque se demander si ce lieu recommandé par

1. D'après la doctrine la plus récente, celle qui a prévalu dans la rédaction finale des livres bibliques, des localités telles que Galgala, Silo, Béthel, Haspha, etc., ne sont que des sanctuaires temporaires et leur caractère sacré n'est dû qu'à la présence provisoire de l'arche de l'alliance et du Tabernacle.

les plus augustes souvenirs, est bien un lieu consacré, un sanctuaire. En effet, nous ne voyons pas qu'il y soit jamais question d'autel et de cérémonies religieuses. Mais il existe un texte décisif en la matière ; c'est une apparition divine, dont Josué fut honoré en cet endroit. — Comme il était devant Jéricho (*au guilgal*), il aperçut un homme se tenant debout en face de lui, une épée nue à la main. — Es-tu pour nous, es-tu contre nous ? interrogea le chef des Israélites. — Je suis, répondit l'autre, « le chef d'armée de Yahvé », j'arrive pour te donner mon aide... Et, comme à Moïse dans la scène du Buisson ardent, la divinité, car c'était elle, donne à Josué l'ordre de quitter ses sandales par respect pour l'endroit que sa présence a sanctifié (*Josué*, V, 13-15). — Le récit semble tronqué ; des sacrifices étaient de rigueur à l'adresse d'un pareil visiteur et ils ne sont pas mentionnés. Mais l'apparition, qu'on doit mettre en parallèle avec celle dont fut témoin Moïse (*Exode* III. 1-5), est l'inauguration de la présence divine sur la terre de Chanaan.

Galgala situé près de Jéricho est un des plus réputés parmi les anciens sanctuaires d'Israël. Il sert de centre politico-religieux jusqu'à l'achèvement de la conquête du pays de Chanaan et cède alors sa place à Silo ou à Sichem.

Mais il reparaît à la place d'honneur dans l'histoire des démêlés de Saül et de Samuel. Il figure parmi les lieux de culte et centres de prophétie, entre lesquels se partage Samuel (1 *Samuel*, VII, 16). C'est là que rendez-vous est donné pour les grandes cérémonies : inauguration de la royauté, entrée en campagne contre les Philistins. C'est là « devant Yahvé » que Samuel met à mort Agag, roi des Amalécites (1 *Samuel*, X, 8 ; XI, 14-15 ; XIII, 4, 7 s, 12, 15 ; XV, 12, 21, 33). Mais on peut mettre en doute que le Guilgal dont il est question dans la légende d'Elie et d'Elisée soit le même ; la remarque s'appliquera aussi aux prophéties d'Amos et d'Osée, qui invectivent contre un sanctuaire de ce nom.

III

Nous avons vu l'ingénieuse opération de démarquàge, qui devait aboutir à transformer le cromlech solaire et zodiacal des environs de Jéricho en un souvenir de l'époque héroïque ; la présence d'une double version indique l'intérêt qui s'attachait à la question.

Nous connaissons maintenant la méthode à suivre : là où l'on nous parlera de pierres au nombre de douze, qui représente-raient les douze tribus, nous examinerons s'il ne s'agit pas d'un monument du culte solaire.

Et c'est le mont Sinaï qui va nous fournir un second et remar-quable exemple d'adaptation des vieux cultes au nouveau (*Exode*, XXIV, 4-8). Moïse, se proposant la conclusion solennelle d'une alliance entre Yahvé et le peuple d'Israël, met par écrit les paroles prononcées par la divinité, lesquelles contiennent le texte du contrat à intervenir ; puis il préside à l'érection d'un autel au pied de la montagne en même temps que de « douze pierres ¹ selon le nombre des tribus d'Israël ». Ensuite il est procédé à la cérémonie par des sacrifices et par des aspersions de sang, tant sur l'autel que sur le peuple lui-même ; des douze pierres ou stèles, il n'est plus question et on ne se rend pas compte exactement du rôle qu'elles jouent en tout cela. En effet, ce sont elles qui devraient recevoir l'aspersion du sang et conserver ainsi pour les siècles le souvenir de l'acte décisif, dont elles ont été et resteront les témoins. Et, d'autre part, pourquoi élever un monument durable au pied du mont Sinaï, séjour temporaire du peuple en voyage ?

Il semble donc que nous nous trouvions ici en présence d'un vieux souvenir. Au pied de la montagne sainte du massif sinaï-tique, se trouvait un cercle de douze pierres, c'est-à-dire un

1. Le texte hébreu porte *matsébah* (au singulier), soit douze cippes ou stèles ; nous corrigeons d'après des témoins autorisés.

monument d'un caractère zodiacal. L'observation faite par les
voyageurs rend la chose très vraisemblable ; il paraît bien que
cette région possède des constructions mégalithiques. L'aire
d'influence des idées astronomiques chaldéennes s'étendait
jusqu'à la frontière d'Égypte et englobait l'Arabie Pétrée et la
presqu'île du Sinaï [1].

Nous croyons trouver la confirmation de notre hypothèse
dans la scène dite du Buisson ardent (*Exode*, III, 1-5). La divinité apparaît à Moïse, alors qu'il séjournait dans le voisinage
de la montagne de Dieu, « dans une flamme de feu au milieu
de la broussaille; il regarda et voilà que la broussaille, bien
qu'elle fût enflammée, ne se consumait point ». Voir des broussailles en feu et assister à l'action de l'incendie, qui se déplace
au milieu des craquements du bois et des tourbillons de fumée,
c'est banal : voir des buissons, où brille une flamme claire qui
les illumine sans les détruire, voilà le miracle. En effet, Moïse
se trouvait en terre sainte.

Quelle excellente définition d'un sanctuaire zodiacal ! Supposons un cromlech de grandes dimensions. Douze blocs irré-
guliers, de taille inégale, forment un cercle d'un diamètre
d'une trentaine de mètres, peut-être davantage, et se dressent
sur un emplacement à peu près plan. Peut-être, au centre, une
pierre de dimensions supérieures, une *Matsébah* ou stèle, représentant le soleil, tandis que les pierres de l'enceinte représentent les douze demeures ou stations du soleil, les douze constellations du zodiaque. Des touffes buissonneuses se font voir
çà et là. Le tout apparaît illuminé d'une vive lumière, qui n'est
pas celle de l'incendie.

Cette lumière n'est pas davantage celle de l'orage avec les
coups de tonnerre, les éclairs et les noirs nuages. Ce n'est pas
sous cette forme que Yahvé se présente d'habitude aux mortels

---

1. On nous a objecté que l'architecture babylonienne ne nous offre pas de
monuments religieux de ce style. En effet, le cromlech est la forme primitive,
convenable à tous les sites où abondent les pierres, à laquelle se sont substitués,
aux centres de civilisation, des édifices de caractère architectural.

qu'il veut honorer de sa présence. Il descend du ciel sur le Sinaï enveloppé de nuages épais et au son du tonnerre ; c'est sous une forme semblable qu'il prend séance dans le Tabernacle de Moïse ou dans le Temple de Salomon (*Exode*, XIX 20 suiv. et passim ; XXXIII, 9 suiv. ; XL, 34 suiv. ; 1 *Rois* VIII, 10 suiv.).

Si l'on identifie, comme nous le proposons, le lieu saint du Sinaï d'*Exode* III, avec le lieu saint d'*Exode* XXIV, il semble que nous ne puissions pas trouver d'allusions plus précises à un culte solaire : d'une part l'enceinte zodiacale, de l'autre la lumière solaire, claire et brillante, surgissant au centre des douze pierres, qui représentent les douze demeures successives de l'astre du jour. L'apparition divine a ici un caractère tout à fait exceptionnel. Les apparitions de Yahvé aux patriarches, à Gédéon, aux parents de Samson n'ont rien de commun avec elle (Voyez, par exemple, *Juges*, XIII, 3, 6, 19-23).

IV

Notre attention s'est également portée sur le sanctuaire du promontoire fameux du Mont Carmel, auquel est attaché le nom glorieux du prophète Élie, parce qu'il y est question de « douze pierres selon le nombre des tribus de Jacob ». Nous avons déjà constaté que cette mention avait grande chance d'être substituée aux douze demeures du soleil ; il est vrai qu'il s'agit ici non plus de stèles ou de pierres commémoratives, mais de pierres employées à la construction d'un autel. Cette différence n'est pas de nature à écarter notre explication, tout au contraire, la rédaction du récit trahissant quelque chose d'artificiel.

Donc le prophète Élie, voulant ramener à Yahvé par une manifestation solennelle le peuple d'Israël (les dix tribus), le convoque, ainsi que le roi Achab et les prêtres du Baal phénicien, sur le sommet du Carmel (1 *Rois*, chap. XVIII). Il remet en état l'autel de Yahvé, qui avait été démoli ; puis « *prenant*

douze pierres en conformité du nombre des douze tribus de Jacob,
auquel la parole de Yahvé avait été adressée en ces termes :
Israël sera ton nom[1] — *avec ces pierres* il construisit un autel,
au nom de Yahvé » (versets 31 et 32). — Il est inutile à mon
propos que j'achève l'analyse de cette scène bien connue ; je
me bornerai à rappeler que, lorsque le feu tombé du ciel con-
suma les sacrifices, il fit disparaître du même coup l'autel et
les pierres employées à sa construction.

On voit quelles difficultés suppose cette mise en scène. Quand
on érige des pierres représentatives d'un groupe, elles ont pour
fonction de durer et de garder le souvenir d'un événement
notoire. Ici elles vont être détruites. En second lieu, construire
un autel avec autant de pierres qu'il y avait de tribus en Israël,
ne rime à rien : c'est une symbolique inadmissible. Enfin, il ne
pouvait être ici question que des tribus reconnaissant la suze-
raineté du roi Achab, au nombre de dix seulement.

L'écrivain est visiblement sous l'influence de la consécration de l'alliance au Sinaï par les soins de Moïse (*Exode*, XXIV,
4 suiv.) et c'est à ce passage fameux qu'il a emprunté la mention
des douze pierres en quantité égale aux tribus, — dont il semble
n'avoir pas bien compris la signification — comme plus tard
il introduira Elie dans la grotte, consacrée également par le
souvenir de Moïse (1 *Rois*, XIX, 9 suiv. ; cf. *Exode*, XXXIII,
18-23 et XXXIV, 6 suiv.).

Est-il téméraire de supposer qu'il y a néanmoins dans ce récit
le souvenir altéré d'un vieux sanctuaire, situé sur le promontoire du Carmel et où se trouvait, comme au Galgala de Jéricho
et au Sinaï, un cercle de pierres d'un caractère solaire ou zodiacal ?

Je ferai la même supposition en ce qui concerne le sanctuaire de Sichem. Le livre de *Josué* parle, à l'occasion de la
conclusion solennelle de l'alliance entre Yahvé et Israël en cette
localité, de l'érection « d'une grande pierre, qui fut dressée sous

---

1. C'est un renvoi à *Genèse*, XXXV, 10; cf. *Genèse*, XXXII, 28.

le chêne (sacré), lequel se trouve dans le sanctuaire de Yahvé »
et met dans la bouche de Josué l'explication suivante : « Cette
pierre-ci sera témoin contre nous ; car elle a entendu toutes
les paroles de Yahvé (dont il venait d'être donné lecture au
peuple)... Elle sera, en conséquence, un témoin en face de
vous » (*Josué*, chap. XXIV, particulièrement versets 26 et 27).

Il s'agit là d'une *Matsébah*, sans doute d'un monument mégalithique très ancien, d'un menhir. Josué, qui le consacre au
culte d'Israël, est tenu ici pour l'avoir érigé lui-même.

Mais un important passage du *Deutéronome* (XXVII, 1 suiv. cf.
Josué, VIII, 32) nous parle, pour ce même sanctuaire de Sichem,
de l'érection de grandes pierres, qui joueront leur rôle dans la
cérémonie de conclusion de l'Alliance. Il est vrai qu'il est ques
tion de les enduire de chaux et de les disposer en un tableau,
destiné à recevoir le texte de la loi divine. Eriger, dresser des
pierres à cet effet est bien étrange, étant donnée l'étendue considérable des textes du *Deutéronome*, qui sont ici visés comme
thème de l'alliance, étant donné d'autre part que, en relatant
l'exécution de l'ordre, l'écrivain déclare que la lecture solennelle
de la loi fut faite sur un exemplaire tenu à la main et non
d'après un tableau formé par une grande quantité de pierres
assemblées : « Josué donna lecture de toutes les paroles de la
loi... exactement comme il était écrit dans le rouleau de la loi
(*Josué*, VIII, 24) »[1].

Nous sommes ainsi amené à penser que le sanctuaire chana-
néen de Sichem, adopté par les Israélites lors de la conquête,
possédait, en premier lieu, un menhir ancien ou matsébah
(stèle, cippe) et, en second lieu, un cercle de pierres dressées,
c'est-à-dire un cromlech zodiacal, dont on chercha à déguiser
l'origine en le transformant. Par une transposition analogue,
la pierre mystérieuse que recélait l' « arche d'Elohim »

---

1. Il est positivement question, *Deutér.*, XXVII, 2 et 4, de *dresser*, d'*éri-
ger* de grandes pierres ; s'il s'agissait de préparer une sorte de table pour une
inscription, on utiliserait un rocher naturel en l'égalisant.

fut muée en tablettes de pierre, portant le texte du Déca-
logue.

Ces recherches peuvent être poursuivies ; elles donneront
certainement lieu à des rapprochements féconds en utiles
conséquences.

MAURICE VERNES.

SÉANCE DU 5 OCTOBRE 1917

M. Senart signale à l'Académie la présence de Sir Aurel Stein, l'archéologue et explorateur anglais en Asie Centrale.

M. Antoine Thomas, président, donne la parole à Sir Aurel Stein, qui expose à l'Académie les résultats de ses dernières découvertes.

L'Académie fixe au 23 novembre la date de sa séance publique annuelle. — Elle décide ensuite qu'elle continuera, le 26 octobre, le scrutin relatif à la succession de M. Charles Joret comme membre libre, scrutin commencé le 8 juin dernier et interrompu après le sixième tour. — Elle déclare en outre la vacance des places de membre ordinaire précédemment occupées par MM. Noël Valois et Michel Bréal ; elle décide que les deux élections auront lieu en même temps. La présentation des titres de candidats commencera le 2 novembre.

M. Homolle continue la lecture de son mémoire sur deux bas-reliefs de Phalère.

SÉANCE DU 12 OCTOBRE 1917

M. Thomas, président, annonce que l'Académie décernera le prix ordinaire, en 1920, à la meilleure édition, parue en France, d'un auteur grec ou latin, et le prix extraordinaire Bordin, en 1919, au meilleur ouvrage relatif à l'antiquité classique.

M. Homolle continue la lecture de son mémoire sur deux bas-reliefs de Phalère.

M. Théodore Reinach signale, à propos de la correspondance, un curieux et symptomatique mémoire d'un professeur allemand, le Dr Peiser, sur le IXe chapitre d'Isaïe. Cet érudit soutient que le chapitre en question est le démarquage d'un pamphlet composé à la gloire du roi d'Assyrie, Sargon, le destructeur de Samarie, par un prophète jérusalémite gagné à la cause de l'ennemi national.

M. Paul Monceaux communique, de la part de M. Gsell et de M. Joly, des inscriptions trouvées à Khamissa (ancien *Thubursica Numidarum*), entre Bône et Tébessa, au cours des fouilles du Service des monuments historiques de l'Algérie. L'un de ces textes est une citation biblique tirée d'un psaume, gravée au-dessous d'une épitaphe païenne. M. Monceaux montre l'intérêt de ce graffite chrétien, dont il explique l'origine et la signification en le rapprochant de documents analogues. — MM. Babelon, Théodore Reinach, Héron de Villefosse, Charles Diehl et Mgr Duchesne présentent quelques observations.

M. Salomon Reinach commence la lecture d'une note où il étudie certains points de la doctrine de Valentin, hérétique qui florissait à Rome vers l'an 150. Il s'applique à montrer que cette doctrine, connue aujourd'hui par des résumés en prose dus aux adversaires du valentinisme, offrait en réalité un caractère d'exaltation poétique qui la relie aux poésies philosophiques et religieuses de l'ancienne Grèce. Le peu qui reste des psaumes en vers grecs de Valentin donne de cette littérature une idée avantageuse et explique le succès rapide, bien qu'éphèmère, des idées mystiques qu'elle a propagées.

SÉANCE DU 19 OCTOBRE 1917

M. Cagnat, secrétaire perpétuel, donne lecture des lettres de candidature suivantes : de M. J. Loth, professeur au Collège de France, aux deux places de membre ordinaire récemment déclarées vacantes par l'Académie : — de M. Maurice Vernes et de M. Meillet, professeur au Collège de France, à la place vacante par suite de la mort de M. Bréal ; — et de M. Ch.-V. Langlois, directeur des Archives nationales, à la place vacante par suite de la mort de M. Noël Valois.

M. Antoine Thomas, président, rappelle que les obsèques de M. Maxime Collignon, membre de l'Académie, décédé le 15, ont eu lieu hier, et qu'il y a pris la parole au nom de la compagnie. Il exprime de nouveau les regrets que cette perte inspire à tous les confrères du défunt.

M. le commandant Tilho expose les résultats scientifiques des recherches qu'il a faites depuis cinq ans en Afrique, entre le Tchad et le Nil.

M. Salomon Reinach termine la lecture de son étude sur certains points de la doctrine de l'hérétique Valentin. — MM. Bouché-Leclercq et Monceaux présentent quelques observations.

SÉANCE DU 26 OCTOBRE 1917.

M. Cagnat, secrétaire perpétuel, donne lecture, des lettres de candidature suivantes : de MM. J. Martha et Glotz, pour la place de membre ordinaire vacante par suite de la mort de M. Noël Valois ; — de MM. Michon, Mâle, Bémont, Léon Dorez, J.-B. Chabot, Delachenal, pour la place de membre ordinaire vacante par la mort de M. Michel Bréal ; de M. Clément Huart, pour les deux places.

M. Maurice Prou communique à l'Académie les décisions de la Commission du prix Thorlet.

L'Académie procède à la continuation du scrutin pour l'élection d'un membre libre en remplacement de M. Charles Joret.

M. Alexandre de Laborde est proclamé élu par M. Antoine Thomas, président. Son élection sera soumise à l'approbation de M. le Président de la République.

M. Edouard Cuq lit une note sur un papyrus publié par M. Jean Maspero dans le tome III des *Papyrus grecs d'époque byzantine du Musée du Caire*. Ce texte est relatif au pouvoir reconnu au père, par la coutume grecque, de chasser de sa maison l'enfant qui manque gravement à ses devoirs envers lui, de l'exclure de sa famille et de sa succession, de lui enlever jusqu'à son nom. C'est un acte d'apokéryxis, comme celui qui figure dans le tome Ier de la même publication (1912). Il lève tous les doutes que celui-ci avait provoqués. Il vise expressément la loi impériale qui a réglementé la matière. — On avait supposé que l'apokèryxis était une institution sans portée pratique, un sujet de déclamation pour les rhéteurs. On sait maintenant qu'elle a été de tout temps usitée chez les Grecs, et qu'elle subsiste encore de nos jours. M. Cuq cite, d'après une communication de M. Triantaphyllopoulos, avocat à Athènes, le texte d'un acte d'apokèryxis, rédigé en 1911 par un notaire de la province de Kalabryta (Péloponèse). Ce dernier acte a d'ailleurs été annulé, en raison d'un vice de forme, par le tribunal supérieur de Patras. — MM. Bernard Haussoullier et Paul Fournier présentent quelques observations.

SÉANCE DU 2 NOVEMBRE 1917

M. René Cagnat, secrétaire perpétuel, donne lecture du décret portant approbation de l'élection de M. Alexandre de Laborde, membre libre en remplacement de M. Charles Joret, décédé. — M. le comte de Laborde est ensuite introduit en séance.

SÉANCE DU 9 NOVEMBRE 1917

M. Cagnat, secrétaire perpétuel, donne lecture d'une lettre de M. Loth qui retire sa candidature à la place de M. Bréal, tout en la maintenant à la place de M. Valois.

M. Maurice Prou annonce que la commission de la fondation Pellechet a accordé, sur les arrérages du legs, les sommes suivantes pour travaux destinés à assurer la conservation de monuments non classés et présentant un intérêt archéologique : 4.000 francs pour l'église de Villebret (Allier) ; 6.000 francs pour l'église de Montceaux-les-Provins (Seine-et-Marne) ; 4.000 francs pour le donjon du château de Lavardin (Loir-et-Cher).

SÉANCE DU 16 NOVEMBRE 1917

M. Charles Diehl communique des informations relatives au grand incendie qui a détruit, au mois d'août dernier, la moitié de la ville de Salonique. Les églises byzantines ont échappé à la ruine, sauf une seule, la basilique de Saint-Démétrius qui, malheureusement, était la plus remarquable de toutes. Les mosaïques du vi^e siècle qui décoraient le collatéral de gauche ont été anéanties : par contre, les quatre mosaïques du viie siècle, à l'entrée du transept, ont été épargnées, ainsi qu'une autre mosaïque du collatéral de droite.

L'Académie procède à l'élection d'un membre ordinaire, en remplacement de M. Noël Valois, décédé. M. Ch.-V. Langlois est proclamé élu par le président.

L'Académie procède ensuite à l'élection d'un membre ordinaire, en remplacement de M. Michel Bréal, décédé. M. J.-B. Chabot est proclamé élu.

Ces deux élections seront soumises à l'approbation de M. le Président de la République.

SÉANCE DU 30 NOVEMBRE 1917

M. Ch.-V. Langlois et J.-B. Chabot, élus membres ordinaires en remplacement le premier de M. Valois, le second de M. Bréal, sont introduits en séance.

L'Académie procède à l'élection d'un membre de la Commission des chartes et diplômes. — M. H.-François Delaborde est élu.

M. Alexandre de Laborde fait une communication sur les manuscrits à peintures conservés dans les bibliothèques de Petrograd. — MM. Salomon Reinach et Durrieu présentent quelques observations.

M. Louis Leger donne lecture d'une étude sur l'histoire de l'Académie des sciences de Saint-Pétersbourg. — M. Antoine Thomas présente quelques observations.

SÉANCE DU 7 DÉCEMBRE 1917

M. Paul Durrieu annonce que M. Pietro Toesca, professeur à l'Université de Turin, vient de découvrir à Florence, dans un livre d'heures d'origine française appartenant au prince Corsini, deux miniatures qui sont incontestablement de la main de l'artiste que M. Durrieu a depuis longtemps proposé de nommer le « Maître des Heures du Maréchal de Boucicaut » d'après le plus beau des manuscrits par lui enluminés, ms. conservé au Musée Jacquemart-André. Suivant une hypothèse de M. Durrieu, cet artiste serait un peintre nommé Jacques Coene ou Cone, originaire de Bruges, qui s'établit à Paris en 1398 au plus tard.

M. A. Héron de Villefosse donne lecture d'un second rapport du R. P. Delattre, correspondant de l'Académie, sur les fouilles d'une basilique découverte à Carthage. — M. Paul Monceaux présente quelques observations.

SÉANCE DU 14 DÉCEMBRE 1917

M. Théodore Reinach annonce que M. Mariani, directeur des antiquités de la Cyrénaïque, lui a envoyé la photographie d'une statue qui représente Éros bandant son arc et qui a été trouvée dans les thermes de Cyrène. Cette statue, dont on possède déjà plusieurs répliques, se distingue par sa finesse et aussi par plusieurs différences de détail, en particulier par l'absence des ailes.

M. Héron de Villefosse, au nom de M. le Dr Carton, correspondant de l'Académie, donne quelques détails sur les nouvelles découvertes faites au cours des fouilles qui se poursuivent à Bulla Regia.

M. Antoine Thomas, président, annonce que l'Académie a élu correspondants nationaux MM. Auguste Audollent et Emile Guimet.

M. Boussac donne lecture d'une note sur le lieu d'exil de Juvénal et « l'Ombos » de la satire XV.

L'Académie élit ensuite : membre de la commission de l'Histoire littéraire de la France, M. Ch.-V. Langlois ; — membre de la commission du *Corpus inscriptionum semiticarum*, M. J.-B. Chabot.

SÉANCE DU 21 DÉCEMBRE 1917

M. Louis Leger continue la lecture de son mémoire sur l'histoire de l'Académie des sciences de Saint-Pétersbourg fondée par Pierre le Grand dans un but primitivement pédagogique. Cette Académie eut, sauf de rares exceptions, un caractère essentiellement allemand au xviii° siècle. Catherine II établit sur le type de l'Académie française une Académie russe qui végéta sous la présidence de la princesse Dachkov. Au xix° siècle, l'Académie des sciences eut pendant plus de quarante ans (de 1818 à 1864), un président, le comte Ouvarov, dont tous les travaux sont rédigés en français et en allemand. En 1841, l'Académie commence à se russifier sérieusement par l'adjonction d'une section russe. En 1913 eut lieu à Pétersbourg le Congrès international des Académies, qui fut présidé par le directeur de l'Observatoire de Pulkovo, Backland, qui était un Suédois naturalisé.

M. Paul Durrieu étudie le fait, assez singulier, révélé par les documents de l'époque, qu'en 1472 on vit entrer dans la corporation ou gilde des libraires et enlumineurs de Bruges, pour n'y rester d'ailleurs que peu de temps, le barbier d'un personnage français, M. de Monferrant, gouverneur d'un jeune prince de la maison de Bourbon. M. Durrieu arrive à cette conclusion qu'il semble permis de formuler l'hypothèse d'une relation entre ce passage du barbier de M. de Montferrant dans la corporation brugeoise des libraires et enlumineurs et de la confection à Bruges d'un précieux manuscrit, aujourd'hui à la Bibliothèque nationale de Paris, qui est illustré de remarquables peintures et dont le texte renferme une curieuse correspondance littéraire entre M. de Montferrant, le chroniqueur en titre de la maison de Bourgogne Georges Chastellain et un poète du Bourbonnais, Jean Robertet, successivement secrétaire de plusieurs rois de France et ducs de Bourbon. — M. Salomon Reinach présente quelques observations.

M. J.-B. Chabot donne lecture d'une note sur l'alphabet libyque.

SÉANCE DU 28 DÉCEMBRE 1917

L'Académie procède à l'élection de son bureau pour 1918. — Sont nommés : président, M. Héron de Villefosse ; vice-président, M. Paul Girard.

L'Académie procède à la nomination des commissions de prix et autres pour 1918. — Sont nommés :

Travaux littéraires : MM. Senart, Alfred Croiset, Clermont-Ganneau, R. de Lasteyrie, Omont, Chatelain, Haussoullier, Prou.

Antiquités de la France : MM. R. de Lasteyrie, Salomon Reinach, Omont, Durrieu, Jullian, Prou, Fournier, Langlois.

Écoles françaises d'Athènes et de Rome : MM. Heuzey, Foucart, Homolle, Pottier, Chatelain, Berger, Haussoullier, Prou.

École française d'Extrême-Orient : MM. Heuzey, Senart, Pottier, Chavannes, Cordier, le P. Scheil.

Fondation Garnier : MM. Senart, Chavannes, Cordier, le P. Scheil.

Fondation Piot : MM. Heuzey, R. de Lasteyrie, Homolle, Babelon, Pottier, Haussoullier, Durrieu, Diehl, François Delaborde.

Fondation De Clercq : MM. Heuzey, Senart, Babelon, Pottier, le P. Scheil, Senart, Thureau-Dangin.

Fondation Dourlans : MM. Emile Picot, Chatelain, Haussoullier, Cuq.

Commission administrative centrale : MM. Alfred Croiset, H. Omont.

Commission administrative de l'Académie : MM. Alfred Croiset, H. Omont.

Prix Gobert : MM. Durrieu, Fournier, François Delaborde, Langlois.

M. Omont signale le don fait au département des manuscrits de la Bibliothèque nationale, par M. Alexandre Bruel, de fragments de deux anciens manuscrits, l'un du ıx⁰ siècle, l'autre du xıv⁰, provenant de la bibliothèque de l'abbaye de Cluny. — Les 10 feuillets qui ont appartenu au premier et plus ancien de ces deux manuscrits permettent de juger de la beauté de l'exemplaire des *Commentaires sur Isaïe,* de saint Jérôme, dont ils ont fait partie, ainsi qu'un onzième feuillet conservé à la Bibliothèque de Mâcon (ms. 81). — Les 30 feuillets du second manuscrit dont la date peut être fixée au xıv⁰ siècle, sont probablement tout ce qui subsiste d'un bel exemplaire de l'*Inventarium juris canonici* de l'évêque de Béziers, Bérenger Frédol.

Le R. P. Scheil fait une communication sur le marché aux poissons de Larsa, en Babylonie.

SÉANCE DU 4 JANVIER 1918

M. Antoine Thomas, président sortant, et M. Héron de Villefosse, président pour 1918, prononcent les allocutions d'usage.

M. Héron de Villefosse, président, donne lecture d'une adresse envoyée à l'Académie par la British Academy.

L'Académie, sur la proposition de la commission de la fondation Piot, désigne M. Homolle comme directeur des *Monuments et Mémoires,* en remplacement de M. Collignon, décédé.

M. Ch.-V. Langlois donne lecture des titres des deux ouvrages présentés cette année au prix Gobert.

SÉANCE DU 11 JANVIER 1918

M. Gustave Mendel rend compte des travaux du service archéologique institué à l'armée d'Orient par M. le général Sarrail. Les tumuli, très nombreux dans la campagne macédonienne, ont été l'objet d'une enquête approfondie, menée par le brigadier Thureau-Dangin et le maréchal des logis Rey. Les fouilles ont établi que la plupart, et les plus anciens d'entre eux, correspondent à des habitats humains qui remontent jusqu'à l'époque néolithique. On y a recueilli un grand nombre de tessons céramiques qui témoignent de l'existence dans cette région, dès cette époque, d'une population fortement individualisée. Une autre équipe du service archéologique, sous la conduite du sergent Ernest Hébrard, a étudié les monuments byzantins de Salonique, en particulier l'église Saint-Georges, monument circulaire des débuts du ıv⁰ siècle, trans-

formé en église au vᵉ, en mosquée au xviᵉ, et rendu au culte chrétien en 1913.
— M. Diehl présente quelques observations.

M. Salomon Reinach commence la lecture d'un travail sur « le maître de Flémalle ».

SÉANCE DU 18 JANVIER 1918

M. Salomon Reinach termine la lecture du travail où il passe en revue des hypothèses mises en avant depuis 1887 pour identifier l'artiste auquel on attribue une série de peintures de grande valeur, groupées autour des fragments provenant de l'abbaye de Flémalle. Depuis 1909, grâce à M. Hulin, on sait que cet artiste ne s'appelait pas Daret : mais M. Reinach croit non moins impossible de l'identifier, comme l'a fait M. Hulin, au peintre de Tournai R. Campin, dont l'obscurité serait tout à fait inexplicable s'il était l'auteur de pareils chefs-d'œuvre. Il faut attendre qu'un document d'archives permette d'attacher un grand nom à ces grands ouvrages, au lieu d'aller à l'encontre du témoignage négatif des contemporains en grandissant indûment un nom sans éclat. Pour l'instant, il semble bien que l'œuvre du « maître de Flémalle » ait été retirée injustement à Rogier de la Pasture, le peintre de la ville de Bruxelles, qui ne fut probablement pas l'élève de Campin et qui, ayant travaillé à Ferrare vers 1437, peut avoir notablement modifié sa manière à l'âge de 40 ans environ.

M. Paul Foucart propose une correction pour un passage du chapitre 62 de la Constitution d'Athènes (traitement de l'épistate des prytanes). — MM. Théodore Reinach, Maurice Croiset et Haussoullier présentent quelques observations.

M. Tafrali, professeur à l'Université de Jassy, lit une notice sur l'église de Saint-Nicolas à Curtea-de-Argesch et y signale des peintures naguère cachées sous un enduit de chaud et qui remonteraient à la deuxième moitié du xiiiᵉ siècle. — MM. Diehl et Émile Picot présentent quelques observations.

M. Babelon donne lecture d'une note de M. Marcel Dieulafoy sur le Maroc et les croisades.

SÉANCE DU 25 JANVIER 1918

M. Henri Cordier commence la lecture des rapports de M. Bonnel de Mézières sur la mission qu'il a récemment accomplie en Afrique à l'aide d'une subvention de l'Académie.

M. Edmond Pottier donne lecture d'une notice de M. Pierre Paris, correspondant de l'Académie et directeur de l'Institut des études hispaniques, sur les fouilles qu'il a faites en mai-juin 1917 à Bolonia (Espagne), avec une subvention fournie sur la fondation Piot. On a retrouvé une importante fabrique pour la salaison du poisson, industrie très prospère dans l'antiquité, une grande villa romaine et une fontaine publique ; enfin plusieurs tombes ont été explorées par M. Bonsor. Les fouilles doivent être reprises au printemps de 1918.

M. Paul Monceaux lit une note de M. le Dʳ Carton, correspondant de l'Académie, sur des chapiteaux chrétiens à sculptures et inscriptions, et sur d'autres monuments antiques, qui ont été récemment trouvés à Tozeur (ancien *Tusurus*, dans le Sud tunisien.

L'Académie procède à l'élection de deux délégués pour les commissions des fondations Debrousse et Osiris. — Sont élus : pour la fondation Debrousse, MM. Babelon et Chatelain ; — pour la fondation Osiris, MM. Senart et Haussoullier.

SÉANCE DU 1er FÉVRIER 1918

M. Héron de Villefosse, président, annonce la mort de M. Edouard Chavannes, membre ordinaire de l'Académie depuis 1903.

M. Charles-V. Langlois donne lecture d'une notice sur la vie et les œuvres de son prédécesseur à l'Académie, M. Noël Valois.

SÉANCE DU 8 FÉVRIER 1918

M. Salomon Reinach et M. Edmond Pottier exposent les résultats de la mission de Mlle J. Evrard, chargée de dessiner, pour le compte de l'Académie, des objets antiques conservés dans plusieurs musées du Midi de la France et dans quelques collections particulières, entre autres celles de M. F. Mouret, auteur des fouilles d'Ensérune, près de Béziers.

M. Henri Cordier termine la lecture des rapports de M. Bonnel de Mézières sur sa mission en Afrique.

M. Antoine Thomas fait connaître des documents publiés depuis longtemps par l'historien de l'Université de Bologne, le P. Sarti, mais qui n'avaient pas attiré jusqu'ici l'attention de la critique. Ils concernent un étudiant nommé maître Jean de Meun, qui séjourna à Bologne de 1265 et 1269 et qui y figure comme fils de noble Jean de Meun, chevalier, du diocèse d'Orléans. Contrairement à l'opinion soutenue par M. le comte Durrieu, il ne s'agit pas du célèbre poète Jean de Meun, auteur de la suite du *Roman de la Rose*, lequel s'appelait proprement Jean Clopinel et n'était pas noble, mais d'un homonyme, qui fut archidiacre de Beauce de 1270 à 1303. — M. le comte Durrieu présente quelques observations.

SÉANCE DU 15 FÉVRIER 1918

M. Maurice Vernes donne lecture d'un mémoire sur « la rive gauche du Jourdain et l'assainissement de la Mer Morte d'après la prophétie d'Ezéchiel ». Ezéchiel est le principal représentant de la théorie du « Chanaan légal » substitué au « Chanaan historique ». Il ramène, dans ses plans d'avenir, les douze tribus sur la rive droite du Jourdain, c'est-à-dire sur le territoire du Chanaan proprement dit, dévolu par la divinité aux ancêtres d'Israël. Il les y distribue en douze bandes parallèles courant de la Méditerranée au Jourdain, en ménageant, dans la partie centrale, un grand carré sacré, destiné au Temple et aux prêtres, aux Lévites et à la ville de Jérusalem, munis d'une banlieue réservée à son entretien. Le tout sera arrosé par des eaux courantes jaillissant du sanctuaire et assainissant la Mer Morte, en même temps que le pays montagneux cédera la place à des plaines fertiles. Ces vues d'avenir, quoique marquées au sceau de leur temps, témoignent d'une confiance admirable dans les destinées futures d'Israël. — M. Théodore Reinach présente quelques observations.

L'Académie procède à l'élection d'un délégué à la commission du prix Angrand fondé près la Bibliothèque nationale. — M. Salomon Reinach est élu à l'unanimité.

SÉANCE DU 22 FÉVRIER 1918

M. Maurice Prou, au nom de la commission du prix Duchalais, annonce que ce prix est décerné à M. de Castellane pour ses travaux sur la numismatique du moyen âge.

Au nom de M. François Thureau-Dangin, le R. P. Scheil donne lecture d'une étude sur un lot de tablettes acquises récemment par le Musée du Louvre, tablettes du xiv⁺ siècle a. C. appartenant à la collection dite d'El-Amarna. Ces documents en écriture cunéiforme font partie de la correspondance entre les rois d'Egypte Aménophis III et Aménophis IV et les gouverneurs des pays de Syrie et de Palestine plus ou moins indépendants, plus ou moins vassaux de l'Égypte. Ce nouvel appoint à la collection d'El-Amarna ajoute d'intéressants détails à ce que l'on savait déjà de l'état politique et militaire de la Syrie et de la Palestine vers 1400 a. C.

M. A. Moret interprète une inscription de la IV⁺ dynastie récemment découverte à Edfou (Haute-Egypte). Cette inscription contient la biographie du monarque Pepinefer, qui fut élevé à la cour pour y apprendre la doctrine de fidélité au suzerain, et qui plus tard administra sagement sa province. Elle apporte de nouveaux renseignements sur l'organisation des fondations perpétuelles pour le culte des morts, et sur l'assistance publique dans l'ancienne Egypte.

M. Salomon Reinach, étudiant le trajet de Pompée fugitif autour de l'île de Samos, qualifiée à tort de petite (*parvo*) dans les manuscrits de Lucain, propose de substituer à ce mot impropre celui de *laeva*. Pompée, s'engageant dans le passage entre Samos et Icarie, laissa Samos à sa gauche.

SÉANCE DU 1ᵉʳ MARS 1918

M. Cagnat, secrétaire perpétuel, donne lecture d'une lettre où, en réponse à une question posée à l'Académie par la Commission des antiquités et des arts de Seine-et-Oise, M. Robert de Lasteyrie exprime l'opinion que le terme de « gothique », consacré par un long usage, ne doit pas être supprimé du vocabulaire archéologique.

M. Héron de Villefosse, président, annonce que M. Henri Cordier a été nommé membre du Comité de rédaction du *Journal des Savants*, en remplacement de M. Chavannes, décédé.

M. Louis Leger lit une note sur un sonnet fort admiré du poète espagnol Quevedo, dont il a retrouvé la reproduction intégrale dans les œuvres d'un poète polonais mort en 1580, Szarzinski. M. Leger conclut que les deux poètes ont dû tous deux imiter un archétype commun. Cet archétype, il l'a retrouvé dans les poésies latines de l'Italien Giano Vitali qui fut également connu en Espagne et en Pologne.

M. Antoine Thomas lit une note intitulée : « Maître Aliboron », où il recherche l'origine de ce mot.

SÉANCE DU 8 MARS 1918

M. C. Jullian annonce que MM. le lieutenant Picard et le médecin major Dubreuil-Chambardel ont découvert, au lieu dit La Chapelle-Saint-Ferju, commune d'Héréville, arrondissement de Mirecourt, un petit cimetière mérovingien : trente tombes contenant, outre les squelettes, des poteries, des ceinturons, des chaînes, des peignes en os, etc., mais pas une seule arme.

M. Paul Durrieu communique la photographie d'une miniature allégorique formant le frontispice d'un manuscrit conservé au Musée britannique. Cette miniature a été peinte à Paris en 1395 ; elle orne une épître adressée par Philippe de Mézières au roi d'Angleterre, Richard II, pour l'exhorter à s'allier à la France, avec l'arrière-pensée que cette alliance devra servir à délivrer Jérusalem et la Terre sainte du joug des Musulmans. On y voit les couleurs héraldiques de la France et de l'Angleterre, bleu fleurdelisé d'or, et rouge couvert d'un semis de figures de léopards d'or, juxtaposés sous un monogramme du Christ, tandis qu'à la partie supérieure de la peinture les couronnes de France et d'Angleterre sont unies par des rayons s'échappant d'une couronne d'épines rappelant la passion du Christ à Jérusalem.

M. C. Jullian communique une note de M. Philippe Fabia, correspondant de l'Académie, sur Fourvière en 1493, d'après le cadastre consulaire de cette date, le plus ancien état complet des lieux qui soit connu. Il montre la colline, autour de l'église construite vers la fin du xii⁰ siècle, couverte presque entièrement de vignes, qui forment des territoires ou tènements dont les noms, pour la plupart, ne rappellent aucun souvenir antique et sont tombés dans l'oubli, tandis que les chemins qui les desservaient, et qui sans nul doute avaient de tout temps desservi la colline, sont devenus les rues actuelles du quartier. Dans ces matrices cadastrales, il est naturellement fort peu question des ruines romaines qui subsistaient alors. Mais des sources un peu plus récentes, le plan scénographique de 1545 et le témoignage des auteurs du xvi⁰ siècle, Champier, Paradin, Simeoni, permettent de combler par approximation cette lacune.

SÉANCE DU 15 MARS 1918

A propos de la communication faite dans la dernière séance par M. P. Durrieu sur une miniature relative à la délivrance de Jérusalem par les armes réunies de la France et de l'Angleterre, M. François Delaborde suggère que la composition de Philippe de Mézières a pu lui être inspirée par le souvenir de l'apostrophe adressée à la couronne d'épines et à la couronne de France par Charles V à ses derniers moments. La présence de Philippe de Mézières dans la chambre du roi mourant est prouvée par la signature qu'il a·

apposée comme témoin oculaire au procès-verbal des déclarations alors faites par Charles V sur son attitude dans l'affaire du schisme.

M. Babelon donne lecture d'un mémoire de M. le Dr Carton sur ses nouvelles recherches relatives au littoral de Carthage, aux quais, aux ports et aux fortifications qui les protégeaient. Les fouilles exécutées par M. Carton ont permis de préciser certains points contestés depuis longtemps entre archéologues. M. Babelon insiste particulièrement sur une stèle qui représente un personnage levant les bras et paraissant en prière devant les murs de Carthage figurés derrière lui. — MM. Paul Girard et Clermont-Ganneau présentent quelques observations.

M. Salomon Reinach essaie de montrer, contre l'opinion de François Lenormant, que l'historien ecclésiastique Eusèbe n'a jamais admis la dualité d'un être primitif dont auraient été formés, par division, l'homme et la femme. Au contraire, ce mythe du *Banquet* de Platon semblait à Eusèbe une perversion burlesque du récit de la Genèse, tel qu'on le traduisait et le comprenait de son temps. M. Reinach cherche ensuite dans Philon et dans saint Augustin des traces du même mythe, et étudie un passage de Photius, relatif à un ouvrage de Clément d'Alexandrie, où il s'agit d'un autre mythe, d'origine populaire, sur la création de la femme pendant le sommeil du premier homme.

L'Académie procède au remplacement de M. Edouard Chavannes, décédé, dans les commissions suivantes : 1° Commission du prix Lefèvre-Deumier : M. Henri Cordier est élu ; — 2° Commission de l'Ecole française d'Extrême-Orient : M. Maurice Croiset est élu ; — 3° Commission de la fondation Benoît Garnier : M. Haussoullier est élu ; — 4° Commission du prix Stanislas Julien : M. Thureau-Dangin est élu.

L'Académie procède à l'élection de la Commission Barbier-Muret. Sont élus M. Senart, le P. Scheil, MM. Cuq et Alexandre de Laborde.

SEANCE DU 22 MARS 1918

M. Cagnat, secrétaire perpétuel, donne lecture d'une lettre de M. le lieutenant Taponier décrivant des fouilles par lui faites dans des ruines voisines de Salonique et où il a trouvé de nombreux fragments céramiques.

Au nom de la commission du prix Delalande-Guérineau, M. B. Haussoullier annonce que ce prix est décerné à M. Pierre Roussel, pour son livre intitulé : *Délos colonie athénienne.*

Dans une lettre adressée au Secrétaire perpétuel et dont il est donné lecture, M. R. de Lasteyrie développe les arguments qu'il a déjà exposés en faveur du maintien du mot « gothique » dans le vocabulaire archéologique. — MM. Jullian et Salomon Reinach présentent quelques observations.

M. Héron de Villefosse, président, lit une note sur plusieurs dons faits en 1917 au département des antiquités grecques et romaines du Musée du Louvre. L'un de ces dons, dû à Maxime Collignon, comprend deux bronzes antiques ; une applique de miroir grec, en relief, découpée à jour, achetée à Mantinée, et représentant un jeune homme en marche ; et un petit Silène en bronze, de bon travail romain, provenant, selon toute vraisemblance, de la région de Smyrne. Un autre don, fait par l'Union centrale des arts décoratifs, consiste en une statue impériale en marbre blanc, revêtue d'une cuirasse à relief où l'on voit deux Néréides portées par des chevaux marins et s'avançant au milieu des flots.

M. Seymour de Ricci lit une note sur quelques bornes milliaires du Beauvaisis dont il commente les inscriptions.

M. Salomon Reinach communique la seconde partie de son étude sur un texte d'Eusèbe relatif à la question de la dualité de l'être primitif.

SÉANCE DU 27 MARS 1918

M. Salomon Reinach montre quelques photographies, envoyées par M. Cumont, du grand édifice souterrain découvert près de Rome en 1917 et des beaux bas-reliefs en stuc qui le décorent. Il est absolument certain que cet édifice est païen, non chrétien ; le style des reliefs est de la première partie du IIe siècle (époque des Antonins).

M. Salomon Reinach continue la lecture de sa note sur un texte d'Eusèbe relatif à la dualité de l'être primitif. — MM. Maurice Croiset, Bouché-Leclercq et Edmond Pottier présentent quelques observations.

M. Louis Havet étudie le sens de l'adjectif latin *proprius*, appliqué à une bête de sacrifice. Ce mot semble marquer : 1° que l'animal a eu à manger jusqu'au dernier moment ; 2° nourri d'aliments réputés « purs ». Ces conditions devraient être remplies pour les deux taureaux qu'Auguste et Agrippa immolèrent, le 1er juin 1917 a. C., à l'occasion des Jeux séculaires. L'adjectif en question se retrouve dans les *Prisonniers* de Plaute ; là, un parasite, se donnant plaisamment comme un dieu, réclame un sacrifice et dit quel genre de victime il lui faut ; il veut un agneau *proprius* et bien gras.

M. Héron de Villefosse, président, annonce que M. Alexandre de Laborde, membre de l'Académie, a fait don au Musée du Louvre d'un album de dessins exécutés en Orient par Louis-François Cassas, le dessinateur du comte de Choiseul-Gouffier.

SÉANCE DU 5 AVRIL 1918

M. Cagnat donne lecture d'un rapport de M. le Dr Carton, correspondant de l'Académie, sur les fouilles qu'il a exécutées en 1917 à Bulla Regia.

M. Edmond Pottier décrit et commente les dessins contenus dans l'album de Louis-François Cassas récemment offert au Musée du Louvre par M. Alexandre de Laborde. — MM. Clermont-Ganneau et Paul Girard présentent quelques observations.

M. Cagnat, secrétaire perpétuel, donne lecture d'une lettre de M. Pierre Paris, correspondant de l'Académie, qui a pu reprendre ses fouilles à Bolonia (Espagne). Près des maisons de pêcheurs et du bâtiment destiné à la salaison du poisson, ont été découvertes plusieurs autres maisons et des vestiges architectoniques, dont plusieurs chapiteaux helléno-ibériques. Il convient de signaler

surtout deux figurines de bronze de style hellénistique qui paraissent représenter un danseur et une danseuse.

SÉANCE DU 12 AVRIL 1918

M. Samuel Chabert, professeur à l'Université de Grenoble, lit une note sur
l'origine de la formule latine : *Quos Juppiter vult perdere dementat prius.*
L'idée est fort ancienne. On la trouve exprimée tour à tour dans la Bible, chez
Homère, les tragiques grecs et divers auteurs latins. M. Chabert conclut que
la formule a pris corps seulement vers 1645, probablement à Cambridge, sous
l'influence de la Révolution. Racine en a certainement eu connaissance et s'en
est inspiré dans *Athalie*. — MM. Théodore Reinach et Bouché-Leclercq présentent quelques observations.

L'Académie par un vote, décide de ne pas déclarer la vacance de la place de
membre ordinaire qu'occupait M. Barth, décédé.

SÉANCE DU 19 AVRIL 1918

M. J. Zeiller fait une communication sur l'activité littéraire d'un évêque
arien des provinces danubiennes, Palladius de Rattiaria. — MM. Monceaux et
Bouché-Leclercq présentent quelques observations.

M. Clément Huart lit un travail sur les derviches d'Asie-Mineure ; il étudie
un document persan et montre, par des textes historiques, à quel degré de
ferveur mystique étaient montés les esprits en Asie-Mineure au cours des xiii*
et xiv* siècles, préparant ainsi un terrain favorable à la diffusion des idées
apportées de Perse par le fondateur de cette confrérie religieuse, le poète
Djélal-ed-dîn Roûmî. — MM. Maurice Croiset et Babelon présentent quelques
observations.

(*Revue critique.*)   Léon DORRZ.

NOUVELLES ARCHÉOLOGIQUES ET CORRESPONDANCE

G. DE CLOSMADEUC [1]

L'illustre vétéran de l'archéologie bretonne, le dernier témoin du renouveau si fécond de cette science vers le début du second Empire, est mort à Vannes, au mois de mai 1918, à l'âge de quatre-vingt dix ans. J. de Closmadeuc, né à La Roche-Bernard (Morbihan), le 12 novembre 1828, avait fait ses classes au collège de Vannes, puis au lycée de Rennes ; il se rendit ensuite à Paris, où il étudia la médecine. Reçu docteur, il vint se fixer en cette qualité à Vannes (1857) et, dès l'année suivante, entra à la Société polymathique, qu'il présida huit fois et dont il fut nommé président d'honneur en 1909. Closmadeuc partagea sa belle existence entre l'exercice de la médecine, l'archéologie et l'histoire. Passionné pour les fouilles, il coopéra en 1862 à la fructueuse exploration du Mont Saint-Michel et fut associé, plus ou moins étroitement, à tous les travaux archéologiques qui se poursuivirent depuis dans le Morbihan [2]. On trouvera plus loin une liste sommaire de ses travaux. dont les plus importants concernent les monuments mégalithiques leurs sculptures lapidaires, les céramiques et objets divers qu'on y a recueillis ; la plupart de ces articles ont paru dans le *Bulletin de la Société polymathique*, d'autres dans notre *Revue*, le *Bulletin de la Société d'anthropologie*, etc. Dans le *Manuel* de Déchelette, son nom ne revient pas moins de quinze fois. Honoré par l'Institut d'une première médaille (concours des antiquités de la France, 1865) [2], il était l'ami et le correspondant fidèle de tous les archéologues parisiens de sa génération, notamment d'Alexandre Bertrand, qui eut souvent profit à visiter avec lui les monuments qu'il connaissait si bien et surtout cet étonnant ilot de Gavr'inis dont il s'était rendu possesseur. L'histoire de la Bretagne, à l'époque de la Révolution, ne lui était pas moins familière que la préhistoire de cette région

---

1. Je dois mille remerciements à M. Léon Lallemant, conservateur du Musée de Vannes, qui m'a fourni des renseignements biographiques qui me manquaient.

2. Closmadeuc était correspondant de l'Académie de médecine, de la Société de chirurgie, du ministère de l'Instruction publique, de la Société des Antiquaires du nord, membre de la Société de l'histoire de la Révolution, président du Comité départemental des recherches sur la Révolution, président honoraire de la Société médicale du Morbihan, etc. Il avait été médecin des Ecoles normales du Morbihan, chirurgien en chef de l'hôpital de Vannes, médecin des douanes, etc. Trois médailles lui avaient été attribuées pour le dévouement dont il fit preuve pendant le choléra de 1849 et la guerre de 1870 ; il était chevalier de la Légion d'honneur — et méritait beaucoup mieux.

(*Quiberon*, 1795; *Emigrés et chouans*, Paris, 1899). Closmadeuc, comme Alexandre Bertrand, était un *bleu* ; il ne pensait pas que le respect et l'amour du passé impliquassent une indulgence aveugle pour ses erreurs. Ce médecin archéologue fut aussi, dans toute la force du terme, un philanthrope ; les services qu'il a rendus dans le pays de Vannes lui ont valu la gratitude de tous, éloquemment exprimée, le 10 mai 1918, par M. Henri, inspecteur d'Académie. « Je l'ai vu personnellement à l'œuvre, pendant près de quinze années, à l'École normale d'instituteurs. Il y était l'objet d'autant d'affection que de vénération, le praticien et l'homme de cœur égalant en lui le savant et l'écrivain. Il apportait la bonté aux malades et leur laissait la confiance. Il s'intéressait aux exercices physiques et aux jeux des élèves, au besoin de ses deniers... M. de Closmadeuc n'a pas seulement été dans l'École un praticien heureux et infatigablement dévoué; il y a été, en outre, une force morale. L'École a profité de sa vie si bien remplie et de la merveilleuse activité de sa pensée. Ce clair et libre esprit, qui avait reçu les leçons de Jules Simon comme de Claude Bernard, qui avait ensuite travaillé, en érudit consciencieux et patient, à la restitution du plus lointain passé comme à l'éclaircissement des faits historiques très proches, nous avait peu à peu donné, par ses entretiens, quelque chose de sa science et des hautes qualités de son âme, essentiellement généreuse et droite. Nous avions appris, à son contact, à aimer et à rechercher la vérité, à comprendre et à pratiquer le vrai libéralisme, à nous rendre compte que le travail organisé et continu assure tout ensemble la vraie joie et la fécondité de la vie. » On voudrait transcrire ici tout ce discours ; le bon docteur n'eût pas désiré de plus belle oraison funèbre que cet hommage ému à ses vertus d'homme et de praticien.

Le nom de Closmadeuc restera en honneur au Musée de Saint-Germain comme à la Société polymathique du Morbihan. Dans la salle qui contient le modèle du monument de Gavr'inis et les moulages de ses pierres mystérieuses, nous avons déjà marqué la place où doit figurer le portrait de Closmadeuc. [1]

S. Reinach.

PAUL LEPRIEUR

Brillant élève de Courajod à l'École du Louvre, Paul Leprieur, après y avoir soutenu une thèse remarquée, fut employé d'abord comme stagiaire au Cabinet des Estampes (1885-1891), puis comme attaché au Luxembourg (1892), enfin au Louvre dans le département de la sculpture moderne (1898). Quelques

---

1. Principales publications archéologiques : *Tombeau celtique découvert au Mont Saint-Michel de Carnac*, 1862 ; *Bronzes gaulois de Questembert*, 1863 ; *L'Ile de Gavr'inis et son monument*, 1864 (1876, 1886); *Tombeau découvert au Madé-Beker-Noz*, 1865 ; *La céramique des dolmens dans le Morbihan*, 1865 ; *Sculptures lapidaires et signes gravés des dolmens du Morbihan*, 1873; *Les celtae des dolmens armoricains*, 1873; *Le cromlech d'Er-Lanic et le golfe du Morbihan à l'époque celtique*, 1882 ; *Le dolmen dit des Marchands*, 1892; *Le dolmen dit des Pierres Plates*, 1893; *Coffres de pierre à Quiberon*, 1893; *Vase en bronze contenant 1.500 médailles*, 1893.

articles sur l'histoire de la peinture mirent en évidence le rare sentiment qu'il avait de la qualité des œuvres et de la personnalité de leurs auteurs. Lorsque M. Lafenestre, nommé professeur au Collège de France, quitta le Louvre, M. Homolle, alors directeur des Musées Nationaux, obtint qu'il fût remplacé par M. Leprieur (1905). Ce choix était heureux. Le nouveau conservateur du département de la peinture l'a justifié par des acquisitions opportunes et surtout par un dévouement professionnel poussé aux dernières limites, en présence de difficultés qu'on aurait pu souvent épargner à son tempéramment délicat, à ses nerfs tendus (M. André Michel en a dit davantage dans les *Débats* du 18 mai). Depuis août 1914, le fardeau de ses responsabilités devint écrasant ; lors du transfert des richesses du Louvre en province, il ne cessa d'être sur la brèche et d'y être presque seul. Les derniers déplacements d'œuvres d'art (avril-mai 1918) achevèrent d'ébranler sa santé, qu'une chute survenue dans un escalier vint compromettre très gravement. Il est mort, après quelques jours de maladie, le 17 mai 1918, à l'âge de cinquante huit ans.

« D'un talent qui n'allait jamais jusqu'au livre, mais qui avait partout des pages. » Ces mots de Sainte-Beuve sont vrais de Leprieur, comme de beaucoup d'autres. Une de ses élèves dévouées, Mlle Clotilde Misme, a bien voulu dresser pour notre Revue la bibliographie de cet écrivain plein de tact et de savoir, dont l'œuvre éparse, aussi originale par le fonds que par la forme, mériterait d'être réunie un jour.

S. R.

BIBLIOGRAPHIE DE PAUL LEPRIEUR

1887

L'exposition des gravures du siècle, dans la Galerie Georges Petit, dans *l'Artiste*, II, pp. 399-408.

1888

L'exposition des trente-trois, dans *l'Artiste*, I, pp. 81-93. — *Le Salon de* 1888. *La Peinture*, dans *l'Artiste*, I, pp. 401-421, II, pp. 1-29.

Les Envois de Rome, dans *l'Artiste*, II, pp. 357-360.

1889

Gustave Moreau, dans *l'Artiste*, I, pp. 161-180 ; pp. 338-359 ; pp. 443-455.

Les envois de Rome, dans *l'Artiste*, II, pp. 344-349.

Remarques sur un tableau de l'Ecole de Cologne de la Vente Tollin, dans la *Chron. des Arts*, pp. 299-300.

Les répliques de l'Adoration des Mages d'Utrecht, dans la *Chron. d. A.*, pp. 315-317.

1890

L' « Adoration des Mages » de Mabuse à Castle-Howard et sa copie au Musée de Nuremberg, dans la *Chron. d. A.*, pp. 117-119.

1891

Le Portrait en France aux XIIIe, XIVe, XVe *siècles*, dans *l'Artiste*, I, pp. 14-33 *Henri Chapu*, dans *l'Artiste*, I, pp. 347-351.

1892

L'exposition des peintres-graveurs, dans *l'Artiste*, I, pp. 298-308.

Artistes contemporains : Burne-Jones, décorateur et ornemaniste, dans la *Gaz. B. A.*, II, pp. 381-399.

1893

L'art à l'étranger en 1892-1893, dans la *Rev. Encycl.* (*L'encyclopédie*), pp. 436-446.

Correspondance d'Angleterre, dans la *Gaz. B. A.*, II, pp. 77-88.

La Légende de Persée, peinture par M. Burne-Jones, dans la *Gaz. B. A.*, II, pp. 462-477.

1894

Charles Jacque, dans la *Gaz. B. A.*, II, pp. 468-474.

Le prétendu Memling au Musée de Bruxelles et les Jardins du Paradis, dans la *Chron. d. A.*, pp. 320-321.

1895

Le tableau de la vente Baudot au musée de Cologne, dans la *Chron. d. A.*, p. 5, pp. 13-14.

L'Art à l'étranger en 1893-1894 ; Angleterre, dans la *Rev. Encycl.* (*l'Encyclopédie*), pp. 105-110.

L'Art à l'étranger en 1893-1894 ; Allemagne, dans la *Rev. Encycl.* (*l'Encyclopédie*), pp. 165-170.

1896

Le centenaire de la lithographie, dans la *Gaz. B. A.*, I, pp. 45-57, pp. 147-162.

L'Art à l'étranger en 1895-1896 ; Angleterre, dans la *Rev. Encycl.*, pp. 702-706.

1897

L'Art en Allemagne, 1895-1896, dans la *Rev. Encycl.*, pp. 21-25.

L'Art en Allemagne, 1897, dans la *Rev. Encycl.*, pp. 1069-1074.

Jean Fouquet, dans la *Rev. de l'A. A. et M.*, I pp. 25-41 ; II, pp. 15-30 ; pp. 147-160 ; pp. 347-359.

1901

La Sculpture en Champagne, in-8°, 10 p. Angers-Paris, (extrait de la *Rev. arch.*, 1901, I, p. 72).

1903

Le don Albert Bossy au Musée du Louvre, dans *Mon. et Mém.* (*Fond. Piot*), X, pp. 217-262.

1904

La collection Albert Bossy (*Musée du Louvre*), dans *Les Arts*, pp. 13-26.

1905

La peinture en Occident du v° au x° siècle en dehors de l'Italie, dans *l'Histoire de l'Art...* publiée sous la direction de M. André Michel. T. I, 1ʳᵉ part. Paris, in-8°. Chap. IV, pp. 304-378.

1906

Portrait de Master Hare par sir J. Reynolds, Musée du Louvre, dans *Mus. et Mon. de Fr.*, pp. 1-4.

Le portrait de Mme de Calonne, par Ricard, Musée du Louvre, dans *Mus. et Mon. de Fr.*, pp. 33-36.

La Vénus au Miroir de Vélasquez (*National Gallery*), dans la *Gaz. B. A.*, I, pp. 452-468.

1907

Les récentes acquisitions du département des peintures du Musée du Louvre (1906), dans la *Gaz B. A.*, I, pp. 5-24.

1908

Le « Beffroi de Douai » par Corot, acquisition récente du Musée du Louvre, dans le *Bull. des Mus. Fr.*, pp. 2-4.

Portrait de vieille femme par Hans Memling, Musée du Louvre, dans le *Bull. des Mus. de Fr.*, pp. 81-82.

1909

Catalogue raisonné de la collection Martin Le Roy. Fasc. V, Peintures, par P. Leprieur et A. Pérat, grand in-4°, Paris, 189 p.

Les récentes acquisitions du département des peintures au Musée du Louvre, dans la *Gaz. B. A.*, I, pp. 65-84 ; pp. 135-156 ; pp. 245-268.

Le Portrait du Capitaine Robert Hay of Spot par Raeburn, dans la *Rev. de l'A. A. et M.*, pp. 19-22.

Une récente acquisition du Musée du Louvre : Portrait de vieille femme par Memling, dans la *Rev. de l'A. A. et M.*, pp. 241-250.

Un portrait d'enfant de l'Ecole française du xv° siècle. Don de la Société des Amis du Louvre, dans le *Bull. des M. de Fr.*, pp. 81-82.

1910

Musée National du Louvre. Catalogue de la collection Chauchard. **Paris,** 1910, petit in-8°, 67 p., 1 pl. (sans nom d'auteur).

Un portrait de jeune femme par David, acquisition du Musée du Louvre, dans le *Bull. des M. de Fr.*, pp. 22-23.

Dessins nouvellement acquis par le Musée du Louvre, dans le *Bull. des M. de Fr.*, pp. 50-54.

De quelques dessins nouveaux du Musée du Louvre, dans la *Rev. de l'A. A. et M.*, I, pp. 161-175.

L'Enseigne de Gersaint, dans le *Journal des Débats*, 24 avril.

1911

Un portrait d'enfant du xv° siècle, dans la *Gaz. B. A.*, I, pp. 204-208.

L'inspiration du poète par Nicolas Poussin, au Musée du Louvre, dans la *Rev. de l'A. A. et M.*, pp. 161-178.

Le « Saint-Sébastien » d'Aigueperse, acquisition nouvelle du Musée du Louvre, dans les *Musées de Fr.*, pp. 81-82.

1912

Trois dessins de maîtres, donnés par M. Léon Bonnat au Musée du Louvre, dans les *Mus. de Fr.*, pp. 25-26.

Peintures et dessins de la collection Dollfus, dans les *Mus. de Fr.*, pp. 59-61.

1913

Peintures et dessins de la collection H. Rouart, entrés au Musée du Louvre, dans les *Mus. de Fr.*, pp. 17-20.

Le don de M. Walter Gay au Musée du Louvre, dans les *Mus. de Fr.*, pp. 34-36.

Le « Couronnement d'Alexandre » et la prétendue signature de Jean Fouquet, dans la *Chron. des A.*, pp. 213-214.

Un triptyque de Roger de la Pasture au Musée du Louvre, dans la *Gaz. B. A.,*
II, pp. 257-280.

Millet. Paris, sans d. in-16, notices par Julien Cain, précédées d'une étude
historique et critique par Paul Leprieur.

1914

La Vierge du diptyque de Melun, dans la *Gaz. B. A.,* I, pp. 30-31.

1917

Collection Arconati-Visconti. Paris, in-8?, Ire Part. *Peintures et dessins,* pp.
7-35.

Clotilde MISME.

PAUL MILLIET

Un peintre épris de perfection et entièrement subjugué par la beauté des
maîtres anciens, un esprit fougueux et libéral, attaché dans l'ordre social aux
réformes les plus hardies ou même révolutionnaires, telle fut l'originalité de la
carrière de Paul Milliet. Son caractère toujours droit, profondément honnête et
loyal, fit l'unité de cette vie tourmentée. La contradiction d'ailleurs n'était
qu'apparente. Si Milliet fut en peinture un traditionnaliste convaincu, ennemi
de Manet et de Courbet, c'est qu'il trouvait dans le passé la réalisation de son
idéal artistique ; s'il a manifesté, en politique, des opinions très avancées, c'est
au contraire qu'il plaçait dans l'avenir tous les espoirs de son idéal social. Il
fut toujours et jusqu'au bout conduit dans ses actes par une conviction sincère,
animée d'une sorte de mysticisme ardent.

Paul Milliet, né le 6 mars 1844, décédé le 8 janvier 1918, a fourni les détails
les plus précis sur sa famille et sur lui-même en publiant deux volumes qui
comptent parmi les lectures les plus attachantes qu'il m'ait été donné de faire :
Une Famille de Républicains fouriéristes, les *Milliet* (Giard et Brière, 1915).
Le même récit avait paru dans les *Cahiers de la Quinzaine* de Péguy (1910-1911).
Je le recommande à tous les historiens de l'époque contemporaine ; il y a sur
la campagne du Mexique, à laquelle prirent part l'oncle et le frère de Milliet,
une correspondance remplie de documents précieux. Le chapitre sur la Commune de Paris en 1871 contient aussi des pages d'autant plus saisissantes que,
contrairement aux récits officiels qui sont les plus répandus, elles font voir l'action de l'autre côté de la barricade.

Le père de Milliet, très ardent républicain, avait été exilé en 1852 pour raisons politiques et s'était réfugié à Genève, où son fils fit son éducation et
contracta des amitiés durables, en particulier avec l'excellent helléniste Jules
Nicole qu'il eut toute sa vie pour confident et conseiller. Exilé lui-même en 1871,
Milliet vécut plusieurs années à Rome où il fraya avec les meilleurs de nos
artistes. De 1873 à 1877 il y composa un grand carton de tapisserie, *Paphos*
ou la Danse de l'Hyménée, qui appartient au Musée des Arts Décoratifs. En
1877, il obtint au concours une importante commande de la ville de Genève:
une décoration de plafond pour le foyer du Grand Théâtre. C'est son œuvre
capitale, d'une belle tenue classique; elle fut mise en place en 1879.

Ce qui rattache ce peintre et ce militant politique à nos études, ce sont ses travaux scientifiques et ses dons généreux à nos établissements. De retour à Paris après l'amnistie, Milliet se consacra tout entier à l'art et à l'archéologie. A partir de 1884, il se met modestement et courageusement à l'école ; il suit comme élève les cours du Louvre et passe une thèse sur les *Premières Périodes de la Céramique grécque* (Giraudon, 1891). Il fut aussi l'auditeur de Courajod et je me souviens que le classicisme intransigeant de ce révolutionnaire eut beaucoup de peine à s'accommoder des théories du maître sur « le virus italien et la néfaste influence latine » ; il fallut s'interposer pour éviter un esclandre.

En 1889, il entreprenait une grande et utile tâche qui était de faire connaître par des albums de planches photographiques les *Vases de la Bibliothèque nationale* (Giraudon, 1889-1890), admirable ensemble que l'on pouvait considérer alors comme à peu près inédit et qui a été depuis catalogué par M. de Ridder.

En 1892, il publiait le *Catalogue des Vases antiques des Collections de la Ville de Genève*; il contribua beaucoup à enrichir la collection des moulages de cette ville à laquelle il voulait payer sa dette d'affectueuse reconnaissance.

En 1905, il fit don à l'Association des Etudes Grecques d'une somme assez importante pour publier, avec traduction, tous les textes antiques relatifs à l'histoire de l'art, c'est-à-dire pour remplacer l'édition des *Schriftquellen* d'Overbeck, ouvrage devenu insuffisant et incomplet. Par la suite, il augmenta sa subvention, afin de hâter le travail qui est considérable et qui n'est pas encore terminé. Enfin, par son testament, il a légué au Musée du Louvre à peu près toute sa fortune et, dans une clause très sage et très intelligente, qu'on ne saurait trop recommander à tous ceux qui veulent du bien à nos collections, il exprime le désir « que les revenus ne soient pas exclusivement affectés à des acquisitions d'œuvres d'art, mais qu'à l'occasion et suivant les besoins, ils puissent être employés à l'aménagement des collections et au développement de l'Ecole du Louvre ».

Paul Milliet comptera donc parmi les bienfaiteurs du Louvre et de notre Association des Études Grecques, qui lui doivent une sincère et profonde reconnaissance. Ses amis y ajouteront un souvenir plus durable encore et tout affectueux, en songeant à ce que fut la vie si courageuse et toujours désintéressée de ce fervent ami du bien et du beau.

E. POTTIER.

LE PROFESSEUR POZZI

Né en 1846, Samuel Pozzi a été assassiné par un fou le 13 juin 1918. Sa brillante carrière de chirurgien ne peut nous occuper ici ; mais il y a lieu de rappeler que Pozzi, vice-président de la Société française des fouilles archéologiques, était, depuis une vingtaine d'années, au premier rang des collectionneurs d'antiquités à Paris. Il avait réuni notamment une admirable série de monnaies grecques, parmi lesquelles nombre d'exemplaires uniques ou d'une irréprochable conservation. Il acheta aussi des bronzes et des terres cuites, quelques-unes de la série dite « d'Asie Mineure », mais beaucoup d'autres d'une parfaite authenticité. Pozzi acquit des « groupes d'Asie Mineure » alors que la baisse avait déjà commencé sur ces produits d'une fabrique encore mystérieuse. « Au prix où on les donne maintenant, disait-il, ces jolies choses sont vraiment pour rien. »

Fils d'un pasteur qui a laissé un bon ouvrage de préhistorique « concordiste », Pozzi était un homme très cultivé et très curieux des choses de l'esprit. Sa conversation était aussi brillante que sa technique opératoire. Il est déplorable qu'une vie aussi précieuse ait pu être tranchée par un déséquilibré auquel l'absence d'une législation tutélaire permit d'acheter un *browning* comme un canif, sans aucun contrôle de l'usage qu'il en prétendait faire et de son état d'esprit.

S. R.

PAUL SÉBILLOT

Après M. Cosquin, dont l'érudition et la critique sont hors de pair, Paul Sébillot était chez nous le maître des études de folklore, maître très aimable, très accueillant, écrivant d'un style simple et plein de charme. On n'ouvre jamais sans fruit la *Revue des traditions populaires*, qu'il a dirigée pendant de longues années, ni son grand ouvrage, rempli de documents bien classés, sur le folklore de France (1904 et suiv.). Beau-frère de M. Yves Guyot, Sébillot avait joué un rôle politique parmi les meilleurs des républicains modérés. Il est mort au mois d'avril 1918, estimé de tous, à l'âge de soixante-quinze ans [1].

S. R.

ANTONIO SALINAS et ISIDORO FALCHI

Je trouve, dans le *Bulletino di Paletnologia italiana* (1914, p. 92 sq.), des notices obituaires sur ces deux savants, dont il faut dire au moins quelques mots ici ; ils sont morts l'un et l'autre au cours du premier semestre de 1914.

Antonio Salinas, né à Palerme en 1841, professa à l'Université de cette ville ; depuis 1891, il était conservateur du Musée. On a de lui de nombreuses publications archéologiques, pour la plupart relatives à la Sicile ancienne et à ses monnaies (*Monete antiche di Sicilia*, 1870 et suiv. [2]).

Isidoro Falchi, né à Montopoli in Valdarno en 1838, attacha son nom aux fouilles mémorables de Vetulonia (*Vetulonia e la sua necropoli antichissima*, Florence, 1891). Il écrivit une foule d'articles sur ces fouilles et soutint à leur sujet des polémiques, en particulier contre le père jésuite De Cara (1893).

S. R.

---

1. *Coutumes des provinces de France*, 1884 ; *Coutumes populaires de la Haute-Bretagne*, 1886 ; *Travaux publics et mines*; *dans les traditions et les superstitions*, 1894 ; *Légendes et curiosités des métiers*, 1895 ; *Petite légende dorée de la Haute-Bretagne*, 1897 ; *Légendes locales de la Haute-Bretagne*, 1899 ; *Folklore de France*, 4 vol. 1904 et suiv. ; *la Bretagne pittoresque et légendaire*, 1911, etc.

2. Voir l'article *Salinas* de M. E. Babelon dans la *Grande Encyclopédie*.

Une statue de la Victoire découverte à Rome.

Les fouilles de M. Boni sur le Palatin ont rendu à la lumière, en février 1918, un fragment bien conservé, haut de 0^m,85, d'une Niké de style grec (il n'y a pas trace d'ailes). Le type rappelle celui des Néréides de Xanthos ; mais le style est plus voisin de celui du Parthénon, notamment de la figure dite *Iris*. La draperie est massée et aplatie en arrière, comme dans une statue appartenant à un fronton ; c'est d'ailleurs dans les débris d'un petit temple que ce marbre a été découvert, en face du palais de Domitien [1].

X.

Au Mont Athos.

Une mission scientifique française, à la tête de laquelle est M. Gabriel Millet, a étudié en grand détail, au mois de juin 1918, les trésors du Mont Athos, recevant partout le meilleur accueil, et voyant s'ouvrir des réduits autrefois jalousement gardés. De très nombreuses photographies sont déjà prises et on a tout lieu de croire que cette expédition chalcidique marquera une date dans l'histoire des études d'archéologie byzantine.

X

Le blessé défaillant de Bavai.(?)

La *Revue des Revues* (oct. 1917, p. 156) donne l'analyse d'un article de M. Bruno Sauer publié dans les *Neue Jahrhücher* de 1914 (p. 237). Elle est ainsi conçue :

« Etude d'un bronze du Musée de Saint-Germain. C'est une très belle pièce mais ce n'est pas, comme le voulait Reinach, une copie réduite du blessé de Crésilas. L'attitude du guerrier de Bavai ne correspond pas au *deficiens* de Pline, *Hist. Nat.*, 34, 74. Tout porte à croire au contraire qu'on a affaire à une falsification moderne, dont l'origine serait à rechercher dans une conférence faite par Furtwaengler en 1891.

« Le faussaire, ou son inspirateur, aurait refait du Crésilas, sur les données de l'Amazone du Capitole et de l'Athéna de Vellétri. On doit, pour ce travail, supposer la collaboration d'un archéologue et d'un artiste. »

Quelqu'un qui a lu l'article original me dit que la pensée de M. B. Sauer est assez claire : l'archéologue, c'est moi.

Laissons cela. Je n'ai jamais dit que le texte de Pline — traduction abrégée d'une épigramme grecque — s'appliquât expressément à ce qui reste du bronze dit de Bavai quand on en a éliminé les additions gallo-romaines ; j'ai dit et je répète que l'analogie du style avec des copies d'œuvres de Crésilas — Amazone et Athéna de Velletri — est absolument incontestable, qu'il s'agit bien, comme dans l'original de Crésilas décrit par Pline, d'un blessé défaillant et que, par suite, vu la concordance du style et du sujet, on ne peut faire appel à Sa

---

1. Eug. Strong et O. L. Richmond, *The Times, Literary Supplement*, 14 mars 1918.

Majesté le Hasard pour me refuser le plaisir d'une découverte et à Saint-Germain la possession d'un chef-d'œuvre. Quant à l'hypothèse d'un faux moderne, postérieur à 1891, c'est une bêtise [1].

S. R.

L'Espagne quaternaire.

D'après un ouvrage de l'abbé Hugo Obermaier, *El Hombre Fosil* (Madrid,. 1916, 397 p. avec 19 pl. et 122 fig.), M. Lantier a commencé, dans le *Journal des savants* (mars-avril 1918, p. 93 et suiv.), la publication d'une étude d'ensemble sur la civilisation quaternaire dans la péninsule ibérique. Je signale cet exposé à nos lecteurs ; la préhistoire de l'Espagne est, en somme, une science récente, qui s'accroît très vite et pour laquelle il est fort utile de posséder des résumés autorisés et bien au courant.

S. R.

La ferrure des chevaux.

Rendant compte dans la *Revue critique* (15 juin 1918) de l'ouvrage du marquis de Cerralbo, *Las necropolis iberiscas* (1915), M. Lantier écrit que M. Morenas de Tejada, à la nécropole de La *Requijada de Gormas*, « a eu la bonne fortune de pouvoir explorer une tombe appartenant à la seconde période hallstattienne, qui amena la découverte d'un fer à cheval parmi le mobilier funéraire ». On sait que M. de Cerralbo en avait recueilli neuf sur l'emplacement (mais non dans les tombes) de la nécropole hallstattienne d'*Aguilar de Anguita*. « La présence de ces objets, dit M. Lantier (p. 223) n'est pas pour étonner en ces régions d'élevage et de forgerons habiles où l'extrême dureté du sol rendait nécessaire d'assurer une protection efficace du sabot. » Au cours du même article, le critique s'élève avec raison contre les extravagances de la mythologie solaire, revenue à la mode ; on ne peut que le féliciter de n'en avoir pas été victime à son tour.

S. R.

Le cheval à Carthage.

On sait combien est fréquente, sur les monnaies de Carthage, la représentation du cheval (L. Müller, *Numism. de l'Afrique*, t. II, p. 74 et suiv.); mais pourquoi est-elle si rare sur les stèles? M. Vassel (*Revue tunisienne*, 1918) n'en connaît que deux exemples (CIS., I, pl. 33 et 43), auxquels s'ajoute une stèle anépigraphe où figure, marchant à gauche, un quadrupède qui pourrait être un zèbre, vu « les mèches qui hérissent bizarrement tout le corps. » (croquis dans E. Vassel, *Etudes puniques*, VIII, p. 10, fig. 6). On s'est demandé si le cheval des monnaies carthaginoisés symbolise la Libye ou Poseidon, s'il est un emprunt fait aux monnaies de Sicile, s'il rappelle la légende tardive de la découverte d'une tête de cheval à Carthage. La seconde hypothèse me

---

1. M. E. Babelon avait songé à un faux du premier Empire, mais M. B. Sauer n'a pu le suivre dans cette voie périlleuse, car l'œuvre de Crésilas, reconstituée par Furtwaengler, était encore tout à fait inconnue.

semble la plus acceptable. Quant à l'absence de cheval sur les stèles dédiées à Tanit et à Baal-Hammon, elle doit tenir à une cause religieuse ; le cheval était sans doute exclu du rituel des sacrifices offerts à ces divinités.

S. R.

Terra sigillata

Entre autres articles intéressants, le tome LI des *Proceedings of the Society of Antiquaries of Scotland* (Edimbourg, 1917, p. 130-176) contient un important mémoire de M. James Curle sur les vases à reliefs des deux premiers siècles (carte de la répartition des ateliers en Gaule, p. 131 ; spécimens d'Arezzo, p. 132-139 ; bols de la Gaule méridionale, p. 143 et suiv.). « A mesure que l'industrie se porta vers le nord, elle devint plus imitative, plus « compétitive », plus commerciale. Les reliefs perdirent leur vigueur, les bols devinrent grossiers, la couverte médiocre. La clientèle des céramistes avait changé depuis l'époque d'Auguste. Les légionnaires qui nous ont laissé des coupes d'Arezzo dans le fort de Haltern étaient des hommes levés en Italie ou en Narbonnaise. Mais, à partir du second siècle, les légionnaires levés en Italie furent de plus en plus rares. Sous Antonin le Pieux, c'était l'élément provincial qui dominait dans les légions — de plus en plus, les enfants des soldats eux-mêmes. Les auxiliaires en garnison dans les forts du *Limes* ajoutèrent des éléments nouveaux à cette population mêlée où les potiers de Rheinzabern et de Trèves trouvaient un marché. A la fin du deuxième siècle, les conditions sur la frontière étaient de celles qui ne pouvaient insuffler une nouvelle vie à l'industrie usée des vases à reliefs. Les bols décorés avaient fait leur temps et furent finalement remplacés dans l'estime publique par la fabrication grandissante des vases de verre, que produisaient en nombre énorme, avec toutes les variétés de couleurs, les ateliers de Trèves et de Cologne. »

S. R.

Les potiers d'Avocourt.

La guerre a montré aux archéologues un double visage, parfois dément, mais souvent cruel. Elle en a couché brutalement un grand nombre dans la tombe. Les nécrologes si longs de nos écoles et de nos sociétés savantes en portent le douloureux témoignage. Je pense surtout à l'admirable Déchelette dont le deuil pèsera longtemps sur la science française.

Par ailleurs, la grande tourmente, fatale aux monuments, aura donné à quelques fouilleurs une aide imprévue. En Orient, la main-d'œuvre militaire permet de mener à bien certaines recherches dont l'Académie des Inscriptions suit et apprécie les résultats. Sur notre front, les découvertes sont moins riches. Cependant les lecteurs du *Bulletin des Armées*, plus nombreux que ne le pensent les auteurs de sa suppression, se souviennent des consultations données par M. Babelon aux soldats qui, en décapant une tranchée, avaient trouvé un dépôt monétaire. On nous a aussi raconté que, dans une localité voisine des marais de Saint-Gond, une grotte funéraire a livré ses secrets aux archéologues locaux grâce à un obus allemand qui en défonça la voûte.

Ceux qui ont combattu sur la rive gauche de la Meuse connaissent le petit village de Lavoye, étendu dans la triste vallée de l'Aire. Les troupes descendant de la cote 304 y ont vécu le repos médiocre d'un cantonnement peu confortable. — A l'extrémité du village, voici le logis du médecin rural, le Dr Meunier, qui partage son temps entre le soin des malades et l'étude de la céramique gallo-romaine. Cet homme de bien, qui est aussi un patriote cruellement éprouvé, a transformé une salle de sa modeste demeure en un précieux musée. Des chefs glorieux l'ont habité. Bazelaire et Maud'huy vivaient chez le Dr Meunier qui, entre deux batailles, leur racontait, avec la flamme d'un amoureux, le passé de son Argonne.

Le territoire de Lavoye, situé au pied des bois, était, à partir du règne de Domitien, le siège d'une cohorte de la 21e légion, qui possédait d'excellents ouvriers de métiers. Le sous-sol contenait l'argile et le sable propres à la confection de la poterie, les forêts étaient proches, ainsi que les gisements de *gaize* ou pierre morte, sorte de grès vert très réfractaire dont le surchauffage vitrifie la surface sans en désagréger la masse.

Les ateliers qui furent créés, et dont le temps de grande prospérité s'étend du Ier au IIIe siècle, ont fourni au Dr Meunier un vaste champ de travaux. Les vases qu'il a découverts portent sur leur fine pâte rouge orange une ornementation exquise, où l'on peut identifier plus de 500 poinçons décoratifs différents.

Toute la France a passé en 1916-1917 sur la route de Clermont à Fleury-sur-Aire. Nombreux sont ceux qui ont remarqué la silhouette du vieillard penché sur le sol qu'il fouillait avec la lame d'un couteau pour ne pas détériorer les vases délicats entourés de leur gangue argileuse. Parfois les médecins et les infirmiers des ambulances de Froidos venaient aider ses minutieuses recherches, dans l'espoir souvent satisfait d'exhumer une marque de potier non encore cataloguée.

Le Dr Meunier entretenait souvent ses disciples d'occasion des destructions que les récents bombardements avaient fait subir aux établissements céramiques de la forêt de Hesse et surtout à ceux d'Avocourt.

Avocourt, pauvre village mort, dont les pierres achèvent de fondre dans les marécages de la Buanthe! Nos premières lignes serpentent autour des ruines, alors que celle de l'ennemi suivent les lisières des bois de Cheppy et de Montfaucon. Dominé à l'est par Vauquois, séparé de la cote 304 par le plateau tragide de Favry, Avocourt fut le théâtre de sauvages combats et les ravins qui l'environnent ne sont plus qu'un chaos d'entonnoirs, retourné et brûlé tous les jours par de nouvelles rafales.

Dans le blason populaire meusien, les habitants d'Avocourt portaient le surnom de « popots ». On les voyait aux marchés d'alentour vendre terrines, jattes, écuelles, cruches d'argile brute ou teintée de jaune vert ou brun par un grossier émail au plomb.

C'étaient les descendants dégénérés des céramistes gallo-romains dont la production raffinée atteste qu'Avocourt fut un centre riche et pacifique. La cité industrielle s'étendait dans l'actuel *no man's land*, entre les lignes, vers le ravin de la Noire-Fontaine et près du pont des Quatre-Enfants. On y découvrait jadis des vases élégants, de technique savante, dont les artisans avaient subi l'influence des maîtres d'Arezzo, d'Auvergne et du Rouergue.

Toutes ces pièces fragiles sont pulvérisées dans le sol qui les protégeait depuis quinze siècles.

La guerre semble rendre plus rapide la fuite des âges. Elle jette pêle-mêle dans le plus lointain passé Serenus, le meilleur potier d'Avocourt, avec les cloches d'argent que les bûcherons entendaient sonner dans les puits de la forêt de Hesse, — l'histoire avec la légende.

Les chercheurs d'emblèmes spirituels se tournent vers la seule image qui demeure debout dans Avocourt. Le Christ de fer forgé, scellé sur la margelle de la fontaine, se dresse au milieu des décombres sordides, parmi les tranchées, dans les réseaux barbelés, à portée du fusil de l'Allemand. Vers l'Allemand ses bras décharnés s'étendent et son regard s'arrête sur le *Champ du Potier*.

(*Débats*, 4 mars 1918).					[Claude Cochin.

Les prétendus « tendeurs d'arc ».

Une fois de plus, ce sujet obscur a été traité tout au long, avec une connaissance très exacte de la bibliographie (*Amer. journal of archæology*, 1918, p. 25-43). M. Walton Brooks Mc Daniel n'offre pas de conclusions positives et qualifie ces petits bronzes de « diaboliques », à cause des tourments qu'ils nfligent aux archéologues. L'hypothèse qu'il s'agirait d'une amulette pour préserver les chevaux[1] ne paraît pas meilleure que les autres et n'est qu'un nouvel exemple de l'application du principe trop commode : *Omne ignotum pro amuleto.*

					S. R.

L'iconographie du baptème de Jésus.

A la Société des Antiquaires de Londres (23 nov. 1916), Sir Martin Conway a lu un important mémoire sur l'iconographie du baptême. Le plus ancien exemple connu est une peinture murale (début du IIe siècle) de la catacombe de Calixte, où Jésus et Saint-Jean sont l'un et l'autre figurés comme des jeunes gens. Dans deux autres peintures de la même catacombe, Jésus est représenté comme un enfant. Du IVe au VIe siècle, en Orient, Jésus baptisé est *toujours* figuré ainsi, preuve que la chronologie de saint Luc, qui attribue l'âge de trente ans à Jésus lors de son baptême, n'était pas généralement admise. On trouve la même particularité sur un sarcophage d'Arles, ville dont les relations avec l'Orient sont bien établies (Sir Martin oublie quelques monuments sur

(1) L'auteur cite à ce sujet le vers de Philodème :

Τόν τε περὶ στέρνοις κόσμον ὀδοντοφόρον

Mais les « tendeurs » ne peuvent vraiment être assimilés à des ornements dentelés. Il faudra trouver autre chose,

lesquels Cecil Torr, dont il n'a pas cité le mémoire, a appelé l'attention (*Rev. arch.*, 1902, I, p. 14)[1]. On la trouve aussi sur des ampoules fabriquées en Palestine même, vendues aux pélerins à la porte d'une église du Baptème ; c'est donc que les autorités ecclésiastiques ne s'opposaient pas à une représentation qui n'est pas d'accord avec la chronologie évangélique. Le premier exemple de Jésus barbu dans le Jourdain, qui est resté le type orthodoxe, paraît en 586 dans la Bible syrienne de Rabula, puis dans la catacombe romaine de Ponziano, à Baouit en Égypte, etc. Après le vi[e] siècle, il n'y a plus d'exemple certain du baptême de Jésus-enfant.

S. R.

L'épilogue du vol de la « Joconde »

Le tribunal vient de rendre son jugement dans l'instance introduite par M. Géry, antiquaire à Florence, contre le gouvernement français. M. Géry, s'appuyant sur l'article 718 du Code civil italien, demandait 10 0/0 de la valeur du tableau, valeur à établir par expertise, et en attendant un jugement définitif, une provision de 100.000 francs.

Le tribunal écarte l'application de l'article 718 du Code italien par un jugement dont ces attendus sont à extraire :

« S'agissant de l'application d'une loi étrangère, c'est à la partie qui l'invoque « d'apporter au tribunal des éléments lui permettant d'en faire l'interprétation « certaine, que notamment il demeure douteux qu'en Italie l'article 718 donne « ouverture au droit à la récompense au profit de celui qui reçoit des mains de « l'auteur même du vol l'objet volé, surtout lorsque le légitime propriétaire « continue ses recherches et que l'objet a été non pas trouvé au sens précis du « mot, mais offert spontanément par le voleur au prétendu inventeur, et qui en « connaissait l'origine frauduleuse. »

Le tribunal ajoute « que l'article 718 a le caractère d'une loi de police et de sûreté dont la sphère d'application ne s'étend pas au delà des limites du territoire ».

En conséquence, M. Géry est débouté et condamné aux frais.

(*Temps*, 27 juin 1918).

Capefigue et la Joconde

Dans le *Bulletin des Musées* (1909, p. 17-22), j'ai réuni un florilège de sottises plus ou moins sentimentales qui ont été imprimées au sujet de la Joconde de Léonard. Le pis m'avait échappé ; je trouve ce comble « d'ignorance et d'erreur » dans un ouvrage d'un historien qui eut son heure de célébrité, Capefigue : *Les Reines de la main gauche. Diane de Poitiers* (Paris, Amyot, 1860, p. 47). Je croyais que Capefigue n'était qu'un compilateur superficiel ; ayant lu ce volume, et bien décidé à n'en point lire d'autres du même, je vois qu'il fut un prétentieux imbécile, ne sachant ni le français, ni l'histoire,

---

1. Voir aussi le *Catalogue illustré du Musée de Saint-Germain*, t. I, p. 78, et *Cultes, Mythes*, t. III, p. 22.

ni la typographie, ni rien de ce que doit savoir un homme qui se mêle d'écrire.
Oyez plutôt : [1]

« Léonard de Vinci s'occupa, comme ingénieur, à tracer le canal de Romo-
rentin, à jeter ses idées sur les embellissements des demeures royales. C'est
durant un de ses voyages à Paris, que Léonard composa le portrait un peu mystérieux, de la Joconde (Lisa del Giocondo), chef d'œuvre tracé par l'ordre de
François Ier... C'est ainsi qu'il parvint à la perfection ravissante du portrait, à ce
regard d'une joyeuse enfant qui se reflète dans le regard de la *Lisa del Giocondo*...
Il ne serait pas étonnant que *Lisa del Giocondo* ne fût que l'idéalisme de la belle
Ferronnière... Je crois que la belle Ferronnière, comme semble d'ailleurs l'indiquer son nom *Ferronari*, *Ferrieri*, était une de ces belles milanaises ou
génoises éprises du roi de France ou de ses chevaliers, après la victoire de
Marignan, et qui le suivirent à Paris, doux trophée d'un retour glorieux. Quand
il s'agit de peindre Lisa, le Roi s'adressa directement à Léonard, et comme la
Joconde, fille rieuse, aurait pu s'ennuyer, comme un moment de fatigue sur ce
beau front aurait pu le ternir, Léonard, plaçant la Joconde sur une espèce de
trône, l'avait entourée de musiciens et de baladins pour la distraire. François Ier
assistait lui-même à ces longues séances, et quand le portrait fut achevé, il le
paya 4.000 écus d'or (ce qui fait aujourd'hui 200.000 francs). »

Voilà où la vulgarisation historique en était vers 1860 ! La *Revue critique*
ne devait naître que six ans plus tard ; il était vraiment temps que la République des lettres eût sa police, car ce Capefigue n'était pas seul de son espèce.
En cherchant bien, on lui trouverait d'obscurs successeurs.

S. R.

L'École anglaise de Rome.

Dans un nouveau périodique, l'*Intesa intellettuale* (1918, p. 20 et suiv.),
Mme Eugénie Strong a exposé l'histoire de l'École anglaise de Rome, fondée
par un comité d'amateurs en 1901, logée d'abord au palais Odescalchi, puis
dans un édifice nouveau de la Valle Giulia. La série déjà longue des *Papers*
contient des travaux forts importants de MM. Ashby, Peet, Stuart Jones, etc.
Depuis 1913, l'École est ouverte aussi à des artistes. La bibliothèque, qui est
très riche, fut inaugurée en 1916. « Puisse l'œuvre de l'École britannique, conclut Mme Strong, contribuer à la diffusion de l'esprit latin jusqu'aux confins les
plus éloignés de l'Empire britannique, formant ainsi un nouvel anneau de la
longue chaîne qui unit l'Angleterre et ses colonies à Rome, la capitale des
nations ! »

X.

La Rome du XVIIe siècle.

Il est certain que la Rome du XVIIe siècle, sur laquelle les documents sont si
abondants, a été quelque peu négligée jusqu'à présent des archéologues. Les
journaux de Rome nous apportent les échos d'une réaction qui ne peut manquer
de produire des fruits. Ainsi, à la suite d'une conférence du Mis Piero Misciatelli

---

1. Je respecte la ponctuation et la typographie de l'auteur, bien qu'elles ne
soient nullement respectables.

sur saint Philippe de Néri, à l'École anglaise de la Valle Giulia, Mme Strong, parlant à la *British and American Society*, a traité de la *Chiesa Nuova* et de l'*Oratorio*, insistant sur les beautés des peintures dont ces édifices ont été décorés. La conférencière a déploré l'abandon où sont laissées les recherches sur l'art de la Contre-Réformation et a rappelé que le moindre monument païen est étudié avec plus de soin que les plus somptueuses constructions de la fin du xvi° siècle et du xvii° (mars 1918). C'est peut-être parce que la Rome du président de Brosses est moins propre que ses aînées à charmer les goûts délicats ; mais ce n'est pas une raison de la dédaigner. Travaillons donc à la faire connaître ; mais espérons que les savants, à défaut des amateurs, ne renonceront pas au sens de la qualité et que Guido Reni ne sera plus jamais préféré à Melozzo.

X.

Les Collections Morgan au Musée métropolitain de New-York.

En 1889, feu J. Pierpont Morgan fut nommé *trustee* du Musée métropolitain ; il lui fit ses premières libéralités en 1897. Élu président en 1904 et réélu jusqu'à sa mort (1913), il ne cessa d'enrichir ce grand établissement par ses dons et ses prêts d'œuvres d'art. En 1916, son fils, J. P. Morgan, donna au Musée la section gothique de la collection Hoenstchel, les deux groupes sculptés du château de Biron et le Raphaël du roi de Naples. Le 17 décembre 1917, il compléta ce cadeau plus que princier par la donation d'une grande partie des collections de son père, qui seront installées dans l'aile F du Musée, désormais appelée *Pierpont Morgan wing*.

Voici, daprès le *Bulletin of the Metropolitain Museum* (1918, n° 1), un tableau très sommaire des trésors que ce Musée doit au patriotisme de la famille Morgan :

1° La collection de verreries anciennes formée par Gréau à Paris (831 pièces, en grande partie uniques) ;

2° Six reliefs du palais d'Assurnasipal à Nimrud, spécimen gravé dans le *Bulletin*, p. 3) ;

3° Nombreux objets acquis en Égypte par J. P. Morgan, entre autres la statuette en albâtre d'un nain portant un vase, chef-d'œuvre de la XVIII° dynastie (*ibid.*, p. 2) ; une figure agenouillée en calcaire peint, présentant une tablette où est inscrit un hymne au dieu solaire ; deux magnifiques sistres en faïence bleue, etc.

4° Objets grecs et étrusques, entre autres un miroir et un couvercle de miroir, une ciste, un groupe représentant un Centaure et un Lapithe (bronze), cinq statuettes de Tanagra ; un groupe d'ambre représentant deux personnages couchés ;

5° Bronzes romains, entre autres un mors de cheval, deux vases de terre cuite vernissée, un lit orné de bronze, des ivoires, etc, ;

6° Les collections mérovingiennes de Stanislas Baron et de Queckenberg, publiées par Seymour de Ricci ;

7° Objets byzantins, notamment des émaux et des ivoires (spécimens gravés p. 4 ; saint Jean, or et ivoire ; Christ de Majesté, ivoire), des couvertures de livres, des diptyques, des coffrets, le trésor d'objets d'argent trouvé à Karavâs (Chypre), des bijoux ;

8° Objet du moyen âge occidental, notamment des ivoires, des émaux, des bronzes, des objets d'église (*Bulletin*, p. 5, 6);

9° Sculptures gothiques, en particulier une admirable Vierge de l'Annonciation (art français du xɪvᵉ siècle), reproduite dans le *Bulletin*, p. 7 ;

10° Sculptures, bijoux et vases de la Renaissance, en particulier une coupe de jaspe attribuée à Benvenuto Cellini (*Bull.*, p. 9), une monstrance espagnole en cristal, un vase d'Eberwein Kossman de Nuremberg (p. 10), huit céramiques de Saint-Porchaire (la salière, p. 11), un admirable vase de Rouen (*ibid*). La collection comprend encore d'excellents spécimens de Bernard de Palissy et l'ensemble de la collection formée par Gaston Le Breton à Rouen (céramiques de Rouen, Moustiers, Marseille). Parmi les armures, il y a le célèbre casque Negroli, œuvre de Philippe de Negroli (1543).

Laissant de côté les objets du xvɪɪᵉ et du xvɪɪɪᵉ siècle, je mentionne les tableaux les plus importants antérieurs à la fin de la Renaissance.

11° École anglaise du xvɪᵉ siècle : *Marie Stuart et son fils* ; *Lady Jane Grey*. — École flamande : J. van Eyck (?) *Thomas à Becket* (le tableau mystérieux du duc de Devonshire); Roger van der Weyden, *L'Annonciation* (grand chef-d'œuvre ayant fait partie des coll. Ashburnham et Kann); J. de Mabuse, *Vierge et Enfant*; Lucas de Heere, *Élisabeth d'Angleterre*; Maître de la légende de sainte Ursule, *Vierge et Enfant*. — École allemande : W. Traut, *Jeune fille tressant une guirlande* ; Koffermans, *Adoration des Mages*; Lüdger Tom Ring, *Triptyque* (Christ bénissant; donateurs). — École italienne : Pesellino; *Deux panneaux relatifs à l'histoire des Argonautes* ; Benvenuto di Giovanni, *Assomption*; Garofalo, *Saint Nicolas et l'enfant mort*; Seb. del Piombo, *Christophe Colomb* (portrait autrefois à Paris) ; Catèna, *Circoncision*; Tommaso di Stefano, *Portrait d'homme.*

On ne sait encore ce que deviendront les extraordinaires manuscrits à miniatures, livres rares et autographes qui formaient une des parties les plus précieuses de la collection Morgan.

S. R.

Acquisitions du Musée de Boston.

Parmi les très nombreux objets qui ont enrichi ce Musée en 1917 (dons des collections Quincy Shaw, Denman Waldo Ross, J. Templeman Coolidge, etc.), je signalerai les suivants : antiquités égyptiennes provenant des fouilles de M. Reisner près de Napata (rois éthiopiens des XXVᵉ et XXVɪᵉ dynasties) ; torse de jeune fille grecque en marbre (*Bull.*, 1905, p, 1); collier minoen de perles d'or, trouvé en Crète (?) ; une peinture chinoise de premier ordre de l'époque des Sung, œuvre de Ch'ên Jung (vers 1244) ; un album de dessins du peintre japonais Tosa Mitsusuke (xvᵉ siècle) ; une série considérable de bronzes, de peintures et de manuscrits de l'Inde (le musée de Boston est le premier, aux États-Unis, à avoir créé une section d'art indou) ; deux portraits de Carpaccio (*Burl. Mag.*, juin 1913) ; un plateau de mariage ferrarais (attribué à tort par

O. Sirén à Boccati) qui représente la rencontre de Salomon avec la Reine de Saba (Berenson, *Gazette des Beaux-Arts*, 1917, II, p. 447).

Un nouveau Mantegna aux Etats-Unis.

De la collection de Lord Pembroke, un important tableau de Mantegna, *Judith portant la tête d'Holopherne*, a passé chez M. Carl W. Hamilton à New-York. M. Berenson, qui publie ce tableau dans *Art in America* (1918, p. 127), s'accuse d'en avoir autrefois contesté l'authenticité et va jusqu'à esquisser, à ce propos, une confession générale de ses erreurs. « Il y a vingt-deux ans, j'étais hypercritique et j'avais une crainte puérile d'être dupe de mes enthousiasmes instinctifs. Mon cœur me portait vers la sobriété de camée, la précision, l'achèvement du travail. Mais une intellectualité grégaire me poussa dans le camp des impressionnistes et je devins un apôtre de leur méthode, de leur idéal. Je crus qu'il m'incombait d'admirer seulement les procédés sténographiques de dessin, les fanfaronades de la brosse, les plaques de couleur. Un jour, je raconterai les conséquences de ma propagande déplacée et comment j'ai contribué à infecter les eaux du Danube d'un poison qui se répandit d'abord dans celles de la Tamise, puis dans celles du Tibre. »

M. Berenson a confessé récemment qu'il avait toujours abhorré la peinture de Léonard, mais sans oser le dire. Voilà que la critique d'art a son J.-J. Rousseau ou son Restif, *confitentem reum.* Mais comme l'amour propre, à la différence de l'amour, ne désarme jamais (c'est Voltaire qui nous le dit), on peut se demander si M. Berenson confesse ses erreurs avec la contrition voulue, ou s'il bat sa coulpe dans un état d'esprit un peu différent.

S. R.

Les Ventes Albert Oppenheim et Gumbrecht

Annoncée pour le mois d'octobre 1914, la vente des tableaux célèbres d'Oppenheim (Cologne)[1] n'a eu lieu qu'en avril 1918 ; elle a produit 5.278.000 francs. Le chef d'œuvre de P. Cristus (*Légende de Saint Eloi*) a trouvé acquéreur à 1.000.000 ; la *Mère et l'Enfant* de Pieter de Hooch a été payée 450.000 francs (voir les autres prix dans la *Chronique des Arts*, avril-mai 1918, p. 108).

Presque en même temps (*ibid.*), s'est vendue à Berlin la collection Gumbrecht, où un portrait de Fr. Hals a fait 387.500 francs ; un portrait d'homme attribué au Maître de Flémalle, 800.000 francs[2] : un portrait de femme, attribué à D. Ghirlandajo, 88.000 francs.

X.

---

1. On appelait cet amateur (de noblesse récente) « O. de Cologne ».

2. Winckler (*Der Meister von Flémalle*, 1913, p. 19) n'admettait pas l'attribution de ce tableau, qu'il rapportait au cercle de Witz et à l'art allemand inspiré de l'art bourguignon.

BIBLIOGRAPHIE

Science and Learning in France. An appreciation by American Scholars. Chicago, Society for American fellowships in French Universities, 1917, in-8, XXXVIII, 454 p. — Dû à un grand nombre de collaborateurs compétents, cet ouvrage poursuit un double objet, historique et pratique : retracer brièvement, dans les différents domaines du savoir, l'œuvre de la France ; fournir aux étudiants américains des renseignements précis sur l'aide que peuvent leur offrir, en vue de leur instruction supérieure, les universités et établissements scientifiques de la France. Il faut traduire la touchante dédicace : « Aux savants de France, dignes gardiens de la grandeur intellectuelle de leur pays, ce volume, préparé à une époque où la France a atteint le sommet de la grandeur morale, est offert avec admiration et sympathie au nom des savants américains [1]. » Les chapitres qui intéressent particulièrement nos lecteurs concernent l'anthropologie, l'archéologie, l'histoire de l'art et la philologie classique. S'il s'est glissé des erreurs dans les deux volumes analogues publiés en France pour l'exposition de Chicago (*La Science française*, 1915), il était inévitable qu'une publication américaine n'en fût pas exempte (p. ex. p. 23, où Commont est nommé *Courmant*, où l'abbé de Villeneuve devient l'abbé *Laville*) ; mais ce sont là des détails qui ne nuisent pas à la bonne tenue de l'ensemble. Le chapitre sur l'archéologie et l'histoire de l'art est dû à des spécialistes très connus : MM. George H. Chase, Harold N. Fowler, Frothingham, J.-R. Wheeler ; je n'y relève qu'une petite confusion, celle qui attribue à G. de Mortillet, dans le *Préhistorique*, une étude détaillée « des âges du bronze et du fer » (l'ouvrage ne traite que des âges de la pierre ; c'est dans un autre livre, plus faible, que l'auteur s'est occupé des âges suivants). Il y a de courtes indications très justes, par exemple celle-ci : « Müntz est tout à fait précieux (*invaluable*) par la corrélation qu'il établit entre l'art de la Renaissance italienne et la vie et la politique de cette époque. » On ne saurait mieux caractériser l'œuvre de notre regretté collaborateur. Parmi les bibliothèques spéciales, celle qui est due à la libéralité de M. Doucet n'est pas oubliée. En somme, s'il faut estimer la valeur des autres chapitres d'après celle des sections qui rentrent dans notre cadre, on peut dire que le présent volume n'est pas seulement un hommage délicat rendu à la France, mais une œuvre estimable d'érudition.

S. R.

W. H. Goodyear. *Lessing's Essay on Laocoon and its influence on the criticism of art and literature* (extr. du *Brooklyn Museum Quarterly*, vol. IV,

---

1. Une belle introduction (*l'esprit de la France*) est due à M. Ch. W. Eliot de Harvard.

oct. 1917). In-8, 18 p. — L'auteur a bien résumé la doctrine du *Laocoon* et en a fait ressortir l'influence sur le développement des arts à la fin du xviii° siècle ; mais il n'a pas dit ce qu'il y a d'étroit dans cette doctrine et combien l'art romantique a été bien inspiré en s'en dégageant. La réaction de Lessing contre la critique française de son temps est présentée d'une manière trop exclusive ; le nom de Diderot n'est même pas prononcé, alors que son influence sur Lessing est indéniable. M. Goodyear insiste sur la thèse du *moment le plus fécond*, que la peinture ou la sculpture, à la différence du poète, peut seul représenter. Mais lisez ceci . « Un poète peut nous dire beaucoup de choses qu'un peintre ne saurait nous faire entendre... Comme le tableau qui représente une action ne nous fait voir qu'un instant de la durée, le peintre ne saurait atteindre au sublime que les choses qui ont précédé la situation présente jettent quelquefois sur un sentiment ordinaire. Au contraire, la poésie nous décrit tous les incidents remarquables de l'action qu'elle traite et ce qui s'est passé jette souvent du merveilleux sur une chose fort ordinaire qui se dit ou qui arrive dans la suite ». Il y a beaucoup de bonnes observations de ce genre, en général mal rédigées, dans l'ouvrage de l'abbé Du Bos, *Réflexions critiques sur la poésie et la peinture*, dont la première édition date de 1719. Les critiques allemands ont déjà reconnu que Lessing doit aux *Réflexions critiques* l'essentiel de sa théorie dramatique (voir l'excellent livre de A. Lombard, *L'abbé Du Bos*, Hachette, 1913) : il lui doit aussi l'idée maîtresse du *Laocoon* (*ibid.*, p. 219)[1]. Je ne saurais trop recommander à M. Goodyear et aux autres savants américains qu'abusent les ouvrages allemands de vulgarisation de lire des livres comme celui de M. Lombard, pour saisir à quoi se réduisent beaucoup de prétentions à l'originalité qu'une étude attentive et serrée ne confirme point.

S. R.

Raymond Weill. *La fin du Moyen-Empire égyptien.* Paris, Picard, 1918, 2 vol. in-8, xii-971 p. — Partisan résolu de la chronologie dite *courte* (fin de la XII° dynastie en 1785, non en 3245), l'auteur de ces savants volumes a étudié dans le plus grand détail les monuments et l'histoire de la période de 210 ans environ comprise entre la XII° et la XVIII° dynastie. Voici la suite des événements. Par des causes que nous ignorons, la monarchie égyptienne est ébranlée ; un usurpateur se rend maître de l'Égypte entière ; puis on trouve des roitelets à Thèbes, en Moyenne-Égypte et dans le Delta. De ces petites monarchies se dégage la principauté thébaine sous les [rois de la dynastie

---

1. Lombard, *op. l.*, p. 367 : « Il n'est pas exact que Lessing n'ait jamais cité Du Bos, et ceux qui l'ont cru (Crouslé, Pétent) avaient borné leurs recherches au *Laocoon*. Du Bos est nommé dans la *Dramaturgie* et dans la correspondance ; bien plus, Lessing a traduit et publié, dans sa *Bibliothèque théâtrale*, tout le troisième tome des *Réflexions critiques*, avec une préface élogieuse. » Il n'en reste pas moins que le *Laocoon* ne cite pas les *Réflexions*, alors qu'il leur doit beaucoup. — Je ne connais que de nom un ouvrage d'Albrecht, *Lessings Plagiate* (Hambourg, 1890) ; mais ce que je sais à cet égard suffit à m'édifier.

Sekhemre (les Antef, les Sebekemsaf et les premiers Sebekhotep). Des guerres commencent pour la restauration de l'unité ; on voit d'abord les rois thébains avoir pour vassaux de nombreux pharaons indigènes et asiatiques. Cette période se termine par la victoire et la domination des rois de la Basse-Égypte, Khian et Apopi, sous qui se maintient pourtant une dynastie thébaine. La fin de l'âge de transition est marquée par le retour offensif des Thébains et leur victoire définitive avec Ahmès, premier roi de la XVIIIᵉ dynastie.

Les Asiatiques qui interviennent dans cette histoire sont les *Hikou Khasitou*, « rois des pays étrangers » d'où les Grecs d'Égypte ont tiré le nom de *Hyksôs*. Ces intrus étaient aussi appelés *impurs*, parce qu'on qualifiait de « maladie » ou d' « impureté » la calamité déchaînée sur le pays par l'invasion. De là certaines versions qui mettent ces étrangers en relations avec les plaies d'Égypte, ou les considèrent comme des êtres impurs et malades ; de là le récit de l'Exode. « Le procédé employé était simple ; qu'il s'agît d'Asiatiques, d'Impurs étrangers ou d'Impurs indigènes, il suffisait d'ajouter un mot, à la fin de l'histoire, spécifiant que ces expulsés allaient fonder Jérusalem et devenir le peuple juif » (p. 612). Quoi qu'on pense des conclusions de l'auteur, personne n'en contestera l'importance, non plus que la vaste information et l'originalité de son travail.

S. R.

E. Cuq. *Les nouveaux fragments du Code de Hammourabi* (extr. des Mém. de l'Acad. Inscr., t. XLI). Paris, Klincksieck, 1918. In-4º, 112 p. — Le bloc de diorite découvert en 1892 à Suse, sur lequel est inscrit le code de Hammourabi, a été poli au bas de sa face antérieure, d'où la perte d'une quarantaine d'articles. Trois ont été retrouvés à Suse même sur de menus fragments d'un autre bloc ; une tablette provenant de Nippur, aujourd'hui à Philadelphie, contient 106 lignes qui manquent sur l'original et comblent en partie la lacune (9 articles). Ces articles sont relatifs au prêt à intérêt et au contrat de société. M. Cuq les a commentés avec une vaste érudition qui sait n'être jamais fatigante ; on lira avec grand fruit l'histoire, esquissée par lui, du prêt à intérêt depuis les Babyloniens jusqu'à nos jours et des arguments par lesquels on en a défendu le principe contre Aristote et le droit canon. En Chaldée, le prêt à intérêt n'a jamais été prohibé, mais le taux en était limité par la loi (33 1/3 0/0 pour le blé, 20 0/0 pour l'argent). Cette dualité du taux de l'intérêt, fait rare dans l'histoire du droit, se retrouve au Bas-Empire dans une région voisine de la Chaldée, où Constantin fixa le taux de l'intérêt, pour les denrées en général, à 50 0/0 du capital (*Cod. Theod.*, II, 33, 1).

S. R.

Stéphane Gsell. *Histoire ancienne de l'Afrique du Nord.* Tomes II et III. Paris, Hachette, 1918. Gr. in-8, 475 et 424 p., avec cartes et plans. Prix de chaque volume : 10 francs. — Le deuxième volume de cet ouvrage capital — *omni laude major* — est consacré à l'État carthaginois. Après une étude approfondie de la topographie de la grande ville (Daux est traité avec raison de mystificateur), M. Gsell expose l'extension de la domination carthaginoise en Afrique, le régime oligarchique et l'histoire intérieure de la République, l'organisation des pays soumis, de l'armée, de la marine de guerre. Le troisième volume est entièrement consacré à l'histoire militaire (guerres de Sicile, première guerre punique, guerre des mercenaires, conquêtes en Espagne, deuxième guerre punique [1], rapports avec Massinissa, troisième guerre et ruine de Carthage). Chaque volume est pourvu d'un index, d'une table des matières détaillée et des cartes nécessaires. Malgré la multiplication des références et des discussions dans les notes, M. Gsell n'a jamais permis que l'érudition fît tort à l'art ; il n'y a rien dans les notes qui aurait dû figurer dans le texte, rien dans le texte qui fasse encombrement et lourdeur. J'ai lu des chapitres entiers sans un moment d'inattention ou de lassitude, oubliant presque qu'il s'agissait d'une histoire très difficile, souvent très obscure, qui a été écrite ici pour la première fois dans son ensemble. L'auteur de ce livre est un des meilleurs savants de notre temps et n'en est certainement pas le moindre écrivain.

S. R.

F. Sarasin. *Die steinzeitlichen Stationen des Birstales zwischen Basel und Delsberg (Neue Denkschriften der schweiz. Naturforsch. Gesellschaft,* vol. LIV) Zurich, Soc. Helv. des Sciences, 1918. In-4, 212 p., avec 32 pl. — La grotte magdalénienne de Birseck a donné, au niveau supérieur, des *galets coloriés* analogues à ceux que recueillit Piette au Mas d'Azil (pl. III) [2], en même temps qu'un grand nombre de petits objets en os et en corne semblables à ceux du magdalénien français. La grotte du Kaltbrunnental a fourni, entre autres objets, un harpon barbelé (pl. XVII) ; celles de Thierstein et de Liesberg se sont montrées également riches en magdalénien. Près du rocher de Courroux, dans un gisement néolithique, on a exhumé des tessons décorés au doigt et à la pointe (pl. XXIV). Quelques belles haches néolithiques, recueillies isolément, complètent cet ensemble important de découvertes; les éléments de la faune, déterminés par MM. Stehlin et Studer, ont également été décrits et reproduits avec soin. Une carte (p. 81) permet de situer ces gisements au sud-ouest de Bâle, dans la direction de Delemont (Delsberg), le long de la rivière Birs. Cette région paraît avoir été habitée sans interruption depuis le magdalénien, l'azilien et l'enéolithique jusqu'à l'époque actuelle. — La publication de M. Sarasin répond à toutes les exigences de la science; j'oserais même dire qu'elle les satisfait trop amplement et que le luxe des planches, reproduisant jusqu'à de petits silex taillés, est poussé un peu loin. Mais ces planches sont excellentes et accompagnées d'un texte qui, lui non plus, ne laisse guère à désirer.

S. R.

---

1. Traitée brièvement, sauf les événements dont l'Afrique fut le théâtre, M. Gsell dit que la seconde guerre punique a été souvent étudiée et est bien connue; pourtant, parmi les ouvrages en langue française, il ne peut citer que Duruy et l'illisible Hennebert. Je regrette, pour ma part, qu'il ne l'ait pas racontée avec tous les développements que comporte un si grand sujet et que les lecteurs de son ouvrage n'iront pas volontiers rechercher ailleurs.

2. Déjà signalés dans *L'Anthropologie*, 1911, p. 334.

G. A. Rosenberg. *Antiquités en fer et en bronze. Leur transformation dans la terre contenant de l'acide carbonique et des chlorures et leur conservation.* Copenhague, Gyldendalske Boghandel, 1917 ; in-8, 92 p., 20 fig. — Le nettoyage et la conservation des antiquités en bronze et en fer, altérées par un séjour dans un milieu humide, sont devenues, au Musée de Copenhague, de véritables sciences, dont l'application ne comporte pas de « tours de mains habiles », mais l'emploi d'appareils spéciaux et de produits chimiques. L'ouvrage de M. G. A. Rosenberg donne un précis très clair et très complet des procédés nouveaux, entrant dans de minutieux détails sur les diverses variétés de rouilles, de patines, d'altérations des surfaces, etc. Les conservateurs de Musées pourvus d'ateliers de restauration ne peuvent se passer désormais de ce livre ; quant aux établissements moins bien dotés, ils s'en tiendront aux recettes plus simples qu'ils trouveront dans le *Guide de l'antiquaire* de MM. A. Blanchet et F. de Villenoisy.

S. R.

E. Jeanselme. *Quelle était la ration alimentaire du citoyen, du soldat et de l'esclave romain ?* (Extrait du *Bulletin de la Société scientifique d'hygiène alimentaire*). Paris, 1918, in-8, 31 p. — L'auteur montre, par d'intéressants calculs : 1° que la ration alimentaire du citoyen romain, au III° siècle de notre ère, était tout à fait insuffisante et qu'il devait y ajouter beaucoup ; 2° que le soldat romain était moins nourri que le nôtre ; 3° que le cavalier et le cheval recevaient des rations beaucoup trop fortes, d'où la présomption que le cavalier avait deux chevaux et deux hommes à son service, le cavalier auxiliaire n'en ayant qu'un seul ; 4° que le régime des esclaves urbains et agricoles était assez judicieusement calculé ; ainsi le cultivateur, pendant la morte-saison, disposait d'une ration dégageant 2.400 calories, tandis que, pendant la période de vie plus active, il recevait 2.700 calories en céréales, plus des suppléments en olives, en huile et en lait incorporé à la bouillie de froment. — On peut regretter que cet utile mémoire ait paru là où les érudits n'iront guère le chercher ; ce m'est une raison de plus de le signaler ici.

S. R.

Félix Mazauric. *Les Musées archéologiques de Nîmes. Recherches et acquisitions* (1916-1917). Nîmes, Chastanier, 1918 ; in-8, 48 p. — On a plaisir à constater l'activité archéologique qui règne dans le Gard et dont bénéficie le Musée de Nîmes. Les fouilles récentes et les acquisitions de ces dernières années sont décrites en détail par le zélé conservateur, M. Mazauric (fouilles à la grotte des Muniès ; tombeau romain de Montaury ; station préhistorique de Languissel ; grotte moustérienne près de Russan ; mosaïque au quartier des halles centrales, etc.). Parmi les objets signalés, le plus intéressant, semble-t-il, est une statuette en calcaire de Télesphore, découverte à Monlézan, offerte au Musée de la Maison Carrée par la veuve de M. Paul Ramel, commissaire des Messageries maritimes, mort au cours d'un torpillage en Méditerranée.

S. R.

Léon de Vesly. *Notes archéologiques.* VI. Rouen, Cagniard, 1917. In-8, 44 p , avec gravures. — Cette sixième série de *Notes* traite des sujets suivants : la cachette monétaire d'Yquebeuf (1442 pièces de Louis XI à François Ier ; quelques pièces rares); les chapiteaux de la salle capitulaire de S. Victor en Eaux (plantes ornementales *plaquées*); pipes et pipiers à Rouen (fabriques du faubourg Saint-Sever au xviie siècle); urne cordiforme de Charles III Martel de Bacqueville; le colombier de Petit-Couronne ; les thermes gallo-romains dits *Bains d'Alincourt* à Lillebonne, découverts en 1880, avec une photographie du four de l'hypocauste; on a reconnu vingt-deux emplacements de piliers. M. de Vesly a publié sans commentaire des fragments de bas-reliefs de cette provenance (entre autres des *peltae* et des haches amazoniennes) d'après une photographie que lui a remise le propriétaire de l'emplacement, lequel reste à explorer.

X.

E. Courbaud. *Les procédés d'art de Tacite dans les Histoires.* Paris, Hachette, 1918. In-8, xxi-297 p., 3 fr. 50. — On en revient toujours au jugement de Racine : Tacite est le plus grand peintre de l'antiquité. Il y eut d'autant plus de mérite qu'il commença, comme tous les Romains, par être un rhéteur. La rhétorique « introduite ou même versée dans l'histoire » était le péril qui menaçait, à l'époque de l'Empire, tous les historiens [1]. M. Courbaud montre fort bien que, si Tacite n'y a pas échappé, il a dû à son génie d'éliminer de plus en plus ce qu'il y a de convenu et de faux dans les exercices oratoires des écoles : « Il quitte l'éloquence pour rentrer dans la poésie, et s'élève au-dessus de l'artifice pour atteindre au grand art ».

L'enquête qui aboutit à cette conclusion est conduite avec une minutie de philologue, qui n'exclut pas le talent d'exposition et le bon langage. Incidemment, M. Courbaud, tout en rendant hommage à M. Fabia, défend Tacite contre les sévérités de ce critique et réagit contre les abus auxquels conduit la recherche des sources, alors que ces sources sont perdues et peuvent à peine être entrevues par conjecture. Savoir sûr et discret, clarté, élégance sobre, on retrouve ici toutes les qualités hautement françaises de Gaston Boissier, dont M. Courbaud (avec plus de minutie, mais sans pédantisme) continue très heureusement la tradition [2].

S. R.

---

1. Et même tous les écrivains, poètes et prosateurs. « Osons le reconnaître : l'art de Rome a toujours été un peu gros. Ce n'est pas un art de nuances et de demi-teintes. L'élégante distinction d'un Térence, la tendresse d'un Virgile, le discret enjouement d'un Horace restent de belles exceptions, le fait de natures très hellénisées ». On ne saurait dire mieux et plus juste (p. 149).

2. P. 171, M. C. écrit : « On sait que dans ses *Origines* Caton ne citait aucun nom propre : *sine nominibus res notavit.* (Corn. Nep., *Cat.,* 3) ». La phrase de Cornelius Nepos ne vise que les noms de chefs militaires, ce qui est confirmé par Pline (VIII, 11), mais dans cette mesure seulement.

J. Ebersolt. *Mélanges d'histoire et d'archéologie byzantines* (extr. de la *Rev. de l'hist. des religions*, t. LXXVI). Paris, Leroux, 1917. In-8, 129 p., avec 2 pl. et 7 figures. — Le plus important des mémoires réunis dans ce volume concerne la vie publique et privée de la cour byzantine (naissances, couronne-ments, cortèges, promotions, réceptions, divertissements, fêtes religieuses). L'auteur a mis en lumière ce fait intéressant que le cérémonial byzantin a évolué. Assez simple encore au vi^e siècle, fondé sur les traditions romaines, il se complique sans cesse jusqu'au xe siècle, époque de son complet épanouisse-ment. Du xe au xive siècle, par suite des transformations profondes de la société byzantine, il se modifie (sauf le couronnement) dans le sens de la simplicité. — Les autres mémoires concernent des médailles de dévotion, des plombs, des amulettes, des sceaux et quelques chapiteaux et sculptures du vieux Stamboul. La compétence de l'auteur en ces matières est bien établie ; il connaît parfai-tement les sources, même russes, et les cite toujours exactement. L'index grec, contenant plusieurs mots qui manquent au *Thesaurus* ou qui ne sont pas exac-tement interprétés par Sophokles, est une utile addition à ce bon travail.

S. R.

H. Focillon. *Giovanni-Battista Piranesi.* Paris, Laurens, 1918, in-4°, xxiv-324 p., avec 33 pl. — Du même, *G. B. Piranesi. Essai de catalogue rai-sonné.* Paris, Laurens, 1918 ; in-4°, 75 p. — Publiés ensemble, ces deux livres forment une des contributions les plus importantes que l'érudition française ait fournies à l'histoire de la gravure et à celle de l'art italien au xviiie siècle. Le second est un catalogue rédigé avec une parfaite connaissance, semble-t-il, mais que mon ignorance ne me permet pas de contrôler. Le premier est une monographie de grand style, écrite d'un très bon style, et où foisonnent, à côté de détails biographiques précieux, de remarques techniques et de descrip-tions frappantes, les idées nouvelles. Nous savions tous, pour avoir admiré quelques-unes de ses feuilles colossales, que Piranesi fut un graveur et un « visionnaire » de génie ; nous pouvons aujourd'hui, sous la conduite d'un juge informé et aimable, préciser les motifs de notre admiration. « Venise, cité des peintres généreux et des inspirations libres, fait naître un artiste qui, dès sa jeunesse, est passionné pour les souvenirs héroïques de l'histoire romaine et formé à comprendre l'art antique. Il est architecte, il est archéologue, il a tous les dons du peintre et l'âme d'un poète. Par l'eau-forte qu'il renouvelle et qu'il enrichit, il fait sortir l'antiquité des discussions et des systèmes. Il l'impose, il la vivifie, parce qu'il l'aime en Italien et en inspiré. »

Quand on cherche l'origine de la fantaisie de Piranesi, on reconnaît que la décoration théâtrale y fut pour beaucoup. Piranesi jeune travailla dans l'atelier de décorateurs ; c'est là sans doute que s'est formé son talent, ou qu'il a pris connaissance des dons qui étaient en lui [1]. Les influences de l'art vénitien (Tiepolo, Canaletto) et même celles de l'art napolitain (Salvator Rosa)

---

1. M. Focillon note très à propos (p. 303) que Théophile Gautier recommandait aux décorateurs de chercher des inspirations dans les « cauchemars architectu-raux » de Piranesi.

expliquent beaucoup moins ce qu'il apporta de nouveau. Malheureusement, les décors de théâtre sont choses éphémères et nous sommes un peu réduits à des suppositions sur ce qu'ils pouvaient être du temps que les maîtres de Piranési y travaillaient.

M. Focillon caractérise ainsi « la grande, la surprenante originalité des *Antichità.* » Elles ont été vues par un artiste qui était aussi un technicien. « Par là, elles ne sont pas seulement émouvantes, elles rendent un immense service à l'archéologie et à l'histoire. Il semble que Piranesi ait extrait les ruines de leurs décombres poudreux et que, pour la première fois, on les voie en pleine lumière. » Dans les atlas des prédécesseurs de Piranesi, « Rome est une galerie d'épures ». Chez lui, elle prend un tout autre aspect : « Cet inspiré la ressuscite ; grâce à lui, elle est douée de la troisième dimension et du relief. » J'aurais bien d'autres passages à citer qui, notés à la lecture, m'ont semblé exprimer en très bons termes des idées justes ; mais ce qui précède suffit à donner une idée d'un travail très remarquable qui s'impose à l'attention des archéologues comme à celle des artistes.

S. R.

Dragomir Petroniévitch. *Les cathédrales de Serbie.* Paris, Société française d'imprimerie, 1917. Gr. in-8, vii-97 p. avec une carte et 40 gravures. Prix : 5 fr. — La plus ancienne église serbe, à Semendria, paraît remonter au début du xi⁰ siècle : mais c'est surtout à partir du xii⁰ siècle et jusqu'au xiv⁰ que l'architecture religieuse produisit dans ce pays ses plus beaux monuments. Aux éléments byzantino-romains qui en constituent le fonds s'ajoutèrent des motifs syriens, aussi introduits par la voie de Byzance, puis des motifs gothiques, importés par des architectes d'Occident que les souverains serbes, appelèrent peut-être de la Provence, ou qui, à la suite de la quatrième croisade, arrivèrent de la Constantinople franque et catholique. Il faut encore tenir compte, dans les édifices du xiv⁰ siècle, de certains éléments dus à la Renaissance italienne (p. 13). « Si les artistes serbes n'ont pas été des créateurs au vrai sens du mot, ils ont cependant réussi, en combinant les formes traditionnelles de l'art byzantin et roman, et en les interprétant d'une façon personnelle, à constituer un type d'églises d'un caractère original et d'une réelle valeur esthétique. » (p. 91). Grâce à M. Petroniévitch, nous pouvons nous faire une idée exacte de ces monuments, de leur décoration, de leur histoire. Photographies et dessins, reproduits en abondance, éclairent un texte écrit avec soin. En somme, utile et estimable monographie.

S. R.

Carleton Dana Munro. *Some tendencies in history.* Madison, 1917 ; in-8, 17 p.[1]. — Exposé intéressant, lu à l'Académie des Sciences du Wisconsin. L'auteur, élève d'un élève de l'illustre Ranke, assez au fait des différentes écoles historiques, en résume les principes, en montre les qualités et les faiblesses. Je trouve

---

1. Du même : *The popes and the crusades* (*Amer. Philos. Soc.*, 1916).

quelque excès dans son admiration pour Gibbon, qui est loin d'avoir « tout tiré directement des textes » et qui fut trop imbu des idées de son temps pour bien comprendre celles d'un lointain passé. On peut regretter que l'auteur n'ait pas connu le beau travail publié par M. Camille Jullian en 1897 (*Notes sur l'histoire en France au XIX° siècle*). Ces pages nourries auraient appelé son attention sur des esprits et des écrits de premier ordre dont il paraît n'avoir pas connaissance. J'applaudis aux lignes où M. Munro met les jeunes gens en garde contre l'étude exclusive de l'histoire moderne. « Cette tendance est particulièrement dangereuse, parce qu'elle est conforme à beaucoup d'autres en matière d'éducation et offre des séductions à ceux qui cherchent la ligne de moindre résistance. » Ce n'est pas seulement aux États-Unis que cette observation s'impose et qu'il est à propos d'en tirer des conséquences[1].

S. R.

J. Anglade. *A propos des troubadours.* Toulouse, Privat, 1917 ; 50 p. — *Pour étudier les troubadours, Notice bibliographique.* Ibid., 1916 ; 10 p. — La dédicace du premier de ces opuscules à M. Emile Cartailhac nous fournit un prétexte suffisant pour les annoncer ici :

« Acceptez, à l'occasion du ciuquantième anniversaire de votre entrée à la *Société archéologique du Midi*, ce modeste hommage d'une très vive sympathie. Les études sur les troubadours ne sont pas aussi éloignées que vous le pourriez croire de vos études habituelles. Ces précurseurs ont éclairé les ténèbres du moyen âge du soleil de leur poésie, comme les hommes des cavernes, en peignant ou en modelant leurs bisons, ont manifesté les premiers sentiments artistiques de l'humanité. »

Ces deux brochures, vivement écrites, apprendront beaucoup aux non-spécialistes : la bibliographie sommaire du sujet (encombrée d'ouvrages allemands), les résultats de recherches et découvertes récentes sur les troubadours, notamment en Italie et en Espagne. Beaucoup de textes (dont quelques-uns inédits) sont cités *in extenso* et accompagnés de traductions. Il y a là plus d'une indication précise pour la vie du temps et les sentiments d'une société polie et un peu mièvre. Mais s'il y a du talent et de l'esprit dans cette *farrago* de vers tantôt laborieux, tantôt trop faciles, je n'ai pas eu l'heur de les découvrir.

S. R.

Hubert Pernot. *Recueil de textes en grec usuel, avec traduction française, notes et remarques étymologiques.* Paris, Garnier, 1918. In-8, 183 p. — Cette utile chrestomathie[2] s'inspire des mêmes principes que la *Grammaire*, annoncée

---

1. Il y a des fautes d'impression assez choquantes : *Mischelet* (p. 697) ; *economices, geneology* (p. 708). — Je note (p. 709) une parole à retenir de l'illustre historien de Philadelphie, H. Ch. Lea : « Si j'avais pu avoir, il y a cinquante ans, le *Manuel de Bibliographie* de Langlois, cela aurait économisé pour moi dix ans de vie. »

2. Où l'on trouve vraiment des choses charmantes, comme le Φίλημα de Zalokostas (p. 42).

ici même (*Revue*, 1917, II, p. 470). La partie la plus originale, en l'absence de tout dictionnaire étymologique du néo-grec, concerne l'étymologie des mots populaires et la sémantique ; on trouvera là-dessus de nombreuses indications dans les notes ; les mots étudiés sont réunis à la fin dans un index (mots grecs classiques, vulgaires, byzantins ; mots latins, italiens, génois, vénitiens, français, romans, turcs, albanais, slaves). Le seul mot d'origine espagnole serait παρέα, *bande*, qui viendrait de *pareja*, signifiant *paire* ; mais « l'importation directe est d'autant plus difficile à admettre que le *j* espagnol, aurait probablement donné un χ grec » (p. 137). Je remarque que le lexique de Theod. Kind ne donne pas παρέα, mais seulement παρέγια, dans le sens de *picnic* ; M. Pernot cite cette forme comme dialectale. Il y a encore bien des mystères irritants dans le parler des Athéniens actuels.

S. R.

H. Krishna Sastri. *South-Indian images of Gods and Goddesses*. Madras, Government Press, 1916. In-8, xv-292 p., avec 4 pl. et 162 figures. — Le sujet de cet ouvrage est le même qu'a traité M. Jouveau-Dubreuil dans le t. II de son *Archéologie du sud de l'Inde* (Paris, Geuthner, 1914). Il est beaucoup plus détaillé et pourvu d'un index, qui manque malheureusement à l'ouvrage français. L'auteur dit avoir fait grand usage d'un livre intitulé *Tattvanidhi*, publié à Bombay par le Mahārāja de Mysore : son travail lui fut demandé par Lord Carmichael, gouverneur de Madras en 1912, qui regrettait le manque d'un manuel illustré d'iconographie, pouvant servir de guide aux visiteurs des temples et musées du Sud de l'Inde. A la suite d'une introduction générale sur les temples de pierre, leur classification, les rituels et les fêtes, on trouve six chapitres consacrés aux images de Brahma, de Vishnou, de Siva, des déesses Sakti (Sarasvati, Lakshmi, Chamunda, Durga, etc.), des divinités de villages, enfin de divinités diverses (planètes, soleil, lune, *nagas*, saints, etc.). L'illustration, de qualité inégale, est très abondante. Comme il y a peu de musées européens où des figurines indoues n'aient trouvé accès, ce livre rendra aux conservateurs, désireux de les dénommer et de les classer, les mêmes services que l'*Amentet* d'Alfred Knight pour les divinités égyptiennes. Je n'ai pas la compétence nécessaire pour apprécier l'érudition de l'auteur, qui insiste lui-même sur la difficulté du sujet ; mais il est évident qu'il n'a pas épargné ses efforts pour être bien informé et répondre à la confiance du Gouvernement de Madras, aux frais duquel s'est faite la publication.

S. R.

A. H. Longhurst. *Hampi ruins, described and illustrated*. Madras, Government Press, 1917. In-8, x-144 p., avec 69 gravures. — *Hampi* est un misérable petit village près d'Hospet, formé autour du grand temple de *Pampâpati* [1]

---

1. *Pampâpati*, seigneur de *Pâmpa*. Suivant les uns, *Pampa* est un nom ancien de la rivière ; suivant d'autres, c'est celui d'une fille de Brahma mariée à Virûpâksha (forme de Siva), qui se serait appelé « seigneur de Pampâ », nom sous lequel, comme sous le sien, il est encore adoré dans ce grand temple (p. 27).

qui est situé sur la rive gauche de la Tungabhadra (district de Bellary, présidence de Madras). Le village a donné sòn nom aux vastes ruines voisines de Vijayanagàr, la « Cité de la Victoire », centre de l'Empire de ce nom et vieille capitale des rois (1336-1644). Les ruines ne couvrent pas moins de neuf milles carrés. On en trouvera ici l'histoire et la description, éclairée par un grand nombre de bonnes gravures. Ce sont là de précieux documents pour l'architecture et la sculpture de l'Inde à l'époque qui coïncide avec celle de la Renaissance en Europe. Mais, comme le dit l'auteur de ce bon guide, « ces merveilleux tableaux en pierre n'auront de signification que pour le visiteur instruit des légendes de Râma et de Krishna, des différentes incarnations de Vischnou, des caractères et des attributs de Siva. » Comme fil conducteur dans le réseau touffu des légendes de l'hindouisme quelques pages claires et nourries (p. 26 et suiv.) servent d'introduction générale à l'étude détaillée des monuments et de leur parure.

S. R.

S. Reinach. *Répertoire des peintures du Moyen-Age et de la Renaissance* (1280-1580). Tome IV, contenant 1274 gravures d'après les dessins de **Paride Weber**. Paris, E. Leroux, 1918. In-8 carré de 775 p. — J'annonce moi-même à nos lecteurs la publication de ce quatrième tome, dont l'impression était déjà fort avancée quand elle fut arrêtée par la guerre. Je possède tous les dessins qui serviront au volume suivant, si les circonstances me permettent de les faire graver et d'en écrire le commentaire.[1]

S. R.

---

1. Je profite de l'occasion pour regretter un accident survenu au vaste index récapitulatif (p. 709-775), qui m'a pourtant coûté une peine infinie. L'ayant préparé à l'aide d'une mise en pages provisoire du tome IV où, pour ne pas trop grossir l'ouvrage, j'ai fait des coupures au dernier moment, il se trouve que l'index renvoie à des tableaux gravés, mais qui ne figurent pas encore dans le *Répertoire* (coll. Benson, Cariani, *Portrait d'homme*; coll. Crespi, Piazza, *Saint Augustin*; Dublin, maître de Holzhausen, *Portrait de Knoblauch*; coll. Turner, Cranach, *Portrait de femme*). J'ajoute qu'il faut supprimer, *s. v. Spiridon*, le renvoi à Botticelli et le placer *s. v. Sedelmeyer*. — Je signale aussi des gravures faisant double emploi, plaie des *Répertoires* (IV, 93 = I, 72; IV, 203 = IV, 213; IV, 304 = IV, 523; IV, 464 = III, 477; IV, 607, = III, 558; IV, 618,2 = IV, 627,1) et quelques grosses ou menues erreurs (IV, 146,1, à la Brera; IV, 627,1, lire *Chastelé*; IV, 186, lire *Vicence*; IV, 308, *Magno*; IV, 631, *Sclafani*; IV, 658,2, à Mantoue; IV, 659,1, aux Offices; IV, 591,1 et 624,1, à New-York; IV, 426,2 et 463,2, à la Nat. Gallery; IV, 595, 1-2, coll. Morgan; IV, 659,2, coll. Benson).

TABLES

DU TOME VII DE LA CINQUIÈME SÉRIE

I. — TABLE DES MATIÈRES

II. — TABLE ALPHABÉTIQUE

PAR NOMS D'AUTEURS

PLANCHES

I. — Inscription en caractères neské du galon de la robe de l'Amour, dans le *Roman du Cœur épris.* — Broderie du baudrier du sabre du Mage de *l'Adoration des Mages.*

II et III. — L'Histoire de la Vierge de Roger van der Weyden (Musée du Prado, Madrid).

IV et V. — La Madeleine du rétable de Roger van der Weyden (Musée du Louvre).

Le Gérant : A. THÉBERT.

ANGERS. IMP. A. BURDIN. — F. GAULTIER ET A. THÉBERT, SUCC^{rs}.